STUDIES ON VOLTAIRE
AND THE EIGHTEENTH CENTURY

222

GENERAL EDITOR   HAYDN MASON
DEPARTMENT OF FRENCH
UNIVERSITY OF BRISTOL
BRISTOL BS8 1TE

STEVE LARKIN

Correspondance entre Prosper Marchand et le marquis d'Argens

THE VOLTAIRE FOUNDATION

AT THE TAYLOR INSTITUTION, OXFORD

1984

ISSN 0435-2866

ISBN 0 7294 0309 2

Typeset by Cheney & Sons Ltd, Banbury, Oxon OX16 8EY

Printed in England at The Alden Press, Oxford OX2 0EF

Table des matières

Liste des abréviations

i. Ouvrages du marquis d'Argens

1 *Cab. Lettres cabalistiques, ou correspondance philosophique, historique, et critique, entre deux cabalistes, divers esprits élémentaires, & le seigneur Astaroth.* A La Haye, chez Pierre Paupie, 1737-1738. 4 volumes.

Cab (1741). *Lettres cabalistiques, ou correspondance philosophique, historique & critique, entre deux cabalistes, divers esprits elementaires, & le seigneur Astaroth.* Nouvelle édition, augmentée de LXXX. nouvelles lettres, de quantité de remarques, & de plusieurs figures. A La Haye, chez Pierre Paupie, 1741. 6 volumes.

1 *LCh. Lettres chinoises, ou correspondance philosophique, historique et critique, entre un Chinois voyageur à Paris & ses correspondans à la Chine, en Moscovie, en Perse & au Japon.* Par l'auteur des Lettres juives & des Lettres cabalistiques. A La Haye, chez Pierre Paupie, 1739-1740. 5 volumes.

1 *LJ. Lettres juives, ou correspondance philosophique, historique, et critique, entre un Juif voyageur à Paris & ses correspondans en divers endroits.* A La Haye, chez Pierre Paupie, 1736-1737. 6 tomes en 3 volumes.

J'ai consulté deux exemplaires de 1 *LJ*, l'un dans la bibliothèque John Rylands de l'université de Manchester, l'autre dans la bibliothèque universitaire de Liverpool. Or quoiqu'ils se ressemblent à s'y tromper – mêmes pages de titre, même distribution des lettres, *etc.* – il y a de l'un à l'autre certaines variantes, pour la plupart minimes, témoignant du fait qu'il ne s'agit pas moins que de deux éditions différentes. Je ne puis affirmer laquelle des deux est l'originale; mais les variantes ne prouvant pas la supériorité évidente de l'une sur l'autre, j'ai préféré citer toujours d'après l'exemplaire se trouvant à Manchester (1 *LJ* édition A), puisqu'il est complet tandis que les deux derniers tomes manquent à celui se trouvant à Liverpool (1 *LJ*, édition B).

2 *LJ. Lettres juives, ou correspondance philosophique, historique & critique, entre un Juif voïageur en différens états de l'Europe, & ses correspondans en divers endroits.* Nouvelle édition augmentée de XX nouvelles lettres, de quantité de remarques, & de plusieurs figures. A La Haye, chez Pierre Paupie, 1738. 6 volumes.

Le texte que je cite est toujours celui de 1 *LJ*, sauf pour les vingt lettres ne se trouvant qu'en 2 *LJ*. Là où le texte de 2 *LJ* diffère de celui de 1 *LJ*, je n'en donne les variantes que si elles sont d'un intérêt particulier pour le lecteur de cette correspondance. 1 *LJ* étant devenu plutôt rare de nos jours, je donne toujours une référence supplémentaire à 2 *LJ*, sous la forme suivante: 1 *LJ* XVI, i.124; 2 *LJ* XIX, i.166. S'il ne s'agit que du numéro de la lettre, la référence est ainsi donnée: 1 *LJ* XVI (2 *LJ* XIX). Pour une concordance complète de 1 *LJ* et 2 *LJ*, je renvoie le lecteur à l'appendice no 1.

LM. Lettres morales et critiques sur les différens états, et les diverses occupations, des hommes. Par Mr. le marquis d'Argens. A Amsterdam, Michel Charles Le Cene. 1737.

Mémoires. *Mémoires de monsieur le marquis d'Argens. Avec quelques lettres sur divers sujets.* A Londres, aux dépens de la Compagnie. 1735. [4+]312 pp., 12°.

MSRL. *Mémoires secrets de la république des lettres, ou le théâtre de la vérité*, par l'auteur des Lettres juives. A Amsterdam, chez Jacques Desbordes (lettres I à XIII); à La Haye, chez Jean Néaulme (Lettres XIV à XIX) 1737-1748. 6 tomes en 5 volumes.

Philosophie. *La Philosophie du bon-sens, ou réfléxions philosophiques sur l'incertitude des connoissances humaines, à l'usage des cavaliers et du beau-sexe*; par monsieur le marquis d'Argens. A La Haye, chés Adrien Moetjens, 1737.

Voir sur cette édition l'appendice no x.

ii. Autres abréviations

Académie (1762). *Dictionnaire de l'Académie françoise*, quatrième édition. Paris 1762.

Berkvens-Stevelinck (1978). Christiane Berkvens-Stevelinck, *Prosper Marchand et l'histoire du livre: quelques aspects de l'érudition bibliographique dans la première moitié du XVIIIe siècle, particulièrement en Hollande*. Bruges 1978.

BL. British Library, Londres.

Bush (1953). Newell Richard Bush, *The Marquis d'Argens and his Philosophical correspondence. A critical study of d'Argens' Lettres juives, Lettres cabalistiques, and Lettres chinoises*. Ann Arbor 1953.

Cioranescu (1969). Alexandre Cioranescu, *Bibliographie de la littérature française du dix-huitième siècle*. Paris 1969. 3 volumes.

Fransen (1933). J. Fransen, 'Correspondance entre le marquis d'Argens et Prosper Marchand', *Mélanges de philologie offerts à Jean-Jacques Salverda de Grave* (Groningue, La Haye, Batavia 1933), pp.106-25.

Johnston (1928). Elsie Johnston, *Le Marquis d'Argens. Sa vie et ses œuvres. Essai biographique et critique*. Paris 1928.

Jones (1939). S. Paul Jones, *A List of French prose fiction from 1700 to 1750*. New York 1939.

Journalistes. *Dictionnaire des journalistes (1600-1789)*, sous la direction de Jean Sgard, Grenoble 1976.

Kossmann (1937). E. F. Kossmann, *De Boekhandel te 's-Gravenhage tot het eind van de 18de Eeuw*. 's-Gravenhage 1937.

Molino (1972). Jean Molino, 'Le Bon sens du marquis d'Argens. Un philosophe en 1740'. Thèse dactylographiée de l'Université de Paris, 1972. 3 volumes.

Moréri. Louis Moréri, *Le Grand dictionnaire historique . . .* , nouvelle édition. Paris 1759. 10 volumes.

NBib. *Nouvelle Bibliothèque, ou histoire littéraire des principaux écrits qui se publient.* A La Haye, chez Pierre Paupie, 1738-1742. 13 volumes. (A partir de 1743, ce périodique fut publié par P. Gosse. Seuls sont cités ici les volumes publiés par Paupie.)

Trousson (1966). Raymond Trousson, 'Voltaire et le marquis d'Argens', *Studi francesi* 10 (1966), pp.226-39.

Préface

La correspondance qu'on va lire entre Prosper Marchand et le marquis d'Argens comporte soixante-cinq lettres se trouvant toutes dans le fonds March.2 de la bibliothèque universitaire de Leyde. Elles font partie de la très riche collection de papiers léguée à l'université par Marchand, et qui comprend non seulement une correspondance assez vaste, mais aussi un très grand nombre de documents, tant manuscrits qu'imprimés, formant un ensemble d'un intérêt exceptionnel pour l'étude de l'activité littéraire en Europe pendant la première moitié du dix-huitième siècle. C'est le fonds March.2 qui réunit la majeure partie de la correspondance de Marchand, les lettres de ses correspondants étant classées selon le nom de l'expéditeur, et les siennes, moins nombreuses, selon celui du destinataire.

La correspondance entre Marchand et le marquis d'Argens est une des plus importantes de cette collection, tant par le nombre des lettres – quarante-huit du marquis, dix-sept de Marchand – que par leur intérêt, les lettres s'échelonnant sur cette période, de 1735 à 1743, où l'activité littéraire du marquis était à son comble. Ainsi elles nous permettent de suivre, du moins en partie, la composition et la publication de l'ouvrage périodique du marquis qui connut le plus grand succès au dix-huitième siècle, les *Lettres juives*, aussi bien que de certaines des *Lettres cabalistiques*. Elles nous donnent de précieux éclaircissements sur les méthodes de travail du marquis, sur l'apport de Marchand aux ouvrages de son ami, aussi bien que sur le caractère de ces deux personnages qui ont chacun leur intérêt par le rôle qu'ils ont joué dans la république des lettres. La correspondance nous fournit d'ailleurs des renseignements supplémentaires sur les rapports de Voltaire avec d'Argens et nous permet de corriger sur bien des points les biographes du marquis.

Pourtant, tout cela est resté plus ou moins dans l'ombre, faute de pouvoir établir l'ordre chronologique de ces lettres, non datées pour la plupart. C'est ce qui fait le faible de la seule étude consacrée à cette correspondance, celle de J. Fransen,[1] l'auteur se voyant réduit à en parler d'une manière plutôt impressionniste.

Cependant, l'établissement d'un ordre chronologique n'était pas le seul obstacle à la réalisation de cette édition. L'examen des manuscrits révélait bientôt que ceux-ci avaient été classés d'une façon tout à fait arbitraire. Ainsi les quarante-huit lettres écrites par d'Argens à Marchand étaient numérotées de 1 à 52, certaines feuilles détachées appartenant à des lettres déjà classées étant censées constituer autant de 'lettres' incomplètes. Ailleurs il y avait des 'lettres' faites de plusieurs feuilles hétérogènes. Le même désordre caractérisait les dix-sept lettres de Marchand à d'Argens, numérotées tout récemment encore de 1 à 18b. Il s'agissait donc de rétablir le texte intégral de certaines lettres dont les feuilles étaient dispersées et même enchâssées dans d'autres lettres, et ensuite

---

[1] 'Correspondance entre le marquis d'Argens et Prosper Marchand', *Mélanges de philologie offerts à Jean-Jacques Salverda de Grave* (Groningue, La Haye, Batavia 1933), pp.106-25.

d'établir la place de chaque lettre dans l'ordre chronologique.

L'analyse du contenu des lettres a permis de résoudre à peu de chose près ces deux problèmes. Ainsi il ressort de l'examen détaillé de cette correspondance qu'une seule lettre (le no 30) est effectivement incomplète. Pour ce qui est de l'ordre chronologique, il y a, bien sûr, certaines lettres dont il est difficile, voire impossible, d'établir la place précise dans la correspondance. Cela est vrai surtout des lettres écrites par d'Argens vers la fin de cette correspondance, car, les réponses de Marchand faisant défaut et les lettres du marquis manquant de références précises qui auraient servi de points de repère, je me suis vu forcé d'adopter un ordre conjectural, celui qui me paraissait le plus vraisemblable. Néanmoins, l'ordre chronologique de la plupart des lettres ne fait pas de doute; et grâce surtout aux multiples références aux ouvrages périodiques de d'Argens, j'ai pu dater de façon plus ou moins approximative toutes les lettres qu'on va lire.

Les textes de la correspondance sont donc présentés suivant l'ordre chronologique. On trouvera dans les notes critiques de chaque lettre la justification tant de la place que je lui assigne dans la correspondance que de la date que je propose. J'y expose également les raisons qui m'ont fait réunir telle feuille à telle autre pour en faire une seule lettre, sans tenir compte de la numérotation des manuscrits; et sous la rubrique 'Manuscrit' je cite le chiffre – ou, le cas échéant, les chiffres – sous lequel chaque lettre est classée dans le fonds March.2. Pour savoir si le chiffre renvoie aux lettres de Marchand ou à celles de d'Argens, on n'a qu'à voir le nom de l'expéditeur de la lettre en question. Une seule lettre (le no 5) fait exception à cette règle, puisqu'elle est classée, pour des raisons qu'on verra en temps et lieu, parmi les lettres de d'Argens, quoiqu'elle ait été écrite par Marchand. Toutes les lettres sont des originaux autographes, et à deux exceptions près – le no 63 est une mise au net, et le no 65 un brouillon – le manuscrit est celui qui a été envoyé au destinataire. Je supprime donc la mention 'original autographe' dans la description des manuscrits, sauf pour les documents cités en appendice.

J'ai reproduit aussi exactement que possible le texte des manuscrits, ce qui permettra au lecteur de voir à quel point les lettres des deux correspondants diffèrent, tant par l'orthographe que par la ponctuation, la construction grammaticale, l'emploi ou le défaut de paragraphes, d'accents, et de majuscules; en effet, sur tous ces points Marchand et d'Argens suivent chacun son chemin. J'ai cru que je devais respecter toutes les particularités de ces deux façons d'écrire, puisqu'elles nous permettent de saisir sur le vif une partie de la personnalité de l'écrivain. J'ai donc reproduit l'orthographe des deux correspondants sans avoir recours, sauf dans des cas exceptionnels, au *sic* éditorial qui, une fois mis en œuvre de façon systématique, n'aurait guère laissé passer un seul mot du marquis sans intervenir. Quant à la ponctuation, il se peut que de temps en temps j'aie fait bénéficier d'Argens du doute en prenant pour un point ce qui n'était peut-être qu'une marque involontaire sur le papier. A part cela, j'ai respecté le manque quasi total de ponctuation dans ses lettres, celles-ci étant, ce me semble, parfaitement intelligibles sans aucune intervention de ma part; et je me suis également abstenu de les diviser en paragraphes. Je ne supplée pas non plus les accents ni les majuscules, quoiqu'ils manquent le plus souvent dans les lettres du marquis. Pour ce qui est des variantes, on trouvera dans les notes critiques à chaque lettre toutes les phrases raturées que j'ai pu débrouiller; pour celles qui restent indéchiffrables, je signale leur présence dans le texte par une note.

L'appareil critique de cette édition n'a pas besoin, à ce que je crois, d'autre explication puisqu'il suit en tout la magistrale édition Leigh de la correspondance de Jean-Jacques Rousseau.

Qu'il me soit permis d'exprimer ici ma profonde reconnaissance au dr P. F. J. Obbema, conservateur des manuscrits occidentaux à la bibliothèque universitaire de Leyde, ainsi qu'à ses collègues qui ont facilité mes recherches à Leyde avec une parfaite complaisance; et en particulier madame Christiane Berkvens-Stevelinck, auteur d'une thèse de doctorat sur Prosper Marchand et qui est en train de dresser un inventaire de la totalité de sa correspondance: elle a eu l'extrême obligeance de répondre à maintes questions de ma part. Je tiens à remercier aussi le dr Frank Taylor, ci-devant sous-directeur de la bibliothèque John Rylands de l'université de Manchester, et le directeur des archives municipales de La Haye, qui tous deux ont eu la complaisance de faciliter mes recherches et de répondre à mes questions; mon collègue David West, professeur de latin à l'université de Newcastle upon Tyne, qui a bien voulu dépister pour moi les citations et allusions classiques; mes collègues dans le département d'études françaises, à qui je dois des renseignements qui m'ont tiré de plus d'une impasse; et surtout mon collègue et ami Andrew Fairbairn, qui non seulement a relu le manuscrit de cet ouvrage et m'a aidé de ses suggestions précieuses, mais qui a eu encore l'extrême obligeance de m'indiquer les allusions au marquis d'Argens se trouvant dans la correspondance inédite entre Anfossi et le marquis de Caumont. C'est à cette généreuse co-opération de sa part que sont dues les quelques citations de cette correspondance qu'on lira dans la présente édition. A madame Blanche Peace, qui a bien voulu relire une grande partie de mon manuscrit, je suis redevable de maintes corrections. Enfin, je remercie l'université de Newcastle upon Tyne, dont le Research Fund a subventionné les voyages nécessaires à la préparation de cette édition.

Steve Larkin

Introduction

POURQUOI, pourrait demander le lecteur, publier une correspondance échangée entre deux hommes du dix-huitième siècle dont ni l'un ni l'autre ne jouissent de la renommée d'un Voltaire, d'un Diderot ou même d'un d'Argenson?

Détrompons-nous. Certes, Prosper Marchand est toujours resté un peu à l'écart de la recherche, même pour les dix-huitiémistes. Il joue en effet à première vue un rôle tout à fait secondaire dans l'histoire littéraire du dix-huitième siècle.

Quant à d'Argens, auteur à grand succès à son époque, mais absent des grandes histoires de la littérature, il n'a pas échappé à cette alternative: soit être considéré comme auteur de second ordre, soit être l'objet de jugements non fondés.

Jacques-Charles Brunet nota tout net qu'à part l'*Histoire de l'esprit humain*[1] 'Les autres ouvrages de cet auteur ont peu de valeur'[2] et il n'y a pas longtemps qu'un critique allemand laissait libre cours à des remarques plus ou moins fantaisistes.[3]

Mais la plupart des critiques ont au moins lu une partie de l'œuvre volumineuse du marquis,[4] et surtout ses *Lettres critiques et philosophiques*. Cette collection de lettres comprend trois séries: les *Lettres juives*,[5] les *Lettres cabalistiques* et les *Lettres chinoises* qui, selon lui, forment un tout plus ou moins homogène.[6]

La critique littéraire portant sur l'œuvre de d'Argens, et qui s'étend du dix-huitième siècle jusqu'à nos jours, a souvent rendu un témoignage de respect à sa première œuvre capitale, les *Lettres juives* dont nous pouvons poursuivre le développement dans la correspondance présente.

Il convient de donner ici au lecteur quelques informations pour éclairer le contexte général et justifier ce que nous venons d'alléguer.

Jean-Baptiste de Boyer, marquis d'Argens (27.6.1703-12.1.1771) est originaire d'Aix-en-Provence. Après une vie aventureuse qu'il nous relate dans ses *Mémoires* parus en 1735, et surtout après une chute de cheval qui met fin à sa carrière militaire,[7] d'Argens décide de s'installer en Hollande et de se vouer à la carrière d'homme de lettres (hiver 1734/5).

Jean-Henri S. Formey nous raconte dans ses *Nouveaux mémoires de l'Académie royale des sciences et belles lettres* que, lors de son arrivée en Hollande, le marquis

---

[1] Cp. d'Argens, *Histoire de l'esprit humain ou Mémoires secrets et universels de la République des Lettres* (Berlin 1765-1768).

[2] Jacques-Charles Brunet, *Manuel du libraire et de l'amateur de livres*, 5e éd. (Paris s.d.), i.419.

[3] Cp. K.-J. Bremer, *Montesquieus Lettres persanes und Cadalsos Cartas marruecas: eine Gegenüberstellung von zwei pseudo-orientalischen Briefsatiren* (Heidelberg 1971), pp.66-68.

[4] Cp. la bibliographie chronologique des œuvres du marquis d'Argens dans Johnston (1928), pp.205-209.

[5] *Lettres Juives ou correspondance philosophique, historique et critique, entre un Juif voyageur en différens Etats de l'Europe et ses correspondans en divers endroits* (Amsterdam 1736-1737) [ci-après *LJ* (Amst.)].

[6] Cp. 1*LCh*, t.i, préface.

[7] Cp. *Mémoires*, pp.207ff.

n'avait acquis aucun savoir sérieux et qu'il n'avait que très peu de disposition à bien écrire; mais il avait du génie, de l'ardeur, de la persévérance, et surtout des amis 'qui présidèrent à ses premières compositions, qui le mirent aux faits des sources, qui limèrent et rabotèrent son style ...'.[8] Selon Formey, ces amis auraient été deux pasteurs de religion protestante, Chaix et de La Chapelle, avec qui d'Argens s'était lié à La Haye. Ce renseignement a été repris par E. Johnston dans sa biographie.[9]

Grâce à J. Fransen, nous savons que la main droite du marquis fut Prosper Marchand.[10] C'est lui qui non seulement corrigeait le style et l'orthographe souvent curieuse de d'Argens, mais qui a essentiellement contribué au contenu des *Lettres juives*. Cette contribution comprend par exemple les douze corrections que Marchand propose au marquis dans la lettre no 3 et qui concernent *LJ* (Amst.) xvi, corrections qui, pour la plupart, seront acceptées par d'Argens; elle comprend la critique sévère de Brito[11] concernant la persécution, la critique dans les lettres nos 15, 26, 30 et 34 et la proposition d'un nouveau sujet comme dans la lettre no 15. Un exemple pourra tout de même nous montrer à quel point différent leurs mentalités. Il s'agit de la réaction de Marchand à la lettre cxx des *Lettres juives* portant sur la persécution des hérétiques.

Tandis que la critique dans la lettre no 3 est toute modérée, sans passion et ne concerne que le texte, elle devient de plus en plus âpre et personnelle par la suite.

D'Argens, monarchiste engagé, avait écrit que chaque sujet doit obéissance absolue au roi; Marchand s'emporte en essayant de démontrer que le sujet est obligé de réagir contre son souverain dès qu'il s'aperçoit que celui-ci abuse de son pouvoir, et il continue ainsi: 'Il n'est pas étonnant qu'un François, élevé dans des Principes de Soumission aveugle ne sente plus cela, et détruise lui-même ainsi ses propres Droits et son propre Bonheur; mais, pour ceux qui ont repris les Lumieres Naturelles, il leur doit être permis de penser autrement.'[12] Marchand s'exprime sans ambages dès qu'il s'agit de corriger le travail de son 'Très cher Marquis', dont il prend congé dans ses lettres avec les mots 'Tuus ex animo'.[13]

C'est ainsi qu'il lui conseille de prendre ses distances par rapport aux *Mémoires*, parce que la description de certaine aventure érotique trop lascive ferait naître de méchantes critiques. La meilleure solution serait de présenter le tout comme une frasque de jeunesse et les 'Honetes gens' lui pardonneraient ce faux pas, vu l'œuvre divertissante et instructive, les *Lettres juives*.[14]

---

[8] J.-H. S. Formey, 'Eloge du marquis d'Argens', *Nouveaux mémoires de l'Académie royale des sciences et belles lettres* (Berlin 1773), p.48.

[9] Cp. Johnston (1928), p.33.

[10] 'Et si Prosper Marchand n'a été cité nulle part parmi les "amis éclairés du marquis", il est certain que pendant la composition des *Lettres Juives* il en a été, et un des plus zélés' (Fransen, 1933, p.108).

[11] Jacob Brito est un des correspondants juifs dans les *Lettres juives*. Les deux autres s'appellent Aaron Monceca et Isaac Onis.

[12] Cp. le no 26.

[13] Cp. les nos 11 et 17.

[14] Cp. le no 30. Cp. aussi le no 47.

Dans une autre lettre, Marchand lui fait comprendre qu'une de ses *Lettres juives* ne sera pas imprimée parce que la critique du mariage y est insensée 'et en quelque façon regardé comme une Imagination de Fous'.[15] En outre, Marchand lui reproche des fautes assez importantes concernant la Bible, reproche d'autant plus cocasse que d'Argens eut plus tard la réputation d'un érudit de la Bible et des Pères de l'Eglise.[16]

Si Marchand souligne sans pitié les lacunes dans les connaissances du marquis, il ne manque pas de les combler aussitôt.

Ainsi, Marchand se montre extrêmement étonné de constater que d'Argens, écrivant sur les historiens d'Angleterre dans ses *Lettres juives*[17], ne connaît pas Gilbert Burnet. Dans la lettre no 32, il lui annonce: 'J'ai ajouté aux *Hist. Anglois* un Article pour BURNET. Vous me direz si vous serez content.'[18] Au moment où d'Argens veut écrire sur l'Angleterre, il prie Marchand de lui envoyer les *Lettres sur les Anglois* de Béat de Muralt[19] car il n'avait jamais été en Angleterre[20] et ne connaissait point les Anglais.

Dans les lettres de Marchand se succèdent maintes critiques et propositions. Un passage d'une de ces lettres nous révèle clairement – malgré les protestations réitérées d'un commun accord – que les plans d'argumentation ainsi que les positions des deux amis sont non seulement différents mais incompatibles.

Dans la lettre no 34, Marchand écrit à d'Argens que ses *Lettres juives* ont un succès énorme et que Paupie[21] fait tirer le cinquième volume à deux mille exemplaires.

Marchand poursuit ainsi son argumentation: 'Quant à l'Estime des Honnetes-Gens, elle augmente de même; & si vous vouliés ne pas tant vanter les Principes despotiques, que vous devriez detester en étant une triste Victime; et rendre un peu plus de justice aux sages Gouvernemens où l'on traitte l'Homme en Homme; vous la verriés encore croitre et embellir.'

D'Argens est un partisan résolu du 'despotisme éclairé', tandis que Marchand semble être un passionné du système républicain.

Cependant les deux écrivains ont, dans le cadre de l'argumentation générale, bon nombre de critiques et d'opinions communes. Parmi ces coïncidences, figure la critique incessante de l'intolérance, du dogmatisme, de l'esprit borné ainsi que le concert de louanges à l'égard d'un pays où la liberté d'opinion n'a, apparemment,[22] pas de limites: il s'agit des Pays-Bas, plus précisément de la

---

[15] Cp. le no 15.

[16] Cp. J.-Ph. Damiron, *Mémoire sur le marquis d'Argens* (Paris 1856), pp.69-70.

[17] Cp. *LJ* (Amst.) CXXVIII, pp.97ff, CLXIX, pp.283ff., CLXX, p.311.

[18] Cp. le no 32. D'Argens semble lui avoir répondu qu'il en a été très content.

[19] Béat de Muralt, *Lettres sur les Anglois et les François et sur les voiages* (Paris 1725).

[20] Le marquis d'Argens n'a jamais été en Angleterre bien que N. R. Bush envisage la possibilité qu'il y ait été (cp. Bush, 1953, p.201). Dans la lettre no 20, où d'Argens prie Marchand de lui envoyer les *Lettres sur les Anglois* ... de Béat de Muralt, il ajoute: 'monceca est depuis huit letres en angletere et je n'ai jamais eté dans ce pais la j'ai bessoin d'aidé pour me donner ses idées.'

[21] Pierre Paupie est l'éditeur principal des œuvres du marquis en Hollande.

[22] Eugène Hatin souligne que, en Hollande, il y eut aussi un règlement à observer quant à la publication des productions littéraires. Celles-ci existaient en vertu d'un privilège, d'un octroi qui leur était concédé: 'Avec privilége de Nosseigneurs les Etats

Hollande.[23]

Dans ses 'Lettres sur divers sujets', d'Argens note: 'C'est ici le pais du bon sens et de la liberté; la première entraine l'autre necesairement. L'homme en Hollande n'est sujet qu'aux Lois. C'est elles seules qu'il craint et qu'il respecte. Libre dans tout ce qui ne va point contre l'Etat, il ne connoît d'autres Maîtres que la vertu et son devoir.'[24] Et il ajoute: 'La Hollande semble être la patrie des Philosophes. Libre du joug qu'on impose ailleurs à la Raison, ils sont les Maîtres d'en faire usage. C'est à la sage police de ce pais que l'Europe est redevable des Ouvrages des plus grands Hommes.'[25] La connaissance des choses n'empêche pas d'Argens de voir dans le despotisme éclairé la forme de l'Etat idéal.

L'étude de la troisième partie de ses 'Lettres critiques', les *Lettres chinoises*, nous révèle pourquoi d'Argens 'vante tant les principes despotiques'.[26]

D'Argens récuse tout dogmatisme ecclésiastique. Le marquis note dans ses *Mémoires*: 'Les honnêtes gens sont de toute religion'.[27]

D'Argens est un déiste déclaré.

Dans les *Lettres chinoises*, collection de lettres que nous désignons par 'Correspondance de voyage critique pseudo-orientale', et qui contient 150 lettres de huit pages, deux des six correspondants sont des adversaires directs: un athée et un déiste. Dans le courant de la discussion, le déiste Yn-Che-Chan se révèle homme d'âge mûr, sage et indulgent, qui défend l'universalité de la foi inébranlable en un Etre suprême. Après de longues discussions, que nous ne pouvons que mentionner en passant, les correspondants établissent, sous l'auspice du marquis bien entendu, une corrélation directe, solide et valable, entre l'Etre suprême, le père des peuples, et le souverain sage et éclairé, le père d'un peuple quelconque. En d'autres termes, la conception qu'a de l'Etat le despotisme éclairé se subordonne à la conception du monde professée par le déisme et, ce qui est important, par le confucianisme. Ce confucianisme, au sujet duquel d'Argens s'est informé par la lecture des travaux amples et solides effectués par les jésuites, lui fournit tous les arguments pour consolider sa position déiste.

L'importance de l'influence du confucianisme sur le déisme a été longtemps négligée, mais nous pouvons maintenant affirmer que la connaissance de la philosophie de Confucius a contribué à renforcer sérieusement la position des déistes au Siècle des Lumières. En outre, nous constatons que d'Argens y joue un rôle de premier ordre. En découvrant l'importance des thèses de Confucius pour le déisme, en vulgarisant ses connaissances dans ses *Lettres chinoises*, d'Argens est, en effet, le précurseur de Voltaire.

généraux de Westfrise et de Hollande'. Cp. Eugène Hatin, *Les Gazettes de Hollande et la presse clandestine au dix-septième et dix-huitième siècles* (Paris 1865), p.87.

[23] Cp. le no 61; pour le caractère hétérogène qu'incarne la Hollande au siècle des Lumières cp. A. Sayous, *Le Dix-huitième siècle à l'étranger* (Paris 1861), i.27ff.

[24] *Mémoires*, p.306.

[25] *LJ* (Amst.) XCII, p.14.

[26] Pour les explications qui suivent cp. aussi W. Steinsieck, *Die Funktion der Reise-und Briefliteratur in der Aufklärung untersucht am Beispiel der Lettres chinoises des Marquis d'Argens* (Aachen 1974), pp.93ff.

[27] *Mémoires*, p.113.

Selon la conception déiste et confucianiste, toutes les qualités qu'on attribue à l'Etre suprême doivent se refléter chez le prince éclairé.

Nous trouvons dans la *Description géographique ... de la Chine* du p. Du Halde le portrait modèle 'du père de tout l'Empire',[28] portrait que relève un passage écrit par un correspondant déiste des *Lettres chinoises* concernant l'avènement du jeune roi de Prusse, Frédéric II: 'il est le père de ses peuples; il les chérit autant qu'un chef de famille aime ses enfans; il entre avec soin et avec plaisir dans leurs besoins; sa principale étude est de leur faire du bien. [...] Il compte ses jours par ses bienfaits et croit perdre les momens qu'il n'emploie point au bonheur de son peuple.'[29] L'Etat idéal, selon d'Argens, serait fondé sur la combinaison d'une législation républicaine et libérale avec l'ordre patriarcal de l'absolutisme ou despotisme éclairé.

Prosper Marchand, lui, se situe plutôt sur le terrain républicain. Ceci se voit clairement dans une réponse qu'il donne à d'Argens concernant le devoir de résistance et d'opposition du sujet vis-à-vis d'un monarque injuste.

Dans les *Lettres juives* d'Argens avait abordé le problème suivant: Jacob Brito relate l'opinion des Anglais selon laquelle les jésuites sont à l'origine du déclin de l'Angleterre, que grâce aux jésuites les Protestants anglais ont admis un roi catholique, le roi Jacques II, et qu'enfin ces mêmes Protestants, se souvenant du sort des Huguenots en France et voyant que ce roi essayait 'd'établir [le Papisme] sur la Ruine de nos Libertez et de notre Religion',[30] se sont décidés à le détrôner.

Et, Brito, commentant la prétendue relation des Anglais, continue: 'Car, enfin, malgré les Risques que couroient les Protestants d'Angleterre, je ne saurois approuver leur Conduite; je suis fermement persuadé qu'il n'est jamais permis aux Sujets de se révolter contre lerus [*sic*] Souverains'.[31] Indigné, Marchand lui répond le 24 janvier 1737:

Je viens de finir le IV Vol. par la Lettre de *Brito* sur la Persecution. Elle est admirable; & s'il n'y avoit pas une Queue qui y donne une Entorse, ce seroit le Chef-d'Œuvre de vos Lettres. Pourquoi diable, après avoir si bien et si sénsément fait raisonner les Anglois sur la Liberté, vous avisez vous de les desaprouver dans une Demarche découlante si naturellement de leurs Principes? Quoi que vous en disiés, il sera toujours permis à l'Home, qui ne sera point Ennemi de lui-même et des siens, d'empêcher le Prince d'abuser du Pouvoir qu'il lui a confié; et ce Prince ne sera jamais légitimement Prince, qu'autant qu'il observera les Conditions auxquelles il se sera engagé[32]

et il continue en attaquant sévèrement le marquis lui-même. Dans la lettre no 28 Marchand revient à ce problème et reproche à d'Argens de détruire tout simplement par son commentaire toute la belle théorie mise sur pied auparavant. Qui était donc ce Prosper Marchand que d'Argens n'hésite pas à appeler son 'père littéraire'[33] ou son 'dieu tutélaire'[34]? Nous nous référons aux renseignements

[28] Cp. Jean Baptiste Du Halde, de la Compagnie de Jésus, *Description géographique, historique, chronologique, politique et physique de l'empire de la Chine et de la Tartarie chinoise ...* (La Haye 1736), ii.26.
[29] 1*LCh* CXXI, p.2; cp. aussi 1*LCh* CXXVIII, pp.1-2.
[30] *LJ* (Amst.) CXX, p.376.
[31] *LJ* (Amst.) CXX, p.377.
[32] Lettre no 26.
[33] Lettre no 24.
[34] Lettre no 33.

fournis par mme Christiane Berkvens-Stevelinck qui, dans un exposé court, mais très richement documenté, a étudié la vie et l'œuvre de P. Marchand.[35]

Marchand (11.3.1678-14.6.1756) est originaire de la ville de Saint-Germain-en-Laye. Il apprend le métier de libraire, s'installe à divers endroits en France et en Hollande et quitte ce même métier en 1713, dégoûté par les pratiques de ses collègues. Mais le travail ne lui manque pas: il entretient une ample correspondance avec un grand nombre d'érudits en Europe, il développe une nouvelle méthode de classement systématique de livres,[36] il publie les œuvres de Bayle,[37] de Chardin[38] et de beaucoup d'autres.

Ses œuvres capitales sont l'*Histoire de l'origine et des premiers progrès de l'imprimerie*[39] dont Brunet fait un rapport détaillé dans son *Manuel du libraire*[40] et le *Dictionnaire historique*[41] que mme Berkvens-Stevelinck considère comme l'œuvre la plus importante[42] et à laquelle Brunet ne voue que trois lignes.[43] Certains critiques considèrent ce dictionnaire comme le digne successeur du dictionnaire de Bayle.[44]

Prosper Marchand était un homme très occupé; et il avait déjà une grande carrière derrière lui, lorsque d'Argens se décida à s'installer en Hollande, plus exactement à La Haye, où il fait sa connaissance en 1735.

L'installation à La Haye s'explique par plusieurs raisons. D'abord le climat intellectuel libéral dont nous avons déjà fait mention et que Sayous décrit d'une façon très spirituelle.[45] Ce climat offre au marquis toutes les conditions requises pour exercer une activité littéraire dans des conditions acceptables. Par ailleurs il se croit à l'abri des poursuites de la part de sa famille.

Après la démission du jeune d'Argens du régiment du duc de Richelieu,[46] le vieux d'Argens père avait en vain essayé de rappeler son fils à Aix-en-Provence, et même l'intervention du cardinal de Fleury n'eut aucun succès.

Aussi d'Argens garde-t-il en Hollande un strict incognito. Dans les 'Lettres sur divers sujets', d'Argens note au sujet d'un entretien avec Francisco Lopez de Liz qui voulait savoir comment il s'appelait: 'quelque fâché que j'aie été de ne pouvoir le satisfaire, je n'ai point voulu violer la ferme résolution de ne point

---

[35] Berkvens-Stevelinck (1978), pp.xxi-xxxvi.

[36] A. Sayous a appelé Marchand l'un des pères de la bibliographie moderne. Cp. i.45.

[37] *Dictionnaire historique et critique par mr Pierre Bayle*, p.p. Prosper Marchand, M. Böhm (Rotterdam 1720).

[38] Jean Chardin, *Voyages du chevalier Chardin en Perse et autre lieux de l'orient ...*, Nouvelle édition, p. p. Prosper Marchand, Aux Dépens de la Compagnie (Amsterdam 1735).

[39] Paru à La Haye en 1740.

[40] Cp. J.-Ch. Brunet, *Manuel du libraire ...*, t.iii, cols.1398-99.

[41] *Dictionnaire historique ou mémoires critiques et littéraires concernant la vie et les ouvrages de divers personnages distingués, particulièrement dans la République des Lettres* (La Haye 1758-1759).

[42] Cp. Berkvens-Stevelinck (1978), p.xxxii.

[43] A l'*Histoire de l'origine et des premiers progrès de l'imprimerie* il consacre soixante-neuf lignes.

[44] Cp. Eug. et Em. Haag, *La France protestante*, vi.223, cité dans Berkvens-Stevelinck (1978), p.xxxiii.

[45] Cp. A. Sayous, *Le Dix-huitième siècle à l'étranger ...*, i.27.

[46] Cp. *Mémoires*, pp.218ff.

me nommer en Hollande'.[47] Le plus grand souci du marquis d'Argens était de ne pas être découvert, et on retrouve ce souci comme un fil rouge à travers toute la correspondance présente.

Non seulement il voulait se soustraire à l'emprise de sa famille, mais encore beaucoup plus à celle des ennemis qu'il s'était faits en Hollande, et parmi lesquels se distinguent surtout un certain Bruzen de La Martinière, J. B. des Roches de Parthenay ainsi que la veuve de l'historien H. P. de Limiers. Les deux correspondants parlent souvent de ces adversaires pour lesquels ils ont inventé des surnoms.

Bruzen de La Martinière, l'auteur du *Grand dictionnaire géographique, historique et critique*[48] s'était irrité contre d'Argens à cause de quelques remarques, à ses yeux blessantes, que le marquis avait faites dans les *Lettres juives* concernant l'Espagne:

Roiaume de Valence, Païs peuplé de Meurtriers, de Voleurs et d'Assassins ...[49] ... L'Avarice, la Cruauté, la Fureur, et la Rage sont les vertus du Nazaréisme Espagnol![50] ... La bonne Philosophie est entièrement inconnue en Espagne. L'Inquisition sa plus mortelle Ennemie, persécute quiconque cherche à éclairer les hommes ... Il est à la vérité permis aux Espagnols de s'acquitter de toutes les Fonctions animales; mais il leur est expressément défendu de penser.[51]

Au début, de La Martinière répondait à ces remarques sans nommer ni l'œuvre ni l'auteur,[52] et le marquis, à son tour, renonça même à lui répondre bien que Marchand l'y eût incité. Mais bientôt, de La Martinière se ravise et relève grossièrement ce que d'Argens avait fait écrire à Jacob Brito; il déverse sa bile dans la *Bibliothèque française*.[53]

Dans la lettre no 19 d'Argens apprend à Marchand: 'je pinceray rudement le sieur la martiniere dans la preface de ce quatrieme volume'.[54] Il pincera non seulement de La Martinière mais aussi son 'adjoint', Des Roches de Parthenay. Vu leur attitude favorable à l'Espagne, il les appellera Dom Quichotte et Sancho Pança. C'est ainsi qu'on trouve dans l'introduction au quatrième volume des *Lettres juives* la dédicace suivante: 'Au preux et admirable Dom Quichotte de la Manche, invincible Chevalier des Lions' et il continue en priant avec une ironie amère l'âme du vrai Dom Quichotte d'avoir l'œil sur ce rival ridicule et recommande 'qu'il ne doit point jouir du Droit d'être aussi extravagant que vous'.[55]

Dans la lettre no 22, d'Argens fait savoir à Marchand qu'il vient de répondre 'dans la preface aux invectives du sieur chevalier de liberie (= Ibérie) cousin de don quichote', et, se calmant peu à peu, il demande à Marchand de bien vouloir adoucir et modérer sa satire si jamais elle lui paraissait trop mordante.

[47] *Mémoires*, p.312
[48] Paru en six volumes à La Haye de 1726-1730.
[49] *LJ* (Amst.) xciii, p.37.
[50] *LJ* (Amst.) c, p.123.
[51] *LJ* (Amst.) cvi, pp.193-94.
[52] Cp. le no 12.
[53] Cp. *Bibliothèque française*, xxiii, ii (1736), pp.290-302.
[54] Il s'agit du quatrième volume des *Lettres juives*.
[55] *LJ* (Amst.), t.iv, préface.

D'Argens rend Des Roches de Parthenay au moins aussi ridicule que de La Martinière. Le marquis écrit la dédicace suivante dans le cinquième volume des *Lettres juives*: 'Au naif et inimitable Sancho Pança, le vrai modèle des fidèles et bons écuyers, Gouverneur de l'ile Barataria'[56] – l'idée est apparemment de Marchand.[57]

Mais ces deux adversaires ne sont pas les seuls à vouloir dépister le marquis. Il existe encore un certain de Putter qui contribue à ce que d'Argens se décide à s'établir à une lieue de La Haye pour s'y occuper d'une nouvelle œuvre, imitée de Plutarque, une 'Vie des Hommes Illustres'.[58]

Peu de temps après, d'Argens se met à envisager si, pour des raisons tout à fait pratiques, il n'aurait pas avantage à s'installer à 'mastrec' (= Maastricht), d'abord parce qu'il y serait parfaitement inconnu, et, ensuite, parce que 'l'escalin vaut onse sols dans ce pais'.[59]

Si cette valeur monétaire l'intéresse tant, c'est parce qu'il pourvoit aux besoins d'un ménage de deux personnes: lui-même et sa compagne, dont il parle à plusieurs reprises,[60] l'appelant 'ma femme'[61] et même 'mon épouse'.[62] Voltaire, qui est au courant des relations intimes entre d'Argens et sa compagne, l'appelle mlle Lecouvreur d'Utrecht sur le modèle d'Adrienne Lecouvreur.[63] Prosper Marchand, aussi craintif que versatile, conseille maintenant à d'Argens de ne plus affronter ses ennemis sous son vrai nom, mais il lui recommande d'imiter le limaçon: 'renfermez vous dans votre Coquille, et ne montrez les Cornes que dans votre Jardin'.[64]

Passons sur la petite querelle entre Marchand et d'Argens, sur le bluff du marquis quand il déclare vouloir quitter la Hollande.[65] Retenons que vers cette époque, d'Argens envisage de commencer à écrire ses *Mémoires secrets* ... et les *Lettres cabalistiques*:[66] Marchand en est content – much ado about nothing.

De nouvelles raisons poussent le marquis d'Argens à quitter sa demeure. La première est son mauvais état de santé. D'Argens se plaint souvent de ses maladies[67] et surtout de ce que les maux de tête le torturent. Il craint sans cesse quelque infection grave qui serait fatale.

La seconde raison est 'le plaisir de voir de tems en tems mon frère'.

Quand d'Argens réussit enfin à se réconcilier avec sa famille, il écrit à Marchand: 'mes afaires sont entierement finies mon pere m'a ecrit et mon frere est actuellement ici tout est calmé dans ma famille et ce qu'il y a de mieux c'est que soit la joie ou le contentement je me porte beaucoup mieux'.[68] Un homme

---

[56] t.v, préface.
[57] Cp. le no 40.
[58] Cp. les nos 24 et 26. Cette 'Vie des Hommes Illustres' est restée à l'état de projet.
[59] Lettre no 27.
[60] Cp. les nos 27, 29, 32, 41, 56, 57.
[61] Lettre no 27.
[62] Lettre no 56.
[63] Cp. Best.D1263.
[64] Lettre no 39.
[65] Cp. les nos 41, 43, 44, 48.
[66] Cp. le no 44.
[67] Cp. les nos 12, 14, 16, 53, 56, 57, 58, 59.
[68] Lettre no 60.

le félicite de ce racommodement. Cet homme, d'Argens l'appelle 'un des plus grands génies de l'Europe', 'Le Favori d'Apollon'[69] et il est en relation avec lui depuis le mois de septembre 1736: il s'agit de Voltaire.[70]

Les relations de Voltaire avec le marquis d'Argens font l'objet d'une étude approfondie de M. R. Trousson.[71] Le critique affirme à juste titre que d'Argens s'est peu à peu détaché de Voltaire après avoir reconnu une supercherie assez malhonnête de la part de celui-ci.[72]

De quelle supercherie s'agit-il?

Dans la lettre no 20, d'Argens écrit à Marchand:

rousseau[73] a fait une epigrame contre moy – il a fait son devoir et na point tort elle comence ainsi.

> cet egrefin plus errant que le juif
> dont il emprunte et le stille et le masque

je n'en scay que cella c'est voltaire qui m'a apris cette nouvelle[74]

Pourtant cette 'épigramme sanglante' comme dit Voltaire, ne se trouve nulle part dans les *Œuvres* de J. B. Rousseau.[75] La raison en est que Voltaire a probablement cru trouver dans le marquis d'Argens un allié contre Rousseau, qu'il avait en horreur et sur lequel il avait justement trouvé un méchant passage dans les *Lettres juives*.

Ce fameux passage, nous le trouvons dans la Lettre LX: Aaron Monceca y parle d'abord de Voltaire, ensuite de la nouvelle tragédie *Alzire*; la critique se présente comme un panégyrique bourré de superlatifs. Monceca saisit ensuite l'occasion de malmener assez rudement l'ennemi de Voltaire, Jean-Baptiste Rousseau. Il le désigne par 'Monstre vomi de l'Enfer', par 'Ennemi de Tout le Genre Humain', par 'Couleuvre d'Esope'.[76] Tout cela a dû non seulement servir d'aliment à l'enthousiasme de Voltaire envers d'Argens mais, plus encore, à l'espoir que celui-ci continuerait à attaquer son ennemi personnel. Dans presque chaque lettre adressée au marquis, il essaye de lui insinuer de faire pièce à Rousseau.[77]

Cette amitié entre Voltaire et d'Argens, mue du côté de Voltaire essentiellement par l'intérêt, prend fin au cours du printemps de l'année 1753,[78] au moment où d'Argens se range du côté du roi dans la fameuse affaire de la *Diatribe du Docteur Akakia*.[79]

---

[69] Cp. *LJ* (Amst.) t.v, préface.

[70] Cp. Best.D1140.

[71] Cp. Trousson (1966).

[72] Nous pouvons dater leurs relations d'amitié de 1736 à 1753. Cp. W. Steinsieck, *Die Funktion* ..., p.40, note 4.

[73] Il s'agit de Jean Baptiste Rousseau (1671-1741).

[74] Ces nouvelles, d'Argens les a reçues par une lettre de Voltaire qui date du 25 octobre 1736 (Best.D1182).

[75] Cp. Best.D1182, note 4; *Œuvres complètes de Voltaire*, p. p. L. Moland (Paris 1877-1883), xxxiv.148, n.1.

[76] Cp. *LJ* (Amst.) LX, pp.334-35.

[77] Cp. Best.D1172, D1228, D1204, D1190.

[78] Pour tout renseignement détaillé, cp. Trousson (1966), pp.234 ff.

[79] Cp. par exemple W. Mönch, *Voltaire und Friedrich der Grosse* (Stuttgart 1943), pp.131ff.

Mais il y a loin de la correspondance présente à la rupture de leur 'affection mutuelle'.

Dans les lettres nos 21 et 23, nous trouvons les premières réactions de d'Argens à l'annonce de Voltaire qu'un certain Révol[80] viendrait en Hollande et y servirait de relais pour la correspondance.[81] Révol, comme on le devine facilement, c'était Voltaire lui-même, et d'Argens le savait, comme nous le prouve la lettre no 24. Voyons les débuts de leurs relations amicales.

D'Argens est toujours très fier de chaque critique positive de la part de Voltaire.[82] Il en est même si fier qu'il cite une lettre du 'favori d'Apollon' – sans le nommer – dans la préface du tome v des *Lettres juives*. Il s'agit d'une lettre du 20 janvier 1737 où nous lisons: 'Si les Lettres Juives me plaisent, mon cher Isaac![83] Si j'en suis charmé! Ne vous l'ai-je pas écrit trente fois? Elles sont agréables et instructives, elles respirent l'humanité et la liberté. Je soutiens que c'est rendre un très grand service au public de lui donner deux fois par semaine, de si excellents préservatifs.'[84] D'Argens n'a pas cité intégralement ce passage que nous venons de lire. Il a mélangé en somme les remarques de cette lettre du 20 janvier 1737 à celles d'une autre datant du 20 décembre 1736, afin que la louange soit encore plus considérable. Dans cette lettre-ci nous trouvons la phrase suivante: 'Oui, je vous rends grâces au nom de tous les gens qui pensent, au nom de la nature humaine qui réside dans eux seuls, des vérités que vous dites.'[85] Et voici ce que nous lisons dans les *Lettres juives*: 'Si les Lettres Juives me plaisent, mon cher Isaac? Si j'en suis charmé! Ne vous l'ai-je pas écrit trente fois? Continuez je vous le demande au nom de tous les Philosophes, au nom de tous les gens qui pensent, au nom enfin de l'Humanité. C'est rendre à tous les hommes un service considérable, que de leur donner deux fois par semaine des Instructions aussi salutaires.'[86] D'Argens s'inquiète toujours beaucoup du succès de ses productions littéraires,[87] en particulier de celui de ses *Lettres juives*, qu'il nomme une fois 'mes favorites et bien aimées'.[88] Bien que Voltaire le charmât en lui décernant des louanges, il craignait sans cesse l'échec soudain de ses 'Lettres critiques', ce qui lui procurait des sueurs froides.[89]

C'est ici que prend fin la correspondance entre d'Argens et Marchand.

Comme il a été mentionné au début, la part la plus importante des contributions littéraires apportées par ses amis au marquis d'Argens revient sans aucun doute à Prosper Marchand. D'Argens, et nous ne pouvons pas lui en faire le reproche, a toujours estimé à un très haut degré les efforts déployés par Marchand, efforts dont profitaient uniquement son nom et son œuvre. Le

[80] Révol est l'anagramme raccourcie de Voltaire.
[81] Cp. Best.D1223.
[82] Cp. Best.D1277, D1263, D1342.
[83] C'est par amitié que Voltaire appelle d'Argens Isaac vu que l'un des correspondants des *LJ* porte ce nom.
[84] Cp. Best.D1263.
[85] Cp. Best.D1228.
[86] *LJ* (Amst.) t.v, préface.
[87] Cp. les nos 4, 13, 16, 24, 29, 30, 33, 34, 37, 45, 58, 60.
[88] Lettre no 12.
[89] Cp. les nos 12, 13, 19, 24, 31, 32, 37, 49.

marquis ne laisse passer aucune occasion de remercier Marchand de son aide et de son travail inlassable; partant d'un simple 'merci', d'Argens s'égare vite en louanges exagérées;[90] à maintes reprises, il l'incite à corriger tout ce qui bon lui semble.[91] Marchand exauce les vœux du marquis et celui-ci déborde d'enthousiasme.[92]

Bien que, dans la correspondance présente, il soit question de différentes œuvres du marquis d'Argens, comme de *La Philosophie du bon sens*,[93] de ses *Mémoires*,[94] des *Mémoires secrets de la République des Lettres*[95] et de la 'Vie des Hommes Illustres',[96] les deux correspondants s'occupent en premier lieu de la rédaction des *Lettres juives* et, en second lieu, des *Lettres cabalistiques*.

Cette correspondance nous informe sur l'évolution de différentes œuvres et nous apprenons en même temps beaucoup de détails, pour ainsi dire le contexte de cette évolution; contexte qui inclut la situation sociale, non seulement sa situation pécuniaire qui a intéressé tant d'auteurs,[97] mais ses conditions de vie, ses succès, ses paniques et ses soucis, bref, la position problématique d'un esprit libre dans la première moitié du Siècle des Lumières.

Mais avant tout nous découvrons des détails sur la genèse des *Lettres juives*, cette œuvre qui fut en quelque sorte la première de la longue carrière du marquis d'Argens; et cette carrière, d'Argens la doit pour une très grande partie à Prosper Marchand.

Jetons encore un coup d'œil sur ces fameuses *Lettres juives*. Lorsqu'elles parurent, à l'époque où fut rédigée notre correspondance, elles provoquèrent de très vives critiques: négative dans le *Journal de Trévoux*, positive dans *Le Pour et contre*.[98]

En 1737, Aubert de La Chesnaye publiait une réfutation assez ample: sa *Correspondance historique, philosophique et critique entre Ariste et Lisandre…*[99] La Chesnaye essaye d'argumenter contre les attaques que le marquis avait dirigées contre l'intolérance ecclésiastique et contre toutes les institutions ayant un rapport avec la 'Ecclesia Catholica'. Et il s'y donne beaucoup de mal à critiquer les *Lettres juives* – un exemple nous suffira pour démontrer cette tentative. Dans les *Lettres juives*, Aaron Monceca entre dans un bâtiment se trouvant à Paris et ressemblant un peu à l'Opéra: 'Chacun parloit; je voiois des Femmes tenir une Conduite pareille à celle dont je m'étois aperçu au spectacle. Les Hommes couroient avec un Air de Dissipation, faisant usage de leurs lorgnettes.'[100] La

---

[90] Cp. les nos 4, 9, 33.
[91] Cp. les nos 27, 29.
[92] Cp. le no 24.
[93] Cp. les nos 11, 12, 13, 14, 15, 16, 17, 22, 29, 37.
[94] Cp. les nos 21, 23, 26, 27, 29, 30, 32, 33, 34, 35, 36, 46, 47.
[95] Cp. les nos 43, 49, 59.
[96] Cp. la note 58; cp. les nos 24, 26, 48.
[97] Parmi eux N. R. Bush qui d'après mon avis a tranché la question de la meilleure façon. Cp. Bush (1953) p.14.
[98] Ces journaux ont été cités dans Johnston (1928), p.41; cp. aussi Bush (1953), pp.69-70.
[99] Aubert de La Chesnaye, *Correspondance historique, philosophique et critique entre Ariste, Lisandre et quelques autres amis. Pour servir de réponse aux Lettres juives* (La Haye 1737-1738).
[100] *LJ* (Amst.) IV, pp.53-54.

Chesnaye, qui se voit lui-même comme critique sans partialité,[101] fait répondre à Lisandre: 'Mais quand j'entre dans une Sinagogue pour qui veut-il que je prenne des Hommes à barbette, une pièce de drap blanc ou noir sur la tête, miaulans comme des chats dans une gouttière' et La Chesnaye continue à la fois grivois et prétentieux:

Un amant n'a-t-il pas la liberté de voir l'objet de sa passion, gardé à vue par des Argus, il fait usage de sa lorgnette, ou traverse la foule pour s'approcher de son Iris, et épie le moment de lui glisser un billet doux dans les Heures [...] Mais donnons le temps à ce nouveau débarqué d'admirer nos cérémonies, il conviendra peut-être que nous sommes le Peuple de l'Univers qui prie avec plus de majesté.[102][!]

Abandonnons cette critique partiale et voyons ce qu'écrit un journal littéraire contemporain, l'*Année littéraire*, dont P. v. Tieghem a dit qu'elle a été 'Supérieure en variété comme en impartialité au Journal de Trévoux, en valeur au Mercure, en agrément au Journal des Savants [...] parmi les journaux littéraires [...] celui-là est le plus intéressant, le mieux fait, et somme toute, le plus équitable.'[103] Ce journal fut rédigé par Elie Fréron, méconnu par beaucoup de critiques parce qu'il osait contredire 'le plus grand génie de l'Europe', Voltaire. Ce fut un critique dur, un critique engagé, mais sobre.[104] Ce critique qui ne fut certainement pas un ami du déiste d'Argens – lequel était en outre un ami de son ennemi personnel – juge les *Lettres juives* comme suit:

L'auteur saisit habilement les vices et les ridicules de chaque Peuple, et les expose d'une manière neuve et piquante. Il a une façon de narrer qui lui est propre, sans affectation et sans emphase. Tout coule naturellement de sa plume, et l'on sent en lisant ces Lettres, qu'il les a souvent écrites dans la première chaleur, sans se donner la peine d'y revenir de sang-froid. On y désireroit donc quelques fois un peu plus de précision, et autant de force que de hardiesse. Il n'est pas de même de celles que l'Auteur a ajoutées dans cette nouvelle édition. On n'y trouve aucun des défauts que l'on pourrait reprocher aux anciennes [...] Tous ces événemens sont exposés dans la plus exacte vérité, sans passion et sans préjugés. L'Auteur n'a cherché qu'à instruire; et vous ne trouverez nulle part des affaires si compliquées, détaillées avec plus de clarté et de précision.[105]

Résumons: dans les *Lettres juives*, d'Argens a essayé, avec l'aide de six correspondants fictifs, de s'approcher de manière encyclopédique de la vie humaine,[106] de critiquer les nations, les peuples, les institutions et les mœurs, et d'offrir au lecteur l'alternative d'une position déiste, d'une position tolérante qui pourrait apporter le salut à l'humanité.

Si nous en croyons les *Mémoires* de Thiébault, ce serait grâce aux *Lettres juives*

---

[101] Cp. La Chesnaye, *Correspondance* ..., t.ii, préface.

[102] La Chesnaye, i.38-39.

[103] P. v. Tieghem, *L'Année littéraire (1754-1790) comme intermédiaire en France des littératures étrangères* (Paris 1914), p.5.

[104] Cp. F. Cornou, *Elie Fréron* (Paris 1922); R. L. Myers, *The Dramatic theories of E.-C. Fréron* (Genève, Paris 1962); J. Balcou, *Fréron contre les philosophes* (Genève, Paris 1975).

[105] *Année littéraire* (1754), v.326-27.

[106] Cp. K.-J. Bremer, *Montesquieus Lettres persanes* ..., p.66. Retenons que cette correspondance fictive de voyages de d'Argens n'a que peu à voir avec les *Lettres persanes* de Montesquieu; d'Argens est beaucoup moins un imitateur dans un genre à succès qu'un pionnier de l'*Aufklärung* déiste.

que Frédéric II de Prusse aurait prié d'Argens de se joindre au cénacle de ses beaux-esprits.[107] Et, dans un certain sens, c'est grâce à Prosper Marchand qu'il est nommé 'Directeur de la Classe des Belles-Lettres ou Philologie de la Nouvelle Académie Royale' de Frédéric II en 1744. Et alors que le marquis vit en ami intime de Frédéric dans les cours de Prusse, Prosper Marchand est oublié au fond de la Hollande.

Wolf Steinsieck

La vie du marquis d'Argens ne nous est que fort imparfaitement connue. En effet, que savons-nous de lui avant qu'il soit devenu le chambellan de Frédéric II? Peu de chose, à part ce que nous apprennent ses *Mémoires*, récit romancé sans doute et qui d'ailleurs s'arrête peu après sa démission de l'armée en 1734. Il est vrai que, plus de trente ans après la parution des *Mémoires*, d'Argens consacrera quelques pages de son *Histoire de l'esprit humain* aux années qui séparent le siège de Philippsbourg de son entrée en fonctions en tant que chambellan de Frédéric II. Or, pas plus que les *Mémoires*, ce dernier récit n'est si digne de foi qu'il faille le suivre aveuglément: c'est ce qu'on verra tout à l'heure.

Nous voilà donc obligés d'avouer notre ignorance, surtout en ce qui concerne les années que d'Argens a passées en Hollande à partir de 1735. Pourtant, c'est cette période de sa vie qui, pour l'essentiel, a fait de lui ce qu'il ne cessera pas d'être désormais: un écrivain prolifique au service des Lumières. C'est avant tout en Hollande que s'élabore cette prise de position philosophique qui le fera passer des historiettes galantes aux ouvrages polémiques. Or, c'est cette période capitale de la vie du marquis qu'éclaire la correspondance qu'on va lire, correspondance qui ne laisse aucun doute sur le fait qu'une des influences les plus marquantes qu'a subies le marquis tant sur le plan personnel que sur celui de l'activité littéraire a été celle de Prosper Marchand. Mais avant d'en venir à examiner cette influence, il convient de nous attarder un peu sur la vie du marquis pendant son séjour en Hollande – ses déplacements, ses relations, ses rapports avec sa famille, ses activités littéraires, ses finances – telle que nous la révèlent les lettres qu'il a échangées avec Marchand.

Le marquis a décrit cette partie de sa vie dans l'*Histoire de l'esprit humain* (xii.376-78):

Après que j'eus quitté le service, mon pére [...] exigea que je revinsse en Provence, & obtint un ordre du Cardinal de Fleuri pour m'y faire retourner. J'aimai mieux sortir du royaume, [...] & au lieu d'aller à Aix en Provence, je passai à la Haye. J'y restai enfermé pendant six mois dans ma Chambre occupé à composer les trois premiers Volumes des Lettres juives, [...] La vie sedentaire, que je menois à la Haye ayant fort altéré ma santé, mon medecin me conseilla de changer d'air: je vins à Mastric, où je demeurai pendant un an: j'y composai mes Lettres Cabalistiques & ma Philosophie du bon sens. [...] Ma santé devenant tous les jours plus mauvaise, je résolus de quitter les Pays-bas; l'air épais qu'on y respire ne convenant pas à mon tempérament. Je partis pour aller à Strasbourg.

En esquissant la biographie du marquis, Johnston (1928) et Bush (1953) se sont fiés à ce récit en apparence anodin, mais qui dans le fait n'échappe pas à

[107] Cp. D. Thiébault, *Mes mémoires* ..., v.324.

l'inconvénient principal de tout écrit de nature autobiographique composé de mémoire: je veux dire qu'il nous offre une version arrangée de la réalité. On s'en rendra compte en confrontant ce récit aux indices fournis par la correspondance entre Marchand et d'Argens. Commençons par examiner les déplacements du marquis.

Six mois à La Haye à composer les trois premiers volumes des *Lettres juives*, puis un an à Maestricht où il écrit les *Lettres cabalistiques* et la *Philosophie du bon sens*, ensuite le départ pour Strasbourg: voilà, d'après l'*Histoire de l'esprit humain*, les années hollandaises du marquis. Or, cet abrégé déforme la réalité tant en réduisant à dix-huit mois ce séjour aux Pays-Bas qui a duré au moins cinq années (1735 à 1739) qu'en passant l'éponge sur ces multiples déplacements qui ont fait du marquis une espèce de cerf-volant – le mot est de Marchand – forcé par la crainte d'être découvert à voltiger par-ci par-là.

La correspondance ne nous apprend pas à quel moment d'Argens s'est installé à La Haye mais, selon toute apparence, il y était en décembre 1735 (lettre no 1). Il y était venu d'Anvers, semble-t-il, et logeait chez la belle-mère de son libraire, Paupie (lettre no 31). Vers la fin d'août 1736, il quitte la ville[108] et, après avoir fait 'un voyage au della de bruxelles' sur lequel il ne dit rien sinon qu'il y fut 'obligé pour les interest de [sa] bourse et de [son] cœur' – voyage au cours duquel il aurait vraisemblablement renoué avec celle qu'il appellera son 'epousse' et qui ne le quittera pas pendant son séjour en Hollande – il s'installe à Amsterdam dans la maison de la demoiselle David (lettre no 8).

On a l'impression qu'il s'est vu forcé de quitter La Haye afin de se soustraire à des attentats à sa liberté: comment expliquer autrement et ce désir de rester six mois enfermé dans sa retraite et le soin qu'il prend de cacher son identité tant à son hôtesse qu'à J. B. Le Prévost et à Jean-Baptiste de Bey, tous les deux amis de Marchand? D'après la lettre no 9, on serait tenté de croire que le père du marquis, ayant appris que son fils aîné était à La Haye, avait essayé de le contraindre, par personne interposée, à s'embarquer pour Malte. Ce qui est certain, c'est que d'Argens ne veut pas s'exposer à de telles persécutions et cherche à faire croire à sa famille qu'il n'est plus en Hollande. A cette date (vers la mi-septembre 1736) il n'envisage qu'un séjour de quelque six mois à Amsterdam, comptant rejoindre sa famille en Provence au printemps; et il parlera plusieurs fois par la suite de ce départ prévu pour le début d'avril 1737 et auquel il devra finalement renoncer. En effet, une lettre de son frère puîné, Alexandre-Jean-Baptiste de Boyer, lui apprend, en janvier 1737, qu'il ne faut plus songer à retourner en Provence ni à s'embarquer pour Malte, les *Lettres juives* ayant 'produit un tel Effet sur les Esprits' que la Hollande et l'Allemagne sont 'les seuls Païs où tu puisses vivre en Sureté' (appendice no IV).

Encore le séjour du marquis en Hollande n'est-il pas exempt de dangers. Le bruit commençant à courir qu'il était à Amsterdam (lettre no 17), d'Argens décampe, vers le 17 novembre 1736, avec sa compagne et va s'installer à Utrecht

---

[108] Dans la préface au tome I des *Lettres chinoises*, on lit: 'A peine avois-je fait la moitié du second Volume des *Lettres Juives*, que quittant la Haye pour passer dans une autre ville, [...]' (1*LCh*). Mais il ressort de la lettre que d'Argens écrivit à Marchand dès son arrivée à Amsterdam (lettre no 8) qu'il avait composé quatre volumes de *Lettres juives* avant de quitter La Haye.

chez la veuve du docteur Verschoor, dans la rue des Jacobins (lettre no 19). Il y mènera, comme à Amsterdam, une vie retirée et studieuse et cachera sa nouvelle retraite à tout le monde (lettre no 21). Pourtant, dès avant la fin de février 1737, il devra déménager une fois de plus, à la suite d'un fâcheux contretemps. En effet, il apprend que ses ennemis – c'est-à-dire les partisans de La Martinière, vivement critiqué dans les *Lettres juives* – ont découvert qu'il était à Utrecht et n'ont pas hésité à répandre cette nouvelle à Amsterdam. Ce sont de Bey et Le Prévost qui en avertissent le marquis, et vers le 20 février celui-ci, après avoir passé près de deux jours à Amsterdam chez de Bey, rejoint sa 'femme' à Utrecht; le lendemain il part avec elle pour Maarssen, village à quelque quatre kilomètres au nord-ouest d'Utrecht, où il aura pour hôte un parent et ami intime de la veuve Verschoor et où il prendra le nom de monsieur Matio ou Mattheo (lettre no 29).

Le séjour à Maarssen s'avérera de courte durée. Profondément troublé par les tracasseries de ses ennemis, d'Argens aspire de tout son cœur à se retirer dans 'une solitude ou je ne sois connu que de vous et de mon frere' (lettre no 31). Cette retraite idéale, il la trouvera bientôt, grâce à de Bey, de chez qui il écrit vers le 11 mars: 'c'est une petite maisson ecartée a une demi lieüe damsterdam dans un endroit ou touts les magiciens du monde ne me detereroient pas' (lettre no 33). Il loue la maison et, vers le 13 mars, s'y installe avec sa compagne: désormais il sera monsieur Boyer. S'il parle, à peu près un mois plus tard, de quitter définitivement la Hollande et d'aller s'établir en Angleterre (lettre no 42), c'est qu'il croit avoir perdu l'amitié de Marchand. Rassuré sur ce point, il reste dans son 'château de Gaillardin' – c'est ainsi que Marchand désigne la retraite du marquis, nommée 'louvreton' ou 'l'Overtom' par celui-ci.

Au cours de l'été de 1737, la santé du marquis, toujours précaire, s'altère de nouveau (lettre no 52). En août, nous le trouvons à Amsterdam, où il s'est cantonné afin de se faire guérir par un médecin de la ville. Il était retombé malade lors d'une brève visite à Marchand à La Haye et avait eu une deuxième rechute à son retour à 'louvreton' (lettre no 53). Sa santé ne se rétablira pourtant point à Amsterdam. Après 'vintquatre jours de visite' par l'apothicaire et par le médecin (lettre no 57), d'Argens, 'vivement piqué' par 'l'ingratitude de popie et de sa femme' – à quoi il faudra ajouter les commentaires de de Bey et de son épouse – prend la décision désespérée de se 'faire transporter a utrec sur un matelas dans une barque aiant une fievre ardente' (lettre no 56, deuxième moitié d'août). Toujours accompagné de son 'epousse', objet des impertinences dont il se plaint, il s'établit encore une fois 'ches la veuve du docteur verschoor rue des jacobins' à Utrecht (lettre no 56).

Au début de septembre 1737, écrivant de chez la veuve Verschoor, il parle de son intention de partir le surlendemain, si l'état de sa santé le lui permet, 'pour aler prendre les eaux a mastrec' où il pourrait passer l'hiver (lettre no 57). Cependant, vers le 12 septembre il est toujours à Utrecht (lettre no 58), où il lui faudra rester au moins jusqu'à la fin du mois, car une rechute soudaine le mettra une fois de plus entre les mains d'un médecin (lettre no 59). Puis nous le perdons de vue jusqu'à la mi-janvier 1738: il est alors à Maestricht, où il serait arrivé, vraisemblablement, en octobre ou en novembre 1737 (voir le no 60, note *c*). C'est également de Maestricht qu'il écrit à Marchand vers le 24 août 1738: s'étant enfin réconcilié avec sa famille, il compte partir au mois de mars 1739 'pour un pais beaucoup plus temperé' (lettre no 60). Une lettre ultérieure (no 62) précisera qu'il s'agit de Mahon, chef-lieu de Minorque.

Dans le fait, il est toujours à Maestricht en août 1739. Il y avait passé l'hiver 1738/1739, semble-t-il, car c'est de Maestricht qu'il date ses lettres du 28 septembre (no 61) et de novembre 1738 (no 62); et la lettre no 64 nous apprend que Paupie y avait passé un mois en compagnie du marquis à la fin de 1738. La même lettre, datée de Maestricht le 10 août 1739, révèle que d'Argens est 'a la veille de quiter pour toujour ses provinces', et qu'il compte rendre visite à Marchand 'dans une quinsaine de jours' (lettre no 64). C'est, sur les déplacements du marquis, le dernier renseignement que nous fournit la correspondance avec Marchand. Il faut attendre la lettre du 2 octobre 1740 qu'écrit Voltaire au marquis pour apprendre que celui-ci est à Stuttgart et qu'il compte aller en Suisse. C'est du moins ce que croit Paupie chez qui, semble-t-il, d'Argens avait logé quelque temps (Best.D2322). A en croire le marquis lui-même, il était en route pour Strasbourg, où il comptait 'vivre paisiblement', lorsqu'il s'est arrêté à Stuttgart.[109]

A examiner les années 1735 à 1739 à la lumière de la correspondance entre Marchand et d'Argens, une conclusion s'impose: la vie menée par le marquis en Hollande a été bien plus mouvementée que ne le laisse entendre l'*Histoire de l'esprit humain*. Effectivement, en quatre années d'Argens ne déménagera pas moins de huit fois: La Haye – Amsterdam – Utrecht – Maarssen – 'louvreton' – Amsterdam – Utrecht – Maestricht. Craintes, 'Terreurs paniques', départs précipités, faux noms, souci continuel de cacher le lieu de sa retraite à tout le monde – voilà la réalité que masque le récit serein de l'*Histoire de l'esprit humain*.

Dans ce même récit, d'Argens se complaît à énumérer les relations éminemment respectables qu'il s'était faites tant à La Haye qu'à Maestricht. Ainsi, il nous apprend qu'il avait passé six mois à La Haye 'sans avoir d'autre connoissance que celle de feu Mr. de la Chapelle, & de Mr Chais, respectable par ses talens & sa probité, Ministre du St. Evangile dans l'Eglise des Etats généraux: il vit encore, & peut certifier que je ne dis ici que la plus exacte verité' (*Histoire de l'esprit humain*, xii.377). Que faut-il en conclure? Qu'Armand Boisbeleau de La Chapelle et Charles-Pierre Chais étaient au nombre de ses amis intimes? Que par eux il était en contact direct et continuel avec le Refuge en Hollande? Etant donné que nulle part il n'est fait mention d'eux dans les lettres échangées

---

[109] *Histoire de l'esprit humain*, xii.378. Sur les déplacements du marquis à partir de la fin de 1737, cp. ce passage d'une 'Seconde Lettre aux éditeurs du Journal helvétique' imprimée en tête du tome i des *Lettres chinoises* (La Haye, Pierre Gosse Junior, 1751), lettre, non datée, d'un 'baron de Fusch ...': 'Mr d'Argens a vécu pendant près de trois ans à Maestricht avec un Régiment Suisse [...] En quittant Maestricht, Mr. d'Argens a fait quelque séjour dans une Cour d'Allemagne, où il a été chéri de tout le monde. Il est ensuite retourné dans sa patrie, & après y avoir réglé quelques affaires de famille, il est revenu dans cette même Cour, où il est actuellement' (p.xlviii). Déjà la première 'Lettre aux éditeurs du Journal Helvétique', également imprimée en tête du tome i des *Lettres chinoises* (La Haye 1751), avait parlé d'un séjour de 'quelques mois en Provence' qu'aurait fait le marquis 'pour y régler certaines affaires de famille' et pendant lequel il aurait vécu à Eguilles (p.xiv). Bien entendu, on ne saurait accepter ces affirmations – pourtant assez vraisemblables – sans contrôle.

par Marchand et d'Argens, on hésitera à rien affirmer de la sorte. D'après cette correspondance, on serait plutôt tenté de croire que les relations du marquis avec ces messieurs ont été suspendues, sinon rompues définitivement, lors de son départ de La Haye en août 1736.

Quant à ses connaissances à Maestricht, voici ce qu'il en dit: 'Je vis un peu plus de monde à Mastric, que je n'en avois vû à la Haye. J'allois assez souvent chez Mr. de Claparede, Ministre du St. Evangile, homme très-aimable dans la societé: je voyois aussi presque tous les jours Mr. Terson, Colonel d'un régiment qui étoit en garnison à Mastric: c'étoit le militaire le plus instruit qu'il y eût en Europe. Je reçus aussi toutes sortes de politesses de Mr. le Général Duis, Commandant à Mastric' (*Histoire de l'esprit humain*, xii.377). Si la correspondance avec Marchand ne nous apprend rien ni sur monsieur Terson ni sur le général Duis, il est cependant question de Jean-Louis Claparède dans une des lettres de d'Argens (no 61) qui révèle qu'il y avait des différends fondamentaux entre les deux hommes, dont les rapports n'étaient peut-être pas toujours aussi cordiaux que le donne à croire la citation qu'on vient de lire. On est donc obligé de constater une fois de plus que le récit du marquis est sujet à caution, tant par ce qu'il dit que par ce qu'il cache.

Pourtant il est vrai qu'il n'a eu que peu de connaissances en Hollande. Il affirme avoir mené une vie extrêmement retirée tandis qu'il était à La Haye, et en quittant cette ville il n'a certainement pas changé de façon de vivre. Sa correspondance avec Marchand nous le montre soigneusement caché dans ses diverses retraites, ne sortant que rarement et quelquefois passant des semaines sinon des mois sans mettre 'le né a la fenetre' (lettre no 12). Qu'il ait eu peu d'amis n'est donc pas pour surprendre. Le plus cher, à n'en pas douter, était Marchand, à qui d'Argens était redevable de toutes sortes de soins. C'est Marchand qui sert d'intermédiaire entre le marquis et les libraires de La Haye, Pierre Paupie, Adriaen Moetjens, Jean Néaulme, Jean Gallois, bien d'autres encore sans doute; et c'est la présence de Marchand à La Haye qui épargne au marquis le besoin d'entretenir d'autres relations dans cette ville, une fois qu'il en est sorti.

A Amsterdam, il se liera d'amitié avec Jean-Baptiste de Bey et J. B. Le Prévost, tous les deux amis de Marchand. C'est Le Prévost qui sert d'intermédiaire entre le marquis et certains des libraires d'Amsterdam, en particulier Z. Châtelain, Michel Charles Le Cène et Jacques Desbordes, tandis que de Bey s'occupe des retraites du marquis et lui fait parvenir des lettres et de l'argent. Cependant, les commentaires peu favorables de de Bey et de sa femme sur la conduite de celle qui accompagne partout le marquis mettront fin, semble-t-il, à cette amitié. Quant à Le Prévost, il semble que d'Argens, une fois établi à Maestricht, ait fini par le perdre de vue.

C'est à Maestricht que d'Argens recevra la visite de Paupie, dont il deviendra véritablement l'ami (lettre no 64). Si, par la suite, ses relations avec Marchand deviennent de moins en moins étroites, c'est sans doute en grande partie parce qu'il a établi des rapports directs avec Paupie, ce qui a rendu en quelque sorte superflus les soins de Marchand en tant qu'intermédiaire entre le marquis et son libraire. A la fin, et pour des raisons qu'on examinera plus loin, d'Argens perdra l'amitié de Marchand; de sorte qu'en quittant définitivement la Hollande en 1739 ou 1740, il n'y laisse, semble-t-il, qu'un seul ami, Paupie.

Si le marquis n'a eu que peu d'amis en Hollande, il a pu s'en dédommager par la compagnie de celle qu'il appelle sa 'femme' (lettres nos 27 et 29). Effectivement, la correspondance laisse deviner la présence de cette personne mystérieuse aux côtés du marquis à partir de ce 'voyage au della de bruxelles' qu'il a été obligé de faire en août 1736 'pour les interest de [sa] bourse et de [son] cœur' (lettre no 8). C'est avec elle qu'il s'installe à Amsterdam, chez la demoiselle David, lors de son retour en Hollande, et chaque fois qu'il déménage par la suite, il est accompagné de son 'epousse' (lettre no 56). Qui était-elle?

A une exception près, tous les commentateurs s'accordent à déclarer qu'il s'agit de Barbe Cochois, future marquise d'Argens. Seul, Jean Sgard affirme que 'rien ne permet de confondre avec Mlle Cochois' celle à qui d'Argens était lié en Hollande. S'il rejette l'identification traditionnelle, c'est, semble-t-il, parce qu'il croit que d'Argens n'a fait la connaissance de Barbe Cochois qu'en 1747: 'A Paris, en août 1747, il recrute, pour l'Opéra de Berlin, Barbe Cochois, dite "Babet" (lettre d'Argens à Frédéric, 26 août 1747), qu'il épousa à Berlin, peu après son retour' (*Journalistes*, article 'Argens'). Or, dans la lettre en question il est parlé non de Barbe mais de sa sœur Marianne, qui, d'ailleurs, ne fut pas recrutée pour l'Opéra de Berlin lors du séjour du marquis à Paris, puisqu'elle avait accompagné celui-ci pendant tout le voyage de Berlin en France (voir les *Œuvres de Frédéric le Grand*, Berlin 1846-1857, xix.13-29). En fait, toute la famille Cochois, y compris Barbe et Marianne, était au service de Frédéric II depuis quelque temps déjà en novembre 1742 (voir Best.D2686); et déjà en septembre 1743, d'Argens était le 'berger' attitré de Barbe (voir Best.D2837). En principe donc, rien n'empêche qu'il ait fait la connaissance de celle-ci beaucoup plus tôt, ni qu'il se soit mis en ménage avec elle dès la fin d'août 1736. En fait, c'est absolument invraisemblable, Barbe étant beaucoup trop jeune pour être la femme dont il est question dans la correspondance entre Marchand et d'Argens.

Il est vrai que nous ne savons pas à quelle date Barbe naquit. Mais Jean Molino, dans sa thèse sur d'Argens, cite un passage tiré des *Lettres philosophiques et critiques par mademoiselle Co*** avec les réponses de monsieur D'Arg**** (La Haye, P. de Hondt, 1744), où d'Argens écrit à sa jeune élève en ces termes: 'Quand on est capable d'écrire aussi bien, et de penser aussi profondément à dix-neuf ans, à quoi ne doit-on pas espérer de parvenir dans un âge plus avancé?' (Molino, 1972, p.464). Et Molino, qui pourtant se rallie au point de vue jusque-là unanime des commentateurs sur l'identité de la compagne du marquis en Hollande, remarque à propos de ce passage: 'si l'âge de dix-neuf ans est exact, il infirme les hypothèses faites sur la rencontre en Hollande de Mademoiselle Cochois et du marquis d'Argens' (p.584, note 207). La remarque est juste, car d'après ce passage Barbe serait née vers 1725.

A ce témoignage, il en faut ajouter cet autre, tiré d'une lettre de Voltaire à d'Argens, écrite vers le 20 juillet 1752: 'M. de Laleu, voyant que madame d'Argens n'est pas loin de sa trentième année, a présenté un mémoire pour la faire insérer dans la classe de ceux qui ont trente ans passés: il l'a obtenu' (Best. D4952). Barbe serait-elle née en 1722? Si la date exacte de sa naissance nous est inconnue, il ne fait guère de doute qu'elle avait une vingtaine d'années de moins que d'Argens, à qui d'ailleurs elle survivra plus de quinze années (voir

Johnston, 1928, p.135). Cela étant, on comprend que le marquis a pu écrire à Frédéric, le 17 août 1745, à propos des *Mémoires pour servir à l'histoire de l'esprit et du cœur*: 'Le public a eu quelque bonté pour un vieux auteur et pour son élève' (*Œuvres de Frédéric le Grand*, xix.11).

D'après ces témoignages, Barbe n'aurait guère eu plus de quatorze ans en septembre 1736, date à laquelle d'Argens se met en ménage à Amsterdam avec celle qu'il appelle sa 'femme'. Or, il ne s'agit point là d'une liaison de fraîche date: la correspondance entre Marchand et d'Argens ne permet pas de doute là-dessus. Ainsi Marchand, écrivant à d'Argens le 16 avril 1737, ne dit-il pas de la compagne du marquis qu'elle a 'causé tous vos Malheurs depuis si longtems' et que c'est elle qui 'vous [a] si malheureusement conduit dans l'Etat ou vous êtes' (lettre no 41)? D'Argens lui-même l'avoue, en expliquant pourquoi il est tellement préoccupé de sa situation pécuniaire: 'si j'etois seul j'aurois cent fois plus qu'il ne me faut mais vous saves pourquoy j'ai passé en holande'; et il ajoute qu'il doit 'metre quelque chosse a l'abri', afin de pourvoir aux besoins de sa 'femme' (lettre no 27). Ecrivant à d'Argens en décembre 1736, Voltaire avait également fait allusion à 'l'attachement respectable qui vous a conduit où vous êtes' (Best.D1223). De tout cela, que conclure? Que d'Argens avait encouru l'inimitié de ses parents, qu'il avait sacrifié sa fortune et quitté son pays pour une fillette d'une douzaine d'années? Admettons plutôt que la compagne du marquis n'a pu être Barbe Cochois. Qui donc était-elle?

Nous savons qu'elle était actrice car, lors du premier séjour du marquis et de sa 'femme' à Utrecht, Voltaire présentera ses respects à 'mademoiselle Le Couvreur d'Utrecht' (Best.D1263). Une quinzaine plus tard, il terminera une autre lettre à d'Argens par cette phrase: 'Mille compliments à S.' (Best.D1277). Cette initiale fait rêver. En effet, quelle était la grande passion de la jeunesse du marquis, telle que nous la racontent ses *Mémoires*, sinon celle qu'il éprouva pour l'actrice Silvie Du Tremblai? C'est par cet amour que commence, à proprement parler, le récit du marquis: 'Je devins sensible pour le reste de ma vie, & cette passion m'a jetté dans un enchainement de malheurs, dont je ne verrai peutêtre la fin qu'avec celle de ma vie' (*Mémoires*, pp.3-4). La phrase est à retenir et à comparer avec la conclusion des *Mémoires*, qui se terminent sur la retraite du marquis de l'armée et sur la décision qu'il prend de se marier – avec qui, sinon avec cette même Silvie dont il avait tout récemment encore appris la fidélité (du cœur, s'entend)? Bien sûr, il s'agit là d'une hypothèse, mais elle ne cadre pas mal avec ce que dit Marchand de la compagne du marquis, lorsqu'il déclare qu'elle avait 'causé tous vos Malheurs depuis si longtems' (lettre no 41). Il est vrai que, dans une lettre du 10 juillet 1739, Voltaire parlera d'une certaine 'Léontine', 'divinité' du marquis (Best.D2045), mais rien n'empêche que ce soit là encore une allusion à cette même actrice. A moins d'un autre amour du marquis dont nous ne savons rien, c'est Silvie Du Tremblai qui a toutes chances d'avoir été sa compagne en Hollande.

Si cette liaison a causé tous les malheurs du marquis, c'est que par elle il est tombé en disgrâce auprès de son père, qui a fini par l'exhéréder. Jetons un coup d'œil sur les rapports du marquis avec sa famille.

Son père, Pierre-Jean de Boyer d'Argens, seigneur d'Eguilles (mort en 1757), était procureur général au parlement d'Aix. D'Argens nous apprend, dans l'*Histoire de l'esprit humain*, que son père 'avoit toujours voulu me mettre dans la robe, & me donner sa charge de Procureur général au Parlement' (xii.376). Ce fut à cette fin que Pierre-Jean exigea du marquis qu'il revînt en Provence après qu'il eut démissionné de l'armée en 1734; d'Argens ayant préféré passer en Hollande, il encourut la disgrâce de son père qui, jusqu'en août 1738, ne lui écrivit pas le moindre mot. Il fallait donc un intermédiaire qui pût effectuer une réconciliation au moins partielle entre le marquis et son père. Ce sera la tâche d'un des frères du marquis.

D'Argens était l'aîné de cinq fils, étant né le 27 juin 1703.[110] Ses frères étaient Alexandre-Jean-Baptiste de Boyer, marquis d'Eguilles (1708-1783), futur président à mortier au parlement d'Aix; Luc-Sextius (né en 1710?), dont on ne sait à peu près rien; Luc de Boyer d'Argens (1710 ou 1713-1772), auteur des *Réflexions politiques sur l'état et les devoirs des chevaliers de Malthe* (La Haye 1739) et qui, comme Alexandre-Jean-Baptiste et Luc-Sextius, était chevalier de cet Ordre; et Paul de Boyer d'Argens (mort en 1785), abbé de Cruas et chanoine de Saint-Sauveur à Aix.

A l'exception d'une allusion à un frère – vraisemblablement Luc de Boyer d'Argens – qui, en novembre 1738, allait bientôt partir de Maestricht 'pour paris et de la pour aler finir ses caravanes' (voir le no 62 et la note *i*), il n'est question, dans la correspondance entre Marchand et d'Argens, que d'un seul frère du marquis, celui qui sert d'intermédiaire et de réconciliateur entre l'aîné disgracié et son père. Or, à qui ce rôle échoirait-il dans l'ordre naturel des choses, sinon au frère puîné du marquis, Alexandre-Jean-Baptiste de Boyer?

Effectivement, celui-ci était lié à d'Argens par la plus tendre amitié, à laquelle le marquis fait allusion dans plusieurs de ses écrits où, d'ailleurs, il nous donne un aperçu des négociations qui ont précédé son exhérédation. Ainsi, dans les *Mémoires*, il parle d'un frère 'que j'aimois autant que Silvie. Il venoit de justifier tout jeune qu'il étoit combien il meritoit ma tendresse. Mon pere lui ayant offert, s'il vouloit quitter la Croix de Malthe, de le faire l'Ainé, il avoit refusé constamment. Son amitié pour moi ne s'est jamais dementie' (*Mémoires*, p.68). Quelques années plus tard, Alexandre-Jean-Baptiste consentira à devenir l'aîné de la maison, mais seulement à la prière de d'Argens lui-même. C'est du moins ce que celui-ci affirme dans son *Histoire de l'esprit humain* (xii.378):

Mon pére, pendant mon séjour à Mastric, avoit fait quitter la croix de Malte à mon frere, l'avoit rendu l'aîné de la maison, & l'avoit marié. Tout cela s'étoit passé de mon consentement, car mon frere, avec le quel j'ai toûjours été tendrement uni, avoit refusé constamment de se prêter aux vûes de mon pere, jusqu'à ce que je l'eusse pressé moi-même d'y consentir. Je trouvois mon intérêt dans son établissement, parce qu'il m'assuroit une pension, qui me mettoit en état de ne plus avoir besoin de ma famille, & de vivre paisiblement à Strasbourg.

Le mariage d'Alexandre-Jean-Baptiste à une demoiselle Rousseau eut lieu en mai 1740; mais déjà en février 1737, d'Argens parlait de 'la pension que mon

---

[110] Voir les registres des baptêmes de la paroisse de Sainte-Madeleine d'Aix, cités dans *Journalistes*, article 'Argens'. Ces registres mettent fin à la confusion qui a entouré la date exacte de la naissance du marquis, confusion reposant sur le fait que d'Argens lui-même a souvent hésité sur son âge (voir *Œuvres de Frédéric le Grand*, Berlin 1846-1857, xix.39, 345, 373, 392).

frere me faira toucher de france' (lettre no 27). Sans doute ne l'a-t-il pas touchée tout de suite, car c'est seulement en août 1738 que, de Maestricht, il pourra écrire à Marchand: 'mes afaires sont entierement finies mon pere m'a ecrit et mon frere est actuellement ici tout est calmé dans ma famille' (lettre no 60). Une lettre de novembre 1738 parlera de 'la pension tres honete qu'on me fait [...] j'ai de quoy vivre a mon aisse je n'en demande pas d'avantage' (lettre no 62). On comprend qu'il n'hésite pas à rendre 'un témoignage public à la tendresse & à la générosité de ce frere, dont l'exemple est bien rarement imité' (1*LCh*, préface au tome i) et que ce soit Alexandre-Jean-Baptiste qui, selon un projet non réalisé, devait mettre le point final à toutes ces négociations en installant son frère aîné à Mahon: 'ce frere [...] viendra me voir au comencement du printems et m'amene avec luy c'est adire me fait rendre a port mahon' (lettre no 62). L'allusion ne saurait être qu'à Alexandre-Jean-Baptiste.

Grâce donc à la générosité de son frère puîné, la situation financière de d'Argens était assurée; mais une réconciliation pleine et entière avec son père se fera longtemps attendre, si tant est qu'elle se soit jamais produite. En effet, on lit cette phrase éloquente dans une lettre du marquis à Frédéric le Grand, datée du 7 novembre 1754: 'Mon père, qui, depuis vingt ans, ne m'a jamais écrit que fort froidement, [...]' (*Œuvres de Frédéric le Grand*, Berlin 1846-1857, xix.39).

Que l'activité littéraire du marquis pendant son séjour en Hollande ait contribué à lui aliéner son père ne fait aucun doute. Dès le début de sa carrière d'écrivain d'Argens, en publiant des *Mémoires* où il rapportait, avec une liberté qui assurait la réussite du livre, toutes ses frasques de jeune homme, avait choisi une voie qui ne pouvait manquer de scandaliser le procureur général. Ecrivant de Dijon le 29 septembre 1735, le président Bouhier avait confié au marquis de Caumont ces réflexions sur le livre du marquis: 'l'auteur y donne une si étrange idée de sa religion, de ses mœurs et de sa conduite, que je crois M. son pere bien affligé de l'étourderie de son fils d'avoir publié un tel ouvrage ou il ne déguise même aucun nom' (musée Calvet d'Avignon, ms.2374, fol.115). La réponse de Caumont, datée d'Avignon le 5 octobre, confirme que le livre avait aggravé le cas du marquis dans l'esprit de son père: 'un pere est bien à plaindre d'avoir un tel fils qui fait parade des déréglemens de son cœur et de son esprit. on m'a assuré que M. d'Argens ne vouloit pas en entendre parler' (musée Calvet d'Avignon, ms.2374, fol.32).

Ce n'est pas tout. Dans l'espace de deux ans – 1736 et 1737 – paraissent au moins neuf petits romans du marquis, ouvrages qui certes n'ont point eu pour effet d'apaiser l'indignation ressentie par son père. D'Argens lui-même avoue que *Le Mentor cavalier* 'ma fait des afaires de diable' (lettre no 35). Quant aux *Mémoires du marquis de Mirmon, ou le solitaire philosophe*, voici ce qu'en dit Joseph Bimard de La Bastie dans une lettre au marquis de Caumont du 12 septembre 1736: 'toutes les historiettes rapportées dans son philosophe solitaire, sont des avantures puisées dans la chronique scandaleuse de Provence, dont il paroit que le mǎs d'argens avoit chargé sa mémoire. [...] il est pourtant trés déplaisant pour bien des familles, que l'impression ait perpétüé le souvenir de leur turpitude, car vous jugés bien que tous les masques sont connus en provence, puisque moy qui n'ai été que peu de temps dans ce païs là, je suis assés bien au fait' (musée

Calvet d'Avignon, ms.2375, fol.152-53). Il n'y avait pas là, on le voit, de quoi racheter l'effet produit sur le procureur général par les *Mémoires*!

Ces romans sans doute imprudents par rapport aux intérêts du marquis en France étaient un gagne-pain, ni plus ni moins, et il ne semble pas que d'Argens les ait jamais regardés autrement. Dans ses lettres à Marchand, il n'en parle guère qu'avec condescendance et assez vite il en est venu à se repentir, du moins publiquement, de les avoir écrits. C'est ainsi que, dans la préface au tome iv des *Lettres cabalistiques* – préface datant de septembre 1738 – il se montre gêné, en tant qu'auteur sérieux, par ces 'histoires galantes' dont il cherche à faire croire à ses lecteurs qu'il les avait toutes composées pendant qu'il était officier dans l'armée.

La réalité, on s'en doute, était un peu différente. D'après la correspondance du marquis avec Marchand, on est tenté de croire que la composition de la plupart de ces petits romans – et peut-être de tous – date de son séjour en Hollande. En effet, nous savons qu'il travaillait 'a un petit roman' lors de son premier séjour à Amsterdam en 1736 (lettre no 8). C'était peut-être *Le Philosophe amoureux, ou les mémoires du comte de Mommejan* dont le manuscrit lui sera payé en novembre 1736 avant l'impression de l'ouvrage (lettre no 13); ou peut-être était-ce les *Mémoires du comte de Vaxère, ou le faux rabin*, dont il dira plus tard qu'il y travaillait à Amsterdam et qu'il en avait donné le manuscrit à J. B. Le Prévost (lettre no 25). En décembre 1736, il est question du *Fortuné Florentin, ou les mémoires du comte della Vallé* dont le manuscrit aurait été remis au libraire peu auparavant, semble-t-il (lettres nos 21 et 22). Si, en janvier 1737, Marchand annonce qu'il va bientôt surveiller l'impression des *Caprices de l'amour et de la fortune, ou les avantures de la signora Rosalina* que publiera Paupie (lettre no 26), on peut en conclure que, vraisemblablement, le manuscrit ne lui fut livré qu'au cours de 1736. C'est également en 1736 ou au début de 1737 que d'Argens a dû livrer le manuscrit d'un autre roman qui a toutes chances d'être *Le Législateur moderne, ou les mémoires du Chevalier de Meillcourt* et qui de Paupie passera à François Changuion, libraire d'Amsterdam (lettre no 35). Voilà donc cinq romans dont on peut dire avec une quasi-certitude que d'Argens les a composés en Hollande, vraisemblablement en 1736; sans tenir compte de ce qui pourrait être, dans la lettre no 7, une allusion au manuscrit des *Mémoires de la Comtesse de Mirol, ou les funestes effets de l'amour et de la jalousie*.

Ces petits romans n'ont guère coûté de soins au marquis; aussi n'y était-il pas fortement attaché. Par contre, il ne s'est pas plus tôt exercé à faire des ouvrages de tendance philosophique qu'il ressent pour eux, et surtout pour ses 'cheres filles' les *Lettres juives* (lettre no 33), 'mes favorites et bien aimées' (lettre no 12), une affection quasi paternelle. Encouragé par Marchand, flatté par la réussite des *Lettres juives*, comblé de joie en apprenant qu'on les traduit en anglais et en hollandais, il cherche à se surpasser. Cependant, ce sont ces mêmes *Lettres juives* qui ont bientôt assuré au marquis une notoriété durable dans tous les pays catholiques et qui partant ont rendu impossible ce séjour à Malte qui aurait été une des conditions d'une réconciliation éventuelle avec son père (lettre no 24). N'importe: au moment où il apprend cette nouvelle (nous sommes au mois de janvier 1737), d'Argens sait d'expérience qu'il peut vivre de sa plume en Hollande. Qui plus est, avec *La Philosophie du bon sens* et les *Lettres juives* il a conscience d'avoir découvert sa vraie vocation d'écrivain philosophique. Déjà en 1736, dans la préface aux *Enchaînemens de l'amour et de la fortune*, il avait fait ses adieux en tant que romancier: 'C'est ici, selon toutes les Apparences, le dernier Roman que j'écrirai: les Occupations sérieuses, que j'ai embrassées, ne me laisseront pas le Moïen de travailler à ces sortes d'Ouvrages.' Au lieu de romans, il annonce des 'Réfléxions Philosophiques', fruits des études sérieuses auxquelles il veut désormais s'adonner tout entier. Qu'il ait dès lors renoncé définitivement à écrire des romans n'est pas du tout certain; cependant, la majeure partie de sa production volumineuse pendant les années 1736 à 1740 témoigne de cette nouvelle orientation que subit sa carrière d'écrivain: les quelque cinq cents lettres de la 'Correspondance philosophique', *La Philosophie du bon sens*, les *Lettres morales et critiques sur les différens états, et les diverses occupations, des hommes*, et quatre volumes des *Mémoires secrets de la république des lettres*.

S'il écrit tant – et n'oublions pas qu'à ses romans et à ses ouvrages philosophiques il faut ajouter son journalisme (collaboration pendant trois mois, à la fin de 1736, aux *Mémoires historiques pour le siècle courant*; collaboration à la *Nouvelle bibliothèque* à partir d'octobre 1738) – c'est qu'il a commencé par écrire pour vivre et qu'il a fini par devenir un auteur en vogue. Sur ce dernier point, la correspondance entre Marchand et d'Argens ne permet pas le doute. Si, vers la fin de 1736, les libraires hollandais (vraisemblablement ceux de La Haye) commençaient à se désintéresser des petits romans du marquis – 'vous m'aves donné une terreur panique mes ouvrages tomberoient tils en decredit vous me dites que c'est avec peine que le dernier roman a trouvé acheteur' (lettre no 12) – ce n'était qu'un contretemps sans lendemain. Car les ouvrages de d'Argens, et surtout les *Lettres juives*, se débitent si bien qu'on voit les libraires rechercher avec empressement tout ce qui sort de sa plume.

Déjà en mars 1737, Marchand pouvait écrire, à propos des *Lettres juives*: 'Vous devez être content, archi-content, archi-peripateti-content de leur Succès. La meilleure Preuve que je puisse vous en donner, c'est le Débit, qui augmente de jour en jour considérablement, et qui a obligé Popie à en faire imprimer de son Vᵉ Volume le double de ce qu'il imprimoit, c'est a dire au delà de 2000' (lettre no 34). Une lettre ultérieure (le no 37) précise qu'il s'agit d'une augmentation de onze cents exemplaires par rapport au tirage des volumes précédents: du coup, les *Lettres juives* sont devenues une feuille à grand tirage.

Voltaire ne croit pas si bien dire lorsque, le 22 juin 1737, il écrit au marquis: 'Souvenez vous que je vous ai toujours assuré un succès invariable pour les lettres juives; comptez que vous vous lasserez plus tôt d'en écrire que le public de les lire & de les désirer' (Best.D1342). C'est en effet ce qui s'est produit. Sûr de la popularité toujours croissante de l'ouvrage, Paupie demande à son auteur, menaces à l'appui, 'un septieme et un huitieme volume des letres juives' (lettre no 43), mais d'Argens se dérobe et Paupie devra se contenter des *Lettres cabalistiques* qui prendront le relais des *Lettres juives*.

Celles-ci ont été, à coup sûr, une très bonne affaire pour Paupie. Est-ce un hasard si, vers le début de mars 1737, c'est-à-dire au moment même où la réussite des *Lettres juives* est pleinement assurée, il prend, de concert avec Marchand, cette 'petite Maison à Boutique sur le Spuy' où il s'installera au début de mai (lettre no 34)? Non, sans doute; et d'Argens lui-même fera là-dessus le commentaire attendu: 'je le felicite sur son nouvel etablissement que diront les enemis des letres juives de luy voir etaler une boutique et ariere boutique dans une grande et belle rue' (lettre no 35).

Il n'est donc pas surprenant si, en mai 1737, Paupie se déclare prêt à imprimer n'importe quoi venant de la plume du marquis (lettre no 47) ni s'il fait part à celui-ci, en août 1738, de ses craintes que d'Argens ne lui donne pas autant de ses ouvrages que lui, Paupie, voudrait bien imprimer (lettre no 60). Quatre volumes de *Lettres cabalistiques* ne lui suffiront pas plus que ne l'avaient fait les six volumes des *Lettres juives* (voir là-dessus la lettre no 62, note *e*). De plus, il veut publier la suite des *Mémoires* du marquis, et il n'est pas seul à la convoiter. Huart, libraire à Paris (sans doute Pierre-Michel ou son frère Charles), en fait autant (lettre no 27). Un des confrères de celui-ci, Laurent François Prault, cherchera par l'intermédiaire de Voltaire à obtenir cette suite, voulant bien s'en remettre à d'Argens du soin d'en déterminer le prix (lettre no 27). En mars 1737 Jean Néaulme, libraire à La Haye, s'adressera à Marchand, le priant de demander à d'Argens cette même suite, qu'il voulait acheter pour son frère Etienne, libraire à Utrecht (lettre no 34). Sans doute y en avait-il d'autres encore, car d'Argens écrira à Marchand que Paupie 'savoit depuis long temt que cinq ou six libraires me persecutoient pour leur donner ce manuscrit et que je n'evitois leur importunité qu'en les flatant de vaines chimeres' (lettre no 35).

Quand on sait que Châtelain, libraire d'Amsterdam, 'a dejà placés neuf cent exemplaires d'un roman qu'il a encor sous la presse' (il s'agit vraisemblablement des *Mémoires du comte de Vaxère, ou le faux rabin*), on comprend que 'les libraires d'amsterdam aiment asses' les manuscrits du marquis (lettre no 29). On comprend également quels ont dû être les sentiments de Paupie en apprenant que d'Argens s'était vu obligé à donner à Jacques Desbordes, libraire d'Amsterdam, le manuscrit de ses *Mémoires secrets de la république des lettres*, dont il y avait 'deja onse cent exemplaire de vendu ou en angletere ou en allemaigne ou en france' avant même que la première partie eût été imprimée (lettre no 49).

Auteur à la mode, d'Argens est assiégé par les libraires d'Amsterdam lorsqu'il fait un séjour dans cette ville pendant l'été de 1737. C'est ce qu'il apprend à Marchand dans une lettre datant de septembre 1737 (lettre no 57):

les libraires d'amsterdam ont scu que jetois dans cette ville jen ai veu quelques uns par curiosite d'autres m'ont fait parler par des emisaires. mr. du sauzet m'a prié de luy faire la continuation d'un livre il m'a fait des ofres de services si essentielles que j'en ai moy meme eté tres surpris. [...] un libraire qui imprime en holandois et en francois m'a fait parler par un ami de mr de voltaire pour luy faire deux volumes in quarto m'ofrant de me donner de l'argent d'avance [...] on m'a proposé de voir mr smith. il a luy meme cherché a me conoitre on ma asuré de sa part qu'il seroit charmé d'avoir a faire avec moy. [...] prevost ma demendé un roman pour un libraire.

De toute évidence, les libraires d'Amsterdam cherchaient à profiter de cette aubaine qu'était pour eux le séjour dans leur ville du marquis, dont la plupart des écrits avaient été publiés par les libraires de La Haye, et surtout par Paupie. A peu près deux ans plus tard, par contre, il sera question des 'letres reiterees et [des] frequentes solicitations d'un des plus considerable libraires de la haye' qui voulait que d'Argens se charge 'd'un ouvrage excessivement long et d'un travail de plusieurs années' (lettre no 64). A toutes ces sollicitations d'Argens fera la sourde oreille, car il ne veut pas manquer à ses engagements envers Paupie et Desbordes; d'ailleurs le rythme de son travail sera de plus en plus altéré par sa santé chancelante. Néanmoins, il est clair qu'il ne manquait nullement de débouchés pour ses écrits, et c'est finalement son état de santé qui l'a empêché de publier encore plus qu'il n'a fait.

Que lui ont rapporté les ouvrages qu'il a composés entre 1736 et 1740? Et sa situation pécuniaire l'a-t-elle obligé à écrire pour vivre? La correspondance entre Marchand et d'Argens nous permet de répondre dans une certaine mesure à chacune de ces questions.

Que d'Argens ait été à court d'argent en arrivant en Hollande ne fait guère de doute. Déjà, à la fin de ses *Mémoires*, il avait fait allusion à la source de ses difficultés financières: obligé de démissionner de l'armée, il avait écrit à ses parents pour leur apprendre qu'il voulait se marier. 'ma mere me répondit qu'elle ne s'oposoit point à mon mariage, mais que mon pere ni elle ne pouvoient me rien donner [...] que desormais elle ne pouvoit plus me donner que la moitié de la pension qu'on me faisoit' (*Mémoires*, p.224). S'étant ensuite établi en Hollande contre la volonté expresse de son père, il n'est pas sûr qu'il ait continué à toucher cette pension, même réduite de moitié. Dans la préface au tome i des *Lettres chinoises*, tout en niant qu'il eût écrit les *Lettres juives* 'uniquement pour vivre', il fait néanmoins cet aveu: 'Il est vrai que les trois premiers mois que j'ai passés en Hollande, je me trouvai dans une situation assez triste; mais dès que j'ai voulu faire savoir à mon frère l'endroit où j'étois retiré, j'ai pû cesser d'écrire toutes & quantes fois il m'a plû' (1*LCh*).

C'était donc par nécessité qu'il avait embrassé la carrière d'écrivain, qu'il aurait ensuite poursuivie par inclination. Qu'il ait reçu de sa famille, pendant son séjour à La Haye, c'est-à-dire jusqu'en août 1736, une aide financière qu'il attribuait à son père, 'quoyque le tout passe sur le conte de mon frerre', cela ne fait aucun doute. C'est à propos des mille livres que le banquier de Putter lui avait comptées lorsqu'il était sur le point de quitter La Haye qu'il écrit cette phrase (lettre no 24), mais il est à croire qu'il avait touché d'autres sommes auparavant. Une fois sorti de La Haye, il ne semble pas avoir eu recours à la générosité de son frère, à moins que ce mystérieux 'voyage au della de bruxelles' qu'il fit en quittant La Haye et qui fut dicté par 'les interest de [sa] bourse et de [son] cœur' (lettre no 8) n'ait été l'occasion pour lui d'y recourir de nouveau.

Est-ce donc vrai qu'il aurait pu 'cesser d'écrire toutes & quantes fois' il lui aurait plu? Guère. S'il a tant écrit en Hollande, il ne l'a pas fait purement et simplement pour le plaisir d'être auteur. Sans doute répugnait-il à profiter trop souvent de la générosité de son frère; mais il y a autre chose, et c'est là l'essentiel. S'il a 'cent fois plus qu'il ne [lui] faut', il doit néanmoins 'penser a metre quelque chosse a l'abri' afin de pourvoir aux besoins de sa 'femme', qui se trouverait tout à fait dépourvue s'il venait à mourir avant son père (lettre no 27). Il avait donc des raisons assez pressantes pour continuer à écrire, du moins jusqu'à ce que la pension consentie par son frère eût mis fin à cet embarras.

A part ce qu'il a reçu de sa famille, d'Argens a tiré de ses écrits un revenu qui, on va le voir, était loin d'être médiocre. Ce sont surtout ses relations d'affaires avec Paupie qu'éclaire la correspondance avec Marchand. Elle nous apprend qu'au début Paupie lui payait ses manuscrits, du moins en partie, en lui donnant des livres. Mais une fois sorti de La Haye, le marquis en est venu assez vite à craindre 'le troc en papier' (lettre no 24), à cause du délai dans l'envoi des livres, et désormais il insiste pour que Paupie le paie toujours en espèces.

Il est plusieurs fois question, dans la correspondance, des paiements de Paupie, la plupart se rapportant aux *Lettres juives*. Une lettre de la fin de décembre 1736 – la composition des *Lettres juives* en était alors au cinquième volume – nous apprend qu'à ce moment-là Paupie payait chaque *Lettre juive* quatre livres ou florins (lettre no 22). Le taux sera le même en avril (lettre no 41) et en mai 1737 (lettre no 47). Au début de juin, lorsqu'il ne lui restait que trois *Lettres juives* à composer pour la nouvelle édition augmentée, d'Argens déclare à Marchand que le prix qu'il demande pour les *Lettres cabalistiques* sera 'eternellement' le même que celui des *Lettres juives*, même si Paupie veut les payer plus cher (lettre no 49). C'était là une allusion aux offres de Paupie par rapport aux *Lettres juives*: 'il a voulu me doner depuis le second volume vint florin de plus par volume cella n'auroit pas laissé que de faire soixente florin pour les trois derniers volumes il me les a ofert dix fois [...] et dix fois je les ai refusse' (lettre no 31). Il s'ensuit que, pour chacun des quatre derniers volumes des *Lettres juives* – et vraisemblablement pour les deux premiers volumes aussi – d'Argens a reçu la même somme, soit à peu près 124 livres (en effet, il y avait trente lettres par volume, plus l'épître dédicatoire et la préface, qui faisaient l'équivalent d'abord d'une lettre, puis de deux).

D'Argens ayant composé deux cents *Lettres juives*, plus sept préfaces etc., elles lui auraient rapporté à peu près 830 livres (mais peut-être faudrait-il en déduire quelque chose pour le 'troc en papier'). A supposer que chacune des *Lettres cabalistiques* et des *Lettres chinoises* ait été payée également quatre livres, cela ferait encore à peu près 1,300 livres qu'il aurait reçues pour quelque 310 lettres plus les préfaces etc. A ne considérer que la 'Correspondance philosophique', il aurait donc gagné plus de 2,100 livres en cinq années (fin 1735-fin 1740). A cela il faut ajouter ce que lui ont rapporté ses romans pendant la même période. Or, nous savons que Moetjens paya le manuscrit du *Philosophe amoureux* cinquante florins (lettre no 13), et au moins dix romans du marquis ont paru de 1736 à 1739.

La correspondance avec Marchand ne nous apprend pas ce que d'Argens a reçu pour trois ouvrages dont il est souvent parlé – *La Philosophie du bon sens*, les *Lettres morales et critiques* ... et quatre volumes des *Mémoires secrets de la république des lettres* – ni ce que lui a valu sa collaboration aux *Mémoires historiques pour le siècle courant* et à la *Nouvelle bibliothèque*, mais elle nous révèle que le prix qu'il demandait pour un second volume de ses *Mémoires*, prix tout à fait 'raisonable' à ses yeux, était 'le prix d'un volume de letre juive' (lettre no 27), autrement dit quelque 120 livres.

De tout évidence d'Argens, qui dès le début de 1737 était maître de déterminer le prix de ses manuscrits, a gagné par ses activités littéraires et journalistiques une somme rondelette, peut-être 3,500 à 4,000 livres en cinq années. Ce n'est pas peu si l'on se rend compte que 85 livres payaient le loyer d'une maison près d'Amsterdam pendant une année entière (lettre no 42). D'Argens lui-même avouera, d'ailleurs, en février 1737, qu'il devient 'un petit cresus et depuis cinq mois j'ai fait des epargnes asses jolis pour une infortuné exille' (lettre no 27).

Aussi fait-il cadeau à Paupie des notes critiques et historiques destinées à l'édition augmentée des *Lettres juives* (lettres nos 23 et 31) et, un peu plus tard, se déclare-t-il prêt à faciliter le paiement par Paupie des manuscrits qu'il pourrait lui donner à l'avenir (lettre no 49). Par pudeur aristocratique, par reconnaissance à Marchand, ou par simple bonhomie, il ne marchande d'ailleurs jamais le prix de ses manuscrits.

Ecrivain à succès, comment composait-il ses ouvrages? Sa correspondance avec Marchand nous donne un aperçu de la façon dont il travaillait, surtout lors de la composition des derniers volumes des *Lettres juives*; et une fois de plus nous apprenons à traiter avec circonspection les déclarations publiques du marquis. En effet, celui-ci a insisté à plusieurs reprises sur l'unité profonde des *Lettres juives*, des *Lettres cabalistiques* et des *Lettres chinoises*, trois ouvrages qui 'n'en font réellement qu'un seul, qu'on peut, & qu'on doit même réunir sous le nom général de *Correspondance Philosophique, Historique & Critique* qu'ils portent également tous les trois' (*Cab* 1741, i. préface générale). A l'en croire, la raison de cette unité serait à chercher dans la conception générale qui avait présidé à la composition des trois séries de lettres, puisque toutes les trois répondaient au même dessein, à savoir 'donner une Critique générale des mœurs & des coutumes des Peuples anciens & modernes' tant en Europe qu'en Afrique, en Asie '& dans les païs Septentrionaux'. Déjà en 1739, dans la préface au tome i des *Lettres chinoises*, il avait attiré l'attention de ses lecteurs sur l'unité des *Lettres juives* et des *Lettres chinoises*, tout en reconnaissant que les *Lettres cabalistiques* occupaient une place plutôt marginale dans ce vaste dessein (1*LCh*):

Lorsque j'étois prêt à finir mes *Lettres Juives*, je songeois à leur faire succéder les *Lettres Chinoises*. Je regardois ces deux Ouvrages, comme n'en formant pour ainsi dire qu'un seul: dans le premier je parlois de l'Europe, d'une partie de l'Afrique; dans le second je me proposois de faire mention de tout ce qui regarde l'Asie. Je changeai cependant de résolution, & je crus que je devois placer les *Lettres Cabalistiques* entre les *Juives* & les *Chinoises*, pour faire une diversité plus amusante, & j'ôse dire aussi plus instructive.

Si Johnston (1928), Bush (1953) et Molino (1972) se sont tous fiés à ces déclarations du marquis, c'est sans se rendre compte qu'il s'agit d'une présentation rétrospective des faits visant à rehausser le mérite de la 'Correspondance philosophique', entreprise réfléchie d'un auteur sérieux et non gagne-pain d'un simple journaliste. Que d'Argens ait songé à parler de l'Asie après avoir parlé de l'Europe, quoi de plus naturel, du moins en apparence? Seulement, ce n'est pas ainsi que les choses se sont passées. Loin de vouloir procéder à un élargissement systématique de son sujet, d'Argens, au moment où la composition des *Lettres juives* tirait à sa fin, caressait un projet d'inspiration nettement différente: il s'agissait d'une 'feuille periodique peutetre non pas aussi instructive mais plus gaye que les letres juives', feuille que Paupie pourrait annoncer 'des le jour que les letres juives finiront' (lettre no 43). C'est la première mention, datant d'avril 1737, de ce qui deviendra les *Lettres cabalistiques*; et tandis que les lettres échangées par d'Argens et Marchand entre avril 1737 et août 1739 fourmillent d'allusions tant aux *Lettres cabalistiques* qu'à une foule d'ouvrages projetés, il se fait un silence absolu sur les *Lettres chinoises*.

Force nous est de constater que, dans les préfaces que nous venons de citer, d'Argens a un peu arrangé la vérité. Plutôt qu'un projet de longue haleine qu'il aurait poursuivi systématiquement pendant cinq années, il se trouve que la 'Correspondance philosophique' est un ensemble hétérogène dont l'évolution a été déterminée surtout par la lassitude du marquis et par son goût de la variété. Effectivement, c'est au moment où les sujets commençaient à lui faire défaut pour les *Lettres juives* qu'il forme l'idée de cette nouvelle feuille 'd'un gout singulier' et pour laquelle il a 'deja de la matiere toute trouvée pour plus de quarante letres' (lettre no 44), autrement dit des *Lettres cabalistiques*. Celles-ci à leur tour finiront par le lasser, une fois épuisée l'inspiration qui les avait dictées: 'je n'ai plus continué les letres cabalistiques parceque cella me tenoit trop sujet', écrira-t-il en novembre 1738, et il ajoute que, de toute façon, il veut travailler à un autre ouvrage (lettre no 62). Voilà qu'il songe – enfin – à la troisième partie de sa 'Correspondance philosophique', serait-on tenté de croire. Erreur: il s'agit non pas des *Lettres chinoises* dont l'idée lui viendra plus tard, sans doute, mais d'un *Traité de l'Existence de Dieu, & de l'Immortalité de l'Ame* qui d'ailleurs ne verra jamais le jour.

Ce qui vaut pour la 'Correspondance philosophique' vaut également, dans le détail, pour les *Lettres juives* qui, elles aussi, ont évolué un peu au hasard, d'Argens étant parti d'une idée qu'il modifie au fur et à mesure de la composition des lettres. Effectivement, le titre des premières éditions des *Lettres juives* – *Lettres juives, ou correspondance philosophique, historique, et critique, entre un Juif voyageur à Paris & ses correspondans en divers endroits* – démontre qu'au début il ne savait même pas que son Juif finirait par voyager 'en différens Etats de l'Europe' (titre définitif de l'ouvrage). Il lui arrive d'ailleurs d'oublier ce qu'il avait écrit dans les volumes précédents (lettres nos 8, 49), tant il est loin d'avoir présente à l'esprit une idée nette de l'ouvrage qu'il est en train de composer.

La seule considération qui l'oblige à dresser un plan d'ailleurs assez vague, c'est qu'il lui faut fournir à Marchand un certain nombre de lettres. D'où son embarras lorsque celui-ci lui demande quarante-cinq lettres au lieu des trente-deux qu'il comptait faire: déplacements des personnages, contenu des lettres, tout est à 'refondre entierement' (lettre no 21). Pourtant, lorsqu'il s'agit, deux mois plus tard, de composer un sixième volume, d'Argens ne se fait pas tirer l'oreille, car cette fois il est en mesure de fournir à Marchand encore plus de lettres que n'en demande celui-ci: 'par le bordereau que j'ai fait de mes sujets je me trouve de la matiere encor pour quarante deux. je feray voyager brito ches les payens de lafrique monceca en ecosse et en irlande isac onis dans les indes voilla des sujets en abondance' (lettre no 31). Est-ce à dire qu'il a en tête un plan précis? Nullement: lorsqu'il en vient à rédiger les lettres en question, il abandonne à peu près entièrement le schéma qu'il esquisse ici.

Ailleurs, on le voit se fourrer dans plus d'une impasse, en embarquant ses personnages pour des pays dont il veut bien faire l'anatomie, mais dont il ne sait à peu près rien. 'je suis areté tout court monceca est depuis plus de huit letres en angleterre et je n'ai jamais eté dans ce pais la j'ai bessoin d'aidé pour me donner des idées jai les letres de voltaire ce n'est point asses', écrit-il à Marchand, à qui il demande de lui expédier un exemplaire des *Lettres sur les Anglois et les François et sur les voiages* de Béat Louis de Muralt, pour qu'il se tire d'affaire (lettre no 20). Vouloir écrire toute une série de lettres sur l'Angleterre qu'il ne connaît pas, avec les *Lettres philosophiques* de Voltaire pour tout guide, voilà qui décèle à la fois la naïveté et la désinvolture de l'auteur des *Lettres juives*. Ce n'est pas tout: il fait voyager Monceca en Ecosse, afin de consacrer une lettre aux Ecossais et, ce faisant, se heurte une fois de plus à son ignorance. Mais quoi, est-ce si grave? Ne peut-il pas compter sur Marchand pour lui venir en aide? C'est ce qu'il fait: 'j'ai pris la liberté de laisser dousse ou quinse lignes de vuides dans une letre sur les eccossais je vous prie de les remplir de l'eloge de quelques savans de cette nation je n'en conois aucun et j'ai recours a votre erudition' (lettre no 40).

Même lorsqu'il s'agit de pays qu'il a lui-même visités, il se trouve à court d'idées. 'j'ai bessoin d'un peu de secours', écrit-il à Marchand au moment où Jacob Brito parcourt l'Afrique du Nord, et il demande 'les voyages de paul lucas dans la barbarie alger tunis &c' ou, à leur défaut, 'quelques autres'; et d'ajouter: 'je vous recomende instenment de vous souvenir de ce livre car je ne puis presque aler plus avant' (lettre no 23). On le voit: ce n'est qu'à partir des ouvrages d'autrui qu'il réussit à faire ses lettres.

En effet, il suffit de lire les *Lettres juives* pour reconnaître que, de plus en plus, elles deviennent 'une compilation des lectures de l'auteur' (Johnston, 1928, p.37). La correspondance avec Marchand confirme cette impression en nous montrant le compilateur à l'œuvre, surtout pendant son premier séjour à Utrecht, lorsque la composition des *Lettres juives* en était au tome v. L'hôtesse du marquis ayant mis à sa disposition la bibliothèque de feu son mari, d'Argens en profite largement. Le 21 janvier 1737, en envoyant à Marchand huit *Lettres juives*, il écrit: 'vous veres que la biblioteque du medecin m'a servi heureussement dans quelques unes' (lettre no 25). Deux mois plus tard, il annonce à Marchand qu'il a de quoi faire encore quarante-deux *Lettres juives*, 'et j'ai pour cella des materiaux que j'ai ramassé dans la biblioteque de medecine ou jai fait un gros inquarto de remarque et de situation' (lettre no 31). Encore deux mois et il sera question de 'deux gros in quarto de materiaux remarques &c que j'ai compilé cet hiver' (lettre no 46) et dont il entend tirer profit dans les ouvrages qu'il projette.

On n'a qu'à lire ce qu'il dit de cette 'vie de touts les grands hommes anglois et francois avec des comparaisons des uns avec les autres' qu'il se proposait d'écrire pour se rendre compte à quel point la compilation lui fournissait, plutôt qu'un tremplin pour ses propres idées, le fond même de ses ouvrages: 'les materiaux de cet ouvrage sont d'autant plus aissé a trouver que je n'auray bessoin de metre du neuf que dans les comparaissons et que je me serviray pour les faits des histoires imprimées' (lettre no 24). Il ajoute qu'il 'conte faire deux gros volumes in quarto et y emploier une année'; et Marchand de se récrier, car l'ouvrage est 'un terrible travail, & de longue Haleine. Vous y destinez un An. A mon gré, dix a peine y suffisent' (lettre no 26). Or, il se trompe, car il ne s'agissait nullement d'un ouvrage d'érudition, soigné, tel que Marchand lui-même en aurait pu faire. Au contraire, d'Argens, qui n'est rien moins qu'un érudit, veut aller vite, ce qu'il fait, dès l'époque des *Lettres juives*, en puisant à pleines mains dans les ouvrages d'autrui. Lire, compiler, reproduire, commenter – telle est le plus souvent sa façon de faire des livres.

Pendant son séjour en Hollande, il s'applique infatigablement à son métier d'auteur. On dirait une véritable machine à écrire, à qui d'ailleurs la composition d'un ouvrage ne coûtait pas grand-chose: 'j'auray [...] bientost expedié la continuation des memoires', écrit-il à Marchand (lettre no 49), et pourtant cette suite était encore à commencer! La phrase en dit long sur son attitude cavalière envers la composition d'au moins certains de ses ouvrages. Même lorsqu'il s'agissait de ses écrits philosophiques, il allait très vite: il ne lui fallait que cinq jours par mois pour faire une lettre de quelque cent cinquante pages – dissertation sur la philosophie, la métaphysique ou l'histoire – pour les *Mémoires secrets de la république des lettres* (lettre no 59).

Se sachant laborieux et capable de composer rapidement, il n'hésite pas à annoncer à Marchand toutes sortes d'ouvrages, dont la plupart resteront à l'état de projet. Dans une lettre écrite vers la fin de novembre 1736, il se déclare prêt à composer 'trois volumes de feuilles periodiques pour quelque libraire [...] il pourra comencer a debiter sa feuille le premier de janvier et je luy laisserai asses d'ouvrage pour imprimer une annee entiere' (lettre no 20). On le voit, ce n'est pas la confiance qui lui manque, car, au moment où il écrit, titre et sujet de la nouvelle feuille sont encore à trouver! En avril 1737, il n'a pas plus tôt juré d'abandonner la littérature qu'il projette de faire les *Lettres cabalistiques* et les *Mémoires secrets de la république des lettres*, ce qui ne l'empêche pas d'envoyer à Marchand 'une liste des ouvrages que je medite de faire' (lettre no 44)!

'je ne puis pas rester sens m'occuper', écrivait-il à Marchand en juin 1737 (lettre no 50). Ce pourrait être l'épigraphe d'un livre consacré à ses années hollandaises; il s'en est fallu de peu que ce ne soit devenu dès lors son épitaphe! En effet, il se surmènera à tel point qu'il finira par tomber sérieusement malade pendant l'été de 1737. Mais, pour l'écrivain invétéré qu'il est devenu, la maladie n'imposera à ses activités littéraires qu'une trêve provisoire; et jusqu'à la fin de sa correspondance avec Marchand, on le verra parler d'ouvrages en cours ou projetés.

En éclairant les années hollandaises du marquis, cette correspondance nous révèle que, pendant trois années au moins (décembre 1735 à novembre 1738), celui à qui il fut le plus redevable tant sur le plan personnel que sur celui de l'activité littéraire fut, à n'en pas douter, Prosper Marchand, ami sincère aussi bien que 'pere literaire' (lettre no 24) de d'Argens. A ce dernier titre, Marchand rendit bien des services au marquis; avant d'en venir à examiner sa contribution aux ouvrages de celui-ci, il convient de considérer le rôle qu'il joua dans leur publication.

Plusieurs lettres témoignent du fait que Marchand remplissait les fonctions de ce que nous appellerions aujourd'hui l'agent littéraire de d'Argens auprès des libraires de La Haye, et qu'il plaçait certains manuscrits du marquis dont il surveillait par la suite l'impression. C'est ce qui s'est passé avec *Le Fortuné Florentin, ou les mémoires du comte della Vallé*, roman qui sera publié par Jean Gallois, grâce aux soins de Marchand (lettres nos 21 et 26). C'est également par son entremise, sans doute, que le manuscrit des *Caprices de l'amour et de la fortune, ou les avantures de la signora Rosalina*, roman dont il surveillera l'impression (lettres nos 26 et 39), est parvenu entre les mains de Paupie. Au moins quatre autres ouvrages du marquis – les *Lettres juives*, *Le Philosophe amoureux*, *La Philosophie du bon sens* et les *Lettres cabalistiques* – devront également beaucoup aux soins de Marchand, qui en surveille de fort près l'impression et qui sert en même temps d'intermédiaire entre les libraires Paupie et Moetjens d'une part et le marquis d'autre part.

Il ne faut pourtant pas exagérer l'importance du rôle joué par Marchand dans la publication des ouvrages du marquis. Effectivement, rien n'empêchait celui-ci, tandis qu'il était à La Haye, de prendre contact lui-même avec les libraires de cette ville, et c'est ce qu'il a fait. Pour ce qui est des *Lettres juives*, le début de la première lettre qu'il écrit à Marchand (lettre no 1) ferait croire qu'il s'était entendu avec Paupie et même qu'il lui en avait remis les premières lettres manuscrites avant d'entrer en relations avec Marchand. D'ailleurs, une phrase du marquis à propos de Jean Néaulme – 'notes les autres petits tour qu'il m'a joué avant que vous me fissies la grace de vous interesser a mes afaires' (lettre no 35) – ferait croire que c'était à lui qu'il avait eu principalement affaire avant de s'adresser à Marchand. En effet, c'est Néaulme qui a publié *Le Mentor cavalier* (lettre no 35) et, vraisemblablement, les *Mémoires* du marquis (lettre no 36). De plus, c'était Néaulme qui devait publier *La Philosophie du bon sens*, semble-t-il, mais il avait fini par renoncer à cette publication – Marchand parlera à ce sujet de son 'Manque de Parole' (lettre no 37; cp. la lettre no 34). Il n'est pas impossible qu'à la suite de ce contretemps d'Argens se soit adressé directement à Moetjens, qui publiera non seulement cet ouvrage mais aussi deux romans du marquis, les *Mémoires de la comtesse de Mirol* et *Le Philosophe amoureux*. Il est vrai que Marchand surveillera l'impression de deux de ces ouvrages, peut-être de tous les trois (sur *Mirol*, voir la lettre no 7), et qu'on le verra prendre des mesures pour assurer le paiement du manuscrit du *Philosophe amoureux* (lettre no 13). Il ne s'ensuit pas forcément que ce soit lui qui ait placé ces manuscrits; et il est d'ailleurs évident qu'il n'aimait guère Moetjens.

Ce qui est sûr, c'est que d'Argens était loin d'être le seul auteur à qui Marchand rendait cette sorte de service (voir là-dessus Berkvens-Stevelinck, 1978, pp.44-77). Or, Marchand avait l'habitude 'd'apporter des modifications de forme ou même de fond au texte initial' des ouvrages qui lui passaient par les mains, ce qu'il faisait la plupart du temps avec la pleine approbation de l'auteur (Berkvens-Stevelinck, p.55). La correspondance entre Marchand et d'Argens ne laisse aucun doute sur le fait que Marchand en a agi ainsi avec certains ouvrages du marquis, et elle révèle en même temps que sa contribution à ces ouvrages ne s'est pas limitée à des remaniements textuels.

D'Argens lui-même s'est fait un vrai plaisir de reconnaître ses dettes envers cet ami dont les conseils autant que les additions et corrections textuelles ont profondément marqué ses écrits. Dans une lettre datant peut-être de la première moitié de 1736, il écrit à Marchand: 'vous etes le veritable pere de mes ecrits ils vous ont plus d'obligation qu'à moy' (lettre no 7). Ce pluriel est à retenir: il paraîtra d'ailleurs plusieurs fois dans les lettres du marquis. Vers la mi-mars 1737, il écrit: 'combien d'autre obligation ne vous ont pas touts mes ouvrages' (lettre no 35); et en avril 1737, c'est à Marchand qu'il se déclare 'entierement redevable du peu de reputation qu'ont aquis mes ouvrages' (lettre no 42). Bien sûr, il faut faire la part de l'exagération dans ces actions de grâces réitérées, mais elles ne sauraient tromper sur l'importance de la contribution de Marchand aux ouvrages de son ami. C'est surtout son apport aux *Lettres juives* qu'éclaire la correspondance avec d'Argens, mais avant d'en venir à l'examiner un peu en détail, essayons de préciser, dans la mesure du possible, quelle a été la contribution de Marchand aux autres ouvrages du marquis.

Les *Lettres cabalistiques* faisant suite aux *Lettres juives* et Marchand continuant à servir d'intermédiaire entre d'Argens et Paupie, on pourrait s'attendre à ce qu'il ait rendu à peu près les mêmes services à la nouvelle série de lettres qu'à l'ancienne. Certes, Marchand lui-même ne fait aucune distinction entre ces deux ouvrages lorsque, dans sa lettre du 8 août 1739, il se défend de la charge d'avoir ajouté, à l'insu du marquis, un passage à une de ses *Lettres cabalistiques*: 'je n'ai jamais rien mis, ni dans vos *Lettres Juives*, ni dans vos *Lettres Cabalistiques*, que de votre Consentement & à votre Priere', affirme-t-il; et un peu plus loin il parle des 'Changemens, Additions, ou Retranchemens que je pouvois avoir faits à ces Ouvrages' (lettre no 63). Dans le brouillon d'une réponse relative à cette affaire, tout en cherchant à minimiser ce 'leger service', il reconnaît avoir corrigé le style et le contenu des manuscrits du marquis (appendice no IX). Concluons qu'à coup sûr les *Lettres cabalistiques* portent l'empreinte de Marchand, qui peut-être a influé sur ce recueil aussi profondément que sur les *Lettres juives*.

De l'apport de Marchand aux autres ouvrages du marquis, la correspondance entre les deux hommes ne nous apprend rien de certain, sinon qu'en septembre 1736 Marchand était en train de composer, à la demande de Moetjens, une table des matières pour *La Philosophie du bon sens* (lettre no 10): c'est la seule allusion à une contribution quelconque de sa part à cet ouvrage. Plus tard, il aurait vraisemblablement inspiré certains passages des *Mémoires secrets de la république des lettres* ayant trait à l'édition du *Dictionnaire* de Bayle publiée à Amsterdam en 1730 (voir la lettre no 59, note *i*); et c'est là tout.

Est-ce à dire qu'à cette exception près son influence ne s'est fait sentir que dans les *Lettres juives* et les *Lettres cabalistiques*? Non, sans doute. En effet, certaines phrases du marquis, écrites à propos d'ouvrages projetés et qui n'ont jamais vu le jour, nous autorisent à soupçonner, de la part de Marchand, une influence dépassant largement le cadre de la 'Correspondance philosophique'. Ainsi, d'Argens ne se dit-il pas prêt à 'travailler aux memoires de la facon que vous m'aves dit' (lettre no 40)? C'est une allusion aux avis que lui avait donnés Marchand, dans la lettre no 34, au sujet de la continuation de ses *Mémoires*. Et ne parle-t-il pas ailleurs d'un 'ouvrage dans lequel j'aurais infiniment bessoin de vos conceils et de vos instructions'? Il s'agit d'un livre qui ferait la comparaison des grands hommes anglais et français; et d'Argens ajoute: 'je vous avouray que je n'oserois entreprendre un pareil ouvrage sens votre secours mais je conte que vous ne m'abandoneray pas' (lettre no 24). On le voit, la collaboration active de celui qu'il appelle, avec raison, son 'pere literaire' lui était indispensable, surtout pour ceux de ses ouvrages qui exigeaient une certaine érudition de la part de l'auteur.

Parmi ceux-ci il faut compter, bien entendu, les *Lettres juives*, cet 'ouvrage qui sens vos soins n'eut eté qu'un enfant diforme' (lettre no 16). Quelle a été la contribution de Marchand à ces lettres?

Retenons d'abord ce fait: son influence s'est fait sentir dès les premières lettres du recueil. En effet, ce sont ses remarques sur le manuscrit de la troisième *Lettre juive*, remarques qu'il fait parvenir à d'Argens par l'intermédiaire de Paupie, qui sont à l'origine de la correspondance entre les deux hommes. Flatté par les attentions que Marchand daignait accorder à son ouvrage, d'Argens le prie de 'vouloir me continuer des avis qui me sont aussi utiles' (lettre no 1). Marchand, on peut en être sûr, ne s'est pas fait tirer l'oreille: aussi n'hésite-t-il pas à faire part au marquis de ses observations, d'abord écrites (lettres nos 2 à 4), ensuite orales sans doute, lorsque les deux hommes auront fait connaissance.

Dès le début, d'Argens reconnaît le bien-fondé de certaines au moins des remarques de Marchand, à qui finalement il fait confiance à tel point qu'ayant quitté La Haye il lui permet de remanier le texte des *Lettres juives* sans que lui, d'Argens, ait connaissance de ces remaniements autrement que par le texte imprimé. Aussi se déclare-t-il fort satisfait 'de la maniere vive et enjouée dont vous aves accomodé la cent et deuxieme letre' (lettre no 20). Il n'est pas moins content de la préface au tome iv (lettre no 27), de la lettre cxxviii (lettre no 35), et surtout du tome v en entier: 'je vous suis infiniment obligé [...] des utilles corections et augmentations que vous aves juge a propos de faire tant a la preface qu'au letres. je n'ay plus reconu ce cinquieme volume' (lettre no 48).

Qu'à plusieurs reprises il insiste sur le fait que Marchand a carte blanche par rapport au texte des *Lettres juives* n'est donc pas pour surprendre, et c'est une prérogative dont jouira Marchand jusqu'à la fin du recueil. Peut-être s'étend-elle même au-delà du dernier volume, car il est à remarquer que, là où les deux hommes n'étaient pas d'accord sur certains points, le texte de l'édition augmentée de 1738 donne assez souvent gain de cause à Marchand (voir les lettres nos 1, 2, 3, et 28). Se serait-il cru autorisé à ce moment-là à modifier le texte du marquis sans mot dire? Ce n'est pas impossible.

Il ne fait donc pas de doute que l'influence de Marchand s'est fait sentir d'un bout à l'autre des *Lettres juives*. Mais il ne faut pas s'y tromper: elle ne se réduit nullement aux remaniements textuels qu'il s'est permis. Au-delà des modifications de détail qu'il a apportées au texte du marquis, il a exercé une influence encore plus significative sur l'orientation générale de l'ouvrage, tant par les éloges qu'il adresse à d'Argens que par ses critiques, ses suggestions, la manière dont il cherche à faire partager à d'Argens certaines idées qui lui tiennent à cœur, certaines inimitiés profondes. Essayons donc de préciser de quelle manière ces interventions, tant directes qu'indirectes, de Marchand ont influé sur l'esprit général des *Lettres juives*.

La critique des jésuites et des jansénistes est, on le sait, un leitmotiv des *Lettres juives*. Cependant si d'Argens, en tant qu'auteur des *Lettres juives*, se contente quelquefois de renvoyer dos à dos les deux partis, le plus souvent il se montre bien plus acharné contre les jésuites que contre leurs adversaires. Or, on peut se demander si, sans l'intervention nettement anti-jésuite de Marchand, les choses se seraient passées tout à fait de la même manière; car enfin, la correspondance entre les deux hommes révèle que Marchand avait à combattre chez le marquis une antipathie encore plus marquée pour les jansénistes que pour les jésuites.

En effet, Marchand n'écrit-il pas, en avril 1737, à propos de la satire des jansénistes dans les *Lettres juives*: 'Vous les croiez plus mauvais que les Jésuites, ce que je ne vous accorde pas; pour plus fous, passe' (lettre no 41)? Il avait exprimé le même point de vue un mois plus tôt, en envoyant au marquis 'le Brouillon de l'Avanture du P. Fouquet', anecdote anti-jésuite provenant de

Voltaire et que Marchand accompagne de ces réflexions: 'Après ce Trait, aimez les Jesuites, que seroient charmez de vous traitter de même. Les Jansenistes sont bien devenus fous avec leurs Visions et Contorsions miraculeuses; mais, du moins ne sont-ils point scélérats, et par consequent ne méritent-ils pas l'Indignation dont vous les accablez sans cesse' (lettre no 34). A peu près une quinzaine plus tard, il revient à la charge en attirant l'attention du marquis sur un incident qui venait d'avoir lieu à Paris. Il s'agissait du remous le plus récent dans le faubourg Saint Marceau, centre du culte voué au diacre Pâris. Pour Marchand, si cet incident met en lumière le ridicule du mouvement convulsion-naire, il sert surtout à dévoiler 'la Noirceur et la Scéleratesse des Jésuites' (lettre no 39); et d'Argens, convaincu, compose à partir de ce canevas une *Lettre juive* (1*LJ* CLXXX, 2*LJ* CXCVIII) qui reflète fidèlement le point du vue de Marchand.

Depuis quelque temps déjà, d'ailleurs, le marquis déférait à l'opinion de son ami, qui trouvait qu'il était excessivement indulgent envers les jésuites. Aux reproches de Marchand était venu s'ajouter le ressentiment personnel lorsqu'en janvier 1737 d'Argens apprit que le séjour à Malte qu'il projetait n'était plus possible, un exemplaire des *Lettres juives* ayant été envoyé à Rome, sans doute par 'quelques diable de jesuite' (lettre no 24). Marchand, on s'en doute, ne laissa pas échapper l'occasion de confirmer le marquis dans son mépris pour 'ces maudits cafards de jesuites' (lettre no 24): 'je suis faché de voir que ces maudits Jésuites vous traversent ainsi; car, votre Conjecture est bonne, & ce ne sauroit etre autres: et vous voila payé du Zêle mal entendu que je vous ai tant de fois dit que je n'approuvois pas en vous pour eux' (lettre no 26). Il est clair que depuis longtemps il faisait la guerre à d'Argens au sujet de son 'Menagement trop poussé pour les Jesuites' (lettre no 28), et d'Argens lui-même témoigne de cette influence lorsqu'en mars 1737 il envoie à Marchand six *Lettres juives* destinées au tome vi, parmi lesquelles il y avait 'une letre sur les jesuites et j'espere que vous ne me reprocheres plus ma partialité' (lettre no 38). D'ailleurs, n'avait-il pas écrit à Marchand, en février, à propos de la continuation de ses *Mémoires*: 'j'ai deja fait des corections au premier volumes vous en seres content il y en a qui regardent les reverends peres jesuites' (lettre no 27)?

D'Argens a donc fini par se rallier entièrement au point de vue de Marchand et lorsque celui-ci répond, dans la préface au tome v des *Lettres juives*, à des critiques d'origine jésuite, la réaction du marquis, lecture faite de cette préface, ne se fait pas attendre: 'je revaudray cella sur toute la societé' (lettre no 48).

La haine que Marchand vouait aux jésuites s'étendait également aux moines, et sur ce chapitre elle ne rencontrait aucun obstacle de la part du marquis. Loin de trouver à redire à la satire omniprésente des moines dans les *Lettres juives*, Marchand y a sans doute applaudi et par deux fois au moins y a contribué directement, d'abord en remaniant à tel point une lettre consacrée à la débauche et à la ruse des moines tant en Espagne qu'en Italie (1*LJ* CII, 2*LJ* CXI) que d'Argens, enchanté, ne se sentait plus en droit de l'appeler *sa* lettre (lettre no 20); ensuite, en signalant, dans un passage qu'il a ajouté à la fin de 1*LJ* CLXX (2*LJ* CLXXXVIII), les 'Persécutions violentes' que subit George Buchanan de la part des moines (lettre no 40).

D'une manière plus générale, tout ce qui, dans les *Lettres juives*, s'attaquait à l'Eglise catholique était sûr de plaire à Marchand, ce converti au protestantisme qui avait dû quitter son pays pour échapper à la persécution catholique (voir Berkvens-Stevelinck, 1978, pp.xxiii et 39). Aussi ne cache-t-il pas, dans ses lettres à d'Argens, son indignation au seul nom de Wassy, 'vilain Lieu, et de détestable Mémoire' (lettre no 10), ni son mépris des pratiques religieuses du catholique Moetjens (lettre no 11). Quant à Bossuet, symbole de l'autoritarisme catholique en France, Marchand le juge détestable par sa 'Fourberie' et son 'Genie persécuteur' qui, selon lui, en firent un second Cyrille d'Alexandrie (lettre no 3); et s'il ne réussit pas à faire partager cet avis au marquis, du moins n'a-t-il pas à persuader celui-ci que la papauté et les papistes sont des cibles dignes de son attention. En effet, d'Argens les attaque, les tourne en ridicule si bien et si souvent dans les *Lettres juives* qu'on a parfois l'impression de lire un ouvrage d'inspiration protestante. Sans doute cette critique virulente doit-elle quelque chose à Marchand, qui n'avait pas l'habitude de mâcher ses mots lorsqu'il s'agissait de l'Eglise catholique (cp. Berkvens-Stevelinck, 1978, p.116) et qui n'aura pas hésité à forcer la dose.

Hostile aux catholiques, Marchand n'en était pas pour autant ami de tous les protestants. Sur ce point, le témoignage d'une de ses lettres à d'Argens est formel: il n'aimait point les Anglicans. Après avoir fait la critique de diverses 'Pieces disparates' qui, à son avis, gâtaient les *Lettres juives*, il poursuit (lettre no 28):

Je vous en ai évité une N^le. C'est celle où vous vous déchainez contre les Presbyteriens sans les connoitre; & ou vous admirez les Anglicans, que vous ne connoissez pas plus. J'ai remédié à cela, en ajoutant le Portrait de ces Derniers, qui sont les plus insolens Mortels de l'Univers. Peut-être les aimez vous mieux parce qu'ils ont des Evèques. Mais, en verité, on ne pardoneroit point ce Reste de préjugé à un aussi bon Esprit que vous.

La lettre en question est 1*LJ* cxxvi (2*LJ* cxxxviii) où pourtant Monceca, loin d'admirer les Anglicans, les critique encore plus sévèrement que leurs ennemis, les Presbytériens, et cela précisément dans la mesure où l'Eglise anglicane se rapproche de l'Eglise romaine. Celle-là n'est-elle pas nommée, par certains, 'la Secte des Partisans des Evêques', et n'y trouve-t-on pas 'une Hiérarchie très ressemblante à la Romaine' (1*LJ*, v.42; 2*LJ*, iv.158)? Le 'Théologien Anglican' n'est-il pas 'fier & superbe d'être de la Religion dominante' et ne veut-il pas 'que tout subisse ses Loix sans exception' (1*LJ*, v.47; 2*LJ*, iv.164-165)? Autant de raisons, pour Marchand, de haïr en Angleterre ce qu'il hait en France; et l'on n'est guère surpris lorsque le portrait du théologien anglican se termine par cette comparaison: 'Figure-toi un Jésuite [...]'.

L'intervention de Marchand a donc changé entièrement le point de vue qu'exprimait cette lettre. L'exemple est frappant, et l'on ne peut que se demander combien d'autres *Lettres juives* portent à ce point son empreinte. Sans doute ne faut-il pas exagérer l'importance de sa contribution aux *Lettres juives*: néanmoins, on ne peut s'empêcher de constater qu'en matière de religion ses antipathies se sont fait sentir dans l'ouvrage et que son influence a été parfois décisive.

Sur le plan politique, ce converti au protestantisme réfugié en Hollande est foncièrement hostile, cela va sans dire, à la monarchie absolue qui, en France, avait fait le malheur des Protestants en décrétant la révocation de l'Edit de Nantes. En effet, de toutes les critiques adressées à d'Argens par Marchand, ce sont celles ayant rapport au pouvoir monarchique qui sont le plus vigoureuse-ment exprimées, Marchand se scandalisant surtout de la façon dont d'Argens prêchait la soumission inconditionnelle à son roi (lettres nos 26, 28 et 34). Bien sûr, il y avait d'autres passages dans les *Lettres juives* qui vantaient la liberté naturelle de l'homme et auxquels Marchand applaudissait. Cependant, ni applaudissements ni objections n'ont mené d'Argens à remanier son texte. Est-ce à dire que, sur le plan politique, l'influence de Marchand sur les *Lettres juives* a été nulle? Pas tout à fait. S'il ne réussit pas à faire partager son point de vue au marquis, du moins profite-t-il de son rôle de collaborateur pour terminer un article sur les grands hommes de l'Ecosse par une allusion dédaigneuse 'aux Exclaves-nez du Pouvoir arbitraire, & [...] aux Defenseurs outrez de l'Obéis-sance passive' (1*LJ* CLXX, vi.164; 2*LJ* CLXXXVIII, v.454), ce qui visait, au moins indirectment, l'auteur même des *Lettres juives*!

Ailleurs, ayant critiqué d'Argens une fois de plus pour la façon dont il vantait 'les Principes despotiques' dans les *Lettres juives*, Marchand saisit l'occasion d'esquisser une lettre dont le but principal était d'attaquer certains de ses ennemis personnels mais qui, ce faisant, devait rendre justice au 'Roi Guillaume, Marlbourogugh, le Roi George I, en un mot les Grands Hommes des derniers Tems' (lettre no 34). D'Argens ayant suivi de près le canevas tracé par Mar-chand, on trouve dans 1*LJ* CLXIX (2*LJ* CLXXXVII) un écho, discret à la vérité, des sympathies politiques de Marchand qui, plutôt qu'un partisan de la monarchie constitutionnelle, était un adversaire acharné de la monarchie absolue – et catholique – en France.

Que Marchand ait cherché à rabaisser la renommée de Louis XIV (lettre no 3) et que d'Argens ait fait la sourde oreille à ses observations (lettre no 4), cela n'est pas pour nous surprendre. Mais que le point de vue exprimé par Marchand ait fini par se faire entendre – sous une forme atténuée, il est vrai – dans une *Lettre juive* ultérieure (voir la lettre no 4, note *i*), voilà qui témoigne sans doute de la persévérance avec laquelle il réitérait ses objections au marquis. Enfin, si le panégyrique de Louis XV dans 1*LJ* CXVII est devenu nettement moins enthou-siaste dans 2*LJ* CXXIX, ne faut-il pas croire à une intervention 'éditoriale' de la part de Marchand lors de l'impression de 2*LJ*? En effet, il s'était permis une phrase ironique sur le texte initial (voir la lettre no 28 et la note *u*), et ce ne serait pas la première fois, semble-t-il, qu'il eût modifié sans mot dire le texte du marquis.

Ce sont là les seuls indices d'une influence exercée par Marchand sur la partie politique de l'ouvrage. Sur ce plan – et surtout au sujet de la monarchie française – les idées des deux hommes différaient trop pour qu'il pût y avoir entre eux un vrai dialogue. D'ailleurs, d'Argens n'oubliait pas qu'il écrivait surtout pour un public français (lettre no 4) et qu'il espérait un jour réintégrer sa famille: autant d'obstacles qui, avec un certain loyalisme envers la patrie, l'empêchaient d'être sensible aux arguments de Marchand.

Peut-être l'influence de Marchand sur les *Lettres juives* s'est-elle fait sentir autant par la façon dont il cherchait à assouvir certaines rancunes personnelles que par ses prises de position théoriques. En effet, il a si bien réussi à faire partager à d'Argens certaines inimitiés que les *Lettres juives* en ont été profondé-ment marquées. Le cas d'Antoine-Augustin Bruzen de La Martinière (1662-

1749), auteur que d'Argens a commencé par admirer et qu'il a fini par exécrer, est instructif à cet égard.

Quelles raisons Marchand avait-il de ne pas aimer La Martinière? Deux au moins se présentent à l'esprit. D'abord, La Martinière entretenait des relations avec Pierre Desmaizeaux, avec qui Marchand était à tout jamais brouillé (les lettres de La Martinière à Desmaizeaux sont conservées à la British Library). Ensuite, par son association étroite avec Antoine La Barre de Beaumarchais et Jean-Blaise Desroches-Parthenay, par sa collaboration aux *Lettres sérieuses et badines* et, peut-être, au *Journal littéraire* de La Haye, à la continuation de l'*Histoire d'Angleterre* de Rapin de Thoyras, et à l'*Histoire de la vie et du règne de Louis XIV* (sur tout cela voir *Journalistes*, article 'La Martinière'), il était lié à Jean van Duren, libraire catholique à La Haye. Or, Marchand exécrait van Duren et méprisait souverainement ses *Lettres sérieuses et badines* et les 'Ecrivains à Gages et mercenaires' qu'il employait à la rédaction de ce périodique (fonds March. 29, bibliothèque universitaire de Leyde, première feuille). Marchand avait-il d'autres griefs encore contre La Martinière? Cela se peut, car celui-ci était catholique et jouissait du titre de Géographe de Sa Majesté Catholique à lui accordé par le roi d'Espagne, ce qui n'était nullement un titre à la considération de Marchand.

Or, dans 1*LJ* xvi du 2 février 1736, d'Argens avait fait l'éloge de La Martinière en tant qu'auteur du *Grand Dictionnaire géographique et critique* (La Haye 1726-1739), et cela malgré une remarque de Marchand qui avait cherché à minimiser la part que prenait La Martinière à cet ouvrage (lettre no 3). Pour Marchand, cependant, la partie était loin d'être perdue, ainsi qu'on va le voir.

D'abord, en moins de quatre mois, le ton dont il est parlé de La Martinière dans les *Lettres juives* change entièrement. En effet, le 21 mai 1736 paraît 1*LJ* xlvii (2*LJ* li), lettre qui, après avoir décoché divers traits obliques à La Martinière, Desroches-Parthenay et d'autres encore, se termine par un éreinte-ment de l'*Introduction à l'histoire de l'Asie, de l'Afrique, et de l'Amerique* (Amsterdam 1735), ouvrage de La Martinière (1*LJ*, ii.136; 2*LJ*, ii.94-95). Que Marchand n'entre pour rien dans la façon dont ce livre est décrié, c'est ce qui est difficile à croire, car comment expliquer autrement le ton presque insultant de cette critique?

Ensuite, vers le début de novembre 1736, Marchand, ayant lu dans la *Bibliothèque françoise* (xxiii.289-302) la 'Lettre sur la nation espagnole' par laquelle La Martinière répondait à diverses critiques des Espagnols répandues dans les trois premiers volumes des *Lettres juives*, en envoie un exemplaire à d'Argens et invite le marquis, discrètement mais clairement, à répondre à La Martinière. Ce faisant, il accable celui-ci de ses sarcasmes, le comparant à don Quichotte par la façon dont il s'est érigé en 'Défenseur banal' de la nation espagnole, et prévoyant qu'il se rendra 'digne d'occuper un Poste dans les Petites-Maisons de cet aimable Païs' (l'Espagne), ce qui délivrera le public 'de l'Ennui de ses mauvaises Pièces, et les Libraires du Risque qu'elles leur font courrir' (lettre no 11). Or, voilà en raccourci les traits majeurs de la satire contre La Martinière telle qu'elle se trouve dans les trois derniers volumes des *Lettres juives*.

Cependant, la première réaction de d'Argens, lecture faite de l'article en question, était de ne pas répondre à La Martinière, celui-ci n'ayant nommé ni les *Lettres juives* ni leur auteur (lettre no 12). Marchand, d'abord, n'insiste pas (lettre no 13) mais, vers le 12 novembre, il revient à la charge et suggère à d'Argens que, dans la préface au tome iv des *Lettres juives*, 'il ne sera pas mal de donner quelque Nazarde au Dom Quixote de la Nation Espagnole' (lettre no 15). D'Argens, cette fois, accueille chaleureusement l'idée, et il ajoute qu'il a 'trouvé un moien de [se] venger de [La Martinière] et de sa clique d'une maniere sanglante dans un autre manuscrit' (lettre no 19). Ce ton-là n'était pas pour déplaire à Marchand, qui sans doute fut charmé tant de l'épître dédicatoire que de la préface, qui toutes deux tournaient en ridicule La Martinière. Il y ajoutera des remarques de son cru et d'Argens, enthousiasmé par ces 'angeliques corections' (lettre no 27), finit par faire une fois de plus cause commune avec son ami. Ils savourent tous les deux le désespoir de La Martinière (lettres nos 28 et 29), mais l'affaire rebondit de façon inattendue contre d'Argens lorsque La Martinière et ses amis réussissent à découvrir le lieu de sa retraite, découverte qu'ils s'empressent de rendre publique (lettre no 29). Dès lors, la guerre est déclarée et la satire de La Martinière et de ses amis devient comme un leitmotiv des *Lettres juives*.

Pourtant, Marchand ne reste pas les bras croisés. Vers le 12 mars 1737, il écrit à d'Argens une lettre (no 34) où il l'incite à déchirer l'*Histoire d'Angleterre, de Monsieur de Rapin Thoyras, continuée jusqu'à l'avenement de George II à la couronne*, tomes xi à xiii (La Haye 1735-1736). Attaquer un livre publié par van Duren et composé par ses 'Ecrivains à Gages et mercenaires' (March. 29), amis intimes de La Martinière, qui peut-être a collaboré lui-même à l'ouvrage, n'était-ce pas faire d'une pierre trois coups? Aussi Marchand prend-il soin d'insister sur le fait qu'une telle *Lettre juive* – et il en donne le canevas – servirait essentiellement les intérêts du marquis en Hollande. D'Argens, on se l'imagine, ne s'est pas fait prier – 'jai obei exactement a vos ordres' (lettre no 38) – et désormais un de ses passe-temps favoris sera de faire la satire à la fois de l'ouvrage, des auteurs, et, bien entendu, du libraire (voir 1*LJ* CLXIX et CLXX, 2*LJ* CLXXXVII et CLXXXVIII; 2*LJ* XIX, i.168; *LM*, pp.206-15; 1*Cab*, ii.192, iii.234; *etc.*).

Les haines vigoureuses que nourrissait Marchand ne se sont pas toujours fait sentir de la même manière dans les *Lettres juives*. Si, par exemple, il n'y est fait mention nulle part de la *Bibliothèque raisonnée*, c'est que par deux fois au moins Marchand a réussi à faire supprimer des allusions à ce périodique, allusions qu'il jugeait sans doute trop favorables (lettres nos 2 et 3). La critique virulente qu'il fait de la *Bibliothèque raisonnée* dans la lettre no 3 confirme qu'il s'agit d'une hostilité de longue date. Le fait que Pierre Desmaizeaux était un des collaborateurs et que les libraires, J. Wetstein et G. Smith, avaient été associés à la publication en 1730 de cette édition du *Dictionnaire* de Bayle qui, une fois de plus, avait envenimé la querelle entre Marchand et Desmaizeaux (voir là-dessus Berkvens-Stevelinck, 1978, p.99) suffit dans doute pour rendre compte de cette hostilité.

De même qu'elles reflètent certains points du vue chers à Marchand, les *Lettres juives* portent donc l'empreinte de certaines rancunes tenaces qu'il n'a nullement cherché à tenir en bride en discutant du contenu des lettres avec d'Argens. Et n'oublions pas que c'est sans doute Marchand qui a composé la table des matières qu'on trouve à la fin de 2*LJ* (il avait déjà rendu le même service à *La*

Philosophie du bon sens) et qu'à travers cette table il réussit parfois à faire sentir ses antipathies d'une manière qui n'est guère autorisée par le texte même des *Lettres juives*. Par exemple, dans l'article 'Louis XIV' il insiste autant que possible sur les défauts du roi et s'étonne d'une lettre – il s'agit de 1*LJ* CXVII, 2*LJ* CXXIX – où Louis est 'Singuliérement excusé d'Ambition & de Persécution'! Ou bien dans l'article 'Journal littéraire de la Haie' il accorde une importance démesurée à une note fielleuse, inspirée sinon composée par lui et qui ne paraît que dans 2*LJ* (lettre CLXXIV, v.294), note visant van Duren et les 'Moines défroqués' qu'il employait à rédiger son *Journal*.

L'effet de toutes les interventions de Marchand auprès du marquis a été d'influer non seulement sur le fond des *Lettres juives* mais aussi, et peut-être surtout, sur leur ton. Nous l'avons déjà dit, il n'était pas homme à mâcher ses mots, qu'il s'agît de l'Eglise catholique ou d'individus qu'il exécrait. Ce n'est pas un hasard si certains passages des *Lettres juives* qu'on peut lui attribuer sans risque d'erreur – à titre d'exemple, le portrait du théologien anglican dans 1*LJ* CXXVI (2*LJ* CXXXVIII), ou bien la fin de 1*LJ* CLXX (2*LJ* CLXXXVIII) – se reconnaissent à leur ton âpre et sarcastique. En tant qu''éditeur' des *Lettres juives*, Marchand a préféré le plus souvent forcer la dose plutôt que de rien adoucir, témoin la préface au tome iv, où il aurait aiguisé les traits contre La Martinière, et cela malgré les doutes du marquis qui craignait un moment d'avoir poussé trop loin la satire (lettres nos 25 et 27).

Plus jeune, moins expérimenté, faisant confiance à Marchand, d'Argens s'est peut-être laissé entraîner par les avis et par l'exemple de son ami. Ce qui est sûr, c'est que plus tard il en est venu à regretter l'emportement et l'aigreur qui, il le reconnaît, caractérisaient ses premiers écrits:

Lorsque je commençai à devenir Auteur, j'étois jeune, emporté; je sortois du service, & j'avois porté dans la République des Lettres un reste d'humeur militaire. Dès qu'une chose me paroissoit mauvaise, je la critiquois, & quelquefois avec aigreur [...] J'avois, il est vrai, un profond respect pour tous les grands hommes; mais ce n'est point assez d'admirer les grands Ecrivains, il faut être poli avec les médiocres, & ne point injurier les mauvais.

Il s'était donc fait 'des ennemis irréconciliables'. Par contre, 'Si j'entrois aujourd'hui dans la République des Lettres, [...] j'aurois pour moi plusieurs personnes que je n'ai point eues, qui m'ont cru d'un caractère dur & mordant, & que je n'ai pû desabuser entiérement de leur prévention, malgré les soins que j'ai pris dans la suite' (*Nouveaux Mémoires pour servir à l'histoire de l'esprit et du cœur*, La Haye 1746, ii.306-307). Il est vrai qu'il attribue à l'emportement de la jeunesse et à une formation militaire le ton de ses premiers écrits (parmi lesquels il faut compter, bien entendu, les *Lettres juives*). Ce qu'il ne dit pas, c'est qu'il subissait alors l'influence d'un homme qui, certes, était 'd'un caractère dur & mordant' pour ceux, nombreux, qu'il n'aimait point.

Il est clair que l'idée de s'être fait des ennemis par ses premiers écrits répugnait à l'auteur des *Nouveaux mémoires*. Or, le marquis des années hollandaises ne voyait guère autrement les choses, car il est sûr qu'à moins d'être poussé par Marchand il ne voulait pas non plus se faire d'ennemis. Il n'y a qu'à lire ses lettres à Marchand pour se rendre compte à quel point il désirait 'eviter les criailleries' (lettre no 35), 'eviter tous les tracaseries' (lettre no 42), éviter 'tant que je puis les demelés literaires' (lettre no 64). De toute évidence, il ne voulait se brouiller avec personne – ni avec Du Sauzet (lettres nos 22 et 64), ni avec Néaulme (lettres nos 35 et 43), ni avec de Bey (lettres nos 42 et 43), ni avec Paupie (lettre no 56) – et surtout pas avec Marchand. Ne lui arrive-t-il pas d'écrire à celui-ci: 'je vous regarde non comme mon ami mais comme mon pere et mon dieu tutelaire' (lettre no 33)? Et ne déclare-t-il pas que 'la seule chosse qui me retiene dans ce pais c'est dy avoir un ami tel que vous dont je fais tout le cas possible' (lettre no 43)? Et il est de fait que Marchand seul s'avère un ami intime et sûr pendant les années hollandaises du marquis. Comment donc les deux hommes se sont-ils brouillés à tout jamais?

Selon Theodore Besterman (Best.D977, commentaire), cette brouille aurait eu deux causes. D'abord, d'Argens aurait conçu du ressentiment contre Marchand à cause des modifications apportées par celui-ci au texte des *Lettres juives*, et il se serait querellé avec lui. Ensuite, le départ du marquis pour la cour de Frédéric le Grand aurait soulevé de la part de Marchand des protestations qui auraient mis fin à leur amitié.

Pour qui a lu la correspondance entre Marchand et d'Argens, ni l'une ni l'autre de ces hypothèses n'est acceptable. S'il est vrai que d'Argens n'accueille pas toujours avec enthousiasme les remaniements effectués par Marchand – la lettre no 55 nous en fournit la preuve – il est hors de doute qu'il n'a jamais ressenti un mécontentement sérieux et durable contre son 'éditeur'. Pour s'en convaincre, il n'y a qu'à lire ce qu'il écrit à Marchand le 10 août 1739, lorsqu'il est sur le point de quitter définitivement la Hollande: 'j'ai une satisfaction infinie de pouvoir vous asurer que je suis toujour le meme a votre egard'; 'il m'eut ete bien doux de voir tomber mes ouvrages dans les mains d'une personne accoutumée a ma mauvaisse ecriture et dont les conceils et les avis m'ont ete souvent tres utiles je me fairai toujour monsieur un veritable plaisir d'en profiter' (lettre no 64).

La deuxième hypothèse de Besterman est plus séduisante, et c'est à elle que se rallie Jean Sgard (*Journalistes*, article 'Marchand'). Il affirme que Marchand 'rompt avec d'Argens quand celui-ci s'attache à Frédéric de Prusse en 1740', et cela parce que Marchand était 'farouchement opposé à toute forme de "despotisme"'; et à ce propos Sgard renvoie le lecteur à la lettre no 65. Or, une lecture des dernières lettres de cette correspondance révèle que la rupture entre les deux hommes n'avait rien à voir avec des raisons idéologiques. Dans le fait, d'Argens avait déjà perdu l'amitié de Marchand en août 1739, lorsqu'il était toujours à Maestricht et bien avant qu'il eût fait la connaissance de la duchesse de Wurtemberg ou qu'il eût décidé de s'attacher à Frédéric. Que s'était-il donc passé?

Avant d'en venir à la cause principale de cette rupture – 'l'odieux Libelle' (lettre no 63) publié par Du Sauzet pendant l'été de 1739 – jetons un coup d'œil sur ce qu'on pourrait appeler la préhistoire de cette affaire. En effet, cette rupture fut préparée dans une certaine mesure par l'évolution qui eut lieu dans les rapports entre Marchand et d'Argens, et surtout par le rôle qu'y joua Paupie.

Pour ce qui est du marquis, il avait suspendu tout contact direct avec Paupie en quittant La Haye vers la fin d'août 1736; et afin de lui faire croire qu'il était rentré en France, il ne correspondait plus avec lui que par l'intermédiaire de

Marchand. Cependant, ces précautions n'étant plus de saison une année plus tard, d'Argens et Paupie commencent à s'écrire directement (voir les lettres nos 53, 59, 60). Peu de temps après, la correspondance du marquis avec Marchand subit un ralentissement, semble-t-il – du moins les lettres gardées dans le fonds March. 2 se font-elles de plus en plus rares à partir de septembre 1737. Puis, vers la fin de 1738, Paupie passe un mois à Maestricht, où d'Argens était cantonné depuis une année: les deux hommes se verront souvent et leurs liens se sont certainement resserrés, car en août 1739 d'Argens, se déclarant 'veritablement son ami', prendra la défense de Paupie auprès de Marchand (lettre no 64).

Quant à Marchand, il est clair qu'en novembre 1738 il n'était plus au fait des intentions du marquis. En effet, ce n'est qu'après coup que celui-ci lui expose les raisons qui lui avaient fait abandonner les *Lettres cabalistiques* (lettre no 62). D'ailleurs, celles-ci ayant cessé de paraître en octobre 1738, les liens d'amitié entre les deux hommes avaient perdu en quelque sorte leur raison d'être. D'Argens, il est vrai, collaborera à la *Nouvelle bibliothèque* lancée par Paupie en novembre 1738, mais Marchand cesse de la corriger vers le début de 1739, semble-t-il (lettre no 64), après quoi tout contact, même indirect, entre Marchand et d'Argens est suspendu. Entre novembre 1738 et août 1739 d'Argens n'écrira pas une seule fois à Marchand (lettre no 63): de toute évidence, Paupie a fini par supplanter Marchand en tant qu'ami et correspondant du marquis.

C'est dans ces circonstances que se produit un refroidissement dans les rapports de Paupie avec Marchand, qui n'est plus chargé de la correction de la *Nouvelle bibliothèque* et qui n'aura aucune part à la nouvelle édition des *Lettres cabalistiques* (lettre no 64). Et le voilà qui, à force de ruminer le long silence du marquis et ses relations avec Paupie, en vient à croire que celui-ci a prévenu le marquis contre lui (lettre no 63). C'est la tête remplie de ces soupçons qu'il lit, dans l'été de 1739, 'l'odieux Libelle que du Sauzet vient de publier' contre lui (lettre no 63). Il y trouve la confirmation de tous ses soupçons, et il agit en conséquence. Que disait donc ce 'Libelle', et qu'est-ce qui l'avait provoqué?

Henri Du Sauzet, libraire d'Amsterdam, s'était offensé d'un article de la *Nouvelle bibliothèque* pour novembre 1738 concernant les *Opera varia* du père Hardouin, ouvrage qu'il publiait avec de Hondt. Il écrivit à Paupie et en même temps à d'Argens pour se plaindre de ce qu'il avait lu tant dans la *Nouvelle bibliothèque* que dans les *Lettres cabalistiques*, qui, elles non plus, n'avaient pas épargné l'ouvrage d'Hardouin. Le 26 décembre 1738, d'Argens lui écrivit une lettre dans laquelle il cherchait à se disculper, affirmant qu'il n'avait eu aucune part à l'article de la *Nouvelle bibliothèque* et que, quant aux *Lettres cabalistiques*, les deux lignes dont se plaignait Du Sauzet avaient été ajoutées à son insu et sans l'aveu de Paupie. De là à conclure que le correcteur en était responsable, il n'y avait qu'un pas à faire. Aussi Du Sauzet inséra-t-il toute cette affaire, accompagnée de réflexions fielleuses sur le rôle du correcteur des *Lettres cabalistiques*, dans sa *Bibliothèque françoise* (tome xxviii, 2ᵉ partie, article vii) et c'est ce texte que Marchand qualifiera d'odieux libelle.[111]

---

[111] Pour plus de détails sur cette affaire, l'on se reportera aux notes relatives aux lettres nos 63 et 64.

Résolu désormais à rompre avec Paupie, dont la conduite dans cette affaire lui semble tout à fait malhonnête, Marchand écrit au marquis pour lui exposer les dessous de l'affaire tels qu'il se les représente et pour lui demander le renouvellement de son amitié, qu'il aurait perdue par l'intervention de Paupie. Car, à moins de supposer le marquis prévenu contre lui, comment Marchand pouvait-il expliquer ce 'Desaveu formel' d'un passage ajouté à une des *Lettres cabalistiques*, désaveu que d'Argens avait envoyé à Du Sauzet et que celui-ci avait imprimé dans sa *Bibliothèque françoise*? Et Marchand multiplie les citations pour rappeler au marquis que lui, Marchand, n'avait jamais rien changé ni aux *Lettres juives* ni aux *Lettres cabalistiques* 'que de votre Consentement & à votre Priere' (lettre no 63).

A cela, que répond d'Argens? Qu'il s'agit 'd'une tracaserie a laqu'elle je puis vous protester que je n'ai aucune part'; que Paupie n'a nullement cherché à détruire l'amitié du marquis pour Marchand et que lui, d'Argens, n'est aucunement fâché contre Marchand; qu'enfin il a été coupable tout au plus d'indiscrétion dans sa lettre à Du Sauzet qui, d'ailleurs, aurait dû l'avertir avant que de rien imprimer de relatif à cette affaire (lettre no 64).

Faut-il s'étonner qu'une telle lettre ait consacré la rupture entre les deux hommes? Expliquer à Marchand qu'il se trompait en attribuant aux machinations de Paupie sa conduite dans cette affaire, n'était-ce pas réclamer pour lui-même toute la responsabilité de cette conduite? Se déclarer l'ami de Paupie et affirmer que Marchand se laissait prévenir trop facilement, n'était-ce pas prendre le parti opposé à Marchand dans la querelle entre les deux hommes? Appeler indiscrétion le sacrifice d'un ami, n'était-ce pas insulter celui qu'il avait sacrifié? Insister sur ce qu'il aurait été prêt à faire pour apaiser Du Sauzet, n'était-ce pas indiquer à Marchand qu'il n'était nullement prêt à prendre sa défense contre les accusations de Du Sauzet? Cela étant, comment Marchand pouvait-il pardonner une telle trahison? Avoir rendu tant de services au marquis et se voir abandonné de celui-ci au moment où il en avait le plus grand besoin, c'était là un affront que Marchand ne pouvait digérer, et il rompt avec d'Argens – rupture confirmée par deux lettres, datant l'une de décembre 1739 et l'autre de juin 1741, à lui écrites par d'autres correspondants (voir la lettre no 64, remarque).

Certains événements ultérieurs ne feront sans doute qu'accroître son hostilité envers le marquis, en particulier cette édition augmentée des *Lettres cabalistiques* publiée en 1741 et dont deux des nouvelles lettres – désavouées par d'Argens, d'ailleurs – ironisaient sur le dernier ouvrage de Marchand (voir l'appendice no viii, article 4). Enfin – à supposer que la lettre no 65 s'adresse à d'Argens – il est évident par le sarcasme amer dont il se sert pour écrire au marquis que Marchand s'était profondément offensé des remarques à lui consacrées dans la lettre du marquis à Vaillant. D'Argens, il est vrai, continuera jusqu'en 1753 – et peut-être au-delà – à protester que Marchand avait tort d'être fâché contre lui (appendice no viii, article 4); mais il a beau protester: son procès est instruit, et cela depuis 1739.

La correspondance entre Marchand et d'Argens s'achève donc sur une rupture définitive. N'empêche qu'elle fait revivre une amitié qui a duré quelque trois années, au cours desquelles d'Argens a vécu en quelque sorte sous la tutelle de Marchand, qui a été pour lui à la fois un confident, un second père, et surtout un conseiller littéraire. A ce dernier titre, Marchand a exercé une influence durable sur le marquis. En effet, l'importance de sa contribution, tant direct qu'indirecte, aux *Lettres juives* en particulier ne fait plus de doute. Or, la réussite des *Lettres juives* fut comme un tournant non seulement dans la carrière littéraire du marquis – elle l'a confirmé dans sa vocation nouvellement découverte d'écrivain philosophique – mais aussi dans sa vie. Effectivement, qu'est-ce qui l'a empêché de faire un séjour à Malte et ensuite de réintégrer sa famille, sinon la notoriété que lui valaient les *Lettres juives*, surtout dans les milieux catholiques? C'est elle qui fait qu'il reste en Hollande et poursuit sa carrière d'écrivain. A travers celle-ci, c'est donc le cours même de sa vie qui a été marqué par son contact avec Marchand.

Steve Larkin

1

Jean-Baptiste de Boyer, marquis d'Argens, à Prosper Marchand

[première moitié de décembre 1735][1]

Monsieur

mon Libraire[a] vient de me montrer quelques remarques sur ma troisième lettre Juive, que vous avés eu la bonté de lui remettre. On ne peut vous être plus obligé que je le suis de la complaisance que vous voulés bien avoir de jeter les yeux sur un Ouvrage qui merite si peu d'attention. Aussi si je prens[2] la liberté de[3] repondre à vos notes, c'est moins pour m'excuser, que pour chercher à m'instruire.

A Voltaire, je crois que la reputation suffit.

J'avois cru que je pouvois lui donner quelque chose de plus qu'une reputation ordinaire aux gens de Lettre; il est même à Paris regardé au dessus de ces Confreres; Mais puisque vous le voulés, je m'en tiens à votre decision, & vous prie de coriger la Phrase[b].

Il y eut 30 ans. ce fut en 1710.[4] Je vous avourai que j'ignorois l'époque precise de la destruction du Port-Royal[5], & comme j'ai peu des Livres ches moi, je m'en suis raporté à ma memoire[c].

Avidité des bêtes feroces.

J'ai voulu dire l'avidité des Loups dont les Fôrets de Versaille, de Fontainebleau, & de S.t Germain sont remplies, & vous savés qu'il y eut des cadavres qui resterent deux jours exposés dans les champs, vous verres quelle expression plaira davantage[d]

Quand à l'article du bannissement de Voltaire & de Rouseau, vous me permettres de ne pas être de votre sentiment. Il est encor bien des gens à Paris qui croient fermement qu'il n'est point l'Auteur des Couplets qu'on lui avoit attribués. D'ailleurs sa peine étoit trop rigoureuse[e]. Quand à Voltaire jamais son insolence n'a été cause de son bannissement. Permettés que je vous assure que je sai l'affaire d'origine, & que ces seules Lettres Philosophiques ont été le seul sujet de son exil. C'est-ce qui fait precisement la matière en question, qui tend à prouver que les moindres sentimens un peu hardis attirent des affaires aux Auteurs[f].

Je ne sai si Voltaire sera content du parallele dont vous pretendés que Rouseau à lieu de se plaindre, mais je crois, qu'il à plus lieu de le trouver mauvais. J'examine en passant les Ouvrages de Rouseau, & je n'y trouve que 30 à 40 feuillet, qui doivent lui avoir aquis l'estime des Connoisseurs. Je reduis sa reputation à son Edition de Soleure[g] & dans cette même Edition, je retranche encor quelques Poësies foibles, eu égard à ses Odes sacrés & à ses Odes Heroïques, qui sont en tout au nombre de 24. Je ne pense pas, Monsieur, que vous estimiés les Comedies de Rouseau, les Operas, quelque Poësies froides & dans le goût Allemand, qu'il à composé depuis son exil. Au lieu que Voltaire se soutient toûjours. Sa Zaïre n'a point dementi son Henriade & franchement j'aimerois mieux avoir fait ces deux mourceaux, que tout ce que Rouseau à produit. Voltaire écrit d'ailleurs en Prose infiniment mieux que l'autre, & je vous serai obligé de ne rien changer à cet article[h].

J'ai fait sentir, il me semble, que l'Academie des Sciences, traite plus rarement ces sujets de Metaphisique[6] que les autres, en disant quelle ne pousse ses réflexions sur ce sujet que jusqu'à un certain point. J'ai partagé le diferent sur cet article, j'ai efacé le mot de Politique, qui m'étoit échapé, pour arondir ma Phrase[i].

Lorsque j'ai parlé des recherches de l'Antiquité, je n'ai pas pretendu parler de celles ou s'occupe precisement l'Academie des Sciences, mais d'un nombre d'autres qui n'aissent necessairement de l'étude des autres Sciences. Vous savés, Monsieur, que Ciceron dit quelles se tiennent toutes par la main[k]; cependant pour eviter tout equivoque, j'ai profité de votre conseil[l]. Je vous prie Monsieur de vouloir [7]me[7] continuer des avis qui me sont aussi utiles, & je m'estimerai heureux, si vous voulés m'accorder cette grace. Je suis Monsieur[8] avec un respectueux attachement, votre tres humble & tres obeissant serviteur   A

MANUSCRIT
March.2, no 4; 4p., p.4 bl.

IMPRIMÉ
Best.D977 (*Œuvres complètes de Voltaire* 87, pp.301-303).

NOTES CRITIQUES
Cette lettre est loin de ressembler à la majorité de celles qu'a écrites le marquis à Marchand. L'écriture assez soignée, l'emploi de paragraphes, de majuscules et d'une ponctuation plus que sommaire, tout témoigne des efforts du marquis pour se rendre lisible.
[1] [la même main, semble-t-il, qui a numéroté toutes les lettres de d'Argens a écrit en crayon en tête de celle-ci 'A°. 1740', sans doute à cause de la phrase 'Il y eut 30 ans. ce fut en 1710'. En fait, le contenu de cette lettre révèle qu'elle est la première en date de celles, écrites par d'Argens, qui sont conservées dans le fonds March.2. Sans doute est-elle aussi la première lettre que d'Argens ait écrite à Marchand. Puisque la troisième des *Lettres juives* en demi-feuilles séparées n'était pas encore publiée (voir là-dessus la note *h*), la présente doit être antérieure au 19 décembre 1735, date de publication de 1*LJ* III (sur la datation des *Lettres juives* voir l'appendice no II)]
[2] [première leçon: 'Aussi prens-je', dont le 'je' a été biffé] [3] ⟨reponse a⟩ [4] [d'Argens

indique ici par un signe le commencement d'un nouvel alinéa] [5] [et non 'Pont Royal', Besterman] [6] ⟨les⟩ [7] [ajouté dans l'interligne] [8] ⟨votre tres humble & tres obeissant serviteur⟩

NOTES EXPLICATIVES
a. Pierre Paupie imprimait les *Lettres juives*. Il était établi à La Haye, où demeurait le marquis à ce moment-là, comme le laisse entendre le reste de sa phrase.
b. dans 1*LJ* III, on lit: 'Il y a cinq ou six Mois, qu'un François, qui s'est aquis de la Réputation [*en note*: Voltaire], [...]' (1*LJ* i.17-18; 2*LJ* i.22). L'influence de Marchand, qui était loin d'être un admirateur de Voltaire, se fait donc sentir dès les premières *Lettres juives*.
c. cp. 1*LJ* III: 'Le plus grand des Théologiens [*en note*: *Monsieur* Arnaud], [...] fut exilé en Flandre; &, long-tems après, on renversa, on brula, on rasa, la Retraite d'un nombre de Savans [*en note*: Port-Royal]' (1*LJ* i.18; 2*LJ* i.23). Arnauld fut exilé en Flandre en 1679, et la destruction de Port-Royal eut lieu en 1710, ainsi que l'avait fait remarquer Marchand. Sans doute la phrase 'Il y eut 30 ans' se trouvait-elle dans le texte primitif de 1*LJ* III, que Marchand aura remanié.
d. cp. 1*LJ* III: 'mais, les Moines firent exhumer les Morts; &, après leur avoir fait milles Outrages, ils en laissérent un grand

Nombre en proïe à l'Avidité des Bêtes féroces' (1*LJ* i.18-19; 2*LJ* i.24).

e. J.-B. Rousseau fut banni de la France à perpétuité à cause des couplets scandaleux contre Houdar de La Motte qui lui furent attribués, malgré ses protestations. Fénelon, Louis Racine et Nicolas Boindin étaient de ceux qui croyaient fermement à son innocence dans cette affaire.

f. cp. 1*LJ* III: 'Il y a cinq ou six Mois, qu'un François, qui s'est aquis de la Réputation [*en note*: Voltaire], s'avisa de rendre public un Livre rempli d'Opinions un peu hardies, soutenues par des Raisonnemens persuatifs [*sic*] & remplis de Sel [*en note*: Les Lettres Philosophiques]. Les Moines s'élevérent contre lui: il eut beau vouloir se justifier; il fut proscrit du Roïaume, & ses Ennemis le punirent moins des Erreurs qu'ils croïoient entrevoir dans son Ouvrage, que de quelque Trait de Plaisanterie qu'il y avoit sur eux' (1*LJ* i.17-18; 2*LJ* i.22-23).

g. les *Œuvres diverses du sieur R.* ., publiées à Soleure en 1712, furent rééditées à plusieurs reprises.

h. dans 1*LJ* III, on lit: 'Les deux plus fameux Poëtes [*en note*: Voltaire & Rousseau] sont actuellement exilés. S'ils ont autant de Génie qu'en avoit Ovide, ils sont aussi malheureux qu'il le fut' (1*LJ* i.19). Ce parallèle ne se trouve pourtant plus dans 2*LJ*. Serait-ce là un remaniement dû

à d'Argens qui, lors de l'édition augmentée, était en correspondance avec Voltaire et qui aurait compris que celui-ci s'offenserait d'un tel parallèle? Ou serait-il dû à Marchand qui, ainsi qu'on le verra, semble responsable de plusieurs changements apportés au texte du marquis lors de l'impression de 2*LJ*, et qui n'aura peut-être pas laissé passer l'occasion de supprimer ce passage qu'il jugeait trop flatteur pour Voltaire? Quoi qu'il en soit, il ressort de la lettre du marquis qu'elle se rapporte à la troisième *Lettre juive* telle qu'elle a paru lors de la publication périodique des lettres et non à 2*LJ* III. Par conséquent, la présente appartient à l'année 1735.

i. dans 1*LJ* III, on lit de l'Académie des sciences qu'elle 's'occupe d'Etudes profondes & suivies, quoi qu'elle ne puisse pousser que jusqu'à un certain Point ses Réflexions sur la Métaphisique' (1*LJ* i.20-21; 2*LJ* i.26).

k. cette idée se rencontre plus d'une fois dans les ouvrages de Cicéron: voir par exemple *Pro Archia poeta* 2 (cité par d'Argens à la fin de 2*LJ* XCII, iii.116) et *De natura deorum* 1,9. Pourtant l'image que d'Argens lui attribue est, semble-t-il, de l'invention du marquis lui-même.

l. il n'y a rien ni dans 1*LJ* III ni dans 2*LJ* III qui ait rapport aux 'recherches de l'Antiquité'.

2

Jean-Baptiste de Boyer, marquis d'Argens, à Prosper Marchand

[décembre 1735][1]

Je viens Monsieur de recevoir les remarques que vous avés eu la bonté de faire sur mes Lettres. Elles sont si judicieuses qu'il ne me reste qu'à vous en remercier, & vous prier de vouloir bien me continuer des avis qui me sont si necessaires.

Vous avés trop de complaisance en corrigent les fautes que je fais, & je vous prie d'avoir plus de severité.

Quand à l'article de la Biblioteque raisonée La complaisance m'y avoit engagé, la raison & l'equité me ramenent dans le bon chemin, & je vous prie de corriger & de biffer la remarque a la page[a].

Quand aux Journeaux des Savants, excusés au reste de tendresse pour ma Patrie, & je vous demande grace pour cet article[b]. Je suis avec un respectueux attachement

Monsieur
Votre tres humble & tres
obeissant serviteur
&c[2]

MANUSCRIT
March.2, no 1; 2p., p.2 bl.

NOTES CRITIQUES
Même remarque, en ce qui concerne l'écriture *etc.*, que pour la lettre précédente. [1] [le ton de cette lettre, l'écriture soignée, et surtout la référence au contenu de 1*LJ* v, permettent de la placer ici. Elle doit être antérieure au 26 décembre 1735, date de publication de 1*LJ* v] [2] [une main qui pourrait être celle de Marchand a ajouté ici 'le Marquis d'Argens']

NOTES EXPLICATIVES
   a. il n'y a aucune référence à la *Bibliothèque raisonnée des ouvrages des savans de l'Europe* (Amsterdam 1728-53) dans les *Lettres juives*.
   b. dans 1*LJ* v, on lit: 'On appelle ces Livres des *Journaux*: il y en a deux ou trois, qui méritent d'être lûs. Celui, qu'on nomme *Journal des Savans*, est digne de l'Estime des Connoisseurs' (1*LJ* i.34). Dans

l'édition de 1738, la phrase est ainsi modifiée: '[...] a été digne de l'Estime des Connoisseurs' (2*LJ* i.44-45). C'est la seule référence au *Journal des savants* dans les *Lettres juives*.

REMARQUE
   Dans la 24e des *Lettres morales et critiques sur les différens états, et les diverses occupations, des hommes* (Amsterdam 1737), lettre consacrée aux journaux, on trouve le jugement suivant qui, sans doute, fait écho à l'opinion exprimée dans 1*LJ* v avant l'intervention de Marchand: 'Parmi le grand nombre de ces sortes d'Ouvrages qui s'impriment en France & en Hollande il n'y en a guère qu'un ou deux qui se ressentent encore de l'esprit de leur institution. Le Journal des Savans est véritablement digne du titre qu'il porte, & la Bibliothéque Raisonnée mérite l'estime des Connoisseurs' (*LM* p.205).

3

Prosper Marchand à Jean-Baptiste de Boyer, marquis d'Argens

[janvier 1736][1]

Remarques envoiees à m[r] d'Argens sur ses 1res **Lettres Juives**, *& Reponses qu'il me fit*[2].

N° 1. Mr *Arnaud* et Mr *Claude*, illustrèrent tous deux egalem[t] la France: et, l'on ne peut pas dire du dernier qu'il *illustra* la Hollande. Il n'y produisit rien, et y mourut peu après son arrivée. Sa Reputation étoit toute faite dès Paris. Arnaud, au contraire, *illustra* la Hollande, et y fit la plupart de ses Ecrits contre Jurieu & les Jésuites[a].

2 & 3. Le Contraste est un peu fort, et revoltera ceux qui connoissent bien ces deux Personnages. Autant la Candeur[3] de M[r] de *Cambray* est estimable et respectable, autant la Fourberie et le Génie persécuteur de M[r] de *Meaux*

sont-ils detestables. Je laisse à part leurs Talens, qui sont bien égaux. Si ce dernier fut Imitateur des Peres, ce [4]ne[4] fut [4]que[4] de *Cyrille d'Alexandrie*[b] et d'autres Furies Ecclésiastiques [4]semblables[4]; et personne ne lui refusera une Kase parmi ces Gens-là[c].

4. *Restaurateur de la* **bonne** *Philosophie est* un peut fort aujourd'hui; que Des Cartes est extrémement déchû du Côté de la Physique et des Experiences; quelque Mérite qu'on lui reconoisse d'ailleurs[d].

5. *Sa Liberté en écrivant: la Liberté de sa Plume* ne seroit-il pas plus tolérable[e]?

6. Si par *Banage* on entend le Journaliste *Beauval*[f], une partie de cet Eloge lui convient: mais, si l'on entend le Ministre[g], rien n'est plus mal fondé. C'etoit un Genie pesant, et brouillon; si mauvais Ecrivain, que son Frere se cachoit pour trois Mois, toutes les fois qu'il publioit quelque n[le] Rhapsodie. Son *Hist. des Juifs*[h], qui n'est qu'un Amas indigeste de Faits mal racontez, en est une bone Preuve. Il seroit donc bon de mettre à la Marge *Basnage de Beauval*, et de mitiger l'Eloge, qui ne convient bien qu'à *Bayle*[i].

7   M[r]. Abadie[k] mérite certainement l'Eloge qu'on lui donne; mais, dire qu'il est *le prémier qui osa s'apüier de la Raison* n'est pas conforme à l'exacte Verité. Sans remonter bien haut, *Grotius*[l] et *du Plessis-Mornay*[m], l'avoient fait avec Succès: mais, non plus que lui, ils n'avoient point insisté sur la *seule Raison*; l'*Autorité*, ou la *Tradition*, y avoient belle & bonne part[n].

8. *Lors &c. les Génies.* Dans toute cette Phrase il paroit y avoir une multiplicité de Mots à réformer: *Vers le Tems où la Mort priva la Hollande de ces Grands Homes, la France perdit aussi les Genies*, seroit peut-être moins embarassé[o].

9. Cet Auteur a, dit-on, autant ou plus de part au *Dict. Géogr.* que l'autre, et est le plus laborieux. Quant à l'Histoire. Cet Eloge est-il fondé[p]? A peine l'accorderoit-on à Grotius et à Mr de Thou[q].

10. Ce n'est pas un seul *Savant* qui compose[5] ce Journal[r]: ils sont sept ou huit, tous très humbles Esclaves de leur Libraire, ne louant que ce qui lui plait, et déchirant avec Fureur et Mauvaise-Foi tout ce qui ne lui convient point[s]. Je ne parle point de la Persecution criante envers feu Mr Saurin[t4]; cela ne vous interesseroit p[t4] – mais, lisez y ce qui a été dit au Sujet des[6] [4]Francois, dans l'Extrait du[4] *Cluverii Geographia* revû par M[r] la Martiniere[u]; et[7] jugez par-là de l'Impartialité d'un Home qui ôse avancer, en pleine Paix, que si jamais on recomence une St Barthelemy, il n'y aura que des François capables du Renouvellemt. d'une telle Horreur[w].

N.11. Je ne conois point ce Livre: mais, cet Eloge est bien fort. Ne sera-t'on pas faché[8] [9]un jour de l'avoir donné. Du moins l'Auteur n'est-il pas regardé come un si excellent Personage[x].

12. Ce petit Auteur n'a point été *Moine*, mais un petit *Prestolet Provincial*. Ainsi, je renverrois le *Moine* à l'Auteur précédent, qui l'a bien été, et qui en a bien conservé tout l'Extérieur plat et cagot[y].

Je n'ajouterai que deux petites Remarques, une pour le Comencemt. et une pour la Fin.

Il semble, de la Maniere dont la seconde Période est exprimée, que la *Hollande* ait été la Rivale de la *France*, en fait d'Homes Illustres: &, cependant, il n'est parlé que de *François*[z].

Quant à la derniere, Mecene et M.ʳ Colbert ont certainem.ᵗ plus de part à la
Gloire infinie des Regnes d'Auguste et de Louis xɪv, que ces Princes ⁴eux-⁴
mêmes: du moins, cela est-il incontestable quant au dernier, qui, de Notorieté
publique, n'avoit nul Gout, excepté pour la Danse et le Billart^{aa}.

MANUSCRIT
March.2, no [14b]; 2p.

NOTES CRITIQUES
    Quoique ce ne soit pas à proprement
parler une lettre, ce texte, qui a occasionné
la réponse de d'Argens qui suit, a sa place
ici plutôt qu'en appendice.
    ¹ [Marchand a sans doute écrit ces re-
marques en janvier 1736, puisqu'elles se
rapportent toutes à 1*LJ* xvɪ, publiée le 2
février 1736] ² [ce titre a été ajouté après
coup par Marchand, sans doute à l'occasion d'une relecture des papiers à lui ren-
voyés par d'Argens en avril 1737 (voir là-
dessus le no 42). Si Marchand a renoncé à
copier les réponses du marquis à la suite
de ces remarques, c'est qu'il gardait la
lettre (le no 4) que d'Argens écrivit à ce
sujet] ³ ⟨et le rare⟩ ⁴ [ajouté dans l'interli-
gne] ⁵ [Marchand paraît avoir écrit d'a-
bord 'composent'] ⁶ [leçon incertaine; on
pourrait aussi bien lire 'du'] ⁷ ⟨vous⟩
⁸ [ajouté dans l'interligne et biffé: ⟨un
jour⟩] ⁹ ⟨de l'avoir⟩

NOTES EXPLICATIVES
    a. 1*LJ* xvɪ (2*LJ* xɪx) contient un paral-
lèle entre les savants de la France et ceux
de la Hollande au dix-septième siècle et au
début du dix-huitième. Antoine Arnauld
(1612-1694) et Jean Claude (1619-1687) ne
figurent que parmi ceux-là (1*LJ* i.122; 2*LJ*
i.164).
    b. St Cyrille d'Alexandrie (mort en 444)
s'était opposé, avec une vigueur insigne,
aux néoplatoniciens et aux Juifs, aussi bien
qu'à d'autres sectes.
    c. dans 1*LJ* xvɪ, on lit: 'Un Evêque [*en
note*: Monsieur de Meaux], Imitateur des
Peres de l'Eglise, assuré d'avoir une Place
parmi eux dans la Posterité; Orateur, Historien, Théologien, Philosophe; força l'Envie à rendre Justice à son Mérite. Un autre
Prélat [*en note*: Monsieur de Cambray],
dont la Candeur, la Vertu, & la Bonne-
Foi, égaloient la Science, traça des Leçons
pour l'Education des Rois, & pour le

Bonheur des Peuples. Il suivit les Anciens;
mais, il alla au de-là de ses Modeles, & fut
plus original que ceux qu'il avoit imitez'
(1*LJ* i.123). Sur ce point donc, d'Argens
n'a pas tenu compte des remarques de
Marchand, et cela pour les raisons qu'il
expose dans sa réponse. Cependant son
texte a éte remanié pour l'édition de 1738,
et les changements vont dans le sens indi-
qué par Marchand, car Bossuet est ainsi
évoqué dans 2*LJ* xɪx: 'Un Evêque, grand
Orateur, bon Historien, subtil Théologien,
força ses plus cruels Ennemis à rendre Justice à son Mérite' (2*LJ* i.164). D'Argens se
serait-il ravisé, ou bien Marchand aurait-
il modifié le texte du marquis sans mot
dire?
    d. cp. 1*LJ* xvɪ (2*LJ* xɪx), à propos de
Jacques Rohault: 'Disciple du Restaurateur de la bonne Philosophie [*en note*: Des-
cartes], il a sû […]' (1*LJ* i.123; 2*LJ* i.165).
D'Argens tenait à cette phrase qu'il a em-
ployée de nouveau dans la vingt-huitième
Lettre cabalistique (1*Cab* i.223; cp.iv.96). Par
contre, dans 1*LJ* cxxvɪɪ (2*LJ* cxxɪx), ainsi
que dans *Cab* (1741) cxxxvɪ, iv.316, Des-
cartes est qualifié simplement de 'Restaurateur de la Philosophie' (1*LJ* v.51; 2*LJ*
iv.170). L'adjectif 'bonne' n'était donc pas
essentiel aux yeux de d'Argens, qui pourtant, à en juger par sa réponse à Marchand,
ne s'est pas aperçu que l'objection de celui-
ci portait principalement sur l'emploi de
ce mot.
    e. cp. 1*LJ* xvɪ (2*LJ* xɪx), à propos de
Bayle et de ses ennemis: 'Sa Réputation,
sa Sincérité, & la Liberté de sa Plume, les
lui suscita' (1*LJ* i.123; 2*LJ* i.165).
    f. Henri Basnage de Beauval (1657-
1710), auteur de l'*Histoire des ouvrages des
sçavans* (24 vols., 1687-1709).
    g. Jacques Basnage (1653-1723), pas-
teur protestant, ami de Bayle et auteur
prolixe, était le frère aîné d'Henri Basnage
de Beauval.
    h. L'*Histoire et la religion des Juifs, depuis
Jésus-Christ jusqu'à présent* (Rotterdam 1706-

1707), 6 vols.; nouvelle édition augmentée (La Haye 1716) 15 vols.

i. cp. 1*LJ* xvi: 'Un autre Auteur [*en note*: Banage de Beauval], Censeur judicieux, juste, delicat, pénétrant, fut un excellent Critique' (1*LJ* i.124). Si cet éloge ne semble guère 'mitigé', il a pourtant été corrigé par d'Argens: voir là-dessus sa réponse. Le texte légèrement remanié qu'on trouve dans l'édition de 1738 – 'Un autre Auteur, Censeur ingénieux, délicat, pénétrant, fut un agréable Critique' (2*LJ* xix, i.166) – serait-il dû à Marchand?

k. Jacques Abbadie (1654-1727), auteur d'un *Traité de la vérité de la religion chrétienne* (Rotterdam 1684).

l. Hugues van Groot (1583-1645) composa un traité *De Veritate religionis christianae* (Leyde 1627).

m. Philippe de Mornay, sieur Du Plessis-Marly (1549-1623), fut l'auteur d'un traité *De la Vérité de la religion chrestienne...* (Anvers 1581).

n. cp. 1*LJ* xvi (2*LJ* xix): 'Un troisieme Ecrivain [*en note*: Abadie] rendit sensibles aux plus foibles Esprits les Preuves de la Religion, & fut le prémier qui osa s'apuier de la seule Raison, pour prouver les Véritez de la Révélation' (1*LJ* i.124; 2*LJ* i.166). D'Argens n'a donc pas tenu compte de l'objection de Marchand, qu'il passe sous silence dans sa réponse.

o. la phrase proposée par Marchand a été adoptée par d'Argens. Voir 1*LJ* xvi, i.124; 2*LJ* xix, i.166.

p. dans 1*LJ* xvi on lit: 'Actuellement, un Géographe habile & correct [*en note*: Bruzen la Martiniere] perfectionne un Ouvrage immense par l'Etenduë de sa Matiere, mais bref & concis par l'Art & la Précision qui y regne. Un autre Auteur [*en note*: Des Roches] écrit l'Histoire avec la Simplicité qu'elle demande. Il joint, à la Connoissance éxacte des Faits, une Politique sensée' (i.124-125). Ici encore, il semble que d'Argens ait préféré ne pas tenir compte des remarques de Marchand, à moins qu'il n'ait retranché quelque chose de son éloge de Desroches. Pourtant Marchand avait raison de signaler la collaboration de Jean-Blaise Desroches-Parthenay (1690-1766) – auteur d'une *Histoire de Dannemarc* (Amsterdam 1730-1732) en 7 volumes et d'une *Histoire de Pologne sous le règne d'Auguste II*

(La Haye 1733-1734) en 4 volumes – au *Grand dictionnaire géographique et critique* (La Haye 1726-1739) d'Antoine-Augustin Bruzen de La Martinière (1662-1749), du moins si l'on en croit Charles-Etienne Jordan qui, dans son *Histoire d'un voyage littéraire fait en 1733...*, constate que 'Desroches et La Martinière travaillent fortement au *Dictionnaire géographique*' (cité par J. Sgard dans *Journalistes*, article 'Desroches-Parthenay'. Le même article et celui consacré à La Martinière nous renseignent sur cette 'petite communauté littéraire' à laquelle appartenaient les deux hommes). Toute cette partie de 1*LJ* xvi consacrée aux savants qui illustraient la Hollande a été remplacée dans 2*LJ* xix par un texte différent, et pour cause! Encouragé par Marchand, d'Argens ne tardera pas à prendre en exécration ceux qu'il loue ici de bon cœur.

q. Jacques-Auguste de Thou (1553-1617), auteur de *J.-A. Thuani Historiarum sui temporis* (Paris 1604). Quant à Grotius, Marchand pense sans doute surtout à son *Annales et Historiae de rebus belgicis usque ad inducias anni 1609* (Amsterdam 1657).

r. il ressort du reste de ce paragraphe que le 'Journal' en question était la *Bibliothèque raisonnée des ouvrages des savans de l'Europe* (Amsterdam 1728-1753). S'il n'en est fait mention ni dans 1*LJ* xvi ni dans 2*LJ* xix, c'est sans doute que d'Argens a retranché de son manuscrit le paragraphe qu'il lui avait consacré. Ce n'est pas d'ailleurs la première fois qu'il aurait ainsi éliminé toute référence à ce périodique: cp. le no 2 et la note *a.*

s. à partir de septembre 1734 la page de titre de la *Bibliothèque raisonnée*, qui jusqu'alors avait porté 'chez les Wetsteins & Smith', annonce qu'elle s'imprime 'Chez J. Wetstein & G. Smith'. Ce serait donc un de ces deux libraires qui aurait encouru l'inimitié de Marchand. Quant aux auteurs de cette *Bibliothèque*, ils étaient en effet plusieurs, parmi lesquels on compte Jean Barbeyrac, Pierre Desmaizeaux, Armand Boisbeleau de La Chapelle, Jean Rousset de Missy, et, à partir de 1741, Pierre Massuet.

t. la *Bibliothèque raisonnée* pour octobre/décembre 1728 avait consacré un article très favorable (article ix, i.400-16) au premier volume des *Discours historiques, critiques, théologiques & moraux, sur les événemens les plus mémorables du Vieux & du Nouveau Testament* (Amsterdam 1720) de Jacques Saurin (1677-1730). Il n'en fut pas de même du deuxième volume de cet ouvrage (Amsterdam 1728), qui valut à Saurin un long article dans la *Bibliothèque raisonnée* pour janvier/mars 1729 (article VII, ii.176-219) qui ne ménagea ni l'ouvrage ni l'auteur. Le même ton extrêmement hostile se retrouve dans l'article de la *Bibliothèque raisonnée* pour janvier/mars 1730 (article XI, iv.206-66) consacré à la *Dissertation sur le mensonge* de Saurin. Selon *Moréri* (ix.203-204), ces articles seraient dus à Armand Boisbeleau de La Chapelle.

    u. l'extrait du *Philippi Cluverii Introductionis in universam geographiam… praefationemque… praefixit Augustinus Bruzen La Martiniere* (Amsterdam 1729) se trouve dans la *Bibliothèque raisonnée* pour octobre/décembre 1729, article VI, iii.363-80. A propos d'une remarque de La Martinière concernant la Saint-Barthélemy, l'auteur de l'extrait donne libre cours à ses sarcasmes sur l'''imprudente bigoterie' (p.369) de La Martinière, sarcasmes qui enveloppent la France tout entière (voir surtout les pp.368-69).

    w. l'auteur de l'extrait insiste sur l'énormité du crime qu'était la Saint-Barthélemy, et continue: 'c'est là, dis-je, ce qui n'est arrivé qu'une fois, & ce qui, selon toute apparence, n'arrivera jamais plus nulle part, à moins que ce ne soit peut-être encore dans le Royaume de *France*' (p.369).

    x. dans 1*LJ* XVI, on lit ceci: 'Il paroit un Ouvrage intitulé *Observations sur les Ecrits Modernes*. L'Auteur [*en note*: Varene] a l'Esprit vif, & précis' (i.125. Signalons que dans 1*LJ*, édition B, 'Varene' est remplacé par 'Des Fontaines'. Cette variante curieuse ne saurait être due à d'Argens qui, dans 1*LJ* XVI, parle des savants qui se distinguent *en Hollande*). On a l'impression que cette mention extrêmement brève est tronquée, d'autant plus que le paragraphe qui la suit dans 1*LJ* XVI n'est que du remplissage tout pur: en effet, des remarques au sujet de la *Bibliothèque de campagne*, recueil anonyme de pièces fugitives, qu'ont-elles à voir avec les savants de la Hollande? Mais est-il certain que ce soit à un passage sur les *Observations sur les écrits modernes* de 'Varene' – passage sans doute plus développé que celui qu'on trouve dans 1*LJ* XVI – que Marchand fait allusion ici? Disons plutôt que c'est très probable. Ainsi, dans 1*LJ* XVI ce passage suit immédiatement celui sur Desroches-Parthenay. Or, les remarques de Marchand vont strictement par ordre, du début de 1*LJ* XVI jusqu'à la fin et, à l'exception de cette mention des *Observations*, il n'y a rien dans cette partie de 1*LJ* XVI qui corresponde à ce qu'en dit Marchand ici. Bien entendu, il se peut qu'il s'agisse d'un passage que d'Argens aurait ensuite supprimé. Pourtant si, comme il semble, la remarque no 12 de Marchand se rapporte au paragraphe sur les *Amusemens des eaux de Spa* (voir la note *y*), alors 'l'Auteur précédent', dans le texte de 1*LJ* XVI, serait bien Jean-Baptiste Le Villain de La Varenne (1689-1745), qui effectivement avait été moine et qui n'était pas 'regardé come un si excellent Personage' (en janvier 1737, Voltaire en parle en ces termes: 'un moine défroqué qui faisoit autrefois un libelle hebdomadaire intitulé le Glaneur. Ce moine est chassé de la Haye, et est caché à Amsterdam' (Best.D1272). Cp. d'ailleurs l'article 'La Varenne' dans *Journalistes*). Enfin, que Marchand n'ait pas eu connaissance de cette espèce de contrefaçon hollandaise des *Observations* de Desfontaines n'est pas pour surprendre. Publiée à Amsterdam chez J. Ryckhoff le Fils, cette feuille, qui dans l'ensemble reproduisait le texte de Desfontaines avec certains développements dus à La Varenne, paraissait deux fois la semaine depuis juin 1735; et un premier volume, réunissant les cinquante-cinq premières lettres, avait paru à la fin de décembre 1735. Mais Marchand a très bien pu ignorer ou du moins perdre de vue l'existence de ces feuilles qui, semble-t-il, n'ont pas connu un grand succès (sur cette feuille périodique et celle qui lui succéda, voir *Journalistes*, article 'La Varenne'). Tout semble donc rattacher la remarque no 11 de Marchand au paragraphe de 1*LJ* XVI sur les *Observations*. Rappelons, en conclusion, que ce paragraphe, ainsi que toute cette partie de 1*LJ* XVI, a été remplacé dans 2*LJ* XIX par un développement nouveau sur les savants de la Hollande.

    y. dans 1*LJ* XVI on lit, à propos de la multiplicité des écrivains en Hollande qui font imprimer leurs 'Rapsodies': 'L'un fait

la Description de deux Fontaines: il la pro-
longe de quelques Contes usez, rebatus, &
r'habillés à sa Façon; &, il en remplit deux
Volumes, qu'il intitule *Amusemens* [*en note*:
Amusemens des Eaux de Spa), sans s'ap-
percevoir, qu'il choisit le Titre qui convient
le moins à son Livre, par l'Ennui qu'il doit
causer. S'il traite des Sciences, c'est en
Pédant: s'il parle de Tendresse, c'est en
Moine' (i.125. A remarquer que ce passage,
supprimé dans *2LJ* xix, se retrouve, avec
de légères variantes, dans la lettre xix de
l'édition de 1742). D'Argens reviendra sur
ce passage dans la préface au tome i des
Lettres chinoises. A propos du 'principal Auteur' d'une 'brochure, intitulée le *Nouveau
Censeur*' (*Le Nouveau Censeur ou lettres critiques
sur les ouvrages périodiques*, Utrecht, Etienne
Néaulme, 1739), il écrit: 'Ce savant Auteur
est un Abbé [*en note*: Plusieurs personnes
prétendent qu'il a été Moine, il le nie, il
faut le croire charitablement] Réfugié: [...]
rien n'est plus terrible que les traits dont il
m'accable. Voici les principaux. *Je ne connois
pas le mérite des véritables Savans; je ne suis
point en état de juger de leurs Ouvrages, parce
que j'ai critiqué les Amusemens des Eaux de Spa*.
Voions donc ce que j'en ai dit' (1*LCh* i.
Préface). Suit le passage déjà cité de 1*LJ*
xvi, avec de légères variantes. La remarque
no 12 de Marchand s'appliquerait donc
assez bien à ce passage de 1*LJ* xvi, le
seul d'ailleurs où d'Argens emploie le mot
'Moine', quitte à se rétracter – un peu à
contre-cœur, il faut l'avouer – quelque trois
années plus tard. Mais, dans la réponse
qu'il fait à la présente, pourquoi d'Argens
passe-t-il sous silence cet article de la lettre
de Marchand, ce qui ferait croire qu'il y
avait remédié? Aurait-il oublié d'effectuer
la modification proposée, ou bien – hypothèse mieux fondée peut-être, compte tenu
de la préface au tome i des *Lettres chinoises* –
aurait-il préféré ne pas l'adopter? Ce sont,
semble-t-il, les seules explications possi-
bles, car on voit mal à quel autre passage
de 1*LJ* xvi pourrait s'appliquer la remar-

que de Marchand. Mais qui était l'auteur
en question? On attribue communément
les *Amusemens des eaux de Spa* (Amsterdam
1734; deuxième édition augmentée, Amsterdam 1735) à Karl Ludwig, baron von
Pöllnitz (1692-1775), aventurier et écrivain
allemand qui, à en croire ses *Mémoires*
(Liège 1734), n'avait été ni moine ni prêtre,
quoiqu'il eût essayé plus d'une fois d'entrer
dans l'état ecclésiastique. Signalons que
dans la préface générale de *2LJ* d'Argens
avoue qu'il s'est trompé en disant de Pöllnitz, dans l'épître dédicatoire au tome ii de
1*LJ* (reproduit dans *2LJ*), qu'il avait porté
'le petit Collet', autrement dit qu'il avait
été abbé. Cependant, des *Amusemens des eaux
de Spa* il ne souffle mot. Aurait-il cru que
l'ouvrage était d'un autre que Pöllnitz?
C'est probable, car la préface au tome i
des *Lettres chinoises* a dû être écrite *après* la
publication de *2LJ*.

z. cp. 1*LJ* xvi (*2LJ* xix): 'Dans le Siécle
passé, & au Commencement de celui-ci, la
France renfermoit un Nombre de Savans
de la première Classe. Mais, la Hollande
lui disputoit l'Avantage d'en avoir plus
qu'elle. Le Parallele des uns & des autres
prouvera aisément la Verité de ce Fait'
(1*LJ* i.122; *2LJ* i.164). La remarque de
Marchand est juste car, à part l'Allemand
Pöllnitz, tous ceux dont d'Argens fait mention dans 1*LJ* xvi sont des Français. Si
d'Argens n'y a pas remédié, c'est sans
doute faute de savoir comment s'y prendre;
car même dans le texte foncièrement remanié de *2LJ* xix il n'y a, parmi les savants
dont il parle, que 's-Gravesande qui soit
Hollandais.

aa. l'avant-dernier paragraphe de 1*LJ*
xvi (*2LJ* xix) évoque les règnes d'Auguste
et de Louis xiv et loue le 'Bon Goût' de ce
dernier qui, ainsi qu'Auguste, était 'Amateur du Mérite' (1*LJ* i.128; *2LJ* i.171-172).
Voir à ce sujet la réponse du marquis, et
surtout la note *i*.

4

Jean-Baptiste de Boyer, marquis d'Argens, à Prosper Marchand

[janvier 1736][1]

on ne sauroit monsieur vous etre plus oblige que je le suis des remarques et des critiques que vous aves eu la bonte de m'envoier. je m'estime en verité heureux d'etre assisté et corigé pas des conceils aussi excellent je vous prie de vouloir me les continuer toujours jai changé touts les articles qui vous deplaissent excepte celuy de mr. demeaux[a] mes letres vont en france et il faut aussi ecrire pour le genie de ma nation on y est accoutumé a regarder mr. demeaux comme un pere de leglisse c'est une louange quil a recu plusieurs fois et mr. de la bruiere la luy a dit a luy meme en pleine accademie *parlons d'avance le langage de la posterité un pere de leglise* ce sont ces propres termes[b]. ainsi je vous prie de ne rien changer a cet article[c]. ne croies pas que je sois [2]entetete d'aucun parti[2]. je puis parfaitement[3] m'apliquer ses vers de latalie.

pour moy vous le saves descendu d'ismael
je ne sers ni baal ni le dieu d'israel[d].

4 quoy qu'on ai perfectione la phisique on ne peut refuser a decartes le titre de restaurateur de la philosophie puisque celuy a qui lon doit la maniere de raisoner just et qui en a montré les premiers preceptes quoy quil soit surpassé ensuite est toujour le premier restaurateur[e]

6 je vous prie de me rendre la justice de croire que jai toujour entendu banage l'auteur du journal et comme jai cru que ses[4] [5]ouvrages pouvoit etre regardes comme critique et historiques l'envie de [6]quadrer[6] et d'arondir mon portrait ma fait metre un phrase que jai corigé[f].

8. je vous prie de coriger la phrase ainsi que vous l'aves jugé apropos[g].

quand a louis quatorse je me contente de dire que c'etoit sous son reigne[h] et il sufit qu'il se preta a ses ministres pour meriter d'etre loüé d'ailleur mr. je vis ordinairement en france[7] et j'ecris aussi pour ma patrie[8]. on doit meme avouer que le roy avoit reellement du gout pour les arts et c'est une chose dont tout le royaume est persuadé[9i].

MANUSCRIT
    March.2, no 2; 2p.

NOTES CRITIQUES
    Cette lettre est loin de ressembler aux deux autres déjà adressées à Marchand par d'Argens. D'une écriture beaucoup moins soignée, elle est par là bien plus caractéristique de la main et de la manière du marquis: plus de majuscules, une ponctuation fort intermittente, une orthographe particulière pour ne rien dire de plus. Sauf de rares exceptions, ce seront dorénavant de telles lettres que Marchand aura à déchiffrer.

    [1] [cette lettre, écrite en réponse aux remarques de Marchand sur le manuscrit de 1*LJ* xvi, doit être également de janvier 1736] [2] [d'Argens avait d'abord écrit 'partissent d'aucun des partis'] [3] ⟨matribuer⟩ [4] [en surcharge sur 'sa'] [5] ⟨critique⟩ [6] [leçon incertaine] [7] ⟨il faut que⟩ [8] ⟨et rien ne peut dailleur⟩ [9] [avec cette observation sur la dernière des remarques de Marchand, la lettre du marquis paraît complète]

NOTES EXPLICATIVES

a. remarque bizarre, puisqu'il est évident que d'Argens n'a pas tenu compte de plusieurs des objections de Marchand, témoin non seulement le texte imprimé (voir le no 3, notes *n*, *p*, *y*, *z* et *aa*) mais aussi cette lettre même!

b. cette phrase se trouve effectivement dans le discours de réception qu'a prononcé La Bruyère à l'Académie française le 15 juin 1693. Voir *Œuvres de La Bruyère* (Paris 1865) ii.463.

c. voir le no 3, note *c*.

d. *Athalie* III, iii; c'est Nabal qui parle.

e. voir le no 3, note *d*.

f. voir le no 3, note *i*.

g. voir le no 3, note *o*.

h. en effet, d'Argens introduit ses remarques par les mots 'Sous Louis XIV, [...]' (1*LJ* XVI, i.128; 2*LJ* XIX, i.171).

i. si d'Argens n'admet pas l'objection de Marchand, il y a été pourtant assez sensible pour revenir sur cette question quelque quatorze mois plus tard. En effet, on trouve dans 1*LJ* CXXXVI (2*LJ* CXLVIII) comme un écho – partiel, il est vrai – du point de vue exprimé par Marchand à propos d'Auguste et de Louis XIV. On y lit: 'Le Nom de *Grand*, qu'on a accordé à tant des Princes, eut souvent mieux convenu a leurs Ministres qu'à eux-mêmes. Sans Agrippa & Mecenas, en quel Rang placeroit-on Auguste? [...] Louis XIV a été un grand Roi. Mais, les Condez & les Turennes, ainsi que les Louvois & les Colberts, ont concouru comme à l'envi à porter sa Gloire au suprême Dégré' (1*LJ* v.126-127; 2*LJ* iv.264). Par rapport à l'attitude de Marchand, d'Argens a donc fini par faire au moins la moitié du chemin.

5

Prosper Marchand à Jean-Baptiste de Boyer, marquis d'Argens

[janvier 1736][1]

Je vous prie, Monsieur, de vouloir bien relire ces deux Lettres, parce que j'y ai trouvé quelques Phrases gâtées par le Copiste; & que je pourois n'avoir point redressées selon votre Pensée. Il y en a une sur-tout fort plaisante. C'est une Faute heureuse, qui auroit fait rire bien des Lecteurs, par le Sens vrai qu'elle renferme; savoir le *Pain enchanté*. Mais, un Sentiment d'Equité, et qui fait le meilleur Fondement de la Religion des Honetes Gens, savoir de traiter les Autres come on le voudroit être, m'a fait changer cela en *Pain à chanter*, que vous aviés sans doute mis[a]. Je lis toujours vos Lettres avec bien de la Satisfaction; & suis avec une sincere et cordiale Estime,

Monsieur V.T.H.S.[b]

Le Bailly de Mêmes, si bien désigné ne déplaira-t-il point à M.[r] de Fenelon[c]? En otant la Dignité cela seroit moins Sujet à lui deplaire[d].

MANUSCRIT

March.2, d'Argens no 5; 2p.

NOTES CRITIQUES

Ce billet, sur un petit bout de papier, est bien de la main de Marchand. S'il a été classé parmi les lettres de d'Argens, c'est sans doute parce que la réponse de celui-ci se trouve au dos du billet.

[1] [les références à 1*LJ* XVII et XVIII, parues le 6 et le 9 février 1736, permettent d'établir la place de ce billet dans la correspondance et de le dater de façon approximative]

NOTES EXPLICATIVES

a. cp. 1*LJ* XVII (2*LJ* XX): 'Gassendi [...]

passa dans un Cabinet à côté de sa Chambre, prit dans un Pot un peu de Confiture,
qu'il couvrit de Pain à chanter [...]' (1*LJ*
i.135; 2*LJ* i.180). 'Pain à chanter, c'est-à-
dire, *A chanter la Messe*. Pain sans levain,
coupé en rond, portant l'empreinte de la
figure ou de quelque symbole de Jesus-
Christ, & que les Prêtres consacrent à la
Messe' (Académie 1762).

  b. votre très humble serviteur.

  c. Gabriel-Jacques de Salignac, marquis
de La Mothe-Fénelon (1688-1746), ambassadeur de France à La Haye de 1724 à
1744.

  d. cp. 1*LJ* xviii (2*LJ* xxi): 'Une Dan-

seuse, nommée *la Prevot*, avoit un Amant
[*en note*: Le Bailly de M***], qui tenoit un
Rang distingué dans le Monde' (1*LJ* i.142;
2*LJ* i.187-88). Jean-Jacques, dit le bailli de
Mesmes (1664-1741), frère de Jean-An-
toine de Mesmes (1661-1723) qui avait été
premier président du parlement de Paris,
fut nommé ambassadeur de l'Ordre de
Malte auprès du roi de France en 1714 et
conserva cette fonction jusqu'à sa mort.
Marais fait allusion au procès entre l'ambassadeur et la Prévôt dans deux lettres au
président Bouhier, du 14 mars et du 2 avril
1726 (*Journal et mémoires de Mathieu Marais*,
Paris 1863-1868, iii.397 et 402).

6

Jean-Baptiste de Boyer, marquis d'Argens, à Prosper Marchand

[janvier 1736][1]

  je vous suis infiniment obligé au lieu de[2] talent[a] le copiste avoit mis *soutien*. je
vous prie[3] de laisser article[4] que vous aves corigé. jai eface tout ce que vous me
marques

MANUSCRIT
  March.2, no 5; écrit au dos du billet
précédent.

NOTES CRITIQUES
  [1] [ce billet est, semble-t-il, en réponse à
celui de Marchand, auquel il ne peut être
postérieur que de quelques jours]

[2] ⟨soutien⟩ [3] [en surcharge sur 'suplie'(?)]
[4] [d'Argens a omis l'article défini]

NOTES EXPLICATIVES
  a. le mot 'talent' est employé deux fois
dans 1*LJ* xviii, i.138, 140 (2*LJ* xxi, i.184,
186).

7

Jean-Baptiste de Boyer, marquis d'Argens, à Prosper Marchand

[première moitié de 1736?][1]

  je vous prie mon cher monsieur de vouloir coriger les noms ou par megarde
jaurois mis le baron pour le marquis; le marquis est lamant le baron est le frere
d'amitie[a] je me recomende toujour a vos bontés vous etes le veritable pere de

mes ecrits ils vous ont plus d'obligation qu'à moy. je serois bien aisse de metre un mot de preface a la tete de cet ouvrage[2]

MANUSCRIT
    March.2, no 10; 2p., p.2 bl.

NOTES CRITIQUES
    C'est un billet sur une demi-feuille de papier.
    [1] [on ne peut guère établir que par conjecture la place de ce billet dans la correspondance. Si l'ouvrage dont parle d'Argens est les *Mémoires de la comtesse de Mirol* (voir la note *a*), alors le billet serait vraisemblablement de la première moitié de 1736. En effet, ce roman a dû paraître entre mars et juin 1736 (voir là-dessus le no 23, note *e*). Si je place ce billet ici plutôt qu'après le no 2 ou le no 4, c'est que la phrase 'vous etes le veritable pere de mes ecrits ils vous ont plus d'obligation qu'à moy' révèle que déjà Marchand a rendu bien des services au marquis, services dépassant largement,

semble-t-il, les remarques consacrées aux premières *LJ*] [2] [il n'y a pas de signature, mais le billet semble être complet]

NOTES EXPLICATIVES
    a. à quel ouvrage d'Argens fait-il allusion? S'agirait-il des *Mémoires de la comtesse de Mirol, ou les funestes effets de l'amour et de la jalousie. Histoire piémontoise*, par Mr. le marquis d'Argens (La Haye, Moetjens, 1736)? Dans ce roman, le marquis Parado est l'amant d'Emilie, future comtesse de Mirol, tandis que le baron Casca, frère d'Emilie, est 'ami de cœur' (p.33, édition de 1748) du marquis. En tête du roman, il y a une préface de six pages consacrée à la jalousie et à la constance des Italiens. Avouons pourtant que l'allusion reste trop vague pour être décisive.

8

Jean-Baptiste de Boyer, marquis d'Argens, à Prosper Marchand

[fin août/début septembre? 1736][1]

Monsieur
    me voici grace a vous et a dieu enfermé dans une retraite dont je ne sortiray selon toutes les aparences que lorsque les fourmis sortiront de leur trou. je suis arivé aujourduy et j'ai eté logé dans l'instant mais ce qu'il y a de plus charmant ce que dans la meme maisson ou je me trouve il y a un autre de vos amis il est vray qu'il est logé au premier etage et que je suis au cinquieme mais a la hauteur pres je suis [2]parfaitement[2] je n'ai scu que mr. prevost[a] etoit logé la que lorsque mon marché a ete fait et il etoit inutile de vouloir changer de resolution je passe aupres de luy aussi bien qu'aupres de mr de bey[b] pour un honete peintre ou dessinateur de paris qui voyage pour travailler j'ai eu nombre de quaestion a essuier mais grace a dieu je men suis tiré heureussement et sens qu'on ait le moindre soupcon ainsi voilla qui est tout fini j'ai anoncé que j'avois des ouvrages qui demendoient que je reste ches moy et grace a nombre de dessin dont je suis fourni et que j'ai etallé aux ieux de mon hotesse[c] je passe au pres delle pour un moderne raphaeel.
    je suis arivé [3]cinq[3] jours plus tard que je ne croiois parce que voulant rester six mois dans ma retraite j'ai ete obligé pour les interest de ma bourse et de

mon coeur de faire un voyage au della de bruxelles aiant recu une letre lorsque j'allois partir qui ma obligé a ce voyage[d].

je comence aujourduy a travailler[4] au cinquieme volume[e] ainsi que je l'ai promis asuré que le sieur popie[f] ne[5] manquera de parole ni a vous ni a moy sil arivoit quelque anichroche je vous prie de me le faire savoir pour que je travaille alors a quelque autre ouvrage qui fut plus utille et dont vous pouries me faire le plaisir de me faire defaire[g] plus aissement que d'une cinquieme volume qui seul deviendroit une roue inutille. vous pouves etre asuré qu'a votre consideration je luy doneray toujour touts les ouvrages qu'il voudra. il me reste a vous remercier de vos bontés mais que peuvent mes foibles remerciements contre elles je nay que la reconoiscence la plus vive a vous ofrir et telle que la meritent les obligations que je vous ai

[6]pour egaier les letres juives je travaille a un petit roman[h] que je vous enveray vous pouves prendre sur cella quelques arangements ce sera la ce que j'auray le plus tost achevé

je vous prie si vous receves une letre de mon frere[i] de me la faire tenir.

mr. popie me doit [7]cinq[7] troisiemes volume de letre juives[k] un comentaire de coesar d'ablancourt un virgille de martignac[8] latin et francois[l]. je vous prie de vouloir me les envoier ponctuellement parce que je crains aiant perdu l'idee du trosieme volume des letres juives de ne tomber dans des redites et cella me fait travailler en tremblant

le paquet que vous m'aves envoié etoit arivé quatre jour avant j'ai paye et remboursé le port il est allé a deux fois meilleur marché que je n'aurois atendu.

votre ami mr. de bey m'avoit ofert d'aller quelque fois ches luy je l'ai remercie et luy ai dit que je ne sortirois que tres peu de ches moy faites luy sentir si vous luy ecrives qu'il ne doit point le trouver extraordinaire de peur qu'il ne me prit pour un ruste et un impoli car il ma comble de politesse je suis monsieur avec un respecteux atachement

> votre tres humble
> et tres obeissant
> serviteur
> le marquis d'argens

MANUSCRIT
March. 2, nos 6 (partie) et 18; 4p.

NOTES CRITIQUES
Afin d'établir le texte de cette lettre, il a fallu d'abord séparer les deux premières pages de March. 2, no 6 des quatre pages qui les suivent et qui font partie de la lettre no 29 de cette édition. La liaison entre ces deux éléments disparates avait été effectuée grâce au fait que la deuxième page de March. 2, no 6 se termine par les mots 'je comence aujourduy a travailler' et qu'en tête de la troisième page se trouve cette phrase, qui a été biffée: 'Je comence à travailler aux Memoires, et'. En fait, les quatre dernières pages de March. 2, no 6 n'ont rien à voir avec la première partie de la lettre, dont elles diffèrent tant par le contenu que par l'écriture.

Ainsi amputée de cette fausse continuation, la lettre de d'Argens ne comprendrait que deux pages sans suite, n'était-ce March. 2, no 18 dont la première page, d'une écriture identique à celle du début de March. 2, no 6, complète ainsi la phrase restée inachevée: 'je commence aujourduy a travailler / au cinquieme volume ainsi que je l'ai promis'. Le reste de March. 2, no 18 se rattache également, par le contenu, aux deux premières pages de March. 2, no

6. Ainsi d'Argens parle d'un paquet que Marchand lui avait envoyé et qui était arrivé 'quatre jour avant', c'est-à-dire quatre jours avant l'arrivée du marquis à Amsterdam, car celui-ci n'y était arrivé que 'cinq jours plus tard que je ne croiois'; et les remarques concernant de Bey qu'on trouve à la fin de la lettre, et qui se retrouvent presque mot à mot à la fin du no 9, sont tout à fait compatibles avec le premier paragraphe de la présente.

Cependant, en tête de la première page de March. 2, no 18, ce début de lettre, d'une écriture différente de celle du reste de la lettre mais qui pourrait quand même être de d'Argens, a été tracé: 'Monsieur, je commence a travailler dès aujourdhuy'. Puisque, visiblement, cette phrase a été ajoutée après coup, qu'elle diffère du reste de la lettre par l'orthographe aussi bien que par l'écriture, et que, par conséquent, il n'est pas certain qu'elle soit de la main du marquis, je n'en ai pas tenu compte, et j'ai réuni les deux pages de March. 2, no 18 aux deux premières pages de March. 2, no 6 pour en faire une seule lettre.

[1] [il ressort des deux premières pages de cette lettre (March. 2, no 6) qu'elle est antérieure à la majorité de celles échangées par Marchand et d'Argens, puisque l'identité de celui-ci reste un secret pour Le Prévost et pour de Bey, amis de Marchand et qui le deviendront du marquis. Les deux dernières pages (March. 2, no 18) confirment cette impression et permettent d'établir la place précise de cette lettre dans la correspondance. Puisque ce n'est que d''aujourduy' que le marquis se met à composer un cinquième volume des *Lettres juives*, la présente doit être antérieure à celle (le no 12) où il se dit en train d'y travailler. De plus, divers détails de la présente (installation à Amsterdam, cinq exemplaires du troisième volume des *Lettres juives* demandés) indiquent qu'elle est antérieure aux nos 9 et 10. Quant à la date, il y a évidemment un trou énorme dans la correspondance, après l'échange des petits billets nos 5 et 6. Mais les lettres nos 8, 9 et 10 forment une suite qu'on peut dater de façon approximative. Nous savons que la lettre no 9 fut écrite quinze jours après la présente et que pendant cet intervalle d'Argens n'avait reçu aucune lettre de Marchand. Il est

donc à présumer que celui-ci n'aurait pas tardé à écrire la lettre no 10 par laquelle il répond aux deux lettres du marquis. Or, Marchand parle dans sa lettre de la réception favorable accordée par le public à 1*LJ* LXXX, parue le 13 septembre 1736. Si, comme il semble, la publication de cette *LJ* était encore récente, la lettre de Marchand daterait de la mi-septembre et la présente serait du début du mois, ou de la fin d'août]
[2] [en surcharge sur 'beau'] [3] [en surcharge sur 'quat'] [4] [ici prend fin la deuxième page de la lettre. En tête de la troisième page (March. 2, no 18) se trouve cette addition tardive: 'Monsieur, je commence a travailler dès aujourduy'. Voir les remarques en tête des notes critiques] [5] ⟨vous⟩ [6] [toute la quatrième page, qui commence ici, est d'une écriture plus serrée] [7] [en surcharge sur 'six'] [8] [d'Argens avait d'abord écrit 'martignay']

NOTES EXPLICATIVES

a. il ne s'agit point, comme l'ont affirmé maints commentateurs, de l'abbé Prévost, romancier, mais de J. B. Le Prévost, réviseur de profession et ami de Marchand. Sur ce point, voir Steve Larkin, 'Voltaire and Prévost: a reappraisal', *Studies on Voltaire* 160 (1976), pp.13-35. Depuis la publication de cet article, j'ai découvert deux mentions de Le Prévost dans les 'Regîtres des delibérations du Consistoire [de l'église wallonne de La Haye] depuis Janvier 1722 jusqu'au [?] Décembre 1747' (Archieven van de Waals-Hervormde Gemeente van 's-Gravenhage 1500-1964, item 3). Sous la date du 13 novembre 1730, on lit: 'M le Prévost a demandé d'étre admis à l'abjuration; on a chargé M.r de la Chapelle de l'examiner et d'en faire raport'; et sous celle du 18 décembre 1730, on lit que 'Le Prevot' a été 'admis à l'abjuration' et a reçu 'permission de communier'. Dans le 'Registre des Membres de l'Eglise Walonne de La Haye. 1710. Et des Abjurations' (Archieven van de Waals-Hervormde Gemeente van 's-Gravenhage 1500-1964, item 102), on trouve dans la liste des abjurations la signature 'J B Le Prevost' contre la date 'Le 18. Decembre 1730'. Ce nouveau converti demeurait donc à La Haye en 1730. Il est allé à Amsterdam pendant la deuxième moitié de février 1735 (Larkin, p.29) et semble y être resté jusqu'en octobre 1740 (Larkin, p.32, n.55), date à laquelle nous le perdons de vue. Une lettre de Jean Rousset de Missy à Marchand, datée du 21 janvier 1736, nous apprend qu'il s'appelait 'Prevost L'Eschevele' (March.24:1, fol.47/48. C'est mme Berkvens-Stevelinck qui a dépisté cette allusion).

b. Jean-Baptiste de Bey, autre ami de Marchand, demeurait à Amsterdam. Il était marchand. Voir Fransen (1933) p.107 et note 2.

c. il ressort de l'adresse de certaines des lettres de Marchand (voir les nos 11 et 17) que l'hôtesse du marquis était une demoiselle David, marchande dans le Ness (rue du centre d'Amsterdam).

d. l'allusion à ce 'voyage au della de bruxelles' reste délibérément vague. D'Argens aurait, semble-t-il, reçu une somme d'argent qui n'aurait guère pu provenir que de sa famille. Y aurait-il eu un rendez-vous dans le Brabant entre le marquis et un de ses frères? Mais, si c'était de cela qu'il s'agissait, on voit mal pourquoi d'Argens ne l'aurait pas avoué à Marchand. La phrase 'les interest [...] de mon cœur' est, bien entendu, susceptible d'une toute autre explication. D'Argens aurait-il, lors de ce voyage, renoué avec celle qu'il appellera plus tard 'ma femme' et qui fera ménage avec lui pendant la plus grande partie de son séjour en Hollande? Citons, à l'appui de cette hypothèse, une phrase de la lettre no 41, où Marchand attire l'attention du marquis sur la conduite de sa compagne. Faisant allusion au départ du marquis de La Haye, Marchand écrit: 'Lorsque vous me proposates de vous placer quelque part, votre Plan étoit d'y aller seul, et vos Promesses etoient de ne songer qu'à travailler seul et paisiblement. Ce fut donc une Surprise assez singuliere pour moi de voir que vous aviés pris d'autres Vûes'. Et d'Argens lui-même, dans une lettre de février 1737, laissera entendre que sa 'femme' demeurait avec lui chez la David (voir le no 29 et la note *d*). Sur l'identité de cette compagne de d'Argens, qui n'est sans doute pas Barbe

Cochois mais qui pourrait bien être la 'Silvie du Tremblai' dont il est question dans les *Mémoires* du marquis, voir l'Introduction.

e. des *Lettres juives*, s'entend. La composition des lettres a donc bientôt devancé de plusieurs mois leur publication, puisqu'au moment où écrit d'Argens, il n'en avait paru que deux volumes, plus la moitié de la troisième. Pour plus de renseignements sur la composition des *Lettres juives*, voir l'appendice no III.

f. Pierre Paupie.

g. le style épistolaire du marquis n'est pas, on le voit, des plus châtiés.

h. maints petits romans de d'Argens ont paru au cours des années 1736 et 1737. S'agirait-il du *Philosophe amoureux, ou les mémoires du Comte de Mommejan* (La Haye 1737) dont parlera Marchand à peu près deux mois plus tard (voir le no 13)?

i. d'Argens avait quatre frères. Sans doute s'agit-il de son frère puîné, Alexandre-Jean-Baptiste de Boyer, marquis d'Eguilles (1708-1783), qui a dû servir d'intermédiaire entre le marquis et sa famille. Pour plus de renseignements sur la famille de d'Argens, voir l'Introduction.

k. cette remarque ne signifie pas que le troisième volume des *Lettres juives* était déjà publié. En fait, la dernière lettre du tome III (1*LJ* xc) ne paraîtra que le 18 octobre. Pourtant d'Argens aura dès la mi-septembre les volumes qu'il demande (voir le no 10). Paupie a donc dû imprimer les demi-feuilles du troisième tome bien avant leur publication, et ce seront celles-ci, non réunies en volume semble-t-il, que recevra le marquis. Effectivement, Marchand parlera d'un exemplaire coupé mais non cousu (no 10).

l. la traduction des *Commentaires de César* par Nicolas Perrot d'Ablancourt (Paris 1650) et le *Virgile, de la traduction de Mr de Martignac, avec des remarques* (Paris 1681), avec le texte latin en regard, furent réimprimés et réédités à diverses reprises au dix-septième et au dix-huitième siècles.

9

Jean-Baptiste de Boyer, marquis d'Argens à Prosper Marchand

[vers la mi-septembre 1736][1]

Monsieur

j'espere que vous m'avourés que vous etés un peu paresseux depuis quinse jours que je suis enfermé dans mon etuis je n'ai eu que de vos nouvelles en passant *transeundo* pour metre du latin dans ma letre.

je compte de vous envoier un paquet mardy ou mecredy car grace a dieu j'ai tout le loisir de travailler[a]

je vous prie lorsque vous m'erires[2] de me donner des nouvelles des letres juives car je ne comenceray point a travailler que je ne scache le train que prend toujour cet ouvrage.[b] vous decideres ce que je dois faire.

j'ai envoie a un de mes amis en france la letre que j'envoie a mon frere en provence pour que ma famille ne me croie plus en holande cependant comme je marque a mon frere de vous adresser sa reponse et que vous me la faires tenir, il se pouroit bien qu'on soupcona que je suis encor en holande et qu'on ecrivit a la haye a quelqu'un pour qu'il sen informa au pres de vous je vous prie si cella arivoit de repondre que vous me renvoies mes letres a paris ne voulant pas jusques au printems que je m'embarqueray pour la provence que ma famille sache l'endroit ou je suis sens cella on me persecuteroit pour m'embarquer pour malthe[c] et je fremis de songer a faire ce voyage pendant l'hiver. au reste il est imposible que le Diable meme divina l'endroit ou je suis car comme je ne sortiray de mon etui que lorsque je partiray quand meme on soupconeroit que je suis a amsterdam comment pouvoir savoir ou je suis sur tout aiant un nom etranger[d] et ne sortant jamais

je vous seray bien obligé de m'envoier mon virgille et mon comentaire de caesar et si vous pouves la philosophie du bon sens[e] [3]&c[3] il ne me reste qu'a vous remercier des bontes qui seront eternellement gravées dans mon coeur. heureux si je pouvois jamais trouver l'occasion de vous en montrer ma reconoiscence.

au reste je vous prie de m'excuser aupres de monsieur de bey qui ma complé de politesse et que je n'ai point eté revoir comme il ignore les raissons de ma retraite faites luy de grace sentir que je ne dois point sortir car je serois au despoir qu'il me prit pour le plus impoli des hommes. je suis monsieur avec un respectueux atachement votre tres humble et tres obeissant serviteur

le marquis d'argens

mes complimens au sieur popie si vous le juges apropos

MANUSCRIT
March. 2, no 17; 4p.

NOTES CRITIQUES
[1] [divers détails permettent de placer

cette lettre immédiatement après le no 8: le marquis, tout récemment installé dans son 'étui' à Amsterdam, redemande son Virgile et son César, et prie Marchand une fois de plus de faire ses excuses à de Bey.

D'autre part, il est clair que par le no 10 Marchand répond tant à la présente qu'à celle qui la précède. Pour ce qui est de la date de cette lettre, elle a été écrite quinze jours après la précédente] [2] [*sic* pour 'ecrires'] [3] [leçon conjecturale]

NOTES EXPLICATIVES

a. d'Argens ferait-il allusion dans ce paragraphe au 'petit roman' dont il avait parlé dans sa lettre précédente?

b. la déclaration dans la lettre précédente ('je comence aujourduy a travailler au cinquieme volume ainsi que je l'ai promis') ne devait donc point être prise au pied de la lettre.

c. il ressort de l'extrait d'une lettre écrite à d'Argens par son frère, Alexandre-Jean-Baptiste de Boyer, que le père du marquis avait bien eu l'intention d'envoyer son fils aîné à Malte, où le marquis aurait été surveillé par son oncle, évêque de Malte (voir l'appendice no IV et le début de la lettre no 24). Il ne s'ensuit pas forcément que d'Argens, ainsi que trois de ses quatre frères, était chevalier de Malte.

d. Marchand adressera sa réponse à cette lettre à 'Monsieur Boyer'.

e. la publication de cet ouvrage devait tarder quelques semaines encore, comme en fait foi la suite de cette correspondance.

10

Prosper Marchand à Jean-Baptiste de Boyer, marquis d'Argens

[vers la mi-septembre 1736][1]

Tres cher Marquis

On ne peut être plus sensible que je le suis à votre obligeant Souvenir; & si je ne vous en ai point témoigné plutot ma Reconnoissance, cest que n'aiant point encore recu vos Livres de Paupie, j'ai cru qu'il étoit inutile de vous fatiguer de mes Lettres avant de vous expedier ce que vous attendiés impatiemment. Le voici enfin, a la reserve du *Commentaire de César* qu'on n'a pu trouver, mais qui vous sera envoié avec les prochains Exemplaires de la *Philosophie du Bon Sens*. Ce Livre avance fort, & je me suis delecté a vous y mettre en Pièces les deux Semaines passées. Comme il n'y a que dixhuit Feuilles et un Quart d'Impression, & que le Libraire[a] avoit compté sur 20 Feuilles, & même 22, il m'a demandé une *Table*[b]; & c'est là où je vous ai impitoïablement coupé en mille Parcelles [2]apeuprès[2] aussi menues que les *Atomes d'Epicure*, et la *Matiere Subtile de Des-Cartes*, dont j'ai actuellement la Tête si pleine, que je ne doute nullement que ma Lettre ne se ressente du Combat qu'ils y font actuellement. Les Figures seront moins tôt prêtes que le Livre, Graces à un petit Faquin de Gravouilleur à qui le Libraire s'est confié, et dont il ne peut venir a bout. S'il m'avoit laissé ce Soin, je l'aurois fait expedier en 15 Jours. Ne m'avez vous pas chargé de retirer de Moetjens une petite Plaque d'Argent sur quoi il y a quelque chose de gravé? A la I[re.] Occasion, un mot d'Eclaircissement[3] là-dessus, s.v.p. Les Lettres vont leur chemin, et continuent à être agréablement recues. Celle d'Inigo a fait un Plaisir infini[c]. Tous nos gros *Mamamouchis*, & meme leurs Chefs, l'ont demandée avec Empressement, et en ont ri comme des Fous. Cela n'a point fait de Mal au Livre, & je vous en remercie pour la Veuve & les Orphelins[d]. Presentement que voila entre vos Mains les 3[e] Tomes, vous saurez à quoi vous en tenir pour la Matiere a emploier, dont je ne vous recommande que le Choix, bien sûr de la Maniere. Servez vous de l'Exemplaire coupé sans le faire coudre*e*; car, vous pouriés par la vous trop manifester. On ne vous prend point chez vous tellement pour un Seigneur de la Palette et du Pinceau, qu'on ne vous soupconne d'être quelque Gibier de Parnasse*f*. Dieu vous en préserve pourtant; car, j'ai toujours mieux aimé de la Prose sensée, que des Vers alambiques. Cy joint une Lettre d'un de ces Heros Poetiques. Elle est venue à Paupie dans une où on lui recommande de vous la faire tenir, et ou l'on date de Vassi*g*, vilain Lieu, et de détestable Mémoire. A tout autre que vous j'en ajouterois la Raison: mais elle vous est suffisament connuee & sans doute détestée*h*. Soiés tranquile sur les Informateurs, Gens aussi déplaisans pour moi que des Inquisiteurs. S'il en vient quelqu'un, je lui ferai si laide et horrifique Grimace, qu'il s'enfuira aussi vite que le Diable de Papefiguiere, lorsqu'il apperçut l'étrange Solution de Continuité que vous savez*i*. S'il me vient quelque Lettre, elle vous sera d'abord envoiée, avec nouvelle Enveloppe de ma part, pour brider le Nez des Curieux. De votre Côté observez-vous contre eux, & faites parade d'Estampes, &c. mais, ne montrez plus votre Portrait avec votre Nom au bas, qu'on a heureusement oublié, mais que j'ai couvert d'une Emplatre de Fantaisie Françoise de se donner des Noms de Seigneurie*k*. J'en prendrai moi même un pour finir, et ne point laisser entrevoir à des Etrangers que nous aions la moindre Relation. Je vous embrasse mille fois de tres bon Coeur très cher Marquis, en me recomandant a votre sincere Amitié, & vous assurant cordialement de la Mienne, come etant sans reserve

Votre tres hub̄le & tres obeisst. Serviteur
De Girasart

A Monsieur / Monsieur Boyer &c / a Amsterdam

MANUSCRIT

March.2, no 17; 4p., l'ad. p.4; cachet aux arabesques sur cire rouge.

NOTES CRITIQUES

[1] [Marchand a écrit cette lettre en réponse aux deux lettres précédentes. En effet, certaines de ses remarques – la référence à *La Philosophie du bon sens*, l'envoi du Virgile (qui a dû accompagner cette lettre) mais non du César, nouvelles de la popularité des *Lettres juives*, mesures à prendre contre les informateurs – se rapportent à la lettre no 9, tandis que d'autres – envoi des tomes iii des *Lettres juives*, allusions au rôle de peintre joué par le marquis, assurances de faire suivre toute lettre venant du frère de celui-ci – se rapportent au no 8. Pour ce qui est de la date, voir le no 8, note critique 1] [2] [ajouté dans l'interligne] [3] [Marchand continue sa lettre à la page 3, réservant la page 2 pour la conclusion]

NOTES EXPLICATIVES

a. Adriaen Moetjens (*c.*1696-1753), libraire à La Haye, publia divers ouvrages du marquis. Voir Kossmann (1937), pp.278-79.

b. la première édition de l'ouvrage comporte en effet dix-huit feuilles d'impression un quart, plus la table qui remplit les soixante-six dernières pages, soit deux feuilles d'impression trois quarts.

c. parue le 13 septembre, 1*LJ* LXXX (2*LJ* LXXXV) est consacrée en entier à une revue bienveillante, ou plutôt un extrait, de l'*Histoire de l'admirable Dom Inigo de Guipuscoa, Chevalier de la Vierge, & Fondateur de la Monarchie des Inighistes [...] par le Sieur Hercule Rasiel de Selva* (La Haye 1736). Le fonds March.43 de la bibliothèque universitaire de Leyde contient un exemplaire manuscrit de cet ouvrage. A la page de titre Marchand nous apprend qu'Hercule Rasiel de Selva est le pseudonyme de 'Charles Levier, Libraire à la Haie. C'est son Manuscrit originel sur lequel j'en ai donné l'Edition telle qu'elle a été publié et cela à la Priere de sa Famille, qui savoit à cet Egard ses Intentions' (cp. Berkvens-Stevelinck, 1978, p.xxxvii qui fait état de ce manuscrit). Quoique le pseudonyme de Levier ait été percé par des contemporains – Jacques Pérard écrit à Marchand, le 18 janvier 1738: 'j'ai trouvé dans *Hercule Rasiel* le nom de *Charles le Vier*, & ai interpreté de *Selva* par la *Haye*' (March.2) – il a bientôt assuré à l'auteur un parfait incognito. Même Fransen était tenté d'y voir un nom emprunté par Marchand (Fransen, 1933, p.113, note 1); et l'ouvrage est communément attribué soit à Pierre Quesnel, soit à Quesnel de Dieppe, soit à Charles Gabriel Porée. Le livre a dû paraître au cours de l'été de 1736. Le 10 juin, Jacques Gaultier de La Croze écrivit de Berlin à Marchand pour lui apprendre que son père, Mathurin Veyssière La Croze, 'desire fort de voir bien tot *Inigo de Guipuscoa*' (March.2); et le 24 septembre 1736, toujours de Berlin, il put écrire: 'Nous avons lu avec beaucoup de plaisir la *Vie d'Inigo*' (March.2). L'ouvrage figure dans le 'Catalogue des Livres nouveaux' imprimé à la fin de la *Bibliothèque raisonnée* pour les mois de juillet, août et septembre 1736 (tome xvii, première partie).

d. Charles Levier mourut en 1734. Sa veuve publia plusieurs ouvrages après l'*Inigo*, la plupart en collaboration avec Paupie. Ce sera le cas pour l'*Histoire … de l'imprimerie* de Marchand. Voir Kossmann (1937), pp.239-40.

e. voir le no 8, note *k*.

f. sans doute de Bey avait-il fait part à Marchand de ses soupçons, et de ceux de Le Prévost, à l'égard du marquis. Voir d'ailleurs le no 25 en ce qui concerne Le Prévost.

g. ces deux lettres étaient de Voltaire, 'Heros Poetique'. Celle à Paupie est perdue; mais le fait que Voltaire s'adresse au libraire pour faire parvenir au marquis la lettre qu'il lui écrit indiquerait qu'il ne fait qu'entrer en relations avec d'Argens; car, à l'exception de sa lettre du 18 octobre 1736 (Best.D1172), ce sera dorénavant à Marchand qu'il adressera ses lettres pour le marquis. Il est donc probable que la lettre en question est Best.D1140 du 4 septembre 1736, la première lettre que Voltaire ait écrite à d'Argens, qu'il ne connaît encore que par les *Lettres juives*. Elle est datée de 'Cirey près de Vassy en Champagne', ce qui s'accorde avec la remarque de Marchand concernant la lettre adressée à Paupie.

h. ce fut à Wassy qu'eut lieu en 1562 le massacre de protestants précurseur des guerres de religion en France.

i. allusion à *Pantagruel*, quart livre, chapitre 47.

k. il semble que par cette phrase Marchand entende qu'il a réparé l'étourderie du marquis, en attribuant la conduite de celui-ci à la fantaisie qu'ont les Français de se donner des noms de seigneurie. On trouve dans le *Dictionnaire universel* de Furetière, édition de 1690, article 'Emplastre', cette acception du mot: 'On dit figurément, Mettre un *emplastre* à une affaire, quand on trouve quelque remede pour couvrir & excuser quelque faute qu'on a faite'.

11

Prosper Marchand à Jean-Baptiste de Boyer, marquis d'Argens

[fin octobre/début novembre 1736][1]

Très cher Marquis,

Aiant reçu ce Matin l'incluse par la Poste de France, j'ai cru ne devoir nullement differer à vous l'expedier, quoi qu'elle ne vienne pas de votre Famille. Je souhaite qu'elle vous soit plus agréable, que ne m'en a été la prémiere vûe; m'étant d'abord imaginé qu'elle étoit de Versailles, & que j'y trouverois la Mort de mon bonhomme de Frere[a]. Heureusement la seconde Adresse m'a détrompé[b].

J'y joins une Lettre de Paupie, ecrite dep. quelque Tems, et une Réponse de la M[e]. à vos Endroits des L.J. qui concernent les Espagnols[c]. Ce Visionaire, qui s'est coeffé de cette Nation come D. Quixote de sa chimerique Dulcinée, & qui s'est imaginé en être le Chevalier errant et le Défenseur banal[d], a pris feu sur quelques Expressions hazardées parci-par-la. Que dirat-il maintenant, que J[ac.][2] Br[ito][2] est dans le Païs, et en anatomise si plaisamment les ridicules Manieres[e]? Il va crier *au Meurtre, à l'Assassin*, & se rendre digne d'occuper un Poste dans les Petites-Maisons de cet aimable Païs. Y fut-il déjà, & [n][3]ous eut-il delivré de l'Ennui de ses mauvaises Pièces, et les Libraires du Risque qu'elles leur font courrir. [4]Si vous repondez, il n'y auroit pas de Mal de glisser quelques petits Traits bien aiguisez contre le fourbe de Jesuite Imprimeur de la Piece[f]. Il le merite pr. le moins autant que son Auteur.

A propos de Libraire, j'ai passé tantot chés le votre, pour y terminer votre Affaire[g]. Mais, en bon et devot Papiste, il est allé à Rotterdam balbutier quelques *Sept Pseaumes* sur les Os secs et decharnez de ses idiots d'Ancêtres; ce qui ne sauroit manquer de leur faire grand bien et merveilleux Soulas, si tant est qu'ils soient en Purgatoire. Dès qu'il sera de Retour, j'en tirerai ce que savez et vous l'expedierai. Si je puis obtenir Liberté de vous envoier un Exemplaire de la P. du B.S.[h] je le ferai aussi. *Tuus ex Animo*

P.M.

A Mademoiselle / Mademoiselle David, Marchande / dans le Ness, pour rendre s.l.p. / à Monsieur Boyer, / *à Amsterdam*.

MANUSCRIT

March.2, no 16; 2 p.; l'ad. p.2; deux cachets aux arabesques avec couronne sur cire rouge.

NOTES CRITIQUES

[1] [il y a évidemment une lacune entre les lettres nos 10 et 11. La place de celle-ci dans la correspondance ne fait pourtant pas de doute, puisqu'elle est la première d'une série de lettres ininterrompue allant jusqu'au no 19 inclusivement, série au

cours de laquelle d'Argens reçoit l'exemplaire tant de fois demandé de sa *Philosophie du bon sens*. Quant à la date, il est clair, par ce que dit Marchand des lettres de Jacob Brito sur l'Espagne, que la publication des *Lettres juives* en était au moins à la lettre XCI, parue le 22 octobre 1736. Une date vers la fin d'octobre ou le début de novembre s'impose d'ailleurs, vu les dates des autres lettres de la série] [2] [ces lettres paraissent avoir été ajoutées, sinon par une autre main du moins après coup] [3] [un trou dans le papier a enlevé le 'n'] [4] [Marchand a d'abord terminé son paragraphe ici. Ensuite il a employé le reste de la ligne pour ajouter ce qui suit jusqu'à 'son Auteur']

NOTES EXPLICATIVES

a. à la fin de March.2 se trouve une généalogie de la famille Marchand, d'où il ressort que Prosper Marchand avait trois frères, 'Joannes-Natalis', 'Joannes-Baptista' et 'Petrus-Nicolaus'.

b. cette lettre était de Voltaire: voir le no 20 où d'Argens apprend à Marchand que 'celle que vous crutes venir de paris vous anoncer funeste nouvelle' était 'de voltaire'. Nous savons également par le no 20 que d'Argens, qui venait de recevoir Best. D1190 au moment où il écrivait, avait déjà reçu Best.D1182 et peut-être une autre lettre de Voltaire aujourd'hui perdue (voir le no 20, note *l*). Puisqu'il n'est question, dans les lettres qui séparent la présente du no 20, d'aucun autre envoi fait par Marchand, à l'exception de celui d'une lettre écrite par le frère du marquis, la lettre dont il s'agit ici doit être ou Best.D1182 ou une lettre perdue. Il semble d'ailleurs probable, d'après ce que dit d'Argens dans la lettre suivante (voir le no 12, note *c*), qu'il s'agit de Best.D1182. Quant à Best.D1172, que Voltaire a sans doute envoyée à Paupie avec prière de la faire parvenir au marquis, il n'en est fait aucune mention dans cette correspondance. Sans doute d'Argens l'avait-il déjà reçue, à moins qu'elle ne se trouvât dans la lettre de Paupie, 'ecrite

dep. quelque Tems', que Marchand envoie au marquis avec la présente.

c. pour cette réponse de La Martinière, voir la *Bibliothèque françoise*, t.xxiii, 2e partie, article vi, 289-302.

d. La Martinière avait dédié son *Grand dictionnaire géographique et critique* à Philippe v, roi d'Espagne, qui lui avait accordé le titre de Géographe de Sa Majesté Catholique, ce qui sert à expliquer sa défense de la cause espagnole. Voir *Moréri*, vii.305.

e. la première lettre que Brito écrit de l'Espagne est 1*LJ* xci (iv. 1-8), 2*LJ* c (iii.182-91) et la dernière est 1*LJ* cvi (iv.121-28), 2*LJ* cxviii (iii.350-61).

f. Henri Du Sauzet, libraire d'Amsterdam, imprimait la *Bibliothèque françoise*. Selon Voltaire, il était 'un fripon de jésuite apostat' (Best.D1715); et Marchand parlera des 'Liais. avec les Jésuites' de cet homme 'Touj. Disc. de la Societé' (March.52, f.161). Malgré l'invitation de Marchand, d'Argens ne fera aucune allusion à Du Sauzet dans la préface au tome iv de 1*LJ* où il répond à l'attaque de La Martinière, et cela pour les raisons qu'il expose dans les nos 22 et 23.

g. 'votre Libraire' c'est Moetjens (voir la référence à *La Philosophie du bon sens* à la fin du paragraphe). L'affaire en question concernerait-elle cette 'petite Plaque d'Argent' dont Marchand avait parlé dans sa lettre précédente? Ou bien s'agrait-il de faire payer à Moetjens le manuscrit du *Philosophe amoureux* (voir le no 13)?

h. *La Philosophie du bon sens*.

12

Jean-Baptiste de Boyer, marquis d'Argens, à Prosper Marchand

[première semaine de novembre 1736][1]

jai recu mon cher monsieur les deux letres que vous aves eu la bonte de m'ecrire la premiere*[a]* contenoit une letre de mon frere je vous l'envoie pour que vous me faissies la grace de me dire votre avis mes afaires comme vous verres sont en asses bon train mais il faut absolument que je tache de pousser juques au comencement d'avril*[b]* je vous prie de me renvoier cette letre lorsque vous l'aures lüe la letre qui vous est venue pour moy en dernier lieu vient du cote de nanci c'est un de mes amis a qui j'avois ecrit et donné votre adresse pour me repondre[c].

j'ai veu la declamation du don quichote moderne sur le peu de respect[2] observé a l'egard de l'espaigne[d] elle me paroit si pytoyable et si ridicule que je suis tenté de ny point repondre. [3]on ne ma point nomé ni les letres juives je crois quil vaudroit mieux meprisser cella un mot de conceil et j'obeiray.

vous m'aves donné une terreur panique mes ouvrages tomberoient tils en decredit vous me dites que c'est avec peine que le dernier roman a trouvé acheteur. rasurés moy de grace et sur touts sur le sort de mes letres juives mes favorites et bien aimées. je travaille avec soin au cinquieme volume. il me suffit pour cella que vous vous interessies pour popie je luy aurois ecrit [4]sous votre ply[4] mais je crain qu'en n'examinant le papier il ne decouvrit que je suis en holande. tant qu'il sera [4]asses[4] heureux pour vous plaire il doit etre asuré quil aura de moy tout ce quil exigera. je vous envoie son billet il echut le dousse du mois sil veut le payer trois ou quatre jours avant l'echeance pour que vous me faissies conter cet argent en meme temt que celuy de moutiens je luy doneray un florin de profit il ne vous contera que trente six livres. je vous avoue que je suis un peu faché contre luy de ce qu'il ne m'envoie pas les comentaires de caesar.

si vous voules me faire vivre dix ans de plus vous m'enveres un exemplaire de la p. du bon sens. comme le bon homme moujetens me croit en france il est recalcitran dans la crainte que je ne montra le livre a quelque libraire mais vous qui saves que je ne vois que baille decartes et neeuton pouries prendre sur vous de m'en faire donner. un seul c'est une foiblesse pardonable a un pere. sil le refusse accordes moy une grace. pretes moy pour trois jours votre exemplaire je vous le renveray si vous l'exiges deux fois vint quatre heures apres bien et dument cacheté.

je meurs si je ne l'ai mais je meurs si j'atend. je crois que vous me faites la grace de penser combien cet exemplaire est assuré dans mes mains.

j'ai des si grand maux de tetes que je suis obligé de passer les trois quatre jours sens pouvoir prendre la plume a la main. cella me derange entierement cet air ici ne me vaut pas le diable ajoutes a cella que depuis que je suis dans cet aquatique pais je n'ai pas mis le né a la fenetre.

[5]je vous prie en retirant l'argent de moutiens d'avoir soin de vous rembourser. voilla bien des letres que je vous ecrit et bien que vous receves pour moy sens conter mille autres faut frais. *aut ararim parthus bibet, aut germania tigrim[e]* avant que vos bontes sortent de ma memoire. je n'ai plus de place &c. le marquis d'argens.[5]

MANUSCRIT
March.2, no 3; 4p.

NOTES CRITIQUES
[1] [par cette lettre d'Argens répond à deux lettres de Marchand, le no 11 et une autre, antérieure, qui ne se trouve point dans le fonds March.2. Quant à la date proposée, le marquis parle d'un billet qui 'echut le dousse du mois' et qu'il voudrait que Paupie paie 'trois ou quatre jours avant l'echeance'. La présente est donc antérieure au 8 novembre] [2] ⟨de la⟩ [3] ⟨il⟩ [4] [ajouté dans l'interligne] [5] [cette fin de lettre est écrite dans la marge gauche de la dernière page]

NOTES EXPLICATIVES

a. cette lettre ne se trouve pas dans le fonds March.2.

b. d'Argens a dû faire part de ses intentions à Voltaire aussi, car celui-ci y fait allusion dans sa réponse (Best.D1182) à la lettre du marquis. Parlant de son désir de nouer des relations avec quelque honnête journaliste établi en Hollande, Voltaire ajoute: 'Son commerce me consolerait de la perte du vôtre que vous me faites envisager vers le mois d'avril. Mais, monsieur, en quelque pays que vous alliez, [...]'. Bush se trompe, qui croit qu'il s'agit d'un simple déplacement du marquis, occasionné par sa mauvaise santé (Bush, 1953, pp.17-18). Ce départ prévu pour le mois d'avril 1737 et dont il est plusieurs fois question dans les lettres du marquis était lié, semble-t-il, à une réconciliation avec sa famille qui lui aurait permis de se rendre en Provence (cp. le no 9, quatrième paragraphe).

c. cette lettre venant du côté de Nancy était sans doute celle de Voltaire qui était incluse dans le no 11. En effet, parlant dans Best.D1182 d'un nouvel ouvrage du marquis, Voltaire demande à celui-ci de 'm'adresser l'ouvrage à Nanci, sous le nom de madame la comtesse de Beauvau'. Si d'Argens cache l'identité de son correspondant à Marchand, c'est sans doute qu'il craignait la désapprobation de celui-ci. Ecrire à Voltaire n'était-ce pas contrecarrer ses propres efforts aussi bien que ceux de Marchand pour trouver une retraite sûre, inconnue même à sa famille? Pour d'Argens, la situation était extrêmement délicate. Flatté d'entrer en correspondance avec Voltaire, il devait pourtant rester caché pour lui comme pour tout le monde; afin d'avoir une réponse à sa lettre, il s'est donc vu obligé de lui donner l'adresse de Marchand, mais sans pouvoir avertir celui-ci des mesures qu'il avait prises. De toute évidence, c'est de cette réponse, la première lettre que Voltaire eût adressée à Marchand, qu'il s'agit ici. Or, il semble que Best.D1182 ait été écrite en réponse à une première lettre du marquis (voir surtout le dernier alinéa).

d. voir le no 11, note *c*.

e. Virgile, *Eglogues* 1, 62.

13

Prosper Marchand à Jean-Baptiste de Boyer, marquis d'Argens

[vers le 7 novembre 1736][1]

Tres cher M[r]

J'ai recu la votre avec l'incluse[a] & les Billets dont j'aurai soin de vous procurer les Eclaircissemens & les Reponses, & sur-tout le Payement du Billet du 1[r]. P. en son Tems. Je ne vois pas qu'il soit nécessaire que vous perdiés 20s pour qu'il croie encore que vous lui soiés redevable[b]. Je n'ai point vu de Lettres à l'Adresse notée; & j'aurai soin d'y regarder à chaque Occasion que [2]j'aurai de passer[2] par là[c]. En attendant, afin que vous ne soies point en inquietude du M[st]. du *Philosophe amoureux*[d], j'ai été trouver le S[r] M.[e] qui persiste bien dans l'intention de l'imprimer; mais qui ne pouvoit encore me le paier. Pour remedier à ce contretems et finir totalement cette Affaire, je lui ai fait faire un Billet de 50 Flor pour le 10 du Mois prochain: &, afin que cela ne derange, ni vos Vûes, ni votre Attente, je donne ordre à mon Ami[f] de vous remettre cette Somme. Ainsi, en déduisant, come vous le voulez 2[lv] 2s de Ports de Lettres et Paquets, il vous paiera 47[Flor] et 18s. pour le Payement dud[t]. M[st]. Quant à celui de P.[g] je le ferai faire à son Echéance, et vous en ferai tenir aussitôt [3]le montant. Il s'y attend déjà, l'aiant préparé à ne me point faire manquer le Départ d'un Ami pour Paris[h].

Si je ne peux pas obtenir la *Phil. du B.S.* je vous envèrrai mes Epreuves. Mais, je ferai en sorte que vous aiez un bon Exemplaire; convaincu, que vous savez trop les Conséquences de le laisser voir, pour ne le pas prévenir avec tout le Soin imaginable. Un pareil Volume entre les mais[4] de Machuel[i] ou de tel autre abimeroit l'Edition de notre Imprimeur: & c'est ce que ni vous, ni moi, ne verrions point sans une Douleur extreme.

Je ne vois pas que la Lettre de M[r]. v. Frere doive vous faire changer votre premier Plan, qui est pris avec raison et bien fondé. Vos Maux de Tête me font peine. Ne pouriés vous point vous mettre dans les Voisinages des Ramparts, ou le grand Air et l'Eloignement des Canaux pouroient vous etre plus avantageux. En tout Cas, ne pouriés vous pas vous cantonner dans quelque Village voisin, d'où vous n'auriés qu'a rentrer en Ville pour vous embarquer? J'en parle à mon Ami[j], a qui je recomande tout ce qui poura faciliter votre meilleur Etat.

Puisque vous prenez le Parti de laisser là le Dom Quixote des Dom Quixotes, à la bonne Heure. Mais, il vous obligera peutetre malgré vous à rompre quelque Lance contre lui; car ses cheres & bien aimées Idoles sont vilainement traittées dans les Lettres de Barcelone et de Madrid[k]. Alors cõme alors.

Tranquilisez-vous. Les L.J. sont toujours bien recues et estimées & si le M[st][l] n'a pas été d'abord couru, c'est que ces M[rs]. sont souvent M[rs]. d'Argencourt. Conservez-moi précieusement votre chere Amitié, & soiés toujours bien sur de la mienne

> *sis memor oro mei*
> *contra memor ipsa manebo, crede, tui.*[m]

Je ne laisserai point de Repos à P.[g] qu'il ne m'ait fourni le Cesar.[5]

A Monsieur/Monsieur Boyer/ *à Amsterdam*

MANUSCRIT
March.2, no 13; 4p.; l'ad. p.4; fragments de cachet sur cire rouge.

NOTES CRITIQUES
[1] [cette lettre, écrite en réponse au no 12, doit le suivre d'assez près, puisque d'Argens n'a guère pu y répondre plus tard que le 10 novembre] [2] [Marchand avait d'abord écrit 'je passerai'] [3] [Marchand continue sa lettre à la troisième page, réservant la deuxième page pour la conclusion] [4] [*sic* pour 'mains'] [5] [il n'y a pas de signature, mais la lettre est complète]

NOTES EXPLICATIVES
a. la lettre du frère du marquis.
b. dans le no 12 d'Argens avait proposé de donner un florin, soit vingt sols, de profit à Paupie s'il payait son billet avant l'échéance.

c. à quoi cette phrase, qui n'a aucun rapport avec la lettre précédente, fait-elle allusion? On ne sait.
d. Le *Philosophe amoureux, ou les mémoires du comte de Mommejan* (La Haye 1737). Que ce roman soit de d'Argens est donc définitivement établi.
e. Moetjens, qui publia *Le Philosophe amoureux.*
f. Jean-Baptiste de Bey: voir la réponse du marquis.
g. Paupie.
h. car, pour Paupie, le marquis était 'en France'.
i. il y a eu plusieurs générations de Machuel, libraires à Rouen: voir Jean Quéniart, *L'Imprimerie et la librairie à Rouen au XVIIIe siècle* (Paris 1969), p.24. Il ne semble pas qu'il y ait eu de libraire de ce nom établi en Hollande à cette époque.

k. c'est-à-dire les lettres écrites par Jacob Brito de ces deux villes, soit 1*LJ* xci, xciii, xcvii, xcviii, c, cii, civ, cvi (2*LJ* c, cii, cvi, cvii, cix, cxi, cxvi, cxviii).

l. du dernier roman du marquis (voir le no 12, quatrième alinéa).

m. Valerius   Flaccus,   *Argonautiques*, vii.477-78.

14

Jean-Baptiste de Boyer, marquis d'Argens, à Prosper Marchand

[vers le 9 novembre 1736][1]

j'ai recu mon cher monsieur l'obligente letre que vous vous etes donne la peine de m'ecrire. monsieur de bey ma conté la somme de[2] quarante cept livres dix huit sols et je luy ai fait un billet de cinquante pour le recu pour qu'il fut de la somme entiere que je vous devois je vous serois obligé si vous voules bien m'envoier pour deux jour un exemplaire de la philosophie et des estempes pour que vous ne soies pas en peine je vous le renveray au bout des deux jours.

mes maux de tetes continuent toujour mes nous travaillons avec mr. de bey a me trouver quelque endroit aupres dici je vous serois oblige comme je comte d'aler au village[a] le quatorse si vous pouvies terminer le dousse l'afaire avec le sieur popie son billet echoit ce jour la. je vous enveray dans quinse jour ou trois semaines au plus tard le cinquieme volume des letres juives. je vous prie sil y a quelque nouveaux frais de les retenir sur l'argent du sieur popie. je vous demende en grace de m'envoier un exemplaire de la philosophie je vous la feray remetre avant d'aler au vilage. je suis obligé de finir ma letre car il est tard et je veux achever avant de me coucher une letre juive. je vous prie de me conserver toujour un peu de part dans votre amitie dont je resens touts les jours des marques aussi evidentes *vale ego quidem valeo*

le marquis d'argens

A Monsieur/Monsieur prosper marcha/nd ches made la veuve/ vincent op de nieuve[b] in de/tuyn laan/a la haye

MANUSCRIT

March.2, no 16; 4p., p.3 bl., l'ad. p.4; cachet (un oiseau) sur cire rouge.

NOTES CRITIQUES

[1] [cette lettre, écrite en réponse à la précédente, doit être antérieure de quelques jours au 12 novembre, date d'échéance du billet de Paupie]   [2] ⟨cinquente⟩

NOTES EXPLICATIVES

a. que veut dire le marquis lorsqu'il parle 'd'aler au village'? Marchand, il est vrai, lui avait proposé d'aller se 'cantonner dans quelque Village voisin' (lettre no 13) où sa santé pourrait se rétablir; mais d'Argens n'a-t-il pas déjà fait allusion à cette idée en parlant de ses efforts pour trouver 'quelque endroit aupres dici'? Quoi qu'il en soit, il semble avoir changé de plan peu de jours après, puisque le quatorze il sera à la veille de partir pour Utrecht, ou peut-être même y sera-t-il allé ce jour-là. Voir le no 17, note critique 1.

b. d'Argens a omis le mot 'have' ici: cp. l'adresse à la fin du no 19.

15

Prosper Marchand à Jean-Baptiste de Boyer, marquis d'Argens

[vers le 12 novembre 1736][1]

Tres cher Marquis

Afin de vous retenir en ce Monde-ci où nous ne sommes nullement fachés de vous voir, & de vous empécher de partir pour les Champs Elisées où toutes vos Spéculations ne nous serviroient de rien; voici mes Epreuves de la *Philosophie du Bonsens*. Ne jugez point de l'Edition par ces Feuilles barbouillées; car, ce seroit en juger aussi temerairement que le fait L. M.[a] de vos Réfléxions. Moetjens ne mettra son Livre en vente que dans [2]dix[2] Semaines[b]; & je ne saurois le blamer de ne vouloir pas en lacher un Exemplaire pour le Païs où il vous croit, & ou quelque Machuel[c] pouroit très bien lui en soufler la Nouveauté et le Profit. Voici donc ce que j'ai pu vous envoier: la fin de la *Table*, avec *le Titre* et l'*Epitre Dedicatoire*, ne s'imprimeront que pour faire les Expeditions en France &c: &, come vous le savez, c'est ce qui se fait toujours le dernier. Vous me marquerez si la *Table* vous satisfait.

Tout au beau milieu de l'Exemplaire, entre les Feuilles L & M, vous trouverez un petit Paquet particulier, contenant les 37 Florins de votre Billet de Paupie. Il ne me l'a point encore payé; mais entre-ci et Samedi il me promet de n'y point manquer. Vû les Circonstances de Changement où vous êtes, je n'ai point voulu vous faire attendre. Je vous marquerai aussi en tems et lieu quand je serai payé de celui de Moetjens; quoi que cela ne vous regarde plus.

[3]J'ai, très cher Marquis, une petite Grace a vous demander, & que je me flatte que vous ne me refuserez point. C'est de vouloir bien faire entrer dans une *Lettre Juive* le Mémoire ci-joint noté +, et de m'expedier cette Lettre aussitot composée. Il n'y a rien qui puisse interesser. Ce n'est que le Recit pur et simple d'une Procedure dont tout Paris est étonné[d]. Faites venir cela sur la Maniere dont les Cours de Justice se gouvernent en France, ordinairement assez bien, mais quelques fois assez mal, come dans le Cas présent où la Faveur à agi. Raportez, si vous voulez a cette Occasion, la Maniere brieve et concise des Juges d'Orient et parmi les Turcs; & joignez y ce Jugemt. celebre d'un Cadi qui condamna un Arabe a ne prendre sur un malheureux Chretien précisément que le Poids de la Chair qu'il s'etoit engagé à se laisser couper, à peine de s'en voir couper lui-même le plus et le moins[e]. Ces sortes d'Exemples sont frappants, & leur Application [4]est[4] utile. Si, ce que je ne pense pas, vous ne vouliés point me faire ce Plaisir, renvoiez-moi sur le champ le Mémoire, afin que je prenne d'autres Mesures[f]. Vous pouvez suposer que le Chevalier de Maisin[g] vous envoie ce Mémoire.

Vous vous allarmez mal a propos, mon tres cher, touchant les *Lettres Juives*[h]. Elles vont mieux que jamais, & si bien qu'on les traduit en Anglois, & qu'il y en a deja environ 40, dont les Connoisseurs aprouvent fort le Stile[i]. Bien plus, on les a mises en Hollandois; & dans peu vous en verrez la Traduction[k]. Ainsi, après vous etre vû sifler come un Serpent en Anglois vous vous verrez coasser en Hollandois cõme une Grenouille; & ce sera un plaisir inenarrable pour vous de vous entendre parler du Gosier en *Croc* et en *Crac*[5]. On a offert cette Traduction à Popie; Mais un autre la doit imprimer[l].

Souvenez vous, s.v.p. qu'il faudra p.̃ Moetiens une *Epitre Dedic.* et une *Préface* au *Philosophe amoureux*; et pour Paupie au Tom.IV des Lettres. Dans cette derniere, apropos des Censeurs, il ne sera pas mal de donner quelque Nazarde au Dom Quixote de la Nation Espagnole[m]. A qui dedierez vous ce IV Volume.

Je joins ici quelques Feuillets du *Mercure*, parce qu'ils contiennent de vraies Matieres à *Lettres Juifves*. L'un contien les Miracles de S.̃te. Sobieska, Pretendante défunte[n]; et les autres une Relation autentique d'un Fait propre a derouter toute la Physique[o]. Vos Réfléxions là-dessus tournées de certaine façon auroient leur Mérite.

Une de vos Lettres ne sera point imprimée. C'est celle sur *les Batards*, la *Polygamie*, et le *Mariage*[p]. Les 2 prem.̃ Sujets pouroient passer. Mais le *Mariage*, que je crois le veritable Etat de l'Hõme raisonnable quand il en peut soutenir la Dépense, y est trop maltraité, et en quelque façon regardé comme une Imagination de Fous. Vous demandez même d'où il est ordonné ainsi[q]. Avez vous oublié les Passages formels du N.T? Cela se pouroit bien; car vous aviés oublié la Circon[4]ci[4]sion d'Abraham, affirmant que Moïse l'avoit emprunté des Egiptiens[r]. Je vous avois objecté cet Endroit-là avant l'Impression; & il a fait crier. Evitons la meme chose quant au Mariage. Cela peut influer sur les Moeurs de bien des Gens qui ne sont déjà que trop corrompues: & c'est ce que vous n'avez jamais pretendu occasionner. Mais, voila trop sermonner. Donnez moi des nouvelles des Vûes et Mesures que vous aurez prises; & mettez moi toujours une Lettre separée sans Date ni Lieu, que je puisse montrer à Popie. Adieu, tres cher Marquis, Je vous embrasse avec toutte l'Affection possible & suis sincerement à l'ordinaire V.T.H.S. *Md.*

A Monsieur/Monsieur le Marquis/*d'Argens*[s].

MANUSCRIT
March. 2, no 15; 4 p., l'ad. p.4.

NOTES CRITIQUES

[1] [Marchand, qui par cette lettre répond à la précédente, n'a sans doute pas écrit plus tard que le 12 novembre, car il ne voulait pas 'faire attendre' d'Argens, qui lui avait demandé de terminer 'l'afaire avec le sieur popie' ce jour-là (lettre no 14). En effet, le 12 était la date d'échéance du billet de Paupie qui, écrit Marchand, le lui paiera 'entre-ci et Samedi', c'est-à-dire avant samedi le 17. La lettre de Marchand serait donc postérieure à samedi, le 10 novembre] [2] [en surcharge sur 'six'] [3] [à sa manière habituelle, Marchand passe de la première à la troisième page, réservant la deuxième pour la conclusion de sa lettre. En bas de la première page, à droite, le mot 'J'ai'

renvoie à la page 3] [4] [ajouté dans l'interligne] [5] [Marchand semble avoir d'abord écrit 'couac']

NOTES EXPLICATIVES

a. La Martinière.

b. en fait, le livre paraîtra vers la mi-décembre 1736 (voir le no 21, note *g*). Marchand aurait-il changé la phrase 'six Semaines', qui était exacte, en 'dix Semaines' par précaution?

c. voir le no 13, note *i*.

d. il ressort de la réponse du marquis que le mémoire en question concernait un procès entre le duc de Villars-Brancas et un Juif de La Haye, Francisco Lopez de Liz ou Du Lis. Dans le fonds March.44 de la bibliothèque universitaire de Leyde se trouve un mémoire manuscrit ayant rapport à ce procès. Serait-ce celui envoyé par

Marchand à d'Argens? C'est possible, et on le trouvera en appendice (no v).

e. l'idée de ce jugement en effet célèbre semble remonter à des histoires religieuses très anciennes émanant de la Perse et de l'Inde. Sous une de ses formes multiples, on le trouve, bien entendu, dans *Le Marchand de Venise* de Shakespeare.

f. malgré la bonne volonté du marquis, Marchand a dû prendre d'autres mesures, car on ne trouve ni dans 1*LJ* ni dans 2*LJ* aucune lettre ayant rapport à cette procédure.

g. le chevalier de Maisin était une des premières connaissances parisiennes d'Aaron Monceca (voir 1*LJ*, i.12-13; 2*LJ*, i.16-17).

h. d'Argens, on l'a vu, avait demandé à Marchand, dans le no 12, de le rassurer sur le sort des *Lettres juives*, ce que Marchand avait fait dans sa réponse. Si Marchand revient à la charge ici, c'est peut-être que de Bey lui a fait part des inquiétudes du marquis à ce sujet, car d'Argens lui-même n'y avait fait aucune allusion dans sa dernière lettre. Cela suppose que de Bey soit entré dans le secret du marquis, ce qui est assez vraisemblable à ce moment où il lui cherche un nouveau gîte. Cp. d'ailleurs la note *s.*

i. il s'agit non d'un volume de *Lettres juives* traduites en anglais – il faudra attendre jusqu'en 1739 pour voir paraître le premier tome de la traduction anglaise publiée à Londres par D. Browne et R. Hett, aussi bien que de celle publiée à Newcastle upon Tyne par James Fleming – mais de lettres séparées paraissant dans le périodique anglais, *Fog's weekly journal*, et dont plusieurs ont été reproduites sous forme d'extraits dans *The Gentleman's magazine* (voir là-dessus le no 21 et la note *s*, et surtout l'appendice no vi). Pourtant Marchand se trompe en disant qu'il en était déjà paru 'environ 40'. En effet, la *LJ* publiée dans le *Fog's weekly journal* du 30 octobre (vieux style, 10 novembre nouveau style) n'était que la quatorzième à y paraître; et même si l'on y ajoute les extraits réimprimés dans *The Gentleman's magazine* jusqu'en octobre 1736, le total ne dépasse pas vingt-trois. Bien entendu, Marchand parle par ouï-dire (voir le premier paragraphe du no 17, où cependant il affirme 'qu'il

y en a plus de 40 de faites'), ce qui servirait peut-être à expliquer l'exagération. Néanmoins, l'explication la plus vraisemblable ne serait-elle pas qu'il s'agit d'un simple malentendu? Le fait que les douze premières *LJ* à paraître dans le *Fog's weekly journal* sont tirées, quoique sans ordre, de 1*LJ* xix à xlix aurait fait croire aux informateurs de Marchand qu'au moins une quarantaine de *LJ* avaient été traduites. Quoi qu'il en soit, ni la correspondance entre Marchand et d'Argens ni la préface au tome iv des *Lettres juives* où il est question des traductions de l'ouvrage ne font mention d'une traduction anglaise à part celle paraissant dans le *Fog's weekly journal* et *The Gentleman's magazine*.

k. en fait, cette traduction n'a commencé à voir le jour que le 11 février 1737. On trouve, dans le *'s-Gravenhaegse courant* de ce jour-là, l'annonce suivante: 'By ISAEK VANDER KLOOT, Boekverkoper in 's Hage, is gedrukt en word op heeden uytgegeeven, en staet in 't vervolg alle Maendagen uyt te komen een WEEKELYKS BLAEDJE, genaemt JOODSCHE BRIEVEN, of *Wysgeerige Historische en Critische Verstandhoudingen* tusschen een Reyzende Jood in Parys en zyne Correspondenten op verscheyde plaetsen' (chez ISAEK VANDER KLOOT, libraire à La Haye, a été imprimée et se vend à partir d'aujourd'hui, et continuera à paraître à l'avenir tous les lundis, une feuille hebdomadaire appelée *Lettres juives* …). D'Argens fera mention de cette traduction dans la préface au tome iv de 1*LJ*, qu'il enverra à Marchand avec le no 22 et qui paraîtra le 31 janvier 1737: 'Je passe à une autre Traduction, qui va, dit-on, bientôt paroître. Elle est en Hollandois, & le Manuscrit en est actuellement entre les Mains d'un Libraire. Je ne l'ai point vûe; […]'. Le même passage se trouve dans 2*LJ*, mais cette fois accompagné d'une note donnant des détails supplémentaires sur cette traduction, qui 'a paru depuis cette Préface'. Il est à remarquer qu'une traduction hollandaise avait été prévue dès avant la publication de la première *LJ* française. En effet, voici le texte de l'annonce insérée par Paupie dans le *'s-Gravenhaegse courant* du 7 décembre 1735: 'Pierre Paupie, Libraire à la Haye sur la Grande Sale, Imprime & débitera dans peu, les Lundy & le Jeudy,

Lettres Juives, ou Lettres d'un Juif en Voyage à Paris à ses Amis en divers Endroits. Les même Lettres paroiterons aussi en Hollondois, in 8°'.

l. encore une fois (cp. la note *b*) Marchand semble se méfier un peu du marquis, à qui il prend soin de taire le nom du libraire en question. Il est vrai qu'il donnera plus de précisions sur cette affaire dans sa lettre du 15 novembre.

m. déjà, dans le no 11, Marchand avait fait ce qu'il avait pu pour encourager le marquis à répondre à La Martinière, mais sans succès. Cette fois, cependant, le marquis ne se fera pas tirer l'oreille, et la préface qu'il composera pour le tome iv des *Lettres juives* a dû même surpasser l'attente de Marchand.

n. 'On ne parle ici que d'un Miracle operé, dit-on, par l'Intercession de la feue Princesse Clementine Sobieska, Epouse du Chevalier de S. George. Voici comment on conte ce fait. Une Religieuse du Couvent de Ste. Lucie de Ginnasi, ayant le Chancre au Sein, fit prier la Princesse Strozzi, de lui envoyer un morceau de Linge, teint de Sang de la feue Princesse, elle se l'appliqua à l'endroit où étoit le Chancre; priant Dieu de lui être propice par l'Intercession de la feue Princesse, & sur le champ elle se trouva entiérement guérie. Le Chevalier de S. George, informé de ce Prodige, l'a fait vérifier par un Procès Verbal, qu'il a ensuite fait communiquer, par son Sécretaire, & par un Procureur, aux Cardinaux & aux Consulteurs de la Congrégation des Rits. Cette Princesse pourra être mise au nombre des *Femmes Martyres*: car, on se souvient

encore ici de tout ce que son cher Epoux lui a fait souffrir pendant quelques Années; ce qu'elle supporta avec une Patience Angelique' (*Mercure historique et politique*, octobre 1736, nouvelles de Rome, ci.375-76). Je n'ai trouvé aucune allusion à cette guérison miraculeuse dans les *Lettres juives*.

o. d'Argens a, semble-t-il, composé une *LJ* à partir de cette source indiquée par Marchand. En effet, 1*LJ* cxxv concerne 'la Relation d'un Prodige' tirée du *Mercure historique et politique* pour octobre 1736, ci.403-11 (1*LJ* v.33; 2*LJ* cxxxvii, iv.144), et la lettre entière est consacrée au vampirisme.

p. cette lettre paraîtra dans l'édition augmentée de 1738 (2*LJ* xcviii, iii.164-72). Voir là-dessus le no 18.

q. à propos des Nazaréens, Isaac Onis écrit: 'Je ne sçai surquoi ils appuient la Coûtume de n'avoir qu'une Epouse, & comment ils croïent que la Divinité est offensée par la Multiplicité des Femmes' (2*LJ* xcviii, iii.171).

r. voir 1*LJ* lxxxvii, iii.231-33 (2*LJ* xciv, iii.128-31), et surtout cette phrase, à propos de la circoncision: 'je ne pense pas, mon cher Monceca, qu'il y eut grand Mal à croire [que Moïse] en prit l'Usage des Egiptiens' (1*LJ* iii.232; 2*LJ* iii.130).

s. si Marchand n'adresse pas sa lettre à 'Monsieur Boyer' (cp. l'adresse des nos 13 et 17), c'est sans doute qu'elle a été remise à d'Argens par un ami, qui n'a guère pu être que de Bey.

16

Jean-Baptiste de Boyer, marquis d'Argens, à Prosper Marchand

[vers le 14 novembre 1736][1]

    jai recu mon cher monsieur la letre obligente que vous m'aves ecrite elle ma donné de nouvelles marques des bontés que vous aves pour moy jen suis en verité honteux et j'aurois bien pu atendre sens que vous eussies eu la bonte de m'envoier comme vous l'aves fait les trente cept livres de popie dont je vous envoie un billet dans ma letre.

    vous aures apresdemain la letre juive que vous me demendes il me paroit que

sens copier ce memoire mot a mot je feray quelque chosse de plus gay si
cependant il le faut absolument ecrives le moy sur le champ la presente recüe
pour que je sois a tend de coriger la letre si c'est la une necesite et qu'on soit
oblige de s'en tenir² ³absolument au memoire³ je conois par parenthesse ce duc
de villars brancas* et le comte de folcalquier son neveu* est lieutenant de roy de
provence mais tant pis pour luy ⁴pourquoy⁴ fait il des sotisses je vous prie
pourtant lorsque vous corigeres la letre de ny laisser rien metre de plus fort que
le memoire qui dans le fond est modeste. cella ⁵pouroit⁵ occasioner des plaintes
de la part de fenelon* et des enemis de dulis* vous etes prudent et sage vous
aures la letre le premier courier et le duc sera pincé finement

je pars dans trois jours pour une maison de campaigne aupres des portes
d'utrec ou ma santé qui est en asses mauvais etat pourra se remetre par le
changement d'air. je seray logé ches de fort honetes gens qui ne me conoissoient
non plus que le grand turc mr. de bey c'est murement informé de mes hotes et
apres une exate recherche il en a apris mille bien il faudra avoir la bonte
d'adresser vos letres a mr. de bey qui me les ferra tenir jusques asses que je vous
ai marque mon adresse precisse quand je seray arivé a mon futur gite.

j'ai devoré la ph. du b.s. je vous renveray dans deux ou trois jours les epreuves
des que je l'auray entierement parcouru.

je crains que le sieur popie ne vous ai fait un conte sur les pretendues
traductions des letres quoy qu'il en soit quoy que accablé dune migraine
efroyable cette nouvelle m'a caussé tant de joie que j'ai oublie mon mal pendant
plus d'une heure au nom de dieu des saints de la vierge et de toute la celeste
sequelle donne moy une eclaircissement raissoné sur cet article fut il de trois
page je le trouveray court apres l'avoir leu dix fois je vous prie de donner la
question ordinaire et extraordinaire au sieur popie sur cet afaire car je le
soupcone de mentir un peu. s'il dit la verite et que les letres soient traduites en
anglois et en holandois je suis dans le comble de ma joie. c'est a vous a qui je
dois la reussite d'un ouvrage qui sens vos soins n'eut eté qu'un enfant diforme
si vous m'ecrives donnés moy quelques eclarcissements sur cet afaire du duc et
de du lis car je ny ai rien pu comprendre dumoins jignore a demi ce qui la
occasioné quoyque je le soupcone aime moy toujour mon cher monsieur et soies
sur que pour vous plaire je deviendrois meme janseniste sil le falloit.

le marquis d'argens

⁶je vous enveray avec la letre juive une letre pour mon frere je vous seray
obligé de me la faire metre a la poste de paris pour qu'elle arivat en provence
comme si elle venoit de france a fin que si mon frere etoit obligé de montrer la
letre a mon pere il ne crut pas qu'elle vient dholande et qu'on me crut deja en
chemin pour toujour amuser le tapis jusqu'au mois d'avril.⁶

⁷je vous prie de vouloir bien prendre la peine de vous rembourser des frais
que mes letres vous caussent vous auries du conter sur l'argent que vous m'aves
envoié de popie le paquet que vous m'aves envoie et les letres dernieres que je
vous ai ecrite c'est bien asses des bontés que vous avés pour moy.⁷

MANUSCRIT
March.2, no 7; 4 p.

NOTES CRITIQUES
¹ [c'est à cette lettre, écrite en réponse à

la précédente, que Marchand répondra le 15 novembre, par une lettre qu'il a sans doute écrite 'sur le champ la presente recüe' (voir là-dessus le no 17, note critique 1). La présente serait donc du 14, peut-être même du 15] [2] ⟨a la letre⟩ [3] [ajouté dans l'interligne] [4] [en surcharge sur 'et'] [5] [en surcharge sur 'est'] [6] [cet alinéa est écrit dans la marge gauche de la page 4] [7] [cet alinéa est écrit dans la marge gauche de la page 3]

NOTES EXPLICATIVES

a. puisque ce duc de Villars-Brancas est l'oncle du comte de Forcalquier, il semble que ce doit être Louis de Brancas, duc de Villars-Brancas (1663-1739), fils de Louis-François de Brancas, duc de Villars (mort en 1679), et frère d'Elisabeth-Charlotte-Candide de Brancas-Villars.

b. Louis-Buffile de Brancas, dit le comte de Forcalquier (1710-1753), lieutenant général au gouvernement de Provence, fils de Louis de Brancas-Céreste, dit le marquis de Brancas (1672-1750) et d'Elisabeth-Charlotte-Candide de Brancas-Villars.

c. le marquis de la Mothe-Fénelon, ambassadeur de France à La Haye.

d. Francisco Lopez de Liz ou Du Lis, 'riche Juif établi à la Haie' (voir l'appendice no v).

17

Prosper Marchand à Jean-Baptiste de Boyer, marquis d'Argens

[le 15 novembre 1736][1]

Je suis charmé, tr.ch. M., que la Nouvelle des Traductions ait causé quelque Treve à votre Migraine. L'Assurances, que je vous donne ici de la Certitude du Fait, produira, j'espere, encore un meilleur Effet. Je le souhaite au moins. Quant à l'Anglois, Mrs Tag. la Ch. et autres en ont rendu le Temoignage que je vous ai dit; & assurez vous bien qu'il y en a plus de 40 de faites; la que[2] aiant été vûe ici. Quant aux Hollandoises, elles sont en Corps, & le M$^{st.}$ en a été offert à P.^{a} qui m'en a montré la Lettre, & qui par mon Conseil en traitte actuellement avec Uytwerf Libraire d'Amsterdam à qui cela convient mieux qu'à lui^b. Vous pouvez garder et voir plus à loisir la *Phil*.d. B.S. observez seulem^t. que d'autres ne la voient point. Vous en ferez après le tems de la Publication tel usage que vous aviserez bon être.

Je suis bien aise d'aprendre que vous allez vous mettre dans un Air plus convenable: & cela d'autant plus, que l'on començoit à vous soupçonner où vous êtes: deux Personnes m'ont affirmé la Chose; & pour le vérifier m'ont demandé votre Stature. Pour les dépaiser, [3]je vous ai fait un petit Trapu, en un mot un Espece de Ragotin^c; & s'ils vous trouvent sous cette Figure, je l'irai dire à Rome. Vous sorti, que ce Bruit continue ou non, cela ne fait rien. Je soutiendrai toujours fort et ferme qu'on rêve follement.

Quant à la Lettre avec le Memoire, sans vous fatiguer, il suffit d'insérer le Mémoire mot pour mot, envoyé de Paris par un Jurisconsulte. Je n'entens pas plus que vous le Fin de toute cette Affaire; mais, il s'agit d'exposer le Fait afin de faire voir que le Public n'ignore pas le peu d'Equité de ce Jugement^d. Après tout, come vous le dites tres judicieusement, tant pis pour le Duc, s'il fait le Duc.

Vos Remercimens me font plaisir, parce que j'y vois votre bon Coeur, ou plutot que cela me le confirme. Mais, en verité, c'est vous mettre en Frais de Remercimens pour peu de chose. Comptez toujours sur un sincere et cordial Attachement, et si j'ose dire Affection de ma part, & me croiez toujours avec toute la Sincerité possible

Tuus ex Animo   Md

ce 15 Nov. 1736.

[4]Adressez moi cette Lettre aussi tot faite.[4]

A Monsieur/Monsieur Boyer, chez Mademoiselle/David, Marchande dans le Ness; ou à/son Défaut chez M[r]. Jean De Bey, sur le Cingel./*à Amsterdam*

MANUSCRIT

March.2, no 1; 4 p., l'ad. p.4.

NOTES CRITIQUES

[1] [en cherchant à établir la place précise de cette lettre dans la correspondance, on se heurte à un problème à peu près insoluble. Datée par Marchand 'ce 15 Nov. 1736', elle a été écrite en réponse à la lettre no 16, dans laquelle d'Argens avait demandé à Marchand de lui écrire 'sur le champ la presente recüe', s'il était d'avis qu'il fallait copier mot à mot le mémoire concernant le duc de Villars-Brancas. Or, c'était là en effet l'opinion de Marchand, qui d'ailleurs voulait recevoir cette *LJ* au plus tôt. Il aurait donc écrit la présente, semble-t-il, tout de suite après avoir reçu le no 16. De toute façon, il est clair qu'au moment où il écrit il n'a encore reçu ni le no 18, avec lequel d'Argens enverra la *LJ* en question, ni le no 19, puisqu'il ignore encore la nouvelle adresse du marquis. D'ailleurs, quand celui-ci écrit dans le no 18 qu'il a 'efacé un seul mot' du mémoire, sa remarque ne semble-t-elle pas se rapporter à l'injonction de Marchand dans la présente de copier le mémoire 'mot pour mot'? Et ce que dit le marquis dans le premier paragraphe du no 19 à propos d'un 'maudit negotian francois' n'aurait-il pas été occasionné par les remarques de Marchand dans le deuxième paragraphe de la présente? Pourtant – et voici le problème – d'après le no 27, d'Argens se serait installé chez la veuve Verschoor le 14: 'le quatorse ait pour moy un jour terible c'est celuy ou je paie ma depense du mois etant entré un pareil dans mon logement'. D'après cette remarque, le no 18, écrit la veille de son départ pour Utrecht, devrait être du 13, et le no 19, écrit dès son arrivée, serait du 14. Donc, de deux choses l'une: ou bien d'Argens, dans le no 27, s'est trompé, peut-être exprès, sur la date de son installation chez la veuve Verschoor, ou bien c'est Marchand qui s'est trompé en datant la présente. Or, dans le no 22, d'Argens dit que 'les depenses du mois, logement nouriture et tout le reste tombent le dimanche', et ni le 14 décembre 1736 ni le 14 janvier 1737 n'étaient un dimanche. L'affirmation du marquis dans le no 27 est donc sujette à caution. C'est pour cela que j'ai préféré m'en tenir à la date donnée par Marchand à la présente, et que j'ai suivi la logique interne des lettres en question, selon laquelle la présente aurait été écrite avant le départ du marquis pour Utrecht] [2] [*sic* pour 'queue'?] [3] [selon sa coutume, Marchand passe ici de la première à la troisième page] [4] [ce post-scriptum, souligné d'un trait, est écrit le long de la deuxième page. Tout le reste de la page est blanc]

NOTES EXPLICATIVES

a. Paupie.

b. les négociations concernant cette traduction hollandaise se sont avérées sans doute épineuses, car ce ne sera qu'en février 1737 qu'elle commencera à paraître, non chez Uytwerf mais chez Isaak van der Kloot (voir le no 15, note *k*). Voir d'ailleurs les questions que pose d'Argens à ce sujet vers la fin du no 21.

c. personnage du *Roman comique* de Scarron, qui lui a donné à dessein ce nom, diminutif de l'adjectif 'ragot', qui signifie 'de petite taille, court & gros' (Académie 1762).

d. on se demande pourquoi Marchand

tenait à attirer l'attention du public sur l'injustice faite à Du Lis. Serait-ce idéalisme, haine des nobles français en général ou du duc en particulier, ou bien amitié pour Du Lis qui, comme Marchand, habitait La Haye?

18

Jean-Baptiste de Boyer, marquis d'Argens, à Prosper Marchand

[vers le 16 novembre 1736][1]

je vous ecris deux lignes car la poste va partir vous recevres ici la letre juive vous veres la place du memoire jai efacé un seul mot a la fin je vous prie qu'on ne le remete point[a].

comme la letre que nous n'imprimons point a pressent sur le mariage peut etre imprimée lorsque popie faira une edition en livre de ses feuilles[b] jene luy donne point celle ici vous aures la bonté de la luy conter parmi celle que je luy enveray je ne puis vous en dire davantage car je crains de n'etre a tend[2] a la poste. tout va bien je pars demain je remetray une letre a mr de bey ou je vous instruiray de tout *bona sera*

le marquis d'argens

MANUSCRIT
March.2, no 19; 2 p., p.2 bl.

NOTES CRITIQUES
[1] [écrite, semble-t-il, une fois reçue la précédente (voir le no 17, note critique 1), la présente est postérieure de deux jours à la lettre no 16, dans laquelle d'Argens indiquait qu'il allait partir 'dans trois jours' (cp. ici 'je pars demain'). D'ailleurs, il envoie avec la présente la *LJ* qu'il avait promise à Marchand pour 'apresdemain' dans le no 16] [2] [*sic* pour 'temps']

NOTES EXPLICATIVES
a. voir le no 15, note *f.*
b. voir le no 15, note *p.*

19

Jean-Baptiste de Boyer, marquis d'Argens, à Prosper Marchand

[vers le 17 novembre 1736][1]

en arivant dans ma solitude je vous ecri pour vous en donner avis je suis loge fort bien ches de tres honetes gens et il faudroit que le diable s'en mela si l'on me soupconoit ici. j'ai dit a mon hotesse a amsterdam que je retournois pour un jour a la haye et que je partois de la pour la france ainsi quand on auroit quelque soupcon mr boyer seroit a paris. au reste c'est un maudit negotian francois qui vient dans la maisson ou j'etois [2]pour voir la maitresse et acheter a sa boutique[2] et qui me reconut qui pourroit avoir ebruite que j'etois a amsterdam quoyqu'il m'eut promis le contraire mais il croit que je suis party pour la france ainsi voilla qui je crois est fini

    je suis dans des transses mortelles la derniere letre que je vous ecrivis en vous envoiant la letre juive j'avois oublié un mot de votre adresse ecrives moy de grace par le premier courier si vous l'aves recu exactement et comment vous aves trouvé la letre juive je vous en enveray un paquet vers le comencement du mois prochain je pinceray rudement le sieur la martiniere dans la preface de ce quatrieme volume mais j'ai trouvé un moien de me venger de luy et de sa clique d'une maniere sanglante dans un autre manuscrit. un mot je vous prie ou deux des traductions depuis cette nouvelle je ne dors plus. je crains toujour de n'avoir fait un reve aimable si cella etoit je crois que je mourois de douleur. jai ecri a mon frere pour tacher de gaigner toujour du temt jusqu'au mois d'avril le diable y serra si je ne puis en venir a bout je n'ose vous ecrire aussi souvent que je souheterois parceque je m'apercois que vous etes d'une negligence infinie a vous remboursser des frais que je vous coute au nom de dieu tenes un conte excat des letres que je vous ecris et des autres depensses que je vous causse n'est ce pas asses que les bontes dont vous m'accablés fautil encor que vous depensies votre argent. je vous prie si vous pouvies avoir une feuille angloisse*a* quelque prix qu'elle couta de me l'envoier je ne scay a qui je dediray le quatrième volume donnes moy quelque idée adieu puisse le ciel vous combler de toutes les prosperites et se souvenir incessenment du plus galant homme qu'il ait crée

                     le marquis d'argens
mon adresse est mr. boyer ches la veuve du docteur verschoor a la rue des jacobins a utrect.

A Monsieur/Monsieur prosper march/and ches ma*de* la veuve/vincent op de nieuve have/inde tuyn laan/a la haye

MANUSCRIT
  March.2, no 20; 4 p., l'ad. p.4; cachet (un oiseau) sur cire rouge.

NOTES CRITIQUES
  [1] [d'après la première phrase de cette lettre, il semble que d'Argens écrit dès son arrivée chez la veuve Verschoor, c'est-à-dire le jour même de son départ d'Amsterdam] [2] [ajouté dans l'interligne]

NOTES EXPLICATIVES
  a. c'est-à-dire une *LJ* traduite en anglais.

20

Jean-Baptiste de Boyer, marquis d'Argens, à Prosper Marchand

[fin novembre/début décembre 1736][1]

    avant mon cher monsieur de vous parler d'aucunne afaire soufres que je vous remercie de la maniere vive et enjouée dont vous aves accomodé [2]la[2] cent et deuxieme letre*a*. j'ai eu la curiosité de la voir croiant que ce fut celle du memoire en quaestion et je vous avoray que jai ri a gorge deploie en la lisant la servente de mon hote[b] qui me l'avoit aportée et qui setoit aretée pour faire mon lit dans le temt que je la lissois ma sens doute pris pour un fou je vous lai dit plusieurs fois, soufres que je vous le repete encore, mes cheres filles les *letres juives* vous ont plus d'obligation qu'a leur pere.

je viens a l'article du sieur popie c'est un petit vaurien indigne de vos bontés il y a long temt que je le conois *in pecto et in cuté*[c] je vous en ai dit quelque fois mon sentiment mais vous paraissies porté pour luy et cella me suffissoit pour avoir des complaisances qu'il ne merite guerre a la basse flaterie et adulation qu'il a pour ses pretendus protecteurs[d] il joint le talent de mentir au supremé degré. depuis trois mois il me doit un comentaire de caesar en feuille de dablancourt[e] il est paié jai bessoin du livre et je ne puis l'avoir mais *par pari refertur*[f]. au reste sil continüe toujour a vous deplaire et sil na pas le bonsens de pouvoir ratraper vos bonnes graces je suis pret si vous voules a ne plus luy donner une seule letre juive je trouveray bien moien demploier celles qui sont faites en les refondant [3]si[3] pourtant vous juges a propos que je luy donne le cinquieme volume voici coment je pretend faire je ne luy doneray jamais que dix letres a la fois et sil retranche une sillabe de ce que vous aures mis je jure par ma philosophie du bon sens qu'il demeurera avec son volume imparfait. au reste comme lorsquil ferra une edition en corps des letres il pourroit s'avisser de faire quelque tour de son metier vous aures dans vos mains les remarques et les notes nouvelles que je veux bien luy donner *gratis* et il ne les aurra qu'autant que vous le jugeres a propos marques moy sur tout cella ce que vous voudres que je fasse je suis pret si vous le souhetes a faire trois volumes de feuilles periodiques pour quelque libraire si vous en aves que vous voulies proteger il pourra comencer a debiter sa feuille le premier de janvier et je luy laisserai asses d'ouvrage pour imprimer une annee entiere aiant a travailler jusqu'au mois d'avril nous chercherons quelque titre et quelque joli sujet. si cependant popie a le bonsens de regaigner votre amitie je crois quil vaut mieux donner le cinquieme et[4] [5]une partie du sixieme[5] volume de letres juives cette partie du sixieme ne paretra qu'avec la nouvelle edition faite en corps. je vous prie de luy dire de songer a preparer l'argent des letres que je vous enveray car je ne veux point de conte. vous les luy doneres de quinze en quinze [6]ainsi[6] il pourra les payer en deux fois. si vous pouvies m'envoier pour quelques jours un livre que j'ai blamé mais donc jai cependant grand bessoin je vous serois oblige ce sont les letres sur les anglois et les holandois[g]. je suis areté tout court monceca est depuis plus de huit letres en angletere[h] et je n'ai jamais eté dans ce pais la j'ai bessoin d'aidé pour me donner des idées jai les letres de voltaire[i] ce n'est point asses j'auray soin de vous renvoier ce livre conservé et en bon etat. [7]je vous prie de me doner des nouvelles des traductions et sur tout de l'angloisse une feuille quelque prix qu'elle coute.[7] [8]la letre que vous m'aves envoié de bar sur aube vient de la meme main que celle que vous crutes venir de paris vous anoncer [9]funeste[9] nouvelle[k] elle sont toutes les deux de voltaire[l]. il a prit pour [10]moy[10] une tendresse incroyable on [5]n'[5]ecrit point plus tendrement si je n'etois aussi certain que je le suis combien ce que je vaux est peu de chosse ses louanges me doneroient de la vanité[m] il me marque que les letres juives font un bruit de diable en loraine en alsace et champaigne ou il se trouve il ajoute qu'on les a contrefaites en allemaigne[n] et que de strasbourg elle passent en france mais il ne me dit point dans quelle ville l'on joue ce mauvais tour au sieur popie. je vous prie instenment de ne luy pas dire un mot de tout ceci car c'est un jaseur impitoyable et mrs. ses protecteurs en seroient bientost instruit[o]. rousseau a fait une epigrame contre [10]moy[10] – il a fait son devoir et na point tort elle comence ainsi.

  cet [11]egrefin[11] plus errant que le juif
  dont il emprunte et le stille et le masque

je n'en scay que cella c'est voltaire qui m'a apris cette nouvelle[p]. il me marque quil ne sait pas d'avantage de l'epigrame on luy a ecrit cella de bruxelles[8] mais voici bien un autre nouvelle dans le temt que je prenois mon mal en patience le dieu disrael ma vangé voici une nouvelle sure et qui vous surprendra je l'extrais mot a mot de la dernière letre que vous m'aves envoiée.

on me mande monsieur que rousseau est enfin disgratie ches le duc d'aremberg sa destinée est detre chassé partout quelques calomnies et sa temerite on indigné son maitre qui la menacé de cent coups de canne, on dit que rousseau a repondu: helas monseigneur vous n'en aves pas les gands[q]. que dites vous de cet afaire voies si les juif n'ont pas de la protection au ciel voici bientost la noel ainsi je crois que le sieur moietiens sera moins recalcitran. si vous aves avez veu les planches[r] dites moy si elles sont un peu passablement gravées je me porte comme un caesar depuis que j'ai quité amsterdam. je vous prie de tenir toujour un conte exat de faux [12]frais et des ports de letres que je vous coute vous aures la bonte de les retenir au premier payement des letres juives. si vous juges a propos de faire imprimer la letre du[13] [5]memoire[5] je vous prie de ne point la donner *gratis* celle sur le mariage suprimée servira audit sieur[s] pour limpression en corps[t]. il ny a pas du mal alors qu'elle soit un peu hardie

le marquis d'argens[12]

MANUSCRIT
March.2, no 8; 6 p.

IMPRIMÉ
Best.D1198 (*Œuvres complètes de Voltaire* 88, pp.116-17: extrait).

NOTES CRITIQUES
[1] [d'Argens répond ici à une lettre de Marchand qui manque et qui en contenait une de Voltaire au marquis, écrite à Cirey le 6 novembre (Best.D1190). La lettre de d'Argens est postérieure au no 19, puisque sa santé a eu le temps de s'améliorer depuis qu'il a quitté Amsterdam. D'après le premier paragraphe de la présente, il est clair qu'il écrit juste après la publication de 1*LJ* CII, parue le 29 novembre 1736; donc cette lettre est antérieure au no 21] [2] [en surcharge sur 'ma'] [3] [en surcharge sur 'et'] [4] ⟨le sixieme⟩ [5] [ajouté dans l'interligne] [6] [en surcharge sur 'il'] [7] [cette phrase entière est d'une écriture trois fois plus grande qu'à l'ordinaire] [8] [extrait donné par Besterman] [9] [et non 'secrette', Besterman] [10] [et non 'mois', Besterman] [11] [et non 'gredin', Besterman] [12] [cette fin de lettre est écrite dans la marge gauche de la page 6] [13] ⟨manuscrit⟩

NOTES EXPLICATIVES
a. cette lettre, écrite de Madrid par Jacob Brito, traite de la débauche et de la ruse des moines, tant en Espagne qu'en Italie (1*LJ* CII, iv.17-24; 2*LJ* CXI, iii.285-94). Que d'Argens ait changé sa phrase 'ma [...] letre' en 'la [...] letre' témoigne du fait que la contribution de Marchand à cette *LJ* a été importante.
b. lapsus pour hôtesse?
c. variante, inventée par d'Argens, du 'intus et in cute' de Perse (*Satires* III, 30; cp.v.116-17)?
d. il sera plus d'une fois question dans cette lettre des 'protecteurs' de Paupie. Je

ne sais à qui d'Argens fait allusion; mais peut-être ne sera-t-il pas tout à fait inutile de citer le passage suivant d'une lettre datée d'Amsterdam le 3 avril 1739 et écrite par Charles de La Motte, correcteur d'épreuves d'Amsterdam et l'ex-associé de J. B. Le Prévost, à Pierre Desmaizeaux: 'Je ne saurois vous dire qui sont les Auteurs de la N. Bibliotheque de la Haye ils sont plusieurs qui y travaillent, le Marquis d'Argens en est un. On prétend que M. Chais y travaille aussi quelquefois & même M. de la Chapelle [...] M. Chais peut bien y avoir fait quelque Article, mais je ne crois pas qu'il y travaille réguliérement. Lui & M de la Chapelle favorisent le Libraire qui imprime ce nouveau Journal [c'est-à-dire Paupie]. Peut-être est-ce ce qui a fait croire qu'ils ont part à ce Journal' (BL, add.mss. 4287, f.146v). Charles-Pierre Chais (1710-1785) avait été reçu pasteur de La Haye en 1728, et d'Argens, qui le connaissait, le dit 'Ministre du St. Evangile dans l'Eglise des Etats généraux' (*Histoire de l'esprit humain* xii.377). Armand Boisbeleau de La Chapelle (1676-1746), également connu du marquis, était pasteur de l'église wallonne de La Haye de 1725 jusqu'à sa mort. Or, le nom de 'Pierre Popie' se trouve dans le 'Regître des membres, ou communians de l'Eglise Walonne de la Haye. Dressé en 1733 & 34 [...]' (De archieven van de Waals-Hervormde Gemeente van 's-Gravenhage 1500-1964, item 103). On comprend donc que les deux pasteurs aient favorisé le libraire.

e. voir le no 8, note *l.*

f. 'par pro pari referto' (Térence, *L'Eunuque* iv.45), ce qui devient, dans Jérôme, 'par pari refertur' (*Epîtres* 45.5).

g. c'est là, à coup sûr, un lapsus, car l'ouvrage en question est sans nul doute les *Lettres sur les Anglois et les François et sur les voiages* (1725) de Béat Louis de Muralt, ouvrage qu'en effet d'Argens avait blâmé dans 1*LJ* LXVIII, iii.63 (2*LJ* LXXII, ii.290). Il le citera d'ailleurs dans 1*LJ* CXXIV, v.29 (2*LJ* CXXXVI, iv.140), lettre écrite d'Angleterre par Monceca; et la plupart des lettres de celui-ci consacrées aux Anglais devront quelque chose à l'ouvrage de Muralt.

h. la première lettre écrite d'Angleterre par Aaron Monceca est 1*LJ* CXXI (2*LJ* CXXIII). Les neuf lettres suivantes, jusqu'à

1*LJ* CXXX (2*LJ* CXLII) inclusivement, sont également de lui et sont toutes datées de Londres.

i. les *Lettres philosophiques*, s'entend.

k. voir le no 11 et la note *b.*

l. il ressort du reste de sa lettre que d'Argens venait de recevoir Best.D1190, car il cite à peu près textuellement une partie de cette lettre, qui était 'la dernière [...] que vous m'aves envoiée'. Néanmoins, certaines de ses remarques – les louanges que Voltaire lui donne, l'épigramme de Rousseau – se réfèrent à Best.D1182. Pour ce qui est de la contrefaçon des *Lettres juives*, ni l'une ni l'autre de ces lettres n'y font allusion. Y aurait-il eu une troisième lettre de Voltaire à d'Argens, aujourd'hui perdue? Ou le texte de Best.D1182 ou de Best. D1190 serait-il incomplet?

m. il est vrai que Best.D1182 est remplie d'expressions qui ont dû chatouiller délicieusement l'amour-propre du marquis.

n. cette contrefaçon de 1*LJ* serait-ce celle dont parle Gaspar Fritsch dans une lettre à Marchand datée de Leipzig, le 28 août 1737? On y lit: 'La contrefaction des *Lettres Juives* à Dresden ne laisse pas d'avoir du succès, tout pleins de fautes quelles sont. je ne say d'ou l'on tire le premier exemplaire, mais jusqu'icy les volumes en ont parus icy avant l'edition de Hollande. le 5ᵉ est deja fait' (March.2). Cependant, d'Argens luimême parlera 'des différentes éditions que l'on a faites des *Lettres juives* à Francfort, à Hambourg, à Dresde' (1*Cab.* i. Préface du Traducteur).

o. selon Besterman (D1198 note 3), cette remarque s'appliquerait à Voltaire. En fait, il est évident que d'Argens parle de Paupie: voir surtout la référence à 'mrs. ses protecteurs' et cp. la note *d* de cette lettre.

p. cp. Best.D1182, qui donne de ces deux vers une version un peu différente. D'Argens ne les oubliera pas de sitôt puisqu'il les citera, sous une forme légèrement remaniée, quelque vingt-quatre années plus tard, dans une lettre à Frédéric II du 25 septembre 1760 (voir les *Œuvres de Frédéric le Grand*, Berlin 1846-1857, xix.194). Ainsi que l'ont remarqué Trousson (1966, p.227) et Besterman (D1182, note 4), cette épigramme ne se trouve pas dans les œuvres de J.-B. Rousseau; et Trousson a sans doute raison de parler (p.228) d'une 'supercherie peu honnête' de la part de Voltaire. Pourtant, en citant à ce propos un texte de Fréron, il ne semble pas avoir remarqué que celui-ci s'est trompé sur cette affaire. Fréron rend compte, dans l'*Année littéraire* pour 1754, d'une nouvelle édition des *Lettres juives*, et s'étonne de voir que les remarques désobligeantes pour J.-B. Rousseau qui se trouvaient dans les éditions antérieures (voir 1*LJ* LX, 2*LJ* LXIV) n'ont pas été supprimées ou modifiées dans celle-ci (lettre LXIV). Il poursuit: 'On y fait de Rousseau un portrait affreux, qu'on ne devoit pas s'attendre à trouver dans les nouvelles éditions de ces *Lettres*. M. le Marquis d'Argens m'a dit lui-même qu'il ne pouvait se pardonner d'avoir écrit contre le grand Rousseau; qu'il avoit été cruellement trompé par une personne, qui lui avoit mandé que notre Horace venoit de faire, contre lui Marquis d'Argens, une épigramme sanglante, dont il rapportoit même les deux premiers vers. Le Marquis se déchaîna en conséquence contre Rousseau; et celui-ci, qui ne sçavoit à quoi attribuer un pareil traitement, s'en plaignit

avec douceur dans une lettre qu'il écrivit à notre auteur. Ils entrèrent en explication; il n'en fallut pas davantage pour désabuser entiérement M. le Marquis d'Argens' (v.173-74, cité par Trousson, 1966, p.228). Or, la supercherie de Voltaire datant d'octobre 1736 n'a nullement pu être à l'origine du réquisitoire dressé contre J.-B. Rousseau dans 1*LJ* LX, qui a paru le 5 juillet. Donc, de deux choses l'une: ou bien le récit de Fréron est une pure fabrication de sa part, afin de noircir le caractère de Voltaire; ou bien – et cela me paraît plus vraisemblable – c'est un témoignage de la façon dont d'Argens cherche à se disculper en brouillant exprès la chronologie des événements.

q. cp. Best.D1190. La version qu'en donne ici d'Argens est fidèle, pour l'essentiel, à l'original, mais l'orthographe, on s'en doute, est tout à fait la sienne.

r. de *La Philosophie du bon sens*.

s. Paupie.

t. sur toute cette phrase, qui fait écho à la lettre no 18, voir le no 15, notes *f* et *p*.

21

Jean-Baptiste de Boyer, marquis d'Argens, à Prosper Marchand

[deuxième moitié de décembre 1736][1]

j'ai recu votre derniere letre mon tres cher monsieur et je vous suis infiniment obligé des tendres soins et inquietudes que vous me temoignes j'ai cru que je ne devois pas atendre au premier du mois ou je vous enveray un paquet par la barque a vous donner de mes nouvelles je vous aurois plus tost ecrit mais je suis occupé a executer vos ordres vous m'aves demendé de faire quinse letres de surplus outre le cinquieme volume et comme je comptois de nen faire que trente deux en tout [a] et que j'avois pris mes mesures pour cella en sorte que [2]des[2] gens l'un se trouvoit en barbarie lautre soit de retour a constentinople des la vintième letre du cinquieme volume il ma fallu refondre entierement huit ou dix letres pour etendre la couroie avec ordre[3]. [4]il vous[4] sera aisse de voir le travail que cella m'a couté par les cartons colléts que vous verés a plusieurs letres il y en a une que j'ai refait trois fois elle est sur le vampirisme[b] jespere que vous en seres content et plus encor le sieur popie car elle est d'une page et demi plus longue que les autres et il faudra bien un feuillet entier de minonete[c] dans l'impression. j'ai taché et je tache de me surpasser dans ce cinquieme volume *ut rompantur lilia* *codri^d*. je vous enveray toutes les prefaces et epitres*^e* avec les letres juives et les trois volumes que vous aves eu la bonté de me preter pour le jour de l'an. il me sera pourtant imposible atendu lagrandissement[5] la refonte et l'augmentation des letres de pouvoir vous les faire toutes remetre mais vous en recevres une asses bonne quantité pour calmer les inquietudes du sieur popie a qui je fais mes compliments vous me parles d'un jeune homme qui doit imprimer le fortuné florentin*^f*. si par hasard vous vous interessés pour luy et qu'il faille augmenter son roman luy faire une preface plus longue enfin tout ce que vous demenderes vous n'aves qu'a parler il suffit que vous vous interessies pour luy et je luy ferois quarante romans *gratis*.

je vous prie de faire mes complimens a mr. moitiens et de luy demender sil est content de mes reflextions philosofiques et de leur debit*^g* c'est un honete homme et je serois au desespoir qu'il ne fut pas content de moy lors qu'il faira une seconde edition de ses reflextions si la premiere va bien je luy ferois pressent d'une augmentation de trois feuilles d'impression qui contiendront une disertation sur la chimie ou phisique experimentale et je luy doneray aussi trois nouvelle planches toutes gravées dont je feray a mes depends faire les cuivres*^h* je vous prie de luy lire cet article de ma letre car j'ai trop lieu d'etre content de luy pour que je ne souhete pas qu'il le soit de moy. un mot de reponse en grace sur le debit de mes reflextions.

je viens a l'article de mes memoires*ⁱ* vous seres obei [6] et avant[6] mon depart*^k* il vous seront remis il faut cependant une chosse dans le marché que vous faires ce qu'ils ne sortiront de votre cabinet que pour etre imprimé a la foire de lipsic et qu'il ne verront point le jour a la foire de francfort*^l* en voici la raisson je seray pour lors a la veille d'ariver en provence de finir mes afaires avec ma famille vous voies qu'il ne seroit pas a propos que mes memoires eussent paru auparavent. le debit en sera aussi bon a lipsic qu'a francfort je ne m'oposse point des qu'ils seront dans votre cabinet que le libraire les anonce dans la gasete pourveu qu'on ne sache pas ce qu'ils contienent.

je vous envoie l'original d'une des letres que vous m'aves envoié elle vous ferra conoitre de quoy il s'agit celle que je vous envoie est de voltaire et [4]l'autre est de[4] son ami regal[7] *^m* savant qui voyage pour conoitre les[8] [4]celebres[4] universités [9]quoyque[9] je ne l'ai jamais veu sur la reputation des letres juives et sur les relations de voltaire il ma ecrit une longue epitre*ⁿ* il ignore ainsi que tout le monde l'endroit de ma retraite. je vous prie de me renvoier la letre de voltaire.

[10]je vais vous aprendre une nouvelle on imprime actuellement a amsterdam[11] un livre anonime qu'on a remis au libraire de la part de voltaire c'est a dire [12]au[12] sieur leidet*^o* si vous demendes l'auteur de ce livre je vous le diray et vous seres apres voltaire le seul homme qui le sachies l'auteur est donc votre serviteur qui a ete prie instenment par voltaire de vouloir faire cette ouvrage pendant trois mois sous le nom de mr. de guiran gentilhomme lorain[13] l'ouvrage en quaestion est les memoires historiques que faissoit le bonhomme de roche*^p*. leidet s'etant adressé a voltaire pour savoir s'il ne conetroit personne a paris pour travailler a ses memoires voltaire m'ecrivit et par complaisance je m'en suis chargé sens que le libraire conoisse d'autre auteur que le sieur guiran le manuscrit luy a ete remis par un homme a qui je l'ai envoie d'ici comme venant de loraine cet homme est un negotian lorain qui fait les afaires de voltaire *motus*

je vous prie s'il vous plait sur ceci j'avois envie de vous envoier un de ces livres lorsqu'ils[14] [4]auroient[4] ete fait pour savoir si vous en auries reconnu le stille.[10]

au reste je suis ici ches des fort honetes gens et logé a merveille dans une grande maison il ny a que la maitresse veüe d'un medecin et sa fille[q]. ses bonnes gens ont pour moy mille amities il croient que je suis ateint d'une douleur de siatique qui m'oblige a rester dans ma chambre et depuis que je suis ici je ne crois pas d'en etre sorti que pour aler dans la biblioteque du defunt medecins dont mon hotesse me laisse l'entiere disposition il y a de fort bon livres mais aussi beaucoup de mauvais.

je vous prie de me dire dans votre reponse si la traduction holandoisse aura lieu et pourquoy estce que paupie semble s'y oposer. je vous prie aussi de m'expliquer si les trois traducteurs traduissent egalement toutes les letres ou s'ils n'en donent qu'une chacune alternativement en sorte que celle qui se trouvent dans le gentilmen-magazin ne sont point de le papier que vous m'aves envoie[r] si cella etoit ainsi[15] les letres auroient moins de prix que si elles paresoient toutes traduites par une seule main peut etre aussi se peut il faire que les deux traducteurs les traduissent egalement toutes[s] [16]un mot de reponse sur cella je vous prie jespere de recevoir une de vos letres avant le jour de l'an j'aurois augure au silence dans un temt de souhaits heureux d'un homme a qui j'ai autant d'obligation qu'a vous contes aussi que je suis penetré de vos bontés et qu'il n'est rien au monde que je ne fasse pour en meriter la continuation je suis &c

le marquis d'argens[16]

[10] [17]j'oubliois de vous demender si quelqu'un se douteroit de ma retraite il faudroit que ce fut le diable car outre que je ne sors jamais voltaire meme ne sçait point ma demeure il croit que je suis dans un village et c'est pour cella que je luy fais envoier ces letres a votre adresse un mot ladessus je vous prie[10 17]

MANUSCRIT

March.2, no 21; 6p.

IMPRIMÉ

Best.D2393 (*Œuvres complètes de Voltaire* 91, pp.391-92: extraits).

NOTES CRITIQUES

[1] [il ressort de la première phrase de cette lettre qu'il en manque au moins une de Marchand, celle à laquelle le marquis répond ici (si tant est qu'il ne réponde qu'à une seule lettre). De toute évidence, le marquis écrit après un laps de temps assez considérable, témoin ses excuses ('je vous aurois plus tost ecrit') et la longueur de sa lettre. Puisqu'il a reçu Best.D1223, du 10 décembre, qu'il espère recevoir une lettre de Marchand 'avant le jour le jour de l'an', et qu'il est surpris du silence de celui-ci 'dans un temt de souhaits heureux', il a dû écrire sa lettre vers le 20 ou le 25 décembre.

Qu'elle soit de 1736, et non de 1740 ou de 1741 comme le propose Besterman, est clair, car la première édition de *La Philosophie du bon sens* vient d'être mise en vente]
[2] [en surcharge sur 'mes'] [3] ⟨en sorte⟩ [4] [ajouté dans l'interligne] [5] ⟨et⟩ [6] [en surcharge sur 'mais'] [7] ⟨est un⟩ [8] ⟨habilles⟩ [9] [en surcharge sur 'il a'] [10] [extraits imprimés par Besterman]

[11] [c'est la fin de la page 4; mais au-dessous de la dernière ligne une main, qui ne paraît être ni celle de d'Argens ni celle de Marchand, a ajouté, puis biffé d'un seul trait, 'lenfant prodigue'. La même main (?) a ajouté le mot 'un' pour renvoyer le lecteur à la page suivante] [12] [en surcharge sur 'le'] [13] ⟨c'est⟩ [14] ⟨seront fa⟩ [15] ⟨cella⟩ [16] [écrit dans la marge gauche de la sixième page] [17] [écrit dans la marge gauche de la troisième page]

NOTES EXPLICATIVES

a. soit trente *LJ* pour le tome v, et deux *LJ* 'de surplus'.

b. c'est 1*LJ* cxxv, v.33-40 (2*LJ* cxxxvii, iv.144-57). Cp. le no 15, note *o*.

c. 'La mignonnette: terme de typographie. Caractère très menu' (Littré). Les cinq dernières pages of 1*LJ* cxxv (v.36-40) sont toutes en mignonnette.

d. 'rumpantur ut ilia Codro', Virgile, *Eglogues* vii, 26.

e. cp. le no 15, où Marchand rappelle au marquis 'qu'il faudra p^r. Moetjens une *Epitre Dedic.* et une *Préface* au *Philosophe amoureux*; et pour Paupie au Tom. IV des Lettres'.

f. Le Fortuné Florentin, ou les mémoires du comte della Valle (La Haye, chez Jean Gallois, 1737). Cette remarque de d'Argens ferait croire que Johnston et Bush se sont trompés en parlant d'une édition de ce roman datée de 1736 (voir Johnston, 1928, p.208 et Bush, 1953, p.240). Le no 26 confirmera que le livre était encore sous presse vers la fin de janvier 1737 (voir le no 26 et la note *q*). On en trouve le titre dans le 'Catalogue des Livres nouveaux' imprimé à la fin de la *Bibliothèque raisonnée* pour les mois de janvier, février et mars 1737 (tome xviii, première partie). S'il est question d'une édition de 1736 dans la bibliographie de S. P. Jones (Jones, 1939, p.57), c'est que celui-ci part de renseignements assurément erronés se trouvant dans le *Mercure de France* d'avril 1737, car il avoue n'avoir vu aucun exemplaire du roman daté de 1736.

g. allusion à la mise en vente de *La Philosophie du bon sens* (La Haye 1737). Malgré la date sur la page de titre, le livre a paru à la fin de 1736, comme en fait foi non seulement cette lettre du marquis mais aussi celle (Best.D1228) du 20 décembre 1736 par laquelle Voltaire accuse réception d'un exemplaire. D'ailleurs, la *Bibliothèque françoise* en fait mention en 1736 (t.xxiv, première partie, p.200); et plus tard le même journal, dans un article consacré au livre, confirmera que la date de publication en était bien 1736 (t.xxv, deuxième partie, p.230; voir aussi le 'Catalogue des Livres nouveaux' imprimé à la fin de la *Bibliothèque raisonnée* pour les mois d'octobre, novembre et décembre 1736, tome xvii, seconde partie). Aucun besoin donc de retenir l'hypo-

thèse peu vraisemblable de Bush, selon laquelle Voltaire aurait reçu un exemplaire manuscrit de l'ouvrage (Bush, 1953, p.19, n.48).

h. d'Argens devra attendre jusqu'en 1740 pour voir paraître une édition augmentée de *La Philosophie du bons sens*, publiée non par Moetjens mais par Paupie. Celui-ci annonce, dans les nouvelles littéraires de sa *Nouvelle bibliothèque* pour septembre 1739, que cette nouvelle édition, 'revûë, corrigée & augmentée d'un second Volume & de nouvelles figures, gravées par un Disciple du celèbre B. Picart, *in* 8' (iv.167), est sous presse. Elle sera augmentée, non de la dissertation dont parle d'Argens ici et qui, sans doute, avait déjà été utilisée ailleurs, mais 'd'un examen critique des remarques de Mr. l'abbé d'Olivet [...] sur la théologie des philosophes grecs'.

i. il s'agit d'une continuation des *Mémoires de monsieur le marquis d'Argens*, continuation qui ne verra jamais le jour.

k. c'est-à-dire son départ de la Hollande, prévu pour le mois d'avril 1737: voir le reste du paragraphe et le no 12, note *b*.

l. tout cela est loin d'être clair. D'Argens, qui ne veut pas que la continuation de ses *Mémoires* paraisse avant qu'il ait rejoint sa famille en Provence (sans doute vers le mois d'avril ou de mai 1737), insiste sur le fait que son livre ne doit point paraître à la foire de Francfort, quoiqu'il puisse se débiter à celle de Leipzig. Or, celle de Francfort se tenait deux fois l'année, à Pâques et en automne. De toute évidence, c'est à celle de Pâques que songe d'Argens, car il n'a nullement l'intention de retarder son retour en France jusqu'à l'automne. Cependant, la foire de Leipzig se tenait également à Pâques: ainsi le libraire Henri Du Sauzet, dans une lettre à Voltaire du 4 juin 1739, parle des 'Foires de pâques à Francfort & à Leipzig' (Best.D2025). Remarquons pourtant que, selon *Moréri*, les foires de Leipzig 's'y tiennent trois fois l'année' (article 'Leipsick'), tandis qu'il n'y en avait que deux à Francfort. D'Argens songerait-il à une troisième foire se tenant à Leipzig en été peut-être?

m. 'l'ami regal' n'était autre que Voltaire. En fait, le pseudonyme qu'avait adopté celui-ci était non 'regal' mais 'de Révol': voir Best.D1223 du 10 décembre

1736, qui doit être la lettre de Voltaire dont il est question ici.

n. cette 'epitre' de Voltaire est aujourd'hui perdue.

o. Etienne Ledet qui, avec Jacques Desbordes, était en train d'imprimer une édition des œuvres de Voltaire, et qui allait bientôt imprimer les *Eléments de la philosophie de Newton*.

p. les *Mémoires historiques pour le siècle courant* (Amsterdam 1728-1742) par Jean-Blaise Desroches-Parthenay. Pour plus de détails sur cette collaboration de d'Argens, voir le no 35.

q. d'Argens écrit de chez la veuve du docteur Verschoor, à la rue des Jacobins, à Utrecht (voir le post-scriptum du no 19).

r. toute la première partie de cet alinéa concerne les traductions des *Lettres juives*. Pour ce qui est de la traduction anglaise, il semble, d'après ce qu'en dit d'Argens ici, que Marchand lui a envoyé au moins un numéro du *Fog's weekly journal*. Les remarques consacrées par d'Argens aux traductions anglaises (sur ce pluriel, voir la note suivante) dans la préface au tome iv de 1*LJ*, préface qu'il enverra à Marchand avec sa prochaine lettre, feraient croire qu'il avait vu au moins deux numéros du *Fog's weekly journal*, mais qu'il n'avait eu entre les mains aucun exemplaire du *Gentleman's magazine*.

s. d'Argens, qui semble s'être trompé d'abord en parlant de 'trois traducteurs' au lieu de deux, veut savoir s'il y a collaboration entre le *Fog's weekly journal* et le *Gentleman's magazine* en ce qui concerne la publication des *LJ* traduites en anglais. Celles-ci paraissent-elles alternativement dans l'un puis dans l'autre, ou bien – idée encore plus délicieuse pour le marquis et qu'il trouvera irrésistible en composant la préface au tome iv de 1*LJ* – s'agit-il de deux traductions différentes, publiées simultanément? De fait, il n'y avait ni collaboration ni traductions au pluriel. Simplement, le *Gentleman's magazine* reproduisait sous forme d'extraits quelques-unes des traductions paraissant dans le *Fog's weekly journal*. Voir là-dessus l'appendice no vi.

22

Jean-Baptiste de Boyer, marquis d'Argens, à Prosper Marchand

[fin décembre 1736][1]

voici mon cher monsieur de quoy tranquilisser le sieur popie je vous envoie dousse letres juives une dissertation ou preface accompaignée d'un epitre dedicatoire pour le quatrieme volume j'ai repondu dans la preface aux invectives du sieur chevalier de liberie cousin de don quichote et c'est a ce dernier a qui j'ai dedie le quatrieme volume des letres juives*a*. je vous renvoie la letre qu'on avoit mis dans la biblioteque francoisse contre moy pour que vous puissies voir comme je lai refutée. j'ai fait mention dans la preface des traductions angloisses*b* pour montrer aux critiques que louvrage est moins ignoré quils ne le dissent cette preface tient la valeur d'un letre juive et demi*c* ainsi le sieur popie a de quoy grossir gratis son volume. je vous prie monsieur que pour menager demi page dimpression il n'en retrancha rien car je me brouillerois avec luy puisque je luy donne cette preface gratis il peut bien faire la depensse d'une demi letre juive d'impression. cette preface est cacheté comme les manuscrits des romans l'epitre dedicatoire est au bas

je vous envoie aussi une epitre et une petit preface pour le philosophe amoureux quand a la preface que vous demendes pour le florentin*d* jen ai fait

une que le libraire doit avoir puisquil a lepitre dedicatoire car elle est dans la
meme feuille ce que je vous dis est un fait certain ainsi il faut qu'on ny ait pas
pris garde il ne s'agit donc que de s'avoir si vous n'en seres pas content au quel
cas je la referay et vous l'enveres votre reponse ladessus

il m'est imposible de vous envoier[2] un plus grand nombre de letres juives
actuellement parce qu'il y en a qui sont faites a moitie les autres un peu plus
les autres un peu moins mais dans la refonte que je fais je n'ai pu metre que ces
dousse premieres en perfection avant que les quatrieme volume soit fini vous
aures le cinquieme en entier j'espere que vous seres content de l'ouvrage que je
vous envoie j'ai taché de faire le mieux que j'ai pu et je crois que le cinquieme
volume vaudra mieux que les autres je vous prie de vouloir bien vous faire
remetre quarante huit livres au sieur popie pour les dousse letres que je vous
envoie et vous aures la bonte de vouloir vous rembourser des frais que vous aves
eu la complaisance de faire pardon et mille fois pardon des peines que je vous
donne. je vous serois obligé si vous pouves m'envoier cet argent pour samedy
prochain si le sieur popie veut que je sois exat je le prie de l'etre. ce qui fait que
je serois bien aisse de recevoir cet argent pour ce temt la ce que les depenses du
mois, logement nouriture et tout le reste tombent le dimanche. je vous seray
donc obligé de tenir un peu alerte notre egrillard. [3]si vous trouves quelque
chosse dans la preface des letres juives mal apropos je me recomende a vous. je
n'ai point blamé la biblioteque francoisse puis qu'elle a loué mon dernier
ouvrage[e] j'ai cru qu'il faloit vivre en paix avec quelques journeaux. au reste vous
etes causse que je me suis ruine jai voulu verifier l'extrait de la phil. du b. s.
dans le vintunieme tome de la biblioteque francoisse pag 200 jai ete tout surpris
aiant envoie[4] [5]acheter[5] ce livre de voir quil etoit de lannée trente cinq. j'ai fait
racheter le vint[6] [5]deuxieme[5] croiant que vous avies oublié un chifre et j'ai vu
quil ny avoit rien j'ai enfin achete le troisieme et je ny ai rien trouvé las de
ramasser si cherement les productions dun exjesuite[f] et n'osant aler ches un
libraire pour m'eclarcir de ce fait jai gardé mes trois journeaux et je vous prie
de m'envoier celuy ou se trouve cet extrait vous aures la bonté de l'acheter du
sieur popie et si quelque autre m'a loué vous lacheteres aussi et dussies vous
me les envoier par la poste je vous prie de me les faire remetre. sils m'ont blame
au contraire n'envoies que la biblioteque francoisse je ne suis point asses curieux
pour payer des injures je vous serois obligé si vous menvoiés les journeaux par
la barque de jeudi. je ne vous diray point combien je suis penetre de vos bontes
juges de ma reconoisance par les peines que je vous done. vale.

le marquis d'argens

MANUSCRIT
March.2, nos 22 et 52; 6p., p.6 bl.

NOTES CRITIQUES
Dans le fonds March.2, la dernière feuille
de cette lettre a été séparée des autres et
numérotée 52.
[1] [dans le no 21, d'Argens avait promis
d'envoyer à Marchand 'une asses bonne
quantité' de *LJ* pour le cinquième volume,
avec 'toutes les prefaces et epitres', le tout
'pour le jour de l'an'. Or, voici qu'il envoie
douze *LJ*, 'une dissertation ou preface' avec
une épître dédicatoire pour le quatrième
volume, et une épître et une préface pour
Le Philosophe amoureux. D'ailleurs, il ressort
de la présente que la refonte de plusieurs
LJ destinées au cinquième volume, refonte
déjà entamée au moment où d'Argens écri-

vait la lettre précédente, est toujours en cours. La présente suivrait donc le no 21 d'assez près et aurait été écrite juste avant le jour de l'an, en réponse à une lettre de Marchand qui manque] ² ⟨plus de let⟩ ³ [d'Argens indique ici par un signe le commencement d'un nouvel alinéa] ⁴ ⟨chercher⟩ ⁵ [ajouté dans l'interligne] ⁶ ⟨trosieme⟩

NOTES EXPLICATIVES

a. en effet, le quatrième tome est dédié 'au preux et admirable dom Quichotte de la Manche' (1*LJ*, 2*LJ*) et la préface est une réponse aux critiques de La Martinière publiées dans la *Bibliothèque françoise*, tome xxiii, deuxième partie, article vi, pp.289-302.

b. d'Argens a fait un peu plus que mentionner ces traductions, puisqu'il y a consacré une page et demie (deux pages dans 2*LJ*), avant de parler des traductions en hollandais et en allemand.

c. dans 1*LJ* la préface est de 12 pages, tandis que les lettres sont de 8 pages chacune.

d. c'est-à-dire *Le Fortuné Florentin*.

e. d'Argens fait allusion sans doute à la brève mention de *La Philosophie du bon sens*, 'un Livre fort singulier & qui contient d'excellentes choses', qui se trouve à la page 200 de la *Bibliothèque françoise*, tome xxiv, première partie. S'il n'a pas encore vu cette appréciation, il en a connaissance grâce à Marchand, témoin le reste de sa lettre. Dans la préface au tome iv des *Lettres juives*, il insiste sur le fait que la lettre de La Martinière, qui se trouve 'insérée dans un Journal où l'on voit quelquefois des Choses assez curieuses & utiles', ne doit pas être attribuée aux 'Journalistes' (1*LJ* iv. Préface, p.1; 2*LJ* iv. Préface, p.2). Cela n'était pas pour plaire à Marchand qui, on l'a vu, avait essayé d'inciter le marquis à attaquer Henri Du Sauzet, qui imprimait la *Bibliothèque françoise* (voir le no 11 et la note *f*, et ce que dit d'Argens à ce sujet dans le no 23).

f. Du Sauzet: voir le no 11 et la note *f*.

22 bis

Jean-Baptiste de Boyer, marquis d'Argens, à Prosper Marchand

[fin décembre 1736]¹

je vous renvoie vos livres le plus petit ma beaucoup servi comme vous verres car je lai pres que tout copié

MANUSCRIT

March.2, papier non numéroté; 2p., p.2 bl.

NOTES CRITIQUES

¹ [c'est un billet sur une mince bande de papier, que d'Argens avait peut-être insérée dans un des livres qu'il renvoyait à Marchand. Puisqu'il avait promis, dans le no 21, de renvoyer à Marchand 'les trois volumes que vous aves eu la bonté de me preter pour le jour de l'an' et que dans le fonds March.2 ce billet suit immédiatement le no 22, je le donne ici]

23

Jean-Baptiste de Boyer, marquis d'Argens, à Prosper Marchand

[vers le 4 janvier 1737]¹

j'ai recu votre letre mon cher monsieur et les especes y jointe dont je vous envoie un recu. apres vous avoir remercie mille fois des peines que je vous donne je vous diray que l'exactitude du sieur popie merite que je sois exact a mon tour vous recevres² de lundy en huit jours encor dix letres juives et avant la fin du mois vous en aures dousse outre le cinquieme volume au dernier envoy des letres jy joindray des notes critiques et historiques pour le trosieme et quatrieme volume dont je fais pressent au sieur popie pour lorsqu'ils faira son edition il en a deja des semblables que je luy ai donnee pour le premier et second volume il y a quelque fautes et quelque mots repetes que j'ai coriges dans les letres qui ont deja parues je vous enveray aussi ses corections pour que l'ouvrage soit en quelque facon tout neuf jai meme fait plusieurs changemens et augmentations*a*. quand a mes memoires*b* je vois bien que popie chie de peur dans ses culotes que je ne les donne a un autre mais il doit etre tranquille puisque vous vous interesses pour luy. il les aura et j'y travailleray des le premier du mois qui vient. dites luy de dormir en repos vous avies mal parcouru le tome vintquatre de la biblioteque³ ⁴francoisse⁴ outre ce que vous m'aves envoie et qui se trouve a la page 200*c* voici ce que jai leu a la 178 dans les petites nouvelles literaires de france.

*mr. le marquis d'argens enhardi par le succés de ses memoires a donné coup sur coup une foulle de romans imprimes a la haye et qu'on voit ici. les efect de l'amour et de la jalousie ou histoire piemontoisse tirée des memoires de la comtesse de mirol*d*. les memoires de mad*c*. de mainville dedies a l'ombre de baille*e*. il se donne dans la preface de ce nouveau roman pour auteur du mentor cavalier*f* et des memoires du marquis de mirmon*g* il a encor publié a la haye les enchainemens de l'amour et de la fortune ou les memoires du marquis de vaudreville*h* quoyqu'il soit dificille detre si fecond et de produire toujour d'excellentes chosses cependant on lit avec plaisir touts les ouvrages de mr le marquis d'argens*i*.* vous voies qu'en conscience et en honneur je ne puis blamer la biblioteque francoisse je n'ai deja que trop d'adversaires literaires les journal de vendure*k* celuy de trevoux*l* il faut du moins que je me conserve quelque ami pour que touts les journeaux ne s'accordent pas a me decrier ainsi je vous prie de ne rien changer a la preface du quatrieme volume des letres juives.

quand a ce que vous me dites du pretendu revol cella me paroit asses plaissant mais je saurois avant trois jours la verité de ce fait et je vous en instruiray car je vais ecrire dans le moment au pretendu revol et le metre au pied du mur il faudra qu'il parle ou qu'il creve. je crois pourtant que l'on debite un conte si par hasard il alloit ches vous je laisse a decider a votre prudence ce que vous deves faire. sil vous avoue naturellement la verité sa bonne foy merite qu'on y ait egard sil persiste dans son deguissement je suis a flesingue ou milldebourg*m* mais encor un coup je crois qu'on debite un histoire*n*. sil y a quelque chosse dans la biblioteque raissonnée qui me regarde je vous prie de m'en instruire*o* je vous suplie de m'envoier ma letre recue les voyages de paul lucas dans la barbarie alger tunis &c.*p* si vous n'aves pas ceux la je vous prie de m'en preter quelques autres car quoy que j'ai ete dans ce pais la*q* j'ai bessoin d'un peu de secours et jacob brito y est actuellement*r* je vous recomende instenment de vous souvenir de ce livre car je ne puis presque aler plus avant envoie le moy si vous pouves par la⁵ ⁴première⁴ barque. *vale ego quidem valeo.*

le marquis d'argens

⁶je vous prie de m'instruire un peu du debit de mes ouvrages je tremble toujour sur leur sort et j'ai besoin d'etre encourage cella m'excite a mieux faire. que dit moetiens de sa philosophie.⁶

MANUSCRIT
March.2, no 23; 4p.

NOTES CRITIQUES
¹ [une fois du plus, la lettre de Marchand à laquelle d'Argens répond ici – et qui, elle, était en réponse au no 22 – manque. Divers détails de la présente, et surtout la référence au tome vingt-quatre de la *Bibliothèque françoise*, exigent qu'elle suive immédiatement le no 22. Quant à la date, d'Argens avait demandé à Marchand dans sa lettre précédente de lui envoyer 'les journeaux par la barque de jeudi', sans doute jeudi le 3 janvier. Or, voici que 'le tome vintquatre de la biblioteque francoisse' est entre ses mains, et il est peu probable qu'il ait tardé à attirer l'attention de Marchand sur la page 178 de ce périodique et à le remercier de son envoi] ² ⟨samedy⟩ ³ ⟨raissonée⟩ ⁴ [ajouté dans l'interligne] ⁵ ⟨petite⟩ ⁶ [écrit dans la marge gauche de la page 4]

NOTES EXPLICATIVES
a. lorsqu'en 1738 Paupie annonce, dans un avertissement du libraire en tête du tome ii des *Lettres cabalistiques*, qu'une nouvelle édition des *Lettres juives* est en préparation, il la décrit en ces termes: 'cette *Nouvelle Edition* sera, non seulement *augmentée de* XX *Nouvelles Lettres, de Quantité de Remarques, du Portrait de l'Auteur, d'un Titre-Planche, & de six Vignettes Historiques* [...]; mais encore *améliorée par une Infinité d'Additions & de Corrections*, répandues dans tout le Corps du Livre même'.
b. voir le no 21, note *i.*
c. voir le no 22, note *e.*
d. Mémoires de la Comtesse de Mirol, ou les funestes effets de l'amour et de la jalousie. Histoire

piémontoise: par Mr. le marquis d'Argens (La Haye 1736). Bush exclut cet ouvrage de sa liste des romans qui peuvent être attribués incontestablement à d'Argens (Bush, 1953, pp.239-40). Pourtant, le marquis en était bien l'auteur: voir l'appendice no x.
e. Mémoires de Mademoiselle de Mainville, ou le feint chevalier (La Haye 1736). De même que les *Mémoires de la Comtesse de Mirol*, ce livre a dû paraître entre mars et juin 1736. En effet, on trouve le titre de ces deux romans dans le 'Catalogue des Livres nouveaux' imprimé à la fin de la *Bibliothèque raisonnée* pour les mois d'avril, mai et juin 1736 (tome xvi, seconde partie).
f. Le Mentor cavalier, ou les illustres infortunez de notre siècle (Londres 1736).
g. Le Solitaire philosophe, ou mémoires de Mr. le marquis de Mirmon, par M.L.M.D. (Amsterdam 1736). C'est le titre qu'on trouve dans le catalogue de la Bibliothèque nationale et dans Jones (1939), p.58, qui décrit une édition de 1739. Par contre, dans Johnston (1928), p.208, Bush (1953), p.239, et le catalogue du British Library, le titre est ainsi donné: *Mémoires du marquis de Mirmon, ou le solitaire philosophe*. On trouve l'un (8307) et l'autre (8308) dans Cioranescu (1969).
h. La Haye 1736. C'est dans le 'Catalogue des Livres nouveaux' imprimé à la fin de la *Bibliothèque raisonnée* pour les mois de juillet, août et septembre 1736 (tome xvii, première partie) que figure le titre de ce roman.
i. Bibliothèque françoise, tome xxiv, première partie, nouvelles littéraires, p.178. Compte tenu de l'orthographe et de la ponctuation qui sont particulières à d'Ar-

gens, celui-ci a reproduit fidèlement le texte
de l'imprimé, à une exception près: après
'vaudreville', on lit: 'On ne peut guéres être
si fécond, & produire [...]'.

k. Jean van Duren (1687-1757), libraire
à La Haye, imprimait depuis 1733 le *Journal
littéraire*, dont la publication cesse en 1737.
Il n'y est fait mention du marquis et de
ses ouvrages qu'une seule fois pendant les
années 1736 et 1737. Dans le tome xxiii
(1736), première partie, p.206, on trouve
cette courte revue de la première édition
des *Mémoires*: 'Ce Monsieur pouvoit se dispenser d'écrire son Histoire. Un jeune
homme qui voïage, qui aime dans toutes
les Villes où il passe, qui sacrifie sa fortune,
n'est point un personnage assez marqué
pour que le Public s'y intéresse. Quelle
persécution, si tous ceux de ce caractère
s'avisoient de publier leurs avantures! On
a peine à deviner ce qui a déterminé ce
Marquis à se peindre aux yeux de l'Univers, qui ne pensoit point du tout à lui. Il
écrit assez bien pour se faire lire, mais ce
qu'il raconte n'est dans aucun des genres
qui attachent. Il n'est ni extraordinaire,
ni plaisant. Ses Lettres valent beaucoup
mieux, à l'exception de celles où il donne
la vie de quelques Comédiennes. Il s'en
faut pourtant bien qu'elles ne soient des
Chefs-d'œuvre.' Il n'y avait pas là, on le
voit, de quoi faire plaisir au marquis; mais
il n'y avait pas non plus de quoi faire naître
cette rancune tenace dont témoignent les
ouvrages périodiques de d'Argens, qui at-
taquent à maintes reprises à peu près tout
ce que van Duren publie à partir de 1735.
Sans doute faut-il voir là l'influence de
Marchand, pour qui van Duren était une
véritable bête noire. Quant au pluriel
qu'emploie d'Argens – 'les journal de
vendure' – je n'ai pu découvrir aucune autre

publication de van Duren, antérieure à
janvier 1737, qui ait été hostile au marquis.

l. on trouve dans les *Mémoires pour l'histoire des sciences et des beaux-arts* – autrement
dit le *Journal de Trévoux* – de juillet 1736,
première partie, article LXXI, pp.1349-62,
une critique assez vive des *Lettres juives* et
de leur auteur. Voir là-dessus l'appendice
no VII.

m. Vlissingen et Middelburg, villes dans
la province hollandaise de Zélande.

n. bien entendu, cette partie de la lettre
concerne Voltaire, alias de Révol, qui était
alors en Hollande. Marchand semble avoir
percé le pseudonyme, et d'Argens avouera,
dans le no 24, qu'il savait bien que de Révol
n'était autre que Voltaire.

o. d'Argens sera déçu, car la *Bibliothèque
raisonnée* gardera un silence absolu sur ses
ouvrages pendant la première moitié de
1737, ainsi qu'elle l'avait fait pendant toute
l'année 1736.

p. trois voyages de Paul Lucas (1664-
1737) avaient fait l'objet d'ouvrages imprimés: *Voyage du sieur Paul Lucas au Levant,
contenant la description de la haute Egypte, et de
la Perse* (Paris 1704); *Voyage du sieur Paul
Lucas [...] dans la Grèce, l'Asie Mineure, la
Macédoine et l'Afrique* (Paris 1712); *Troisième
voyage du sieur Paul Lucas fait en 1714 [...]
dans la Turquie, l'Asie, la Sourie, la Palestine,
la Haute et la Basse-Egypte, etc.* (Rouen 1719).

q. bien avant de passer en Hollande,
d'Argens avait visité Alger, Tunis et Tripoli en route pour Constantinople avec le
vicomte d'Andrezel, nouvel ambassadeur
de France à la Porte.

r. la première lettre de Brito écrite de
l'Afrique est 1*LJ* CXLIV, v.185-92 (2*LJ* CLXI,
v.49-58) et la dernière est 1*LJ* CLXIII, vi.101-
108 (2*LJ* CLXXXI, v.365-77).

24

Jean-Baptiste de Boyer, marquis d'Argens, à Prosper Marchand

[vers le 15 janvier 1737][1]

je vous suis bien obligé mon cher monsieur de la letre que vous m'aves envoie[a] je n'en pouvois point recevoir qui me fit plus de plaisir vous veres qu'elle me met en etat de fixer si je le veux mon sejour dans ce pais[b]. mes letres juives font un si grand tapage qu'elles vont jusqu'en afrique. vous noteres sil vous plait que l'eveque de malte dont il est parlé dans la letre de mon frere est mon oncle[c] outre cette protection dont je devois me flater dans ce pais jai un autre oncle grand prieur de l'eglisse[d] c'est a dire le second de l'ordre apres le grand maitre malgré tout cella je ne serois point a l'abri de linquisition je ne doute pas que quelques diable de jesuite ne m'ait joué le tour d'envoier les letres juives a rome vous saves que le pape est le premier chef de l'ordre et mes parens ont veu qu'il seroit imposible de me garentir contre la cour de rome

je viens a un autre chef je vois qu'on ne peut avoir de meilleur frere que celuy que jai mais j'entrevois que mon pere est moins faché qu'il ne veut paroitre il souhete que je croie que ce n'est point luy qui m'aide il fait parler mon frere par deux raissons la premiere pour m'obliger a menager davantage ma bourse et a ne point faire de folles depenses la seconde *propter politicam jesuisticam* ne doutes pas de ce que je vous dis car je conois le personage et je scay que c'est luy qui a paie les mille livres que de puter[e] ma conté quoyque le tout passe sur le conte de mon frerre.

je suis aussi tres certain que l'exemplaire complet qu'il me demende est pour placer dans la biblioteque de mr. le p.g.[f] au reste a propos d'exemplaire je ne ne scay coment vous trouveres ce que mon frere m'ecrit de ses impertinents libraires qui rimpriment touts mes ouvrages et qui les tronquent et les remplissent de fautes. mais ne trouves vous pas plaissent qu'on ait reimprimé les letres juives en terre papale[g]. mon frere me marque quil en a les deux premiers volumes[h]

je vous enveray samedi huit letres elles sont j'ose vous le dire ce que j'ai fait de plus passable aussi me coutent elle bien du soin vous jugeres vous meme si je vous envoie de la mauvaisse besoigne. je vous prie d'avertir le sieur popie pour que nous puissions nous disputer touts les deux a qui aura le plus d'exactitude. moy a luy envoier des bons manuscrits et luy a me faire toucher des especes car je vous avoray que depuis le baille le plutarque le virgille le caesar je crains toujour le troc en papier. ceci soit dit entre nous deux[2] je vous prie surtout que le sieur popie ainsi que tout le monde ignore les nouvelles que mon frere m'aprend je mouray de douleur si je croiois que ces maudits cafards de jesuites eussent la consolation de savoir tout le mal que leurs confreres me font en france il faut publier plus que jamais que je ne suis plus en holande mes enemis riroient de mon exil.

mon dessin est de rester ici incognito jusqu'au mois d'avril ensuite nous detererons quelque maisson de campagne a une lieüe de la haye ou je passeray une année a travailler a a[3] un ouvrage dans lequel j'aurais infiniment bessoin

de vos conceils et de vos instructions cet ouvrage est la vie de touts les grands
hommes anglois et francois avec des comparaisons des uns avec les autres comme
le livre que plutarque a fait sur les grecs et les romains les materiaux de cet
ouvrage sont d'autant plus aissé a trouver que je n'auray bessoin de metre du
neuf que dans les comparaissons et que je me serviray pour les faits des histoires
imprimées je conte faire deux gros volumes in quarto et y emploier une année[i]
cet ouvrage conviendra fort a moietiens et il sera d'autant plus aissé a debiter
qu'il interessera les deux royaumes je vous avouray que je n'oserois entreprendre
un pareil ouvrage sens votre secours mais je conte que vous ne m'abandoneray
pas c'est vous qui m'aves jusques ici conduit par la main sur le parnasse vous
etes mon pere literaire et je vous dois entierement le peu de reputation que j'ai
aquis. [4]je vous confesse a pressent que je savois que le sieur de revol etoit le
sieur de voltaire mais il m'avoit demande le secret dans la letre qu'il m'ecrivit
peu de jours apres la première[k] vous etes trop juste pour me blamer d'avoir tu
un secret qu'on m'avoit confie sil m'avoit regardé uniquement je n'auray balance
a vous avouer ce que je savois mais je n'etois point le maitre de divulger le secret
d'un tiers je me flate que m'a conduite vous paretra sage et prudente et qu'elle
vous prouvera que je me scai taire lorsqu'il le faut je savois que son voyage
n'etoit uniquement que pour profiter des lecons et des lumieres de scravesendes[l]
sur[5] la philosophie de neuton qu'on imprime actuellement[m] pardon encor une
fois d'un mistere donc je n'etois pas le maitre il ny a aucun danger qu'il parle
sur mon sejour et je scay a n'en pas douter quil voudroit trouver toutes les
occasions de pouvoir m'obliger. *vale ego quidem valeo*

le marquis d'argens[4]

MANUSCRIT
March.2, no 9; 8p.

IMPRIMÉ
Best.D1257 (*Œuvres complètes de Voltaire*
88, p.199: extrait).

NOTES CRITIQUES
[1] [cette lettre, écrite en réponse à une
lettre de Marchand qui manque, a sa place
ici puisque c'est à elle aussi bien qu'au no
25 que fait réponse le no 26 du 24 janvier.
La présente doit être antérieure de quelques jours à samedi le 19 janvier, date à
laquelle d'Argens propose d'envoyer huit
LJ à Marchand. Voir aussi le no 25, note
critique 1] [2] ⟨soit que le si⟩ [3] [en commençant une nouvelle page, d'Argens répète ce
mot par inadvertance] [4] [extrait donné par
Besterman] [5] ⟨le neuton⟩

NOTES EXPLICATIVES
a. pour un extrait de cette lettre, écrite
sans doute par Alexandre-Jean-Baptiste de
Boyer, frère puîné du marquis, voir l'appendice no IV. Dans une lettre à d'Argens

du 20 janvier 1737, Voltaire écrit: 'Ma foi,
je suis enchanté que vous ayez reçu des
nouvelles qui vous plaisent' (Best. D1263).
Il est évident qu'il fait allusion à la lettre
que d'Argens venait de recevoir de son
frère.

b. avant de recevoir la lettre de son frère,
d'Argens, nous l'avons vu, songeait à rejoindre sa famille en Provence au mois
d'avril.

c. de 1727 à 1757 l'évêque de Malte était
Paul Alpheran (1686-1757) (voir François
Roux-Alpheran, *Les Rues d'Aix ou recherches
historiques sur l'ancienne capitale de la Provence*,
Aix 1918, ii.324-26). Serait-ce l'oncle en
question? Je n'ai pourtant pu découvrir
aucun lien entre les deux familles aixoises
Boyer et Alpheran.

d. Melchior Alpheran (1654-1734), oncle de Paul, avait été grand prieur de l'Ordre de Malte de 1714 jusqu'à sa mort
(Roux-Alpheran, *Les Rues d'Aix*, ii.298).
Son neveu Jean-Melchior Alpheran (1690-
1757), frère de Paul, était prieur de la

Commanderie de Saint-Jean d'Aix depuis 1729 (Roux-Alpheran, ii.326-27). D'Argens aurait-il confondu ces deux personnages, en attribuant au neveu la fonction exercée par l'oncle?

e. dans la préface au premier volume des *Lettres chinoises*, publié en 1739, d'Argens parle d'un 'Mr. Deputre, Banquier & Agent du Roi de Sardaigne', qui demeurait à La Haye et qui avait reçu 'ordre de ses Correspondans de Marseille de me donner tout l'argent qui me serait nécessaire'; et lorsque le marquis, ayant à peine 'fait la moitié du second Volume des *Lettres Juives*', était sur le point de quitter La Haye 'pour passer dans une autre ville, le même Banquier me compta cent pistoles', c'est-à-dire mille livres. On trouve le nom 'de Putter' à diverses reprises dans les archives de l'église wallonne de La Haye: les bans de mariage de François de Putter, de La Haye, furent lus le 12 octobre 1732, et ceux de Jean Anthoine de Putter le 14 juillet 1737 (De archieven van de Waals-Hervormde Gemeente van 's-Gravenhage 1500-1964, item 99).

f. c'est-à-dire dans la bibliothèque du père du marquis, Pierre-Jean de Boyer d'Argens, qui était procureur général au parlement de Provence. La personne qui demande cet exemplaire complet est, bien entendu, le frère du marquis.

g. à Avignon: voir le no 28, note *c*.

h. cette réimpression n'était donc pas mythique: cp. ce qu'en dit Bush (1953), pp.76-77.

i. il ne semble pas que d'Argens ait jamais réalisé ce projet. Selon J. Vercruysse, 'Voltaire et la Hollande', *Studies on Voltaire* 46 (Genève 1966), p.46, la matière de cet ouvrage aurait été incorporée dans les lettres écrites de Londres par Monceca dans le tome iv des *Lettres juives* (2*LJ* CXXXIII à CLV, soit 1*LJ* CXXI à CXLI qui se trouvent toutes dans le tome v). En fait, les lettres de Monceca n'ont rien à voir avec l'ouvrage projeté. Suivant le modèle des *Lettres philo-*

sophiques de Voltaire, d'Argens ne cherche dans ces *LJ* qu'à donner une idée de la vie et de la culture anglaises au dix-huitième siècle. D'ailleurs, toutes ces *LJ* étaient écrites et même publiées que d'Argens parlait toujours de composer un ouvrage sur 'les grands hommes anglois et francois'. Ainsi en avril 1737 il envoie à Marchand, avec le no 44, une liste des livres qu'il se propose d'écrire, parmi lesquels ont dû figurer ces '*Comparaisons des Grands Homes François et Anglois*' dont parle Marchand dans le no 47; et dans sa réponse (le no 48), d'Argens précise qu'il faudra un an pour écrire l'ouvrage et qu'il y destine l'année 1738. Il semble que ce soit surtout sa mauvaise santé au cours de 1738 qui l'a empêché de s'adonner à cette nouvelle compilation, qu'il a sans doute fini par perdre de vue. Pourtant il n'est pas impossible qu'il ait employé dans ses *Songes philosophiques* de 1746 une partie des matériaux qu'il avait ramassés. En effet, on trouve comme un écho lointain de l'ouvrage projeté dans une lettre du marquis à Jean Néaulme écrite, semble-t-il, en 1746 et qui commence ainsi: 'je vous envoie le songe dont je vous avés parlé et qui rend complet l'ouvrage. c'est la critique de l'univers entier, et j'ai scu y placer l'eloge des plus illustres francois, anglois, *et caetera*' (bibliothèque universitaire de Leyde, fonds B.P.L. 246. Pour plus de renseignements sur cette lettre, voir l'appendice no VIII, document no 2).

k. selon Besterman (Best.D1257, n.1), d'Argens ferait allusion ici au contenu de Best.D1223. Mais ne s'agirait-il pas plutôt d'une lettre aujourd'hui perdue que Voltaire aurait écrite après Best.D1223 (qui, elle, serait 'la première' à parler de 'revol')?

l. Willem Jacob 's-Gravesande (1688-1742).

m. en effet, les *Eléments de la philosophie de Newton* s'imprimaient chez Etienne Ledet et Jacques Desbordes.

25

Jean-Baptiste de Boyer, marquis d'Argens, à Prosper Marchand

[le 21 janvier 1737][1]

je vous envoie mon cher monsieur huit letres juives j'espere quelles seront asses heureusses pour vous plaire. vous veres que la biblioteque du medecin[a] m'a servi heureussement dans quelques unes. je vous serai bien obligé de faire en sorte que le sieur popie [2]soit[2] un peu exat il me fairoit grand plaisir [3]de[3] me faire toucher mon argent par la barque de samedi. il a cinq jour pour faire examiner sil veut la bonté de ses huit letres si par hasard il croioit que je sabre [4]mon[4] ouvrage.

j'atend votre reponsse sur la letre que j'ai recu de mon frere et que je vous ai envoie je vous recomende par tout l'amitie que vous me faites la grace de m'accorder le silence j'ai encor des raissons de la derniere consequence pour qu'on [5]ne[5] sache [5]point[5] que je suis encor en holande jiray le mois qui vient passer un heure de temt a la haye pour avoir une conversation avec vous. vous me faires la grace de me donner quelque conceils.

je comenceray les memoires le premier du mois qui vient et vous recevres dans dix jours les dix autres letres juives finissant le volumes[b][6] il est bon que je vous avertisse a pressent d'une chosse que je ne vous ai pas ditte plustost dans la crainte que si le sieur popie l'aprenoit avant d'avoir son cinquieme volume avancé il ne mourut de peur pendant que j'etois a amsterdam vous saves que mr de bey m'avoit logé dans la meme maison que votre ami mr. prevost j'ai beau vouloir faire le peintre[c] il reconut bientost que je tois un citoien du parnasse. il examina qui je pouvois etre et ses soupcons furent tres bien fondé il me fit conoitre qu'il etoit au fait de ce que je voulois luy cacher et me parla si clair que je cru devoir l'engager au silence en luy avouant la verite il ma garde le secret et je nai eu qu'a me louer de luy. or pendant que jetois logé avec luy il me raconta les mauvais procedés d'un nomé la mothe[d] avec qui il avoit travaille il me dit que ce la mothe faissoit ce qu'il pouvoit pour detourner les libraires de luy donner du travail et me fit comprendre que si je pouvois luy laisser dispposer d'une paire de mes manuscrit il se feroit deux amis. je cru que je ne pouvois mieux faire que de faire plaisir a un homme qui reellement le merite je travaillay a deux petits ouvrages il en a donne l'un a chatelain et l'autre a de sene[e] comme s'ils les avoit recu de paris. ses libraires a ce qu'il ma dit on paru tres reconoissent du plaisir qu'il leur faissoit depuis que je suis a utrect je luy ai procuré lentiere corection de touts les ouvrages de voltaire sens qu'il sache d'ou cella luy vient car il me croit actuellement a la veille de partir pour la france et je ne luy ai point dit que j'eu ecrit en sa faveur a voltaire pour parler a leidet[f] je crois que vous ne desaprouveres point les plaisirs que j'ai fait a un homme veritablement digne d'atention et de pitie par le traitement qu'il a recu de ce la mothe. il y a trois mois que je vous aurai instruit de cella. mais je vous avoue que jai ete bien aisse que le volume des letres juives fut fini dans la crainte que vous ne m'accusasies de paresse.[6]

je vous prie de raporter a Δ cette marque que vous trouveres dans la preface du quatrieme volume les parolles angloisses que je vous envoie dans un petit billet[g].

[7]si l'on dissoit quelque chosse sur mon conte je vous [8]prie[8] de m'en avertir defies vous de grace du babillard popie. sil y avoit quelque chosse de trop fort dans la preface contre la m..[h] et qui peut faire defendre les letres je vous prie de l'adoucir[i] aime moy toujour je vous en prie vale ego quidem valeo

le marquis d'argens[7]

MANUSCRIT

March.2, no 24; 4 p.; p.4 fragments de cachet sur cire rouge.

IMPRIMÉ

Steve Larkin, 'Voltaire and Prévost: a reappraisal', *Studies on Voltaire* 160 (1976), pp.134-35 (extrait).

NOTES CRITIQUES

[1] [d'Argens, qui attend toujours la réponse de Marchand à sa lettre précédente, envoie avec la présente les huit *LJ* qu'il avait promises pour 'samedi'. Pourtant il semble qu'il écrive un lundi, car il dit que Paupie 'a cinq jour pour faire examiner' les *LJ* avant d'en envoyer le paiement 'par la barque de samedi'. Puisque Marchand répondra jeudi le 24 janvier aux deux lettres du marquis, la seule date possible pour la présente serait lundi le 21 janvier] [2] [en surcharge sur 'me'] [3] [en surcharge sur 'pour'] [4] [en surcharge sur 'son'] [5] [ajouté dans l'interligne] [6] [extrait donné par Larkin] [7] [écrit dans la marge gauche de la page 4] [8] [en surcharge sur 'prirai']

NOTES EXPLICATIVES

a. c'est-à-dire feu le docteur Verschoor.

b. le tome v de 1*LJ*, s'entend.

c. cp. le premier paragraphe du no 8.

d. Charles de La Motte, correcteur d'épreuves à Amsterdam, avait été l'associé de J. B. Le Prévost, avant la querelle qui mit fin à leur association. Voir Larkin, 'Voltaire and Prévost: a reappraisal', pp.18-33.

e. les deux ouvrages en question étaient les *Mémoires du comte de Vaxère, ou le Faux Rabin* (Amsterdam 1737), publié par Châtelain, et les *Lettres morales et critiques sur les différens états, et les diverses occupations, des hommes* (Amsterdam 1737), publié par Le Cène. Voir là-dessus le no 35.

f. le 19 novembre 1736, Voltaire avait répondu à d'Argens: 'J'ai écrit à M. Le Prévost et j'ai recommandé Le Det de le prendre pour Reviseur de la Henriade et surtout de la philosophie de Newton' (Best. D1204).

g. dans sa préface, d'Argens cite la première phrase de la traduction anglaise de 1*LJ* LXX (2*LJ* LXXIV) telle qu'elle paraît dans le *Fog's weekly journal* no 417; et il donne en note la première phrase de 1*LJ* XLVI (2*LJ* L) tirée du même journal, no 404.

h. La Martinière.

i. loin de vouloir rien adoucir dans la préface au tome iv de 1*LJ*, Marchand ne fera qu'amplifier la dose de mépris qu'on y trouve aux dépens de La Martinière: cp. là-dessus le no 27.

26

Prosper Marchand à Jean-Baptiste de Boyer, marquis d'Argens

[le 24 janvier 1737]

Tres cher Marquis

Vous ne sauriés être servi plus à souhait; car voici votre Argent ainsi que vous l'avez souhaité. Tout ce qui me fache, c'est qu'une partie s'en aille ainsi en Ports de Lettres et Paquets. Si aviés attendu à m'envoier la Lettre de M.ʳ votre Frere avec les M.ˢˢᵃ vous auriés epargné six sols de port que ces Diables de porteurs m'ont fait paier a cause des doubles et triples Cachets, que vous auriés du déchirer. Ils ne couteroit rien de plus par ce Paquet-ci; c'est pourquoi je vous les renvoie tels qu'ils sont.

Cette Lettre de M.ʳ votre Frere me fait plaisir d'un côté, en ce que nous pouvons vous avoir plus longtems; mais, de l'autre, cõme nous ne devons point envisager nos Amis pour nous seuls, mais principalement pour eux, je suis faché de voir que ces maudits Jésuites vous traversent ainsi; car, votre Conjecture est bonne, & ce ne sauroit etre autres: et vous voila payé du Zêle mal entendu que je vous ai tant de fois dit que je n'approuvois pas en vous pour eux. Mais, sans ajouter Affliction à l'Affligé, il arrivera problablemt. que M.ʳ votre Frere se marieraᵇ, et qu'il vous tirera d'inquiétude. Je le souhaite de tout mon Coeur, cõme le Moien le plus sur de vous mettre en repos. Soiés bien sur que persone au monde ne saura rien de ces Particularitez: P---ᶜ moins que qui que ce soit, parce qu'il voit souvent M.ʳ de Putterᵈ, et que cet Hõme-là a témoigné de grandes Curiosité, et fait des Perquisitions sur votre Sujet; temoignant son Etonnement de ce que vous n'etiés point retournéᵉ. Il ne seroit donc pas prudent de venir ici. Marquez moi par Lettre ce dont vous voulez avoir mon Sentiment, & je vous le dirai toujours avec la même Franchise. L'Ouvrage de *Comparaison de Vies d'Hommes Illustres* est un terrible travail, & de longue Haleine. Vous y destinez un An. A mon gré, dix a peine y suffisent. Dans ces sortes de Sujets, on ne sauroit avancer que la Citation à la main; et quel Soin, quel Travail, et quel Degout!

[1]Je ne trouve nullement mauvais le Secret que vous m'avez fait touchant M.ʳˢ Voltaire et Prevot. Nous ne devons jamais exiger de nos Amis que ce que leur Prudence leur suggere de nous confier. Bien loin de m'en formaliser, je vous remercie d'avoir aidé le pauvre Prévot, qui auroit besoin souvent de semblables Eperons. Il est trop *Cul-de-Plomb*; & c'est ce dont je l'ai averti plusieurs foisᶠ. [2]Il faut se présenter, quand la Nécessité le demande.[2] Me voilà donc débarassé de la Visite de M.ʳ de Voltaire, que je ne craignois que par ce que je n'aurois su que lui avouer ou cacherᵍ. On dit qu'il va traduire et imprimer Newton, faire une Hist. de Louis xiv, rimprimer tous ses Ouvrages changés et refondus. Que d'Ouvrage! & cela en courrant. Je doute fort que l'on puisse arriver a l'Immortalité, lors qu'on y court ainsi à Pas de Geans et Bottes de 7 Lieues. Mais, ce sont là ses Affaires, et non les miennes.[1]

Je viens de finir le IV Vol. par la Lettre de *Brito* sur la Persecutionʰ. Elle est admirable; & s'il n'y avoit pas une Queue qui y donne une Entorse, ce seroit le Chef-d'Oeuvre de vos Lettres. Pourquoi diable, après [3]avoir[3] si bien et si sénsément fait raisonner les Anglois sur la Liberté, vous avisez vous de les desaprouver dans une Demarche découlante si naturellement de leurs Principes[i]? Quoi que vous en disiés, il sera toujours permis à l'Home, qui ne sera point Ennemi de lui-même et des siens, d'empécher le Prince d'abuser du Pouvoir qu'il lui a confié; et ce Prince ne sera jamais légitimement Prince, qu'autant qu'il observera les Conditions auxquelles il se sera engagé. Il n'est pas étonnant qu'un François, élevé dans des Principes de Soumission aveugle ne sente plus cela[k], et détruise lui-même ainsi ses propres Droits et son propre Bonheur; mais, pour ceux qui ont repris les Lumieres Naturelles, il leur doit être permis de penser autrement. C'est quelque chose de bien singulier, que vous vouliés ôter à tout un Peuple, que dis-je?, a toutes les Nations de l'Europe, la Liberté Naturelle, et que vous protégiés et défendiés le Libertinage de jeunes-Gens qui se livrent en aveugles à leurs Passions! Car c'est ce qui resulte naturellement de votre Lettre contre la juste Autorité des Peres dans leurs Famille[l]. Cette Lettre à choqué beaucoup de Gens sensez; et l'on a dit que vous y détruisiés d'une Main, ce que vous aviés si bien établi de l'autre dans une Lettre précédente[m]. C'étoit aussi mon Avis; et je voudrois pour beaucoup que vous ne l'eussiés point composée; car, aucune ne vous a[3]voit encore[3] porté pareil Préjudice. *Quoi!* dit-on, *autoriser de jeunes Ecervelez à se rebeller contre tout Droit et Raison contre leurs Peres, qui ne veulent généralement que leur Bien, pendant que l'on interdit, et que l'on traitte de criminelle, une juste et nécessaire Défense à l'Univers entier contre des Tirans et des Persécuteurs qui ne cherchent qu'à s'engraisser du plus pur Sang de leurs Sujets! Ah! l'Auteur n'y pense plus, et a oublié tous les bons Principes qu'il avoit posez.*

J'aurois encore quelque petite chose à vous marquer en mon particulier sur votre cher *Henri IV*; mais ce sera pour une autre fois[n].

Quand vous voudrez, je verrai vos Productions qui me sont inconnues, c'est-à-dire les 4 d'Amsterdam[o]. J'en dirige 3 maintenant, savoir le *Philos. amoureux*[p], le *Pietroval*[q], et bientot la *Rosalina*[r], dont j'ai donné un Précis au bout d'une *Lettre Juive*[s]. Vous me direz si vous l'approuvez.

Paupie, sûr de la Bonté des *Lettres*, par le Succès, et par ce que je lui en affirme, ne les fait point éxaminer. Dès que je les lui remets, il me compte l'Argent; et il en sera ainsi de la Continuation des *Mémoires*. Je ne comprens pas ce que vous me dites du *Bayle*, du *Plutarq.* et du *César*. Est-ce qu'il vous les a trop vendus?

Si M.r de Voltaire est aussi discret que moi sur votre Séjour, jamais personne que Prévot et moi ne le saura Je vois que vous y êtes bien et commodémt. Supposé que vous ne puissiés sortir de ce Païs-ci ou retourner ailleurs, je crois que le meilleur seroit de rester chéz cette brave Veuve[t]. Les Villages près d'ici n'ont point de François, et comment diable feriés-vous pour jargoner avec eux sur les Necessitez de la Vie. Mais, nous parlerons de cela plus à loisir.

Vous m'avez parlé d'une Epigrame de Rousseau contre vous[u]: voiez dans l'*Almanach du Diable* un autre Trait qui vous concerne[w]. C'est assez mal finir ma Lettre; mais, je ne veux point manquer la Barque Adieu

Tuus ex Asse

ce 24 Janv. 1737.[x]

⁴N l'Argent est dans le Volume empaqueté: prenez-garge⁵ à le developer doucement.

Voilà 2 Voll. sur l'Afrique: c'est tout ce que j'ai pu avoir³; vous les renverrez⁴

MANUSCRIT
March.2, nos 12 et 2; 4p.

IMPRIMÉ
Best.D1275 (*Œuvres complètes de Voltaire* 88, p.232: extrait).

NOTES CRITIQUES
Quoique les deux feuilles de cette lettre aient été séparées et numérotées comme s'il s'agissait de deux lettres distinctes, il est hors de doute qu'elles forment une seule lettre. Non seulement le papier et l'écriture en sont identiques, mais tout en bas du verso de la feuille cotée 12 se trouve un signe de renvoi qui est répété au début du recto de la feuille cotée 2. D'ailleurs, par leur contenu les deux feuilles font également réponse aux deux lettres précédentes de d'Argens.
¹ [extrait donné par Besterman] ² [Besterman omet cette phrase] ³ [ajouté dans l'interligne] ⁴ [ce post-scriptum a été ajouté en tête de la première page] ⁵ [*sic* pour 'garde']

NOTES EXPLICATIVES
a. c'est-à-dire avec les manuscrits des huit *LJ* qui accompagnaient le no 25, envoyé quelques jours après le no 24 qui contenait la lettre du frère du marquis.
b. Alexandre-Jean-Baptiste de Boyer ne s'est marié qu'en mai 1740, et son épouse, une demoiselle Rousseau, est morte l'année suivante: voir le *Dictionnaire de biographie française*, article 'Boyer d'Eguilles'.
c. Paupie.
d. voir le no 24, note *e.*
e. à La Haye, s'entend.
f. Marchand connaissait J. B. Le Prévost depuis au moins deux ans et lui-même l'avait aidé. Voir les six lettres écrites par Le Prévost à Marchand et publiées par Jean Sgard dans son livre *Prévost romancier* (Paris 1968), annexe ii, pp.626-40, où elles sont attribuées à l'abbé Prévost.
g. entendons, par rapport au marquis et au lieu de sa retraite. Si Marchand est 'débarassé' de la visite de Voltaire, c'est que celui-ci n'a plus besoin de s'adresser à

lui pour prendre contact avec d'Argens, puisqu'il sait à présent où demeure le marquis (cp. l'avant-dernier paragraphe de la présente).
h. 1*LJ* cxx, la dernière du tome iv (2*LJ* cxxxii).
i. Brito désapprouve le détrônement de Jacques ii, et va jusqu'à se déclarer 'fermement persuadé, qu'il n'est jamais permis aux Sujets de se révolter contre leurs Souverains' (1*LJ* iv.238; 2*LJ* iv.106).
k. il est curieux de remarquer que, dans 1*LJ* cxxiii (2*LJ* cxxxv) – lettre qu'il a dû composer et envoyer à Marchand bien avant de recevoir la présente – d'Argens avait anticipé ce reproche. En effet, il écrit: 'Ceux, qui s'érigent en Defenseurs des Droits des Peuples, se figurent, que le Respect qu'on a pour les Rois, lorqu'il [*sic*] manquent à Leurs Promesses, est une Suite des Préjugés dont on n'a pas la Force de se dépouïller. Mais, ils se trompent; & il est aisé de leur prouver le contraire' (1*LJ* v.23; 2*LJ* iv.135), ce qu'il fait en citant Tite-Live.
l. Marchand fait allusion sans doute à 1*LJ* cxiii (2*LJ* cxxv), où Monceca fait la critique de 'la Puissance sans Bornes qu'on accorde au [*sic*] Peres' (1*LJ* iv.183; 2*LJ* iv.46), surtout en ce qui concerne le mariage de leurs enfants. Que d'Argens prêche là pour son saint, cela va sans dire.
m. Marchand ferait-il allusion à 1*LJ* ci (2*LJ* cx), où Monceca désapprouve la complaisance excessive qu'ont les pères hollandais pour leurs enfants et prêche la 'Discipline rigide' des Lacédémoniens (1*LJ* iv.86; 2*LJ* iii.281)?
n. voir le no 28 et la note *n.*
o. quelles étaient ces quatre 'Productions d'Amsterdam'? Dans une lettre écrite quelque deux mois plus tard, d'Argens parlera de trois 'manuscrits que j'ai donné a amsterdam', auxquels il faut ajouter le 'journal de leidet': voir le no 35 et les notes *k, l, n* et *q.*
p. Le Philosophe amoureux, ou les mémoires du comte de Mommejan (La Haye 1737).

q. c'est-à-dire *Le Fortuné Florentin, ou les mémoires du comte [Pietro] della Valle* (La Haye 1737).

r. Les Caprices de l'amour et de la fortune, ou les avantures de la signora Rosalina (La Haye 1737). Que cet ouvrage au titre marivaudien soit de d'Argens est donc définitivement établi.

s. ce précis, précédé d'un avertissement où Paupie annonce qu'il va mettre l'ouvrage sous presse, se trouve à la fin de 1*LJ* cxvi (iv.208) et réapparaît à la fin de 1*LJ* cxxi (v.8) et de 1*LJ* cxxiv (v.32). Superflu en 1738, il n'a pas été retenu dans 2*LJ*.

t. la veuve Verschoor.

u. voir le no 20 et la note *p*.

w. Almanach du diable, contenant des prédictions très-curieuses & absolument infaillibles; pour l'année MDCCXXXVII (Aux Enfers), p.36, no xlviii pour le mois de septembre:

Certain Marquis aussi fat que lubrique,
Des Messalines de son tems
Dans un Livre moitié cynique
Décrira les débordemens.
Formé dans un tripot comique,

Nul ne s'étonnera de lui voir peu de
                                                mœurs;
Mais sa scandaleuse cronique
Devoit du moins respecter ses Lecteurs.

Dans la *Clef des prédictions carminifiques de l'Almanach du diable* (De l'Enfer 1737) qui accompagne une nouvelle édition de l'*Almanach du diable*, on lit sous le numéro xlviii: '*Le Marquis d'Argens*, ou *le Comte de Caylus*, auteur de la Comedie du Bordel: l'un & l'autre ont toujours vecû avec les Comediens' (p.12). Il ressort du début de Best.D1271 et de la fin de Best.D1277 (la comparaison des deux passages ferait croire que Best.D1271 fut écrite *après* D1277) que d'Argens, lecture faite de la présente, sans doute, avait demandé à Voltaire de lui procurer un exemplaire de l'ouvrage.

x. et non '29 janv. 1737' (*Journalistes*, article 'Argens'). Besterman date cette lettre '[*c*. 30 January 1737]' (Best.D1275).

y. voir la fin du no 23, où d'Argens avait demandé 'les voyages de paul lucas dans la barbarie alger tunis &c.' ou, à leur défaut, 'quelques autres' sur 'ce pais la'.

27

Jean-Baptiste de Boyer, marquis d'Argens, à Prosper Marchand

[entre le 2 et le 13 février 1737][1]

voici mon cher monsieur huit letres [2]et[2] il n'en reste plus que deux a faire pour finir le volume*a* j'auray pu vous les envoier car jen ai quatre de faite de celles qui doivent entrer dans le corps de la nouvelle edition*b* mais je ne scay si le sieur popie veut finir brusquement a la fin de le volume ou il[3] sil veut encor publier quatre ou cinq letre apres pour doner le temt a ce volume de ce debiter de crainte que ceux qui veroient les letres juives termines et qui espereroient une nouvelle edition ne se souciassent pas de ce charger de ce volume et atendissent la nouvelle edition*c* il faut sil vous plait [4]me dire[4] ce que je dois faire la dessus. au reste il m'est impossible de pouvoir faire encor plus des dousse ou quinse letres pour la nouvelle edition et les sujets comencent a devenir bien rare il est peu de matiere que je nai eflerée et apres avoir taché de me surpasser dans ce cinquieme volume je ne veux pas risquer de tomber dans des repetitions ou dans des chosses froides et rabatues en faissant un sixieme quand jauray encor composé dousse letres jauray diablement efleré de matieres diferentes et le mal est qu'on ne peut se servir dant une letre que de lexlixir des chosses qu'on traite d'une matiere dont on feroit un livre entier a peine quelque fois peut on faire

trois letres. faites moy savoir vos ordres et votre volonté sur tout cella. vous
avies bien raisson de dire que je serois content de la preface vous etes plus terible
pour le chevalier d'iberie que les moulins a foulon[d]. je suis curieux d'aprendre
sil n'est pas devenu tout a fait extravagant[5] Je n'ai pas eu la patience d'atendre
que vous m'envoiassies les volumes de letre juive pour voir la preface je l'ai
envoie acheter ches un libraire[e] j'ai lu neuf fois de suites les angeliques corections
que vous y aves faites[f] au nom de dieu tailles coupes roignes dans les letres
juives plus vous y ajouteres moins il y aura du mien et plus elles seront bonnes
point de fausse delicatesse sur mon chapitre barres efaces brules encor un coup
tout n'en ira que mieux je vous avois prie de savoir de moujeten le sort de ma
philosophie j'aime ce cher enfant a la fureur et je suis alarmé sur son sort

des que je recevray votre reponse sur le fait des letres je me metray aux
memoires j'ai deja fait des corections au premier volumes vous en seres content
il y en a qui regardent les reverends peres jesuites vous pouves asurer popie que
mes memoires seront dans votre cabinet aux fetes de paque. il doit vous s'avoir
tout le gré de ce manuscrit et pour quil conoisse ce qu'il a par votre moien voici
[6]ce que ma ecrite le persone[6] que vous saves et dont vous m'aves envoie une
letre sous le nom de revol[g]. *un fort honete homme libraire et amateur des bons ouvrages*
m'ecrit une longue letre pour me prier si vous etes encor en holande et si je vous conois de vous
proposser de luy donner la suite de vos memoires au prix que vous jugeres a propos j'ai
repondu a cette letre suivant votre intention quil etoit certain que vous n'eties plus en holande
depuis long temt. je vous prie de ne point dire a popie qu'on m'ait ecrit pareille
chosse jusquà ses quil ait le manuscrit. s'il […][7] faire quelque tracaserie et
soubconeroit huart[h] avec qui il est en comerce et qui luy avoit ecrit luy meme
quil m'avoit fait parler lorsque j'etois a paris pour la suite de mes memoires au
reste ce libraire est preau[i]. mais que tout ceci reste entre nous deux. quand au
prix que j'en demende au sieur popie il verra si je suis raisonable lorsque vous
vous interesses pour quelquun je[8] fais plusieurs corections au premier volume
j'en composeray un second aussi gros et pour tout cella je ne demende que le
prix d'un volume de letre juive. il y a pres de dixneuf feuille par volume.[k]

je viens a un autre chosse je n'ai point jugé a propos de doner mon adresse a
mon frere ni de luy ecrire mon sejour on ne scait ce qui peut ariver outre qu'on
decachete souvent les letres a la poste a paris je luy ai fait un conte et luy ai dit
que j'etois dans une maisson de campaigne de la nort holande qui apartenoit a
celuy a qui il adressoit mes letres ou je resteray jusques ases qu'il ait fait prendre
une face reglée a mes afaires.

au reste je crois que puisque je suis obligé de rester encor ici quelque temts
et peutetre plusieurs années il ne sera pas[9] [4]mal[4] a propos que ce mois d'avril
je prene un logement dans quelque pais ou je puisse voir l'air et me promener
j'ai envie de m'etablir du cote de mastrect[l] deux raissons m'y determinent la
premiere ce que je seray parfaitement inconu la seconde ce que je ne perdray
point sur mon argent et sur tout sur la pension que mon frere me faira toucher
de france l'escalin vaut onse[10] sols dans ce pais[m] c'est une chosse a quoy je dois
regarder si j'etois seul j'aurois cent fois plus qu'il ne me faut mais vous saves
pourquoy j'ai passé en holande. je dois penser a metre quelque chosse a l'abri
si je mourois avant que mon pere fut mort que deviendroit ma femme[n] si je
survis a mon pere en depit de luy quand meme il seroit en droit ce que je ne

crois pas de me priver de la ligitime jai plus de cent mille livres qui me sont substitués et comme j'ai bon nombre de frere*ᵒ* si l'aine venoit ce que je ne crois pas a changer de facon de penser en flatant les autres de leur doner mon bien apres ma mort comme ils sont beaucoup plus jeunes que moy quoy que je fusse absent ils me feroient rendre justice mais c'est a quoy je ne dois pas penser car par la maniere dont ma famille en agis je vois qu'elle veut[11] en agir asses bien avec moy mais qu'etant dans limposibilité de m'etablir comme chef de famille elle s'est forcée a me preferer mon frere des sentimens duquel comme vous saves je n'ai qu'a me louer je vous prie instanment de me dire s'il transpireroit quelque chosse sur mon sejour au reste je conte que sil arivoit quelque chosse qui peut m'interesser vous m'ecriries sur le champ par la poste pour que je changea dans le moment de retraite je vous avoüe que je ne seray tranquille que lorsque je seray absolument perdu pour tout le monde excepté pour vous aupres de mastrec jauray egalement comme ici la comodite des barques. je quiteray cependant avec regret les gens ches qui je suis qui sont bien les plus braves et les plus honetes gens du monde*ᵖ*. je profite de leur biblioteque et j'ai fait faire deux gros in quarto de papier blanc que je remplis pour le bessoin dexcellentes remarques je vous prie de m'envoier quelques oeuvres de pasquier*q* et un petit volume de mr. de la crosse qui contien recherches sur la religion dans les indes et une disertation qui regarde le pere hardouin*r* si vous aves le vinditiae veterum scriptorum du meme auteur*s* envoies les moy aussi jauray un grand soin en vous envoiant les dernieres letres juives de vous les renvoier bien conditiones vous verres par ceux que vous recevres que je prend soin qu'ils ne se gatent. je vous seray obligé de faire en sorte que le sieur popie soit un peu ponctuel parceque le quatorse ait pour moy un jour terible c'est celuy ou je paie ma depense du mois etant entré un pareil dans mon logement*t* au reste je vous diray que je devins un petit cresus et depuis cinq mois j'ai fait des epargnes asses jolis pour une [12]infortuné exille[12] que ceci reste entre nous deux car si le sieur popie me croioit un cofre fort il m'obligeroit dy avoir recours au lieu que je le regarde comme un depot qu'il faut augmenter je ris en vous ecrivant qui m'eut dit que je deviendray rengé eut passé dans mon esprit pour un grand menteur aimes moy toujour ou si vous voules cesser de m'aimer avertisses moy pourque je me depeché de mourir afin de ne pas esuier le chagrin le plus mortel. adieu je vous embrasse

le marquis d'argens

[13]je vous envoie la quitance du dernier argent que vous aves eu la bonté de m'envoier. envoies moy je vous prie les quatrièmes volumes de letres juives le sieur popie doit vous en remetre cinq[13]

MANUSCRIT
March.2, no 25; 10p.

NOTES CRITIQUES
[1] [il semble y avoir une petite lacune dans la correspondance entre les lettres nos 26 et 27, puisque celle-ci passe sous silence bien des articles de celle-là. Pour ce qui est de la date, d'Argens avait promis dans sa

lettre du 21 janvier que Marchand aurait les dix dernières *LJ* du tome v dans dix jours. Pourtant il a dû tarder un peu à les envoyer. En effet, on trouve dans la présente l'écho d'une lettre de Voltaire du 2 février (voir la note *d*). D'Argens n'a donc pu écrire avant le 2 février, ni après le 13, puisqu'il invite Marchand à préparer le

paiement des *LJ* pour le 14, date à laquelle
Marchand répondra à la présente] [2] [le 'e'
est en surcharge sur un 'j'] [3] [d'Argens
a oublié de biffer ce mot] [4] [ajouté dans
l'interligne] [5] [ce mot, écrit au-dessous de
la dernière ligne de la page 2, est d'une
main différente et qui pourrait bien être
celle de Marchand. Tout à fait en bas de
la page il y a un signe de renvoi (une croix)
qui se trouve aussi en tête de la page 3. Le
premier mot de la troisième page a été biffé
mais paraît être 'extragagant'. Puis le 'je'
qui suit a été retouché, pour faire du 'j' un
majuscule. Travail éditorial de la part de
Marchand, afin de rendre plus claire la
liaison entre les feuilles? Peut-être. De toute
façon, il est hors de doute que la deuxième
feuille fait suite à la première, tant par
le contenu que par l'écriture] [6] [d'Argens
avait d'abord écrit 'ce qu'on ma fait ecrire
par la persone'] [7] [mot ou mots illisibles,
au-dessus d'une très lourde rature par laquelle se termine la page 4 de cette lettre]
[8] ⟨luy⟩ [9] ⟨apropos⟩ [10] [en surcharge sur
'neuf']
[11] ⟨me doner de quoy⟩ [12] [d'Argens a
d'abord écrit ces deux mots au pluriel, puis
biffé les 's'] [13] [ajouté dans la marge gauche
de la dernière page]

NOTES EXPLICATIVES

a. c'est-à-dire le cinquième volume de
1*LJ*.

b. ce cera l'édition augmentée de 1738
(2*LJ*).

c. les *Lettres juives* paraissaient en demi-
feuilles deux fois par semaine; or, certains
lecteurs – et surtout ceux qui résidaient hors
de la Hollande – les achetaient non séparément mais réunies en volumes de trente
lettres chacun. Ces lecteurs achèteraient-
ils le cinquième volume de 1*LJ* si la publication périodique s'arrêtait à la lettre CL?
N'aimeraient-ils pas mieux attendre la publication d'une nouvelle édition? Voilà le
problème évoqué par d'Argens; et voici la
solution qu'il envisage. En publiant 'quatre
ou cinq letre' après la CLe, juste assez pour
faire croire qu'il y aurait un sixième volume, on réussirait à faire acheter à ces
lecteurs le cinquième volume et puis on les
planterait là, quitte à leur offrir plus tard
une édition augmentée! C'était là sans
doute un tour de métier assez commun à

l'époque.

d. la préface en question est celle du
quatrième volume de 1*LJ* qui est dédié à
'Dom Quichotte de la Manche', '*courageux
& intrépide Assailleur de Moulins à Vent & à
Foulon*', dont on demande le secours contre
'Votre Rivalle témeraire Chevalier d'Ibérie'. Bien entendu, c'est La Martinière qui
est visé tant dans la dédicace que dans la
préface. Il est à remarquer que d'Argens
reprend ici une phrase d'une lettre que
Voltaire lui avait écrite le deux février:
'Vous avez terriblement malmené le don
Quichotte de l'Espagne; vous êtes plus dan-
gereux pour lui que des moulins à foulon'
(Best.D1277).

e. l'épître dédicatoire et la préface au
tome iv de 1*LJ* avaient paru le 31 janvier:
voir l'appendice no II.

f. on trouvera dans la réponse de Marchand (le no 28 et la note *c*) quelques
précisions, malheureusement incomplètes,
sur ce qui, dans cette preface, est de lui.

g. ce qui suit est donc l'extrait d'une
lettre de Voltaire à d'Argens aujourd'hui
perdue. Ce texte n'a pas été publié par
Besterman.

h. il y avait à cette date deux libraires-
imprimeurs de ce nom à Paris: Pierre-Michel (mort en 1764), reçu libraire en 1717
et qui devint imprimeur de la reine et du
dauphin en 1739; et son frère Charles (mort
en 1772), reçu libraire en 1710, et imprimeur à partir de 1724 (ces renseignements
m'ont été communiqués par le professeur
R. A. Leigh).

i. Laurent François Prault, qui avait
déjà imprimé plusieurs ouvrages de Voltaire.

k. cette édition des *Mémoires* en deux volumes ne vit jamais le jour, le marquis
n'ayant jamais composé un second volume,
semble-t-il.

l. actuellement chef-lieu du Limbourg,
province septentrionale des Pays-Bas, la
ville de Maestricht était, au dix-huitième
siècle, soumise à l'autorité des Etats Généraux des Provinces-Unies. En effet, par le
traité de Westphalie (1648) l'Espagne avait
cédé une partie du duché de Limbourg, y
compris la ville de Maestricht, aux Provinces-Unies. Occupée par l'armée française en 1673, la ville fut de nouveau cédée
aux Provinces-Unies à la paix de Nimègue

(1678). Or, par sa situation géographique Maestricht se trouvait dans le Liégeois, pays dont l'évêque de Liège, prince du Saint Empire, était le souverain; et jusqu'en 1789 les princes-évêques de Liège partagèrent avec les Etats Généraux le gouvernement de la ville.

m. 'Escalin. Petite monnoie d'argent des Pays-Bas, qui vaut, en Hollande, environ douze sous de la nôtre' (Prévost, *Manuel lexique*, Paris 1767). D'après le *Grand Larousse encyclopédique*, l'escalin 'valait à Amsterdam six sols, à Liège dix sols'. On comprend donc que d'Argens songe à s'établir à Maestricht, 'le Païs des Escalins portez à dix sols et demi' selon Marchand (lettre no 32).

n. sur l'identité de la 'femme' du marquis, voir l'introduction.

o. d'Argens avait quatre frères. Voir l'introduction pour plus de renseignements sur cette famille.

p. il s'agit de la veuve Verschoor et sa fille.

q. Etienne Pasquier (1529-1615), connu surtout pour ses *Recherches de la France*, que d'Argens cite à plusieurs reprises dans les *Lettres juives*.

r. les *Dissertations historiques sur divers sujets*, tome i (Rotterdam 1707) de Mathurin Veyssière La Croze (1661-1739) contiennent un 'Examen abrégé du nouveau système du Père Hardouin sur sa critique des anciens auteurs' et des 'Recherches historiques sur l'état ancien et moderne de la religion chrétienne dans les Indes'. D'Argens citera cet ouvrage dans 1*LJ* CL, v.236-37 (2*LJ* CLXVI v.108-109, 110).

s. Vindiciae veterum scriptorum contra J. Harduinum (Rotterdam 1708). Cet ouvrage, semble-t-il, constituait le deuxième tome des *Dissertations historiques*.

t. sur le problème de datation soulevé par cette phrase, voir le no 17, note critique 1.

28

Prosper Marchand à Jean-Baptiste de Boyer, marquis d'Argens

[le 14 février 1737]

Très cher Marquis

Vous voiez par le present Paquet, que le S[r]. Popie est ponctuel à paier, et qu'il veut par-la se mettre en bonne Odeur auprès de vous. J'ai cru ne point devoir retarder à vous expedier son Paiement, afin de mettre ordre à ce funeste Jour du 14[e]. & j'y joins ce que ma petite Bibliotheque m'a pu fournir de Paquier[1][a] et de la Croze. Je n'ai point, et n'ai pu avoir, son *Hist. du Christianisme des Indes*[b]. Si je puis l'obtenir, ce sera pour une autre fois.

Je suis bien aise que vous soiés content des Bagatelles que j'ai cru nécessaires à l'*Epitre* et *Preface*. L'Avis d'Avignon sur-tout m'a paru utile[c]. Vous devez être pleinement satisfait de cette Feuille. Elle a produit tout le bon Effet imaginable; & le Dom Quichote moderne en est extremement accablé; ce qui lui vient d'autant plus mal, qu'il est dans le mouvement convulsif d'un quatrieme Mariage digne des premiers[d]: on dit même que cela est déjà fait. En ce cas, voilà un beau Présent de nous. Mais, pourquoi le cherchoit il.

J'approuve fort votre Idée touchant une Retraitte vers Maestricht. Je me suis informé de ce Canton, & l'on m'a parlé d'un petit Endroit tout agréable, nommé *Eyndove*[e], situé entre cette Ville et Bois-le-Duc[f], où lon vit à très grandissime Marché. La Monnoie n'y augmente pas come à Maestricht, mais les Denrées y sont à si bon compte, que cela revient au même, sans avoir les Incommodites de Maestricht, qui ne sont pas petites, et ou d'ailleur le Gouvernement mi-parti rend les Moines, et sur-tout les Jesuites, insolens[g]. Mais, il y a du tems pour penser à cela. Je serois pourtant faché, je ne sais pourquoi, de vous voir éloigner de vos bonnes Gens.

[2]Il ne faut point que vous soiés inquiet sur le Sort de votre *Philosophie*. Elle va bien; & a la reserve de quelques Grimauds, qui grimaudent tous seuls, le public en est fort content. Les *Lettres* ne font que croitre et embellir en Estime; & si vous pouviés gagner sur vous d'y être uniforme, et de n'avoir point deux Systemes contradictoires sur le Gouvernement, & quelques autres Articles, vous seriés le prémier Homme du Monde. En effet, je ne saurois comprendre, comment, apres avoir fait si dignement parler vos Interlocuteurs sur la Liberté Naturelle du Genre Humain, vous concluez à une Soumission puérille et enfantine, qui laisse à un Furieux ou à un Imbécille (car voila [3]à peu près[3] le Portrait de [4]presque[4] tous les Rois) la Liberté d'accabler de Miseres des milliers de Mortels malheureusement exposez à leurs Caprices. Cette Conclusion ressemble assez à celle de l'*Intimé*, et qui[5] etoit reprochée si plaisament par son Antagoniste. *Belle Conclusion, et digne de l'Exorde*[h]. Cela est surtout applicable à votre *Lettre sur les Anglois*, où, après avoir fait parler si sensement un Anglois, vous terminez par dire *je ne veux pourtant pas quon se souleve jamais contre le Souverain*[i]. C'est en un seul mot renverser toute votre Lettre; & Grotius, que vous citez-là[k], merite la Réponse que vous faites au Pere Rapin dans votre *Préface*[l]. [6]Vous deviés ajouter, *que quand il n'observe plus les Loix, ni ses Sermens.*[6][m]

Quelques Personnes de tres bon Esprit, et de Rang tres distingué, ont eté choquées de votre Panegyrique outré de Henry IV[n]. Ils reconnoissent que c'etoit un grand Prince; mais qui avoit des Defauts si considerables, qu'on ne peut passer votre Eloge. En effet, je trouve que la Reine Elizabeth le convainquit vivement de Mauvaise-Foi[o], que d'Aubigné le Couvre de Confusion du Coté de la basse Jalousie et du Mauvais Coeur[p], et que la Mort le surprit dans une aveugle Fureur pour corrompre la Femme de son premier Parent[q], ou, come sut bien le lui reprocher la Marquise d'Entragues[r], de son propre Fils[s]. [7]et lorsqu'on vous voit lui offrir des Sacrifices et dresser des Autels[t], en verité on ne vous reconoit plus pour Juif, & l'on dit que vous avez oublié le Décalogue.[7] Je ne dis rien de la Tirade concernant Louïs XV[u], parce qu'on voit bien que cé n'est-là que de l'Onguent pour la Brulure. Mais, vous n'y gagnerez pas plus qu'à votre Menagement trop poussé pour les Jesuites. Voiez ce que vous y avez gagné! *Pardon*, cher Marquis, *de la Liberte grande!*[w] Mais, en verité, je ne cherche qu'a accroitre la juste Estime qu'on a pour vos Ecrits; et il me fache de vous les voir alterer et gâter par de pareilles Pieces disparates. Je vous en ai évité une N[le]. C'est celle où vous vous déchainez contre les Presbyteriens sans les connoitre; & ou vous admirez les Anglicans, que vous ne connoissez pas plus[x]. Jai remedié à cela, en ajoutant le Portrait de ces Derniers, qui sont les plus insolens Mortels de l'Univers[y]. Peut-être les aimez vous mieux parce qu'ils ont des Evèques. Mais, en verité, on ne pardoneroit point ce Reste de préjugé à un aussi bon Esprit que vous. De tous les Protestant les plus estimables sont les Reformez, et de tous les Reformez les Mennonites[z], qui aprochent le plus de la Pratique [3]simple et unie[3] des Actes des Apotres. Les Quakres seroient encore mieux, sans

leur Inspiration incompréhensible dans des Gens qui ne chantent et piallent[7]
que la *Raison*. Mais, voilà l'Homme en général; tout pétri de Contradiction. Moi
même, peutetre en ai-je fait vint dans cette Lettre Passez-les moi, en faveur de
ma sincere Amitié, & me croiez toujours un de vos plus zelez

Serviteurs Md   ce 14 Fev. 1737.

[9]N Voilà vos 6 Ex. du Tome IV des *Lettres Juives* et une 1re traduite en Hollandois.
On la trouve tres bien.[9]

MANUSCRIT
March.2, no 3; 4p., p.4 bl.

NOTES CRITIQUES
Par cette lettre Marchand répond au no 27.
[1] [*sic* pour Pasquier] [2] [comme d'habitude, Marchand passe ici de la première à la troisième page, pour terminer sa lettre à la page 2] [3] [ajouté au-dessous de la ligne] [4] [ajouté dans l'interligne] [5] ⟨lui f[...]⟩ [6] [cette phrase est une addition tardive écrite dans le blanc à la fin de l'alinéa, qui d'abord s'arrêtait au mot 'Préface'] [7] [ajouté dans la marge gauche de la troisième page et inséré ici par un signe de renvoi] [8] [*sic* pour 'piaillent'] [9] [ce postscriptum est écrit en bas de la première page]

NOTES EXPLICATIVES
a. les *Recherches de la France*? Cp. le no 27, note *q*.
b. La Haye 1724. Ce n'était pas cet ouvrage qu'avait demandé d'Argens; cp. le no 27, note *r*.
c. la dernière partie de la préface au tome iv de 1*LJ* et de 2*LJ* est consacrée aux traductions des *Lettres juives* et se termine par ce paragraphe: 'Enfin, quelque-chose d'incomparablement plus singulier que tout cela, c'est qu'on m'a mandé, qu'elles avoient été rimprimées à Avignon, & qu'on y en avoit déjà vû deux Volumes, mais misérablement tronqués & défigurez, conformement au Sort ordinaire de toute Edition contrefaite en Terre Papale'. Ce paragraphe, fondé sur une lettre écrite à d'Argens par son frère (voir le no 24), serait donc de Marchand.
d. la préface au tome iv des *Lettres juives* fait allusion aux trois mariages déjà contractés par La Martinière, 'un Homme, qui [...] auroit dans sa Vieillesse épousé consécutivement deux Chambrieres de Co-

médiennes, & une Gardeuse de Dindons devenue Servante de Cabarets' (1*LJ*, 2*LJ*). Il se mariera une quatrième fois le 21 février 1737: voir *Journalistes*, article 'La Martinière'.
e. Eindhoven, dans la province hollandaise de Brabant-Septentrional.
f. en hollandais 's Hertogenbosch, chef-lieu du Brabant-Septentrional.
g. sur ce 'Gouvernement mi-parti', voir le no 27, note *l*, et cp. cette remarque dans 1*LJ* xc (2*LJ* xcix), à propos de la ville de Liège: 'Le Pontife en est le Souverain, & son Clergé partage avec lui une Partie de l'Autorité' (1*LJ* iii.233, numérotée 253 par erreur dans l'édition A; 2*LJ* iii.173).
h. voir Racine, *Les Plaideurs* iii, iii; cette remarque de Léandre s'applique à un discours non de l'Intimé mais de Petit-Jean.
i. allusion à 1*LJ* cxxiii, parue le 11 février, où Monceca donne la parole à un Anglais (1*LJ* v.18-19; 2*LJ* cxxxv, iv.128-130) qui cherche à prouver 'qu'un Souverain doit garder ses Promesses' (v.19; iv.130) s'il veut éviter de perdre son trône. Mais Monceca se déclare 'fortement persuadé, que le Peuple ne sauroit avoir Droit de détroner le Souverain' (v.22; iv.132). D'Argens avait déjà attribué de tels sentiments à Monceca dans une lettre bien antérieure à celle-là: voir 1*LJ* li, ii.167-68 (2*LJ* lv, ii.128-31).
k. Monceca cite Grotius à trois reprises (1*LJ* v.20, 20-21, 22-23; 2*LJ* iv.130-131, 133-34). Ce serait la troisième citation, trop longue pour être citée ici, qui aurait déplu à Marchand.
l. La Martinière s'étant appuyé sur l'autorité du père Rapin qui faisait grand cas des métaphysiciens espagnols, d'Argens répond que Rapin 'a écrit un [*sic*] Sottise' (préface au tome iv de 1*LJ* et de 2*LJ*).
m. cette phrase soulignée par Marchand

était à ajouter à la conclusion du marquis, également soulignée, qu'il cite plus haut (*'je ne veux pourtant … le Souverain'*).

n. Marchand pense à 1*LJ* cxvii (2*LJ* cx-xix), où Monceca donne libre cours à son enthousiasme pour Henri iv, 'le meilleur Roi du Monde' (1*LJ* iv.214; 2*LJ* iv.80). Par contre, 'Tous les autres Souverains, qu'on vante tant, ont eu quelques Défauts, qui ont terni une Partie du Lustre de leur Ver-tu' (1*LJ* iv.209; 2*LJ* iv.74).

o. voir, à titre d'exemple, Mézeray, *Abrégé chronologique, ou Extraict de l''Histoire de France'* (Amsterdam 1696), qui parle des 'sanglantes reproches que la Reyne d'An-gleterre luy faisoit sur son changement de Religion' (vi.106); et, à propos du traité de paix entre la France et l'Espagne ratifié par Henri en 1598: 'La Reyne d'Angleterre n'ayant pû obtenir qu'il luy accordast en-core un mois par delà les quarante jours, luy en escrivit avec reproches & en des termes qui l'accusoient de mesconnois-sance' (vi.190).

p. voir, par exemple, *Sa Vie à ses enfants* dans les *Œuvres* (Paris 1969) pp.403, 406-407, 422-23.

q. allusion à la passion bien connue d'Henri iv pour Charlotte-Marguerite de Montmorency (1594-1650). Suivant la vo-lonté du roi, celle-ci s'était mariée en mai 1609 avec Henri, prince de Condé (1588-1646), neveu du roi et premier prince du sang. C'était pour mettre sa jeune femme à l'abri des entreprises du roi que ce prince, quittant la cour, l'emmena à Bruxelles.

r. Catherine-Henriette de Balzac d'En-tragues, marquise de Verneuil (1579-1633), fut la maîtresse d'Henri iv pendant une dizaine d'années à partir de la mort de Gabrielle d'Estrées en 1599.

s. dans les *Registres journaux* de Pierre de L'Estoile, sous la date de novembre 1609, on lit, à propos de la passion d'Henri pour la princesse de Condé: 'On disoit que la marquize de Verneuil […] lui avoit dit, bouffonnant sur ce propos avec Sa Majesté: "N'estes-vous pas bien meschant de vouloir coucher avec la femme de vostre fils? car vous sçavés bien que vous m'avés dit qu'il l'estoit"' (*Collection complète des mémoires rela-tifs à l'histoire de France*, ed. C. B. Petitot, 1e série, xlviii.342).

t. toujours dans 1*LJ* cxvii (2*LJ* cxxix)

Monceca déclare, au sujet d'Henri iv: 'Il fut, enfin, si bon & si parfait, que si l'on étoit dans les Tems où l'Idolatrie plaçoit les illustres Souverains au Rang des Dieux, je crois qu'il faudroit que le Dieu de nos Peres me donnât une Grace victorieuse, pour m'empêcher d'aller dans le Temple de Henri IV bruler de l'Encens sur ses Autels' (1*LJ* iv.214; 2*LJ* iv.79).

u. 'La France est gouvernée aujourd'hui par un Prince, qui égalera un jour la Gloire du plus grand Roi de sa Race. Il en a la Douceur, la Bonté, la Clémence, le Génie, & le [*sic*] Pénétration. Tant de bonnes Qua-litez ne sont-elles pas des Garants certains, que les autres paroîtront dans les Occa-sions?' (1*LJ* cxvii, iv.214). Ce panégyrique a subi certaines modifications par la suite. Ainsi dans 2*LJ* la prédiction est qualifiée – 'égalera peut-être' – et à la place de 'la Clémence, le Génie, & le Pénétration' on ne trouve plus que 'la Clémence, & la Discrétion' (2*LJ* cxxix, iv.80). Il semble que ce soit à Marchand qu'il faut attribuer ces remaniements du texte.

w. répétée sur un ton ironique, cette phrase se trouve à quatre reprises dans le chapitre 3 des *Mémoires de la vie du Cte de Grammont* (Cologne 1713) d'Antoine Ha-milton (1646-1720).

x. 1*LJ* cxxvi (2*LJ* cxxxviii), la seule con-sacrée à une comparaison des Anglicans et des Presbytériens, ne correspond guère à ce qu'en dit Marchand. Bien sûr, Monceca fait pendant quatre pages la satire des Pres-bytériens (1*LJ* v.43-46; 2*LJ* iv.160-63) mais, loin d'admirer les Anglicans, il les critique encore plus sévèrement (1*LJ* v.42, 46, 47; 2*LJ* iv.158, 163-64, 164-65). L'inter-vention de Marchand a donc changé du tout au tout le point de vue exprimé dans cette *LJ*.

y. par son âpreté, on décèle la main de Marchand dans le portrait du 'Théologien Anglican' (1*LJ* v.47; 2*LJ* iv.164-65).

z. Menno Simonsz (1496-1561), ana-baptiste néerlandais, avait fondé la secte des Mennonites qui était florissante en Hol-lande au dix-septième et au dix-huitième siècles. D'Argens (ou Marchand?) en avait déjà parlé dans 1*LJ* xciv (2*LJ* ciii): 'La Secte des *Anabatistes*, ou plûtôt *Mennonites*, ainsi nommez d'un Prêtre Frison appellé *Menno*, est à peu près la même que celle des

Quakres: excepté le Tremblement que ces derniers affectent, lorsqu'ils reçoivent les prétenduës Influences de l'Esprit Saint; & le Batême & la Cene, que les *Mennonites* administrent dans l'Age de Raison, & dont les Quakres ne font aucun Usage' (1*LJ* iv.31; 2*LJ* iii.217-18).

29

Jean-Baptiste de Boyer, marquis d'Argens, à Prosper Marchand

[vers le 20 février 1737][1]

j'aurois repondu plustost a votre letre mon cher monsieur mais il m'est arive un contretemt qui heureussement est entierement terminé. le don quichote de l'espaigne[a] et toute sa clique c'est douté que j'etois en holande il a voulu aparenment en etre eclarci il a ecrit a debordes[b] libraire d'amessterdam de s'informer si je ne serois point dans cette ville. celuy ci qui loge dans le nes[c] aupres de la david ou je demeurois sinforma des francois[d] qui restoient ches elle elle luy dit qu'ils etoient partis mais qu'ils pouroient bien etre aler a utrec ches une demoiselle [2]de[2] leur conoiscence sur cella debordes ecrivit a la limiers[e] de sinformer de cella. il ariva justement que la limiers ches qui je faissois prendre des gassetes prit ce pretexte de parler a mon hotesse elle luy dit touts les contes qu'on luy avoit ecrit. mon hotesse sage et prudente nia que je fusse celuy qu'on dissoit elle veint cependant m'avertir de ce qu'elle avoit apris je resolu de prendre mon parti et pour finir tout curiosite de changer de demeure ses bonnes gens ches qui je suis logés partirent pour aler a maars[f] village fort beau a trois lieux dutrec et a cinq d'amesterdam ou il m'areterent un apartement ches un de leurs parens et intime ami. dans le temt que je contois en aler prendre possession je recus un letre de mr prevost[g] et une autre de votre bon ami mr. de bey qui [3]me marquaient que[3] les partissans du don quichote publioient que j'étois en holande et notanment à utrec que sachant mes intentions ils m'avoient areté un apartement ou je serois entierement inconu et qui derouteroit[4] [3]totalement[3] les curieux je partis pour aler m'aboucher avec eux; mais leur aiant dit les sages precautions qu'avoient pris la bonne femme du medecin[h], ils ont aprouvé que jalla a maars pour jusques asses que le beau temt etant venu je pris comme vous le saves un parti sur un endroit fixe et comode. mr. de bey opine fort pour m'etablir dans la frisse[i] on dit que c'est le plus beau pais du monde cependant je crois que l'endroit que vous me marques vaut encor mieux ainsi je prendray ce parti au reste j'ai bu plus de cent coup a votre santé pendant pres de deux jours que j'ai reste ches mr de bey avec mr. prevost il ny a aucune marque de bontés que ces deux personnes ne m'ait données elles sont si grandes que jen suis en confusion ces gens-là sont vos amis et cella sufit pour qu'ils soient la candeur et la probité meme. je suis revenu aujourduy a utrec chercher ma femme et je pars demain avec elle pour le vilage escorté de mon hotesse qui nous regarde comme son enfant c'est domage qu'un aussi bonne persone soit janseniste outrée. cella me racomoderoit presque avec saint paris. vous ne me marques point si vous voules que les letres juives ne finissent qu'apres cinq ou six letres audella du cinquieme volume ou si vous finires a la derniere. cella m'est absolument necesaire pour savoir coment je dois parler dans les trois letres qui restent a vous envoier pour terminer ce volume car celle que je fais pour etre un suplement a la nouvelle edition ne peuvent etre debitée etant ecrite des endroits dou les juifs sont deja partis et devant etre incorporées dans les premiers volumes expliqués vous la dessus pour que j'acheve de vous faire le dernier envoie des letres et que je comence a travailler aux ⁵memoires⁵ pour les avoir achevé a paque temts auquel il ne sera pas mal a propos que je me retire au vilage dont vous me parles pour my consacrer entierement a letude. je vous suis obligé de vos deux livres j'auray soin de vous les renvoier en bon etat avec le dernier envoie des letres juives au reste sil faut en faire un sixieme volume jy consens des que vous me l'ordones je crois que je trouveray encor des matieres nouvelles et agreable pour un volume complet sens compter les dix pour la nouvelle edition mais c'est la le *non plus ultra* je consens a faire ce sixieme volume si vous l'ordones mais informes vous bien auparavant si les letres ne baissent point c'est linterest du sieur popie et le mien et j'aime autant la gloire que luy son profit et serois bien faché quelque somme qu'il me donnat d'un livre de le voir moisir dans sa boutique enfin sur tout cella j'atend vos ordres dites un mot et j'obeiray surlechamp je vous rend mille et mille graces des corections que vous faites a mes letres une fois pour tout tailles roignes brules ce sera de nouvelles obligations que je vous auray point d'egard je vous en prie et lors que vous trouveres qu'un letre vous doneroit trop de peine a coriger brules la et j'en feray un autre il est juste quand un libraire en agit comme popie depuis quil est sous votre coupelleᵏ de ne pas luy donner des chosses fouetées⁶ tronquées ou absurdes. les libraires d'amsterdam ³aiment asses mes manuscrit³ et entre autres le sieur chatelain qui par parentesse a dejà placés neuf cent exemplaires d'un roman qu'il a encor sous la presseˡ a eté voir ceremonialement le sieur prevost pour le remercier du manuscrit quil luy avoit donnéᵐ il luy a demendé s'il ne pouroit pas luy procurer quelque ouvrage un peu considerable de ma facon. prevost luy a repondu fort gravement quil m'ecriroit a paris etant dans une maison de campaigne aupres de cette ville. la sceine c'est terminée par des grandes protestations chatelain de faire plaisir au pauvre prevost et prevost de m'ecrire il est chargé de me proposer quelque ouvrage a mon gout de la grosseur de deux volumes tels que celuy de ma philosophie. quand j'auray fini les memoires sil n'y a rien de mieux a faire on aura toujour la un bon debouché. vous me dites que le public est content de la philosophie du bon sens mais vous ne me parles jamais de ce que dit le brave et valeureux moietiens cet homme est il devenu muet la letre holandoisse que vous m'aves envoie ma fait autant de plaisir que si j'avois recu cent louis je vous prie de m'en envoier encor quelqu'une et de m'aprendre coment cela ce debiteⁿ ne sauries vous point le nom de cet honete homme de traducteur. je vous prie de n'atendre pas l'ocasion de quelque envoie pour me doner de vos nouvelles vous adresseres vos letres a lavenir a mr de bey sil vous plait qui me les faira tenir parce qu'il est indiferent que les letres passent par utrec ou par amsterdam etant aussi tost rendues et a frais egal d'un cote comme de l'autre il est meme bon pour eviter toute sorte de curiosité que l'on ne voit plus des letres a ladresse du sieur boyer ches la veue verscoor a la poste d'utrec. c'est la une precaution que mr. de bey a cru que je devois prendre. un mot du despoir de don quichote on dit que toute la holande a beaucoup ri a ces depends et sur tout amsterdam. je suis avec un reconoisance aussi vive que tendres de vos bontes lhomme du monde qui vous ait le plus redevable et le plus ataché

le marquis d'argens

MANUSCRIT

March.2, nos 26 et 6 (les quatre dernières pages de celui-ci); 8p.

NOTES CRITIQUES

Les quatre dernières pages de cette lettre se trouvent à la suite de March.2, no 6 (voir là-dessus les notes critiques de la lettre no 8). Que ces quatre pages fassent partie de la présente est hors de doute. L'écriture en est identique à celle de March.2, no 26 (voir d'ailleurs la note critique 5) tandis que, par le fond, la lettre entière fait réponse au no 28 de cette édition.
¹ [il ressort de la première partie de cette lettre que le marquis a un peu tardé à répondre à Marchand. Pourtant ce délai a dû être assez court, car la chronologie de la correspondance exige que la présente, aussi bien que les trois lettres qui la suivent, aient été écrites au mois de février. D'ailleurs, la lettre par laquelle Marchand répond à la présente aurait été écrite, semble-t-il, vers le 22 février] ² [en surcharge sur 'que'] ³ [ajouté dans l'interligne] ⁴ ⟨entierement⟩ ⁵ [d'abord ce mot, commencé en bas de la page 4, enjambait sur la page 5, mais d'Argens l'a biffé pour le récrire dans l'interligne en bas de la page 4. La liaison entre les deux pages n'en est pas moins évidente. Cependant en tête de la page 5 se trouve cette ligne, barrée d'un seul trait: ⟨Je comence à travailler aux Memoires, et⟩. Si la main qui l'a écrite paraît être celle du marquis, toujours est-il que l'écriture diffère un peu de celle du reste de la lettre] ⁶ ⟨ou⟩

NOTES EXPLICATIVES

a. La Martinière.
b. Jacques Desbordes, l'associé d'E-tienne Ledet.
c. le Ness, rue du centre d'Amsterdam.
d. l'emploi du pluriel ici et dans la phrase qui suit laisse entendre que, dès son installation chez la David, d'Argens était accompagné de celle qu'il appelle sa 'femme'.
e. sans doute s'agit-il de la veuve d'Henri-Philippe de Limiers, mort à Utrecht en 1728. Elle rédigeait, en collaboration avec son fils Henri-Philippe, la *Gazette d'Utrecht*, qu'avait dirigée son mari de 1724 à 1728. Voir sur ces personnages les deux articles 'Limiers' dans *Journalistes*. Celui consacré au fils révèle qu'à partir de juillet 1737 au plus tard lui et sa mère étaient en relations avec le marquis de La Mothe-Fénelon, ambassadeur de France à La Haye, et même que le fils jouait 'le personnage d'espion'. Les perquisitions de 'la limiers' – perquisitions qui ne s'arrêteront pas à l'épisode raconté ici – auraient donc très bien pu être inspirées par quelque chose de plus que la simple complaisance. Heureusement pour lui, d'Argens, tout consterné qu'il est, ignore tout cela.
f. Maarssen, village à quelque quatre kilomètres au nord-ouest d'Utrecht.
g. J. B. Le Prévost.
h. la veuve Verschoor.
i. la Frise, province au nord de la Hollande.
k. c'est bien ce que d'Argens a écrit. Sans doute voulait-il dire 'tutelle'.
l. s'agirait-il des *Mémoires du comte de Vaxère, ou le faux rabin* (Amsterdam 1737), ainsi que l'affirme Fransen (1933), p.122? C'est probable, à la lumière de ce qu'écrira d'Argens à peu près un mois plus tard: voir le no 35 et la note *l.*
m. voir le no 25 et la note *e.*
n. voir là-dessus le no 15, note *l.*

30

Prosper Marchand à Jean-Baptiste de Boyer, marquis d'Argens

[vers le 22 février 1737][1]

J'ai lu toute votre derniere Avanture; & c'est dequoi vous fournir la Matiere d'un nouveau Roman. Je suis bien aise qu'elle soit terminée à votre Gré, et je sai tres bon gré à mon Ami De Bey de l'Accueil convenable qu'il vous a fait. Je l'en ai remercié en lui expediant celle-ci. Je ne sai si je me trompe; mais, il me semble, que vous vous allarmez trop de la Curiosité des L.M. et D.R^a, et autres Gens de pareille Etoffe. Il disent que vous êtes en Hollande, et veulent le savoir. *Eh bien, oui, me voilà; que voulez-vous de moi? Vous dois-je quelque chose? Attendez, je vous payerai en* **Epitre Dedicatoire** *&* **Préface**, *ou même en* **Lettres Juives**, *si vous ne finissez vos impertinentes Enquêtes. Et dequoi vous embarassez-vous, que je sois en Hollande ou en France? J'irai partout où il me plaira, sans craindre la Ste Hermandad, et je doute fort qu'il en soit ainsi de vous.* Puisque le Parti est pris de passer hors de la Patrie quelque Tems, je ne me ferois plus une affaire de me découvrir, et d'habiter publiquement tout endroit de ces Provinces. Vous y êtes estimé, sur-tout ici, parmi nombre de Gens de Distinction; & si vous y etiés fixé sur un certain Ton, vous y recevriés toutes sortes d'Honetetez et de Politesses. Je ne vous dis cela qu'a bonnes Enseignes. Mais, puisque vous êtes determiné à vivre reclus, et éloigné; je ne vois rien de mieux qu'Eyndhove. Nous en reparlerons. L'Idée de mettre les Lettres faites, (celles qui le pouront souffrir,) avec 15 ou 16 autres feroit le VIe Volume dont vous me parlez; &, vû le Changement de votre Situation^b, je crois que c'est un nouveau Secours que vous ne devez point negliger de tirer. Faites donc ce qui reste jusquà 31^c; et je me charge de le faire prendre à Popie. Pourvû qu'il ait vos Remarques et 6 autres, a fin d'en mettre une dans chaq.vol. de la n.^{le} Edition, je le ferai se contenter de cela. ²On finira tout brusquement à la 150 Lettre ou à la 180, si vous faites le VI.² Quant aux *Mémoires*, travaillez-y de même. Mais, il y a une chose a observer. Ce premier Volume (j'use de la Liberté d'Ami que vous me donnez) est si gaillard, que bien des Gens l'ont regardé come la Table de tous les Mauvais Lieux de l'Europe, et come l'Index de toutes les Créatures que vous et vos Compagnons de Joie aviés débauchés. Cela en a revolté beaucoup, qui, sans vos *Lettres Juives*, ne vous estimeroient plus^d. Pour effacer donc cette mauvaise Impression, il seroit bon qu'à la tête de votre II Volume, ou du I, come vous voudrez, vous fissiés une *Confession*, une *Palinodie*, un *Desaveu*, ou tout ce qu'il vous plaira, ou vous diriés que c'est un Enfant perdu, que vous ne regardez que come un Coup de Jeunesse, et que vous esperez que les Honetes Gens vous passeront en faveur de la Bonne Foi³ ⁴avec⁴ laquelle vous l'avouez. Des Gens tres sages et de Rangs respectables m'ont fait entrevoir qu'une semblable Reparation vous remettroit dans votre Rang naturel, et vous rendroit l'Estime que vous meritez. C'est aussi mon Avis; et si j'ai quelq[ue cre]⁵dit sur vous, vous vous rendrez à la sincere Exh[ortation]⁵ que je vous en fais. Totum me tibi devotissimum credens. *Md*

A Monsieur / Monsieur Matio^e, / à Mars

MANUSCRIT

March.2, no 14; 2 p., l'ad. p.2.

NOTES CRITIQUES

Seule la dernière feuille de cette lettre se trouve dans le fonds March.2.

[1] [il ressort des premières phrases de la présente que Marchand l'a écrite après avoir reçu le no 29, auquel sans doute il fait réponse ici. Sa lettre parviendra au marquis au moment où celui-ci écrit le no 31 (voir le no 31, note critique 8) qu'elle précède, selon toute vraisemblance, d'un jour ou deux] [2] [ajouté en bas de la page et inséré ici par un signe de renvoi] [3] ⟨en faveur de⟩ [4] [ajouté dans l'interligne] [5] [trou du cachet]

NOTES EXPLICATIVES

a. La Martinière et Desroches-Parthenay.

b. allusion au fait que d'Argens avait dû renoncer à l'espoir de rejoindre sa famille et se voyait contraint de s'établir en Hollande: cp. le no 24.

c. on voit mal pourquoi Marchand parle de trente et une *LJ* à faire, puisque le no 29 nous apprend que d'Argens doit lui envoyer non seulement les trente *LJ* du sixième tome, mais aussi les trois dernières *LJ* du tome v. Nonobstant ce qu'en dit d'Argens dans le no 27, où il est question de *deux LJ* qu'il aurait encore à composer pour le tome v, le no 31 confirme qu'il fallait encore trois *LJ* pour achever le volume.

d. les *Mémoires* du marquis ne lui acquièrent même pas l'estime d'un lecteur aussi libéral que Voltaire. Si, en principe, 'la liberté' de l'ouvrage n'était pas pour déplaire à celui-ci, néanmoins il remarquait que 'malheureusement cette bonne qualité, quand elle est seule devient un furieux vice' (Best.D911).

e. c'est le pseudonyme adopté par d'Argens depuis son départ précipité d'Utrecht. Marchand l'aura sans doute appris par la voie de de Bey.

31

Jean-Baptiste de Boyer, marquis d'Argens, à Prosper Marchand

[vers le 23 février 1737][1]

je recois à chaque instant mon cher monsieur des nouvelles marques de vos bontes et ce qui me les rends d'autant plus chere ce que plus je m'examine et moins je comprends par ou j'ai pu les meriter. je vous suis infiniment obligé des soins que vous prenés de vous informer d'eindove je vous avorai que je respire apres la solitude la plus ecarté et que je seché de langueur. je touve les hommes en general si mauvais et si peu digne d'estime que je voudrois pouvoir etre en etat de les fuir comme des betes feroces. vous conoisses les impostures et les calomnies qu'on debite sur les pretendus detes que j'ai a la haye pour nouriture &c. je n'ai logé depuis mon retour d'anvers que ches la belle mere de popie*ᵃ* il scait mieux que qui que ce soit si les contes que ses malheureux debitent pour m'oter l'estime des honetes gens sont veritables. mais voici des chosses de nouvelle espece que je n'ai pas eu le temt de vous dire dans ma derniere letre dans un repas a amsterdam ou se trouvoient plus de trente persones entre autres le brave prevost et mr. de voltaire on vient a parler des letres juives un petit faquin que je n'ai jamais veu ni connu que je ne conetray et ne veray jamais de ma vie selon toutes les aparences et qui s'apelle deprés*ᵇ* soutein que je metois fait turc a constentinople et que j'avois ete circonci il ajouta qu'il savoit cella

par des gens de probité et digne de foy². prevost voulut prendre la parole mais
ce faquin soutein toujour que j'avois laisse mon prepuce a constentinople voltaire
qui n'osoit prendre trop ouvertement parti dans cette querelle dans la crainte
qu'on ne crut qu'il etoit en liaisson avec moy et que j'etois en holande eu beau
certifier quil savoit le contraire et quil m'avoit connu ches mˡ le duc de richelieuᶜ
tout cella fut inutille on ne peut jamais faire revenir ce petit faquin qui est
l'emissaire de deroches et de la martiniere a amsterdam. voici le reste de cet
avanture la compagnie etant allé prendre du caffe l'emisaire du dom quichote
continua ses discours et me remit³ sur le bureau. un gentilhomme lorain que
j'avois connu autre fois dans le temt qu'il etoit capitaine dans le regiment de
toulousse et qui voyagoit pour voir la holande aiant entendu par hasard ses
discours malmena fort le circonciseur et sens savoir que je fusse dans le pais
tacha de me justifier cependant je n'en passe pas moins pour circoncis ches
certaines gens. l'histoire que je vous dis ma ete racontée ches mr. de bey par le
pauvre prevost et par voltaire a qui j'ai obligation par la maniere dont il en a
usé envers notre ami prevost a qui il a rendu mille service aupres des libraires
ce qui na pas peu mortifier le borgne la moteᵈ qui a cherché inutillement a faire
conoisance avec luy. voici un autre trait un moine d'amsterdam a ecrit a paris
que je m'etois fait protestant que j'alois publiquement au preché et que mon
abjuration du catolicisme etoit publique dans ce pais. je vous prie de me dire si
l'enfer a produit un monstre pareil j'ai veu la letre de paris ou l'on ecrit cette
nouvelle elle est d'un des premiers seigneur de la cour dans la meme letre on
marque que l'on a dit au cardinal et que cella est allé jusque au roy que mr
scravesende avoit ete obligé de chasser mˡ de voltaire de son ecolle parcequ'il
argumentoit publiquement contre l'existence de dieu le pauvre voltaire a ete
obligé d'avoir recours a une letre justificative de mr scravesende ⁴avec⁴ qui il
est aujourduy tres ami pour se purger d'une pareille calomnieᵉ joignes a cella
les letres juives envoié a malte pour me faire metre a linquisition en arivantᶠ et
voies si je ne dois pas une fois pour toute perdre de veüe des miserables qui
criront apres moy pour me faire toute sorte d'avanie et d'afaire des qu'il sauront
ou je suis. quand ils ignoreront ma retraite je leur permets de claboder contre
mes ecrits je tacheray de les faire asses bons pour qu'ils ne puissent les dechirer.
mais je ne puis prendre sur moy d'etre au millieu de toutes ses tracasseries et
je seche sur mes pieds je veux donc une fois pour toute me retirer dans une
solitude ou je ne sois connu que de vous et de mon frere. outre que je suis mal
logé ici quoyque ches des bonnes gens mon hote change de maisson le quinse
du mois prochain ainsi puisqu'il faut encor me deplacer autant vaut il que je
me transporte tout de suite dans une demeure ou je sois tranquille cinq ou six
⁵ans⁵ et plus si mes afaires le demandent mr. de bey a qui je parlay d'endeveᵍ
me dit que je serois aussi bien dans quelque village de la frisse⁶ egalement
inconu egalement a bon marché et beaucoup plus a porté d'envoier des paquets
et den recevoir il c'est ofert de m'i trouver un logement je crois que cella vaudroit
bien endeve des que je ne gaigne pas sur l'augmentation de l'argent tout est
egal. j'atend vos ordres la dessus mais je vous prie de faire ensorte que je puisse
entrer dans ma retraite le quinse du mois qui vient car je crois que ces tracaseries
me fairont devenir fou j'avois oublie de vous dire que cette limier⁷ avoit dit
lorsqu'elle parla a mon hotesse cent sotisse d'elle et de moy les plus etonentes

que luy avoient aparament ecrit les autres[h]. il n'a pas tenu a elle que mon hotesse ne m'ait regardé comme un franc scelerat en verité c'est trop soufrir et je veux m'oter des mains des mécreant. je viens actuellement aux letres juives[8]

jai recu votre letre mon cher monsieur et je vous suis infiniment obligé ainsi qu'au brave popie de prendre un peu mon parti contre des quoquins. je feray le sixieme volume ainsi que vous me le dites et outre cella dix [5]letres[5] au lieu de six de surnumeraire parceque par le bordereau que j'ai fait de mes sujets je me trouve de la matiere encor pour quarante deux[i]. je feray voyager brito ches les payens de lafrique monceca en eccosse et en irlande [9]isac onis[9] dans les indes[k] voilla des sujets en abondance et j'ai pour cella des materiaux que j'ai ramassé dans la biblioteque de medecine ou jai fait un gros inquarto de remarque et de situation au reste je ne feray ce sixieme volume que lorsqu'on sera vers la fin du cinquieme pour que le sieur popie voit auparavant si ses letres vont toujours bien je vous en enveray dix a la fin de ce mois si nous continuons le sixieme volume elles seront les[10] [5]sept[5] premieres si nous finissons[l] on metra ses sept pour suplement parceque sur ses dix il en faut trois pour achever le cinquieme volume dont vous n'aves encore que vint cept sur les vint huit que je vous ai envoie en aiant pris une pour les quatrieme volume je m'etonne que popie doute un instant que je luy fasse pressent de mes notes il devroit me conoitre depuis que j'agis avec luy il scait que ma parole est un contrart il a voulu me doner depuis le second volume vint florin de plus par volume cella n'auroit pas laissé que de faire soixente florin pour les trois derniers volumes il me les a ofert dix fois dans la crainte que je ne les luy fit point et dix fois je les ai refusse peutil penser que je ne luy donne pas ses remarques. *o libraires libraires seres vous toujour defians.* aureste je vous prie de faire en sorte que popie puisse aquiter les dix letres que je vous enveray avant [11]le douse[11] du mois prochain vous les recevres dans cinq ou six jours, il [12]il[12] en a une qui contien une avanture si comique et si mortifiante pour les jesuites qui jusque ici a ete inconue et qui ma ete comuniqué par [13]v.xxx[13] que je vous en envoie un extrait pour vous rejouir en atendant la letre entière avec les autres il faudra la faire passer au millieu du cinquieme volume[m] elle est capable de donner du credit a louvrage et de [14]ranimer[14] les esprit j'auray soin de la distinguer pour que vous aies la bonte de la faire imprimer des que vous laures recu. je profiteray de votre avis sur les memoires je comenceray a y travailler des que je seray dans ma solitude tranquille j'emploray a cella le careme entier et vous les aures comme je vous l'ai toujour dit vers les fetes de paques. lorsque j'auray fait le desaveu que vous dites je vous l'enveray pour que vous me dissies si vous le trouves de votre gout et s'il faut que je le retouche. et lorsque les memoires seront fini nous acheverons le sixieme volume si popie le juge alors a propos car avec les dix letres que vous recevres il a encor plus de trois mois [15]de temt a courir[n]. ainsi ses letres ne finiront que long temt apres paques aureste je le remercie tendrement et de tout mon coeur de prendre un peu mon parti contre ses fripons il le doit en reconoisance de lamitie que j'ai pour luy je voudray quil deveint aussi riche que leers[o] et moy aussi bon auteur que baille le papier me manque et je ne puis plus vous dire autre chosse que de m'accorder votre amitie je tacheray de m'en rendre toujour digne.

le marquis d'argens[15]

[16] [5]Voici le[5] papier pour popie. vous pouves luy montrer lavanture du chinois.[16].

[17]depuis ma letre ecrite voici une nouvelle tracaserie de la gasetiere[*b*] voiant que je n'etois plus a utrec et le diable la bercant[*q*] pour savoir de mes nouvelles elle a parlé de moy a un certain comte de bourbon[*r*] que je n'ai jamais veu et que j'espere ne voir jamais elle luy a persuadé de m'ecrire et elle a fait porter la letre ches mon anciene hotesse a qui l'on a dit qu'un mr. de grande distinction et qui etoit mon ami souhetoit de me voir et de me rendre service. la pauvre femme a repondu ingenument qu'elle ignoroit ou j'etois mais qu'elle enveroit la letre a une personne de ma conoiscence qui auroit soin de me la remetre elle a ecrit a mr. de bey et la informé de tout les mouvemens de la gasetiere. il nous a eté aisse de demeler la curiosite de la limiers qui aiant aparenment fait conoiscence avec ce comte de bourbon aura voulu se servir de luy pour[18] [5]me parler[5] car c'est la une de ses fureurs aussi bien que celle d'etre instruite de ma demeure mais je la defie elle et l'univers entiers de pouvoir la deviner ne faut il pas que je sois bien malheureux pour etre tracassé par toutes ses canailles et cella uniquement parceque je ne veux ni les voir ni les conoitre. je vous envoie la letre de ce comte de bourbon ne pouries vous point me dire de quoy il est quaestion et quel est ce personage la limiers a fort asuré mon hotesse qu'il avoit de chosse a me dire pour ma sureté qui me fairoient plaisir. estce que fenelon ou la cour de france maquinoneroient quelque chosse[*s*]. je ne doute pas de la haine des jesuites mais je ne doute pas aussi qu'on ne voulut pas violler [19]le droit[19] d'asille si par hasard vous avies le vent de quelque machination mandes le moy je vous prie et pour tout finir je me feray recevoir bourgois d'amsterdam[20] mais avec la protection que vous me flates [21]de[21] pouvoir trouver a la haye en cas de bessoin[*t*] je crois devoir meprisser toutes ses vaines curiosités.[22]

MANUSCRIT
March.2, nos 27, 28 et 29; 8p.

IMPRIMÉ
Best.D1333 (*Œuvres complètes de Voltaire* 88, pp.315-17: première moitié de la lettre).

NOTES CRITIQUES
A première vue, il semble que la troisième feuille de la présente constitue une lettre à part et c'est sans doute ce qui fait que dans March.2 elle est cotée 28. En fait, d'une écriture identique à celle des deux feuilles précédentes (March.2, no 27), elle en est la suite et la conclusion (voir là-dessus la note 8). Puis vient un post-scriptum de deux pages (March.2, no 29) qui, visiblement, ne constitue pas une lettre séparée et qui a dû être envoyé avec le reste de la lettre. Ce sont les quatre premières pages de cette lettre (c'est-à-dire March.2, no 27) qu'a publiées Besterman, qui les désigne à tort comme March.2, no 25.
[1] [Besterman propose une date vers

mai/juin 1737 pour la présente, mais sans donner ses raisons. Pourtant, par son contenu elle doit être de février. En effet, par la seconde partie de sa lettre d'Argens répond au no 30, qu'il vient de recevoir (voir la note 8). De plus, il écrit qu'il enverra dix LJ à Marchand 'a la fin de ce mois'; et un peu plus loin, il remarque: 'vous les recevres dans cinq ou six jours'. Il écrirait donc la présente vers le 23 février, car rien ne laisse supposer qu'il se soit écoulé plus de cinq semaines depuis le no 28 du 14 février. Enfin d'Argens, qui est toujours à Maarssen, compte aller à une nouvelle retraite lorsque son hôte déménage 'le quinse du mois prochain'. Or, vers la mi-mars il écrira à Marchand de sa nouvelle demeure près d'Amsterdam: la présente est donc de février] [2] [et non 'fois', Besterman] [3] [d'Argens avait d'abord écrit 'qu'il remit'] [4] [en surcharge sur 'par'] [5] [ajouté dans l'interligne] [6] [et non 'Suisse', Besterman] [7] [et non 'Simier', Besterman]

[8] [d'Argens a ajouté ici, dans le blanc en bas de la page 4, un post-scriptum de deux phrases qu'on trouvera à la suite de sa signature: voir là-dessus la note 16. Auparavant, cette quatrième page se terminait ainsi: 'aux letres juives je feray'. D'Argens a ensuite biffé les deux derniers mots, qui effectuaient la liaison avec la page 5 (cotée 28 dans March.2) – 'je feray le sixieme volume […]'. Car, visiblement, les trois premières lignes de la page 5 – 'jai recu […] je feray' – ont été ajoutées après coup dans le blanc en tête de la page. Sans doute le marquis en était-il à la cinquième page de sa lettre lorsqu'il a reçu celle de Marchand (le no 30) à laquelle il répond dans le reste de la présente. Il est donc certain que les pages 5 et 6, avec les quatre pages précédentes, ne forment qu'une seule lettre] [9] [en surcharge sur 'aaron mo'] [10] ⟨dix⟩ [11] [en surcharge sur 'que je'] [12] [*sic* pour 'y'] [13] [d'Argens a d'abord écrit 'voltaire', puis biffé tout sauf le 'v.' et ajouté trois 'x' au-dessus de la rature. Le nom reste aisément lisible] [14] [en surcharge sur 'la'] [15] [écrit dans la marge gauche de la page 6] [16] [écrites en bas de la page 4 (voir la note 8), ces deux phrases ont néanmoins tout l'air d'être un post-scriptum. En effet, la phrase 'lavanture du chinois' est incompréhensible pour qui n'a pas lu la sixième page de la lettre, où d'Argens parle de cette aventure] [17] [ici commence la feuille cotée 29 dans March.2] [18] ⟨faire⟩[?] [19] [en surcharge sur 'l'asille'] [20] [mots biffés et illisibles] [21] [en surcharge sur 'que'] [22] [il reste un blanc en bas de la page, mais d'Argens indique la fin de ce post-scriptum par deux petits traits]

NOTES EXPLICATIVES

a. à cette époque Paupie était marié à Léonore Dupuy, qui mourra en 1741 (Kossmann, 1937, p.301).

b. selon la préface au tome v des *Lettres juives*, où ce même épisode était raconté, l'homme en question était un 'petit Grimaud de Correcteur d'Imprimerie', un 'Maculateur d'Epreuves'.

c. Louis-François-Armand de Vignerot Du Plessis, duc de Richelieu (1696-1788). D'Argens avait été officer dans son régiment: voir les *Mémoires*, livre IV.

d. il ne s'agit pas, comme l'affirme Besterman (Best.D1333, note 3), d'Antoine Houdard de La Motte mais de Charles de La Motte, correcteur d'épreuves et cidevant associé de J. B. Le Prévost, dont il est également question ici. Depuis plusieurs mois la vue de La Motte s'affaiblissait (voir BL, add. mss.4287, f.117v), d'où l'épithète 'borgne'.

e. sur cet épisode, voir la correspondance de Voltaire et surtout Best.D1272, D1278, D1279, D1287 et D1291. Dans ces deux dernières lettres il est parlé de la lettre justificative de 's-Gravesande. Le 'moine d'amsterdam' qui avait calomnié d'Argens ne serait-il pas celui dont se plaint Voltaire dans Best.D1272, 'un moine défroqué qui faisoit autrefois […] le Glaneur' et qui 'est caché à Amsterdam', c'est-à-dire Jean-Baptiste Le Villain de La Varenne (cp. le no 3, note x)? Quant à 'la letre de paris […] d'un des premiers seigneur de la cour', elle était sans doute celle, aujourd'hui perdue, qui avertissait Voltaire des calomnies répandues contre lui par La Varenne.

f. allusion au contenu de la lettre écrite au marquis par son frère (voir l'appendice no IV).

g. Eindhoven.

h. cette élaboration par d'Argens de sa lettre précédente concerne la veuve Limiers, la veuve Verschoor ('mon hôtesse'), et La Martinière et ses alliés ('les autres'), y compris Jacques Desbordes.

i. c'est-à-dire les deux dernières lettres du tome v, les trente du tome vi et les dix lettres supplémentaires pour l'édition augmentée (2*LJ*). Mais d'Argens oublie qu'en fait il reste encore trois lettres à faire pour achever le tome v: voir plus bas ses remarques là-dessus.

k. d'Argens a fini par modifier sinon abandonner ce plan, car, à part un court voyage aux ruines de Cyrène, Brito visitera seulement Alger, Tunis et Tripoli; Monceca écrira deux lettres d'Edimbourg (1*LJ* CLXX et CLXXII, qui sont censées être écrites d'Edimbourg quoiqu'elles soient datées 'De Londres' par erreur: cp. 2*LJ* CLXXXVIII et CXC) puis ira à Paris sans visiter l'Irlande; et Onis ne quittera pas le Caire.

l. sous-entendu, 'à la lettre CL, dernière du tome v'.

m. il ressort du post-scriptum qu'on trouvera à la suite de la signature du marquis ('lavanture du chinois') et aussi du no 34 que l'aventure en question est celle du père Fouquet, qui se trouve dans 1*LJ* cxxxv (2*LJ* cxlvii), lettre qui est effectivement 'au milieu du cinquième volume' de 1*LJ*. Cette anecdote (1*LJ* v.116-18; 2*LJ* iv.249-52) serait donc d'origine voltairienne.

n. en effet, la septième lettre du tome vi ne paraîtra que le 10 juin: voir l'appendice no 11.

o. Reinier Leers, riche libraire de Rotterdam publia plusieurs des ouvrages de Pierre Bayle.

p. c'est-à-dire la veuve Limiers.

q. 'Bercer. [...] On dit aussi figurément et familièrement, d'Un homme toujours inquiet et agité, que *Le diable le berce*' (Académie 1762)

r. ce soi-disant 'comte de bourbon' était en fait un aventurier nommé La France: voir le no 37.

s. à propos de cette hypothèse, rappelons que la veuve Limiers et son fils sont entrés en relations avec le marquis de La Mothe-Fénelon au cours de l'année 1737: voir le no 29, note *e*.

t. voir le no 30, où Marchand parle de l'estime que 'nombre de Gens de Distinction' à La Haye, 'Gens tres sages et de Rangs respectables', ont pour le marquis.

32

Prosper Marchand à Jean-Baptiste de Boyer, marquis d'Argens

[vers la fin de février 1737][1]

Tres cher Marquis,

En vérité, je suis tout-à-fait mortifié de vous voir ainsi vous livrer trop foiblement à des Terreurs paniques. Que craignez-vous de tous ces sots Discours? Mettez-y ordre une bonne fois en tournant en ridicule ces Impertinences, & en en badinant vous-même le prémier. C'est-là une matiere toute propre à une *Lettre Juive* que vous pouvez faire sous le Nom de *Moïse Rodrigo* le Correspondant Hollandois[a]. Faites-y voir, que la Jalouisie basse et louche de ces Misérables est tout ce qui les anime; & que n'aiant rien a dire sur votre Probité, ils ont recours, come font tous les Coquins au lache Artifice de vous attaquer du coté des Sentimens et de la Religion; et que ne pouvant alleguer aucune Preuve de leurs Calomnies, ils en ont imaginé une qu'on ne sauroit vérifier que par l'Exhibition d'un [ ][2] aussi peu exposable aux Yeux du Public que la principale Piéce du Miracle de l'Hémoroisse des Jansénistes[b]. Voilà le Theme en gros mettez y les Agremens et les Fleurs come vous savez si bien faire.

Quant à votre Changement trop fréquent de Demeures, je crois qui si vos Ennemis le savoient, ils en riroient de bon Coeur, & se sauroient bon gré de vous faire ainsi valser comme un Bidet de Houssar. Un Homme tel que vous devroit-il être susceptible de pareille Pusillanimité. Qu'avez-vous donc tant à redouter? Eux, qui sont de miserables Escrocs, qui doivent à Dieu et au Monde, et qui sont l'Exécration des Honnetes Gens, restent pourtant tranquiles chés eux, pendant qu'ils vous font voltiger come un Cerf-volant. S'ils le savoient, encore une fois, quel Triomphe pour eux! Ne leur donnez point ce Plaisir, & fixez vous dans un Endroit sous votre propre Nom de BOYER, que personne ne peut vous reprocher, puis qu'il est réel; & lors que quelqu'un s'émancipera come la L.^{c} à venir dire des Pauvretez, parlez leur ferme, et menacez-les de les prendre à partie en Preuves devant le Magistrat, et de les y faire traitter en infames Calomniateurs. Si cette Carogne, en avoit valu la Peine, vous auriés eu grand Tort de ne lui pas mettre Preuve en main. Mais, un vieux Reste de mauvais Lieu tiers Suisse, tiers François, et qui pis est tiers Italien, ne peut être qu'en Horreur à quiconque aime sa Santé. Je vous passe donc de l'avoir laissée-là. Mais, pour l'Avenir, je n'aurois plus la même Tranquilité. Si vous étiés seul, je vous dirois venez à Voorburg^d, et je vous y placerai commodement; mais, etant deux la Dépense seroit trop forte. Votre premiere Idée d'aller dans le Païs des Escalins portez à dix sols et demi^e étoit la meilleure du Monde. Pourquoi ne la pas suivre? Horn^f, dont me parle mon Ami de Bey est trop sombre et marécageux, et j'y craindrois vos Maux de Tête come à Amsterdam. La Frise, come Harlingue^g, ou quelqu'autre Endroit semblable seroit meilleur pour l'Air; mais, l'Argent n'y augmente pas. J'insiste sur cet Article, parce qu'il est essentiel, & que vous avez besoin de ménager vos petits Effets, n'etant point sur de l'Effet des Promesses de M^r. votre Frere, qui, malgré sa bone Volonté, pourroit être empéché de les effectuer; et qui pourroit tout d'un coup venir à mourir. Ainsi, vous devez, permettez-moi de le dire, faire tous vos Efforts pour ne faire point de Dépense superflue. Je vous exhorte pourtant, quand vous serez une fois fixé, de vous pourvoir de Chapeau, Perruque, &c d'une Maniere convenable; &, afin de ménager tout cela, d'avoir, come moi, une bonne Robe de Chambre de Calmink^h, et un bon Bonnet pour ne point fatiguer vos Perruques. Pardon, si j'entre dans tout ce Détail, mais, il est nécessaire; et c'est là meilleure Marque d'Amitié que je puisse vous donner. Tant de beaux Sentimens qu'il vous plaira: si est-ce qu'il en faut revenir-la, qu'*item*: il faut vivre; et vivre sans être à charge à persone, come vous le voulez, et l'avez si bien pratiqué. Est-ce une Raison de quitter Mars, parce que votre Hote démenage? Demenagez avec lui, et le suivez. Vous êtes-là dans un Endroit que l'on dépeint come un Paradis Terrestre. J'y resterois donc, puisqu'on y vit à bon Compte, et que vous êtes à portée de toutes vos Correspondances. Qui ira vous chercher là parmi les Freres de la Circoncision? Vous y serez d'autant mieux à couvert, que, n'aiant déjà plus de Prépuce, come disent les Sots, vous n'avez qu'à vous laisser croitre un Toupet et deux Crocs de Barbe, pour être un véritable Smaus^i; et qui Diable sous cette Figure imagineroit jamais le Marquis d'Argens, le bel Esprit de nos Jours, et dont les agreables Ecrits sont si courus des honnetes-Gens. Quand même on vous y decouvriroit, qu'en arriveroit-il? *Eh bien, oui, c'est moi, qui ai trouvé bon de vivre ici, & qui suis effectivement* **Boyer**, *Marquis d'Argens*; car je voudrois reprendre ce Nom de *Boyer*, afin que venant à etre connu, on ne s'imagine p.^{s} que vous aiés quelque mauvaise Affaire qui vous oblige à changer de Nom; ce qui donne toujours mauvaise Idée de ceux qui le pratiquent.

Je suis bien aise que vous goutiés mon Avis sur la *Préface* des *Mém*oires. Elle ne peut que vous faire du Bien étant ainsi tournée. Pour les *Lettres*, envoiez m'en 13. afin que j'en aie 3 pour la fin du V Volume, et 10 pour le com. du VIe. Ce sera encore 20 pour ce VIe, et il en faudroit 2 nouvelles pour chaq. volume lors de la Compilation, ce qui feroit 12: ainsi en tout après ces 13, ce seroit 32. Voïez si ce Calcul s'acorde à vos Vuës. J'ai ajouté aux *Hist.Anglois* un Article pour

BURNET[k]. Vous me direz si vous serez content. Dans cette Lettre, vous êtes enthousiasmé du Personage du *Tout-puissant* de Milton[l]: et moi j'en suis fort choqué. A quatre Pas delà, ce pretendu *Tout-puissant* tombe en Foiblesse; et cela n'est pas étonnant vû qu'il avoit pour compagnon la *Terreur*. Tout l'épouvantoit ainsi que vous. J'ai autrefois critiqué cet Endroit et div. autres dans la *Critique desinteressée des Journaux*, Tom.II.[m] Ces Idées pouvoient passer chés Milton, qui étoit Arrian; mais, ni vous, ni moi, ne pouvons raisonnablement les admettre. D'ailleurs, faire de Dieu un Gladiateur doit t. choquer. L'Eloge que vous faites de la Reine est admirable[n]; mais, est-il vrai? Il me semble qu'il y a là-dedans diablement de *Voltaire*[o]. Tout est merveilleux pour lui en ce Païs la; et sil avoit écrit depuis l'Héroïsme des Amateurs de Genievre, qui crioient si noblement & si comiquement *No Gin, no king*[p], il n'auroit pas manqué de le placer à coté d'Hercule, de Thesée, & des autres Garnemens[3] de la Fable. C'en est peut-être une que la Reine soit si admirable. Du moins ai-je entendu dire à de bons Hanveriens, qu'il entroit dans son Caractere beaucoup de celui d'Armande et de Belise[q]. Je souhaite que la Chose soit fausse, qu'el[4] voie votre Panegyrique, et qu'elle le recompense en Princesse véritablemt. digne de vos Eloges.[5]

J'apprens dans ce moment par la Poste de France, que Chauvelin vient d'être arreté, gardé à vûe, ses Seaux remis au Chancellier rentré en Grace, et qu'on a découvert qu'il trahissoit son Maitre en faveur de la Czarine & autres, ce qui avoit retardé de 6. Mois la Publication de la Paix[r].

Votre Lettre sur Des Cartes, Gassendi Locke Newton, et Mallebranche[s] m'a charmé, mais fait bailler les Sots des Caffez, qui ne voudroient que des *Culotes*[t] et des *Michons*[u]. Mais, vous êtes trop sage, pour les satisfaire.

A Monsieur / Monsieur Mattheo / à Mars

MANUSCRIT
March.2, no 9; 4 p., l'ad. et une partie de la lettre p.4; traces de cachet sur cire rouge.

NOTES CRITIQUES
[1] [écrite en réponse à la lettre précédente, la présente est sans doute de février. En effet, Chauvelin fut arrêté le 20 février, et Marchand a dû en recevoir la nouvelle assez tôt après l'événement. Au moment où il écrit, 1*LJ* cxxvii, publiée le 25 février, a paru, mais il n'est pas sûr que 1*LJ* cxxviii du 28 février ait encore vu le jour] [2] [mot indéchiffrable] [3] [leçon incertaine; Marchand semble avoir écrit d'abord 'Ornemens'] [4] [*sic*; Marchand a oublié de compléter le mot à la ligne suivante] [5] [Marchand s'arrête ici, car la lettre est pliée en trois et le milieu de la page est occupé par l'adresse. Il a continué sa lettre dans le dernier tiers de la page, après avoir renversé le papier]

NOTES EXPLICATIVES
a. celui qui fournit à Monceca des livres et des mémoires.
b. cp. la préface au tome v des *Lettres juives*: 'En effet, me voilà dans l'Impuissance de pouvoir me justifier; car, les Piéces nécessaires à mon Apologie sont aussi peu montrables, que celle de l'Hémorroïsse des Jansénistes' (1*LJ*, 2*LJ*). L'allusion est à la guérison miraculeuse d'Anne Charlier Lafosse: voir là-dessus Best.D241, D246 et *Journal et mémoires de Mathieu Marais*, iii.192.
c. la Limiers.
d. village au sud-est de La Haye, dont il fait partie aujourd'hui.
e. c'est-à-dire Maestricht: voir le no 27 et les notes *l* et *m*.
f. ville à quelque trente-quatre kilomètres au nord-est d'Amsterdam, dans la province de Hollande-Septentrionale.
g. Harlingen, dans la Frise.
h. par 'Calmink' Marchand entend-il la

calmande, 'étoffe de laine lustrée d'un côté, comme le satin' (Académie 1762) et appelée 'calamanco' en anglais?

i. c'est-à-dire un Juif. On trouve le mot dans 1*LJ* XLIX (ii.150), où il est épelé 'Smous', et dans 2*LJ* LIII (ii.110), épelé 'Smaus' ainsi que dans la table des matières de 2*LJ*, qui en donne la définition suivante: 'Mot injurieux pour désigner un Juif Allemand'.

k. Gilbert Burnet (1643-1715), évêque de Salisbury en 1689 et auteur d'une *History of the Reformation in England* (1679-1714) et d'une *History of his own time* (1725-1734) qui toutes les deux avaient été traduites en français, la deuxième tout récemment encore sous le titre *Histoire de ce qui s'est passé de plus mémorable en Angleterre, pendant la vie de Gilbert Burnet* (La Haye 1735). L'article dont il est question se trouve dans 1*LJ* CXXVIII, v.58-59 (2*LJ* CXL, iv.181-82).

l. 'Je ne crois pas qu'on trouve dans Virgile & dans Homere rien de plus sublime que le Portrait que fait Milton de l'Etre éternel, qui va combattre contre les Anges rebelles. *Le Tout-Puissant*, dit-il, *prit ses Armes des Mains de la Terreur*. Cette Idée a quelque-chose de majestueux' (1*LJ* CXXVIII, v.59-60; 2*LJ* CXL, iv.182-83).

m. voir la *Critique désintéressée des journaux littéraires et des ouvrages des savans*, tome ii (La Haye 1730), article IV, pp.75-106, où, à l'occasion d'une revue d'une traduction française de *Paradise lost*, Marchand fait la critique du poème de Milton. La collaboration de Marchand à la *Critique désintéressée*, 'par une société de gens de lettres', ouvrage attribué d'habitude à François Bruys, est restée jusqu'à présent inconnue.

n. cet éloge de la reine Caroline, femme de Georges II et qui devait mourir en novembre 1737, se trouve à la fin de 1*LJ* CXXVIII, v.63-64 (2*LJ* CXL, iv.187-88).

o. effectivement, l'éloge de la reine Caroline n'est guère qu'un résumé enthousiaste du portrait qu'en avait tracé Voltaire dans la onzième des *Lettres philosophiques*.

p. allusion au comportement de certains adversaires du 'Gin Act' (loi sur le geniè-vre) de 1736, mesure destinée à réduire la consommation de genièvre et d'autres spiritueux en Grande-Bretagne. Ce projet de loi avait reçu la sanction du roi le 5 mai 1736, ce qui avait contribué pour une bonne part, semble-t-il, aux émeutes à Londres en juillet et en septembre 1736. Il y eut même des cortèges funèbres à l'occasion de la mort de 'madame Genièvre'. Voir là-dessus l'article de George Rudé, '"Mother Gin" and the London riots of 1736', *Guildhall miscellany* 10 (septembre 1959), pp.53-63.

q. c'est-à-dire qu'elle était pédante à la manière de ces deux personnages des *Femmes savantes* de Molière.

r. Garde des Sceaux depuis 1727, Germain-Louis de Chauvelin fut arrêté le 20 février 1737 et les Sceaux passèrent au Chancelier Henri-François d'Aguesseau. A cette date, les négociations pour terminer la guerre de la Succession de Pologne, qui opposait la France, l'Espagne et la Sardaigne à l'Autriche et à la Russie, étaient entamées depuis longtemps. Quant aux raisons de la disgrâce de Chauvelin, elles furent multiples (sur ce point voir, par exemple, A. M. Wilson, *French foreign policy during the administration of cardinal Fleury 1726-1743*, Cambridge Mass. 1936, pp.272-77), mais il est hors de doute qu'une certaine rivalité entre Fleury et son subalterne sur le plan de la politique étrangère y avait sa bonne part.

s. 1*LJ* CXXVII (2*LJ* CXXXIX).

t. l'allusion est sans doute à l'histoire d'un Carme dans 1*LJ* CII, iv.91-93 (2*LJ* CXI, iii.288-91) car 1*LJ* CXL (2*LJ* CLII), qui paraîtra le 11 avril et où il est longuement question de la culotte de Jeanne d'Arc (1*LJ* v.158-60; 2*LJ* iv.303-308), ne fut envoyée à Marchand qu'avec la lettre écrite en réponse à la présente (voir le no 33 et la note *a*, et le début du no 47).

u. l'histoire grivoise de monsieur et madame Michon se trouve dans 1*LJ* CXVIII, iv.219-21 (2*LJ* CXXX, iv.85-88).

33

Jean-Baptiste de Boyer, marquis d'Argens, à Prosper Marchand

[vers le 11 mars 1737][1]

Mon cher monsieur vous m'acuseres peutetre de paresse et j'ose cependant vous asurer que j'ai travaille a vous envoier les treisse letres malgre une colique diabolique que j'ai eu pendant trois jours dont je suis grace a dieu entièrement gueri au reste j'ai trouvé par le moien de mr. de bey un endroit excellent pour y passer un et deux ans s'il le faut en retraite c'est une petite maison ecartée a une demi lieüe damsterdam dans un endroit ou touts les magiciens du monde ne me detereroient pas. jai une maison tres jolie un petit jardin charmant la tout pour soixente et dix florins pa an. peut on rien de mieux et d'aussi bon marché je seray tranquille ignoré ma porte fermée et ne dependray point des caprices d'un hote. je vais prendre possession de mon nouveau palais demain ou apres demain, et je et je[2] travailleray ainsi que vous me le dites aux memoires et aux letres juives je vous ecris de ches mr. de bey et ne vous envoie dans ce paquet que dousse letre la tresième n'est quà moitie faites vous la recevres demain par la poste. les trois qui sont cachetee sont pour etre misses dans le cinquieme volume elle sont extremement gayes et je vous prie de les faire imprimer avant leur rang et de les melanger pour reparer le serieux des autres. je voudrois si cella se pouvoit que l'une fut la quinsieme lautre la vintième et lautre portant double cachet la derniere[a] les autres [3]dix[3] pour le sixième volume vont de suite dites moy je vous prie sil faut travailler a ce sixieme et le finir jai encor de quoy faire les trente deux que vous demendes parmi lesquels se trouveront le douse surnumeraires au reste je vous demende instanment de couper roigner bruler sens egard. les letres juives a ce qu'on dit sont tres goutée en france et a qui dois je ce succes si ce n'est a vos utilles corections. le courier va partir j'ai bien des chosses a vous dire mais je vous les eriray[4] en vous envoiant demain la letre tresieme dejaademi faite je vous aurai une obligation infinie si vous pouvies vous faire remetre a popie pour jeudi l'argent des treisse letre en entrant dans mon logement je suis obligé dacheter plusieur meubles qui donnent une rude ateinte a ma bourse mais enfin cella est fait une fois pour toute et je serai ensuite tranquille. si vous aves recu quelque letre de mon frere je vous prie de me l'envoier au reste j'aprend qu'il est arivé a amsterdam un marchand de marseille qui est fort de ses amis apelle vernet il[b] pouroit luy avoir dit qu'il[b] m'adresse [5]ses[5] letres ches vous et l'avoir prie de vous parler et de s'informer de ma demeure d'autant mieux que ce vernet est aussi ami de patrie je crois qu'il est inutille que cet homme sache ou je suis precissement ainsi sil vous parloit vous luy diries que vous receves bien mes letres mais que vous les renvoies dans le brabant a un autre adresse et qu'avant de m'etre rendue elle passent par trois ou quatre main diferente ce qui fait que vous ne saves precissement ma retraite sil etoit porteur d'une letre de mon frere vous auries la bonté de vous la faire remetre. je vous prie encor de presser un peu le sieur popie pour quil soit aussi excat qu'a son ordinaire cella m'etant fort essentiel je garderay encor quelque jours pasquier dont je n'ai pas eu le loisir de faire les extraits qui me sont necesaires ne craignes point qu'il se gate j'en ai un soin infini si vous voulies m'envoier le second volume du livre donc je vous renvoie le premier[c] je vous seray obligé je vous prie de vouloir vous rembourser des frais que je vous coute et de croire que je vous regarde non comme mon ami mais comme mon pere et mon dieu tutelaire

le marquis d'argens

[6]au reste j'ai repris mon nom de Boyer ainsi que vous me l'aves conceille. faites moi savoir sil faut que jacheve le sixieme volume et comment mes cheres filles[d] sont recues du public.[6]

MANUSCRIT
March.2, no 30; 4 p.

NOTES CRITIQUES
[1] [il ressort de la première phrase de la présente – écrite en réponse au no 32 – que d'Argens a un peu tardé à écrire et que l'envoi des dix *LJ*, promises pour la fin de février dans le no 31, s'est fait attendre. En effet, le marquis a été malade 'pendant trois jours' et, de plus, s'est déplacé pour voir la maison que lui propose de Bey, de chez qui il écrit. Il a d'ailleurs eu le temps de composer non dix mais douze, et presque treize, *LJ*. S'il veut que 'l'argent des treisse letre' soit entre les mains de Marchand 'jeudi', il semble donc que le jeudi en question doive être le 7 ou le 14 mars; et la datation des nos 35 à 39 ferait croire que c'est le 14 dont il s'agit, puisqu'il est peu probable qu'il se soit écoulé une douzaine de jours entre les nos 34 et 35. Sans doute d'Argens écrit-il deux ou trois jours avant ce jeudi, c'est-à-dire vers le 11 mars]

[2] [par inadvertance, d'Argens a répété à la page 2 ces deux mots par lesquels se termine la première page] [3] [en surcharge sur 'cept'] [4] [*sic* pour 'ecrires'] [5] [en surcharge sur 'ches'] [6] [ajouté dans la marge gauche de la page 4]

NOTES EXPLICATIVES
a. dans le tome v de 1*LJ*, la quinzième lettre (1*LJ* cxxxv, 2*LJ* cxlvii) est celle qui contient l'aventure du père Fouquet (cp. le no 31 et la note *m*); la vingtième (1*LJ* cxl, 2*LJ* clii) est un commentaire ironique sur l'histoire de Jeanne d'Arc; et la dernière (1*LJ* cl, 2*LJ* clxvii), plus sérieuse, n'en décoche pas moins plusieurs traits aux Jésuites, à Saint François d'Assise, *etc.*
b. le frère du marquis, s'entend.
c. il s'agit des *Dissertations historiques* de Mathurin Veyssière La Croze. Voir le no 35.
d. les *Lettres juives*.

34

Prosper Marchand à Jean-Baptiste de Boyer, marquis d'Argens

[vers le 12 mars 1737][1]

Tres cher Marquis,
Ne voiant point paroitre de 13e Lettre, & sachant combien vous êtes pressé de recevoir votre Argent, aiant a déménager, j'ai cru ne devoir pas attendre plus longtems à remettre les 12 Lettres à Popie, et a en tirer le Payement. Vous le trouverez ci-joint complet, je me rembourserai des Ports sur la 13e. Jai joint à ce Paquet vos Armes, qu'on m'a enfin rendues[a], et le Brouillon de l'Avanture

du P. Fouquet, que je trouve abominable. Après ce Trait, aimez les Jesuites, qui seroient charmez de vous traitter de même. Les Jansenistes sont bien devenus fous avec leurs Visions et Contorsions miraculeuses; mais, du moins ne sont-ils point scélérats, et par consequent ne méritent-ils pas l'Indignation dont vous les accablez sans cesse. Je serois tenté ²de croire² que c'est un Effet du Fouet que vous a peut etre fait donner en Classe votre Regent de l'Oratoire*b*, et que ce n'est qu'un *Manet alta mente repossum Judicium Pedanti*c.

Ces 3 Lettres cachetées seront mises en ordre come vous souhaitez; & j'y apporterai l'Attention convenable. Songez de votre Côté a une *Epitre* et *Preface* pour le V*e* Volume. Vous me demandez, s'il faut finir le VI*e*? N'en somes nous pas convenus? Ainsi, votre Question m'étonne. Je vous repete que *OUI*, et que de plus, au lieu de *12 Lettres surnumeraires*, je vous prie d'en faire 18, que vous m'enverrez avec 20 restantes de ce VI*e* Volume; parce que je compte recevoir demain la *Lettre* que vous m'avez promise par la Poste. Il faudra aussi en même tems m'envoier les *Remarques*, à fin que c'en soit fait une fois pour toutes des *Lettres Juives*. Vous devez être content, archi-content, archi-peripateti-content de leur Succès. La meilleure Preuve que je puisse vous en donner, c'est le Débit, qui augmente de jour en jour considérablement, et qui a obligé Popie à en faire imprimer de son V*e* Volume le double de ce qu'il imprimoit, c'est a dire au delà de 2000. Quant à l'Estime des Honnetes-Gens, elle augmente de même; & si vous vouliés ne pas tant vanter les Principes despotiques, que vous devriez detester en étant une triste Victime; et rendre un peu plus de justice aux sages Gouvernemens où l'on traitte l'Homme en Homme; vous la verriés encore croitre et embellir. Une Personne de Gout, de Lettres, & de Rang distingué, disoit l'autre jour à cet égard, qu'elle étoit surprise, qu'en parlant des *Historiens d'Angletterre*d, ³moi, j'ai été surpris que vous ne parliez point de Burnet; et vous verrez ici ce que j'en ai cru devoir dire*e*.³ vous n'aviés pas frondé sans quartier et sans misericorde ces miserables Compilateurs etrangers qui osent se donner pour Historiens de cette Nation, & surtout la mauvaise Continuation qui fait plus de Deshonneur aux Anglois et à Rapin*f*, que les *Suites* du *Don Quichotte* ou du *Roman Comique* n'en font à Cervantes & a Scarron. Une Lettre sur ce Sujet, où vous introduiriés un bon Whig remontrant à Monceca combien les Anglois detestes ces miserables Rhapsodies, et où vous vangeriés sous ce Nom le Roi Guillaume, Marlbourogugh, le Roi George 1, en un mot les Grands Hommes des derniers Tems insolemment traittés dans la Compilation de van Duren; une pareille Lettre*g*, dis-je, feroit un tres bon Effet, et ne vous seroit peut-etre point inutile pour l'Avenir; la Personne dont je parle faisant un tres grand Cas de vos Lettres, & étant en état de vous protéger et defendre contre des Machinations Françoises, supposé qu'on en vint-là contre vous. Réfléchissez à cela; et vous en sentirez le Bon et le Vrai. Vous me connoissez assez pour ne pas croire que je vous donnasse ce Conseil, si je ne le croiois utile pour vous.

J'ai pensé, que touchant ces Fadaises qu'on a débitées contre vous, vous ne feriés point mal de mettre à la Tête de quelqu'un de vos petits Romans ou vous mettez votre Nom, une Tirade touchant l'Impertinence de vos Ennemis, qui sont assez sots de vous reprocher des Choses Manifest*t*. contradictoires. Faire bien sentir surtout le Ridicule de vous faire assidu Devoreur de Prêches et en même Tems Mahométan et circoncis. Que c'est ainsi que de tout Tems l'Envie et la Calomnie en ont usé étourdiment envers les Personnes les plus sages; et que dans ce Malheur, c'est un Bonheur pour elles de ce que dans leurs Calomnies[4] laissent [2]presque[2] toujours quelque Contradiction qui en démontre la Fausseté. Mais, vous savez tout cela mieux que moi.

Neaulme est venu Dimanche dernier me dire, qu'il avoit acquis de van Duren le Droit de Copie du 1^r. Vol. de vos *Mémoires* [2]pour son Frere établi à Utrecht[h];[2] et qu'il me prioit de vous écrire pour vous en demander la *Suite*. Je lui ai dit que je le ferois, & je m'en acquitte. Mais, j'espere que cela ne vous fera point changer d'Avis sur ce que vous m'avez écrit pour Paupie[i], & sur quoi il compte. En ce Cas, ce ne seroit pas la peine de retoucher ce 1^r. volume[k]; il suffiroit d'un Desaveu tel que je vous l'ai deja noté a la tête du 2^d dans lequel vous pouriés reprendre les choses *ab Ovo*, et fort en abregé, pour continuer a pleine Mesure dans le 2^d tout ce que vous auriés à dire. De Bey m'a une fois marqué que Neaulme avoit abusé de votre Nom. Qu'est-ce que cela? Supposé le Fait, joint au Trait de l'Affaire de Bonneval[l], et de l'Abandon de la Philosophie[m], sont des Motifs plus que suffisans pour lui souhaiter bon Voyage. Ecrivez-moi separement la dessus, de maniere que je [2]le[2] lui puisse faire voir.

Je suis charmé que De Bey vous ait trouvé une Niche convenable, et je souhaite que [2]ce[2] soit à votre gré, et pour du Tems. Je vais moi même démenager au 1^r. May. M^{le}. Vincent[n] se retire dans sa Famille, et je me loge chez Popie, qui a pris, de concert avec moi, une petite Maison à Boutique sur le Spuy[o], dont j'occuperai le Haut. Je suis bien aise que vous soiés près d'Amsterdam, à cause de la Proximité des Livres et des Libraires. M^r. Prévot vous poura aider-là auprès d'eux, et moi ici: ainsi vous aurez deux Plenipotentiaires à qui confier vos Depeches et Négociations Typographiq. Ne saurai-je donc jamais ce que c'est que ces 3 *Romans* d'Amsterdam, et ce *Journal Politique* de Ledet[p]. Il n'est ni beau ni honête de négliger ainsi un Ami qui vous néglige si peu. *Tuus ex Animo.*

A Monsieur / Monsieur Boyer

MANUSCRIT
March.2, no 11; 4 p., l'ad. p.4; cachet enlevé (traces de cire rouge).

NOTES CRITIQUES
[1] [dans la lettre précédente d'Argens avait promis d'envoyer la treizième *LJ* 'demain'. Or, Marchand 'ne voiant point paroitre de 13e Lettre, & sachant combien vous êtes pressé de recevoir votre Argent' a dû écrire le lendemain du jour où il a reçu la lettre du marquis, soit vers le 12 mars, comptant 'recevoir demain la *Lettre* que vous m'avez promise par la Poste']
[2] [ajouté dans l'interligne] [3] [ajouté dans la marge gauche de la deuxième page et inséré ici par un signe de renvoi]
[4] [Marchand a omis le sujet 'ils', c'est-à-dire les envieux qui emploient la calomnie]

NOTES EXPLICATIVES
a. s'agirait-il de cette 'petite Plaque d'Argent sur quoi il y a quelque chose de gravé', que Marchand devait 'retirer de Moetjens' à la prière du marquis (lettre no 10)?

b. fondé en 1611 par le cardinal Pierre de Bérulle, l'Oratoire de France ou Oratoire de Jésus et de Marie Immaculée comptait quelque soixante-dix maisons lors de sa suppression en 1792. Ce fut à Aix-en-Provence que les Oratoriens établirent leur première maison en France, église fondée en 1600 et réunie à la congrégation de l'Oratoire en 1619. En 1638 les Oratoriens d'Aix firent construire une nouvelle église qui, elle, fut abattue en 1799 (voir là-dessus F. A. T. Roux-Alpheran, *Les Rues D'Aix*, Aix 1918, i.312 et 314). Que d'Argens ait reçu son éducation chez les Oratoriens – plutôt que chez les jésuites, comme le suggèrent tous les biographes du marquis – est donc parfaitement possible. Citons à l'appui de cette hypothèse un passage de la Préface du Traducteur se trouvant dans le deuxième volume de 1*LJ*: 'On a reproché à Aaron Monceca de condamner en général tous les Jansénistes, parmi lesquels il se trouve de fort honnêtes Gens. Ceux, qui ont formé cette Objection, n'ont pas bien examiné cet Ouvrage. Ils auroient vû, qu'on a distingué les Jansénistes en deux Classes. Les anciens, dignes de l'estime de tous les Honnêtes-Gens, tels que les *Arnaulds*, les *Pascals*, les *Nicoles*, sont louez dans vingt endroits. Les Péres de l'Oratoire, partisans des sentimens de ces Grands Hommes, n'ont jamais été nommez dans ces Lettres. Ainsi, quand on parle des Jansénistes, il faut entendre la *Secte des Convulsionaires*'. L'adhésion au jansénisme de certains des prêtres de l'Oratoire avait provoqué des remous à l'intérieur de la société, qu'on regardait au dix-huitième siècle comme partisane de la doctrine janséniste.

c. 'manet alta mente repostum iudicium Paridis' (Virgile, *Enéide* i.26).

d. dans 1*LJ* cxxviii, v.58-59 (2*LJ* cxl, iv.181-82).

e. cp. le no 32 et la note *k*. Marchand a envoyé un exemplaire de 1*LJ* cxxviii, parue le 28 février, avec la présente. Voir le no 35 et la note *s*.

f. l'ouvrage visé est l'*Histoire d'Angleterre, de Monsieur de Rapin Thoyras, continuée jusqu'à l'avenement de George II à la couronne*, tomes xi-xiii (La Haye 1735-1736). Selon *Journalistes*, articles 'Yves-Joseph de La Motte' et 'La Martinière', cette continuation serait due à La Barre de Beaumarchais et à La Motte, sans doute avec la collaboration de La Martinière et de Desroches-Parthenay. Sur cette attribution, cp. 2*LJ* xix, i.168, 1*Cab* xc, iii.234-36, et *LM* p.219.

g. d'Argens a en effet composé une lettre à partir de ce canevas: voir 1*LJ* clxix, vi.149-56 (2*LJ* clxxxvii, v.432-43). Au début, elle suit de près l'idée qu'en donne Marchand ici, reproduisant même certaines phrases de la présente. Monceca écrit qu'un 'Whig [de] mes Amis' lui avait parlé avec indignation 'de ces misérables Compi-

lateurs, qui ôsent se donner pour Historiens d'une Nation qui leur est entiérement inconnue'; et il rapporte les discours du Whig, qui commencent ainsi: '*Considérez* [...] *la Maniere indigne, dont Guillaume III, George I, Milord Marlborough, & divers autres Personnes illustres, sont ravalez dans la misérable* Continuation de Rapin-Thoyras' (vi.149-50; v.432). Un peu plus loin, on trouve la comparaison avec les continuations du *Don Quichotte* et du *Roman comique* (vi.151; v.434).

h. c'est-à-dire pour Etienne Néaulme, libraire à Utrecht et frère de Jean (1694-1780), libraire à La Haye.

i. voir le no 27, où d'Argens confirme que ce sera Paupie qui imprimera la nouvelle édition de ses *Mémoires* en deux volumes.

k. cp. le no 27: 'je fais plusieurs corections au premier volume j'en composeray un second aussi gros'.

l. dans le no 37, Marchand parlera de 'la *Brochure de Bonneval* vendue 4 fois sa juste valeur à Prix courant, et cependant vantée come Grace particuliere'. On trouvera des détails supplémentaires sur cette affaire dans le no 43. Le coupable était, semble-t-il, Jean Néaulme, contre qui le marquis avait bien d'autres griefs (voir la note *m* de la présente et le no 35). Quelle était cette 'Brochure de Bonneval'? Je ne sais. D'Argens consacre plusieurs pages au comte de Bonneval dans les *Lettres juives* (surtout 1*LJ* xxvii et xxviii, 2*LJ* xxx et xxxi) et l'on trouve dans son *Mentor cavalier*, publié par Néaulme en 1736, une 'Histoire d'Osmin Bacha, ou du Comte de Bonneval' (pp.188-97). Mais ici il est question d'une 'Brochure' ou d'un 'livre'. Signalons à ce propos qu'en 1737 avaient paru les *Mémoires du comte de Bonneval* (Londres, au Dépens de la Compagnie) et les *Nouveaux mémoires du comte de Bonneval* (La Haye, J. van Duren). Il sera question des *Mémoires du comte de Bonneval* dans cette même *LJ* (1*LJ* clxix, 2 *LJ* clxxxvii) où d'Argens déchire '*la misérable* Continuation de Rapin-Thoyras' (voir ci-dessus les notes *f* et *g*). Le même Whig ami de Monceca cite, pour preuve de la façon dont on abuse de la liberté de la presse en Hollande, '*les Piéces de l'Affaire du Comte de Bonneval avec le Marquis de Prié, si expressément deffendues autrefois par les Etats de Hollande, & rimprimées tout recemment à la Haie même,* *sous le Titre imposteur de* Memoires du Comte de Bonneval, *à la faveur d'une Tête & d'une Queue nouvellement ajoutées pour leur servir de Passeport*' (1*LJ* vi.151; 2*LJ* v.434). Selon 1 *Cab* XC, '*les prétendus* Mémoires du Comte de Bonneval' auraient été '*fagotez* [...] *à la Haie par la Hode*' (iii.238), c'est-à-dire par Yves-Joseph de La Motte. Que d'Argens prenne plaisir à décrier un ouvrage dû à une de ses bêtes noires, La Hode, n'est pas pour surprendre. On se demande pourtant si le marquis entrait pour quelque chose dans les *Nouveaux Mémoires du comte de Bonneval* (cp. le no 43 où, à propos de cette affaire, il est parlé d'un livre 'qu'on vendoit [...]

10 sols ches venduren') ou s'il s'agit d'un tout autre 'livre' ou 'Brochure'. A défaut d'allusions plus précises, il faut avouer que nous en sommes réduits à des hypothèses.

m. dans le no 37 Marchand parlera du 'Manque de Parole [de la part de Néaulme] au sujet de la *Philosophie du Bon Sens*'. Il semble que Jean Néaulme, après avoir donné sa parole, ait décidé de ne pas imprimer l'ouvrage du marquis.

n. chez qui Marchand logeait: voir l'adresse du no 14.

o. de Spuistraat, rue de La Haye.

p. voir la réponse du marquis (no 35).

35

Jean-Baptiste de Boyer, marquis d'Argens, à Prosper Marchand

[vers le 17 mars 1737][1]

je suis enfin mon cher monsieur par la grace de dieu de mr. de bey et de ma bourse logé dans un endroit ou le diable ne me detereroit pas il m'en a ccoute cinquente cinq florin pour me meubler trente que j'ai donne a mon hote pour cinq mois d'avance de mon logement quoy qu'il ne les voulut qu'au terme de l'echeence mais j'ai cru que paier pour paier il valoit beaucoup mieux l'engager par quelques grasiosités en[2] m'en faire plusieurs autres. moienant quatre vint dix florins dont j'ai diminué mon petit tresor je suis maitre d'une fort joli maisson et d'un jardin enchenté le tout meublé tres joliment et voire orné de tableaux et d'estampes.

je travailleray a la letre juive dont vous me parles sur les continuateurs de lhistoire d'angletere de rapin toyarus.

je vous envoie la letre pour montrer au sieur neaulme[a], les oiseaux sont deniches pour luy il devoit ne pas tirer au court baton[b] il y a environ dix mois il voulut finasser il est la dupe de ses finesses ignores vous qu'il a mis mon nom au mentor cavalier et qu'il ny a pas mis le sien[c] qu'il n'obtien de moy l'agrement dy metre le mien qu'en me protestant qu'il avoit envoie a paris les feuilles de son livre [3]a son[3] corespondant qu'il entreroit a l'examen. il n'y avoit rien de si faux que tout cella se livre ma fait des afaires de diable.[d] notes les autres petits tour qu'il m'a joué avant que vous me fissies la grace de vous interesser a mes afaires et notanment celuy qu'il me fit le dernier jour que j'ai ete a la haye mais comme j'ai toujour cru qu'il falloit eviter les crialleries j'ai gardé un profond silence et vous veres que j'ecris d'une facon tres polie

je vous enveray le reste du sixieme volume dans trois envoie diferent afin que popie ait plus de facilité a le payer je vous feray deux envoie de huit letres et un de six. ensuite je vous enveray les dixhuit de surnumeraires pour la seconde edition* de meme que les remarques et les changements. il y aura peu de letres ou il ny est quelque chosse de corigé* comme anibal n'est pas aux portes je crois qu'il sufira que je vous envoie les remarques avec les dixhuit dernieres letres. cella sera aprochant vers paques et a peine alors comencera ton le sixieme volume[4] le sieur popie sera entierement tranquille et n'aura plus de terreur paniques il se trouvera son sixieme volume complet et ses dix huit de surplus ainsi que ses remarques. les letres qui serviront au suplement ne traiteront absolument que des bons et utilles sujets et je reserve pour cella des materiaux excellents qui feroient bailler les sots des caffes je choisiray les sujets les plus gay qui me restent pour finir le sixieme volume

apres les letres juives finies nous travaillerons aux memoires. nous verons quel parti il faudra prendre pour parer le tour que nous joue le sieur neaulme aidé du sieur van duren. popie c'est amuse a la moutarde. il auroit du s'emparer de cette copie* il savoit depuis long temt que cinq ou six libraires me persecutoient pour leur donner ce manuscrit et que je n'evitois leur importunité qu'en les flatant de vaines chimeres je luy avois dit moymeme de quoy il etoit quaestion au reste je le felicite sur son nouvel etablissement que diront les enemis des letres juives de luy voir etaler une boutique et ariere boutique dans une grande et belle rue. je vous envoie trois exemplaires complets [5]du du quatrieme volume de letres juives[5] en feuilles je vous prie de vouloir me les echanger avec popie contre un 1.2.3. tomes. je ne crois pas qu'il me refusse ce plaisir troquant touts les deux un pareil nombre d'exemplaires. voici ce qui fait que je me trouve ses livres. j'ai donné [6]un[6] 1.2.3. volume a voltaire que je luy envoié en loraine j'ai fait le meme pressent a un de mes amis en flandres tout cella avant que le quatrième volume parut. du depuis voltaire etant venu en holande nonseulement il n'a pas voulu recevoir le quatrieme mais il a acheté neuf exemplaires complet de letres juives et dousse philosophies du bon sens qu'il a emporté avec luy en loraine pour distribuer a ses amis car son voyage en angletere est une inmagination ou plustost une leure il est actuellement a cyrey ches la marquisse du chastelet* ceci soit dit entre nous deux. au reste voilla chauvelin son enemi capital disgratié je crois qu'il* retournera bientost a paris.

les manuscrits que j'ai donné a amsterdam consistent en un roman que popie a donné a changuion dont je n'ai aucune nouvelle* un autre intitulé le faux rabin* que chatelain a imprimé mais qui ne paretra qu'à la foire de francfort* un autre dont le titre est letres morales sur les diferents etats des hommes et leur diverses occupations* c'est une espece de cours de morale dans le gout de ma philosophie. de seine* imprime cet ouvrage et prevost a dispossé de ces deux manuscrit* je n'ai jamais veu aucun de ses libraires et ils ne conoissoient non plus ma phisionomie que celle du grand turc au reste j'ai suivi votre avis je me suis muni d'une excellente robe de chambre et me voilla pour un an de suite enfermé dans ma solitude et plus encor si l'annee prochaine je reloüe la meme maisson.

quand au journal de leidet c'est une bagatelle et vous n'aves pas aparament compris ce que je vous ecrivis ce journal n'est autre chosse que les memoires historiques que fait de roche* je fus prie par voltaire d'en faire trois feuille qu'on insera avec l'ouvrage de deroche ses trois feuilles etoient comme une emetique qu'on vouloit luy donner pour l'empecher de mourir c'est un auteur parisien qui passe dans l'esprit de leidet pour etre l'auteur de cette medecine on m'avoit fait prier sous cette opinion de vouloir quelque fois joindre quelques unes de mes feuilles a celles du sieur de roche mais j'ai fait repondre que l'auteur parisien aiant fait cella par complaisance une fois il ne vouloit point tourner la chosse en habitude ainsi tout est entierement fini depuis deux mois de ce coté ces deux[r] feuilles de ma facon se trouvent dans les [7]memoires[7] du mois de decembre 1736. vous voies que cella ne vaut pas la peine d'en parler des que jauray les manuscrit de changuion chatelain et de seine je vous en enveray une exemplaire.

il y a quelque tems que je ne recois point des nouvelles de mon frere et je suis tres inquiet comme je luy envoiai une letre traduite en anglois je ne scay si la grosseur du paquet n'auroit point fait qu'on l'eut decacheté a la poste comme la chosse arive tres souvent si vous en aves quelqu'une envoie la moy sens atendre aucune envoie.

j'ai des enemis si acharnés si puissant et en si grand nombre que j'ai bessoin de me metre a couvert par une retraite entierement inconue de leur envie heureussement quand on auroit decacheté la letre de[2] mon frere on ne pourroit rien aprendre de mon sejour car pour plus grande precaution je luy marque que je vis dans la nort holande dans une maisson de campaigne apartenant a celuy a qui il adresse mes letres si l'on a decacheté celle que j'ai envoié voilla les curieux bien payés.

un mot de ma philosophie je voudrois bien savoir si moetiens en a envoié beaucoup en france popie peut scavoir cella je luy auray obligation de vous en instruire

je vous aves prie de m'envoier le second volume des dissertations historiques de mr de la crosse je vous [8]seray bien[8] oblige de me le preter a la premiere occassion.

vous recevres samedi[9] [10]ou dimanche[10] pasquier avec huit letres juives. celle que vous m'aves envoiée ou vous aves ajouté l'article de brunet[s] m'a donné des nouvelles preuves de vos bontes ce que vous dites est divin et bien instructif mais coment usaije pu le dire j'ignorois qu'il y eut eu un brunet au monde et combien d'autre obligation ne vous ont pas touts mes ouvrages taillés roignés coupes brules sens misericorde je vous l'ai dit cent fois et je vous le repetes le tout n'en sera que mieux mais ne tailles rien s'il vous plait a votre amitie et faites moy la grace de me croire le plus penetre de reconoisance

le marquis d'argens

[11]je vous prie lorsque vous ecriray a mr de bey de le remercier des peines qu'il a bien voulu se donner pour moy en verité il m'a accablé de politesses et d'honetetes.[11]

MANUSCRIT
March.2, nos 12 et 13; 8 p.

NOTES CRITIQUES
Cette lettre comprend deux feuilles doubles, dont la deuxième (soit les quatre dernières pages) est cotée 13 dans le fonds March.2, on ne sait pourquoi car la phrase restée inachevée à la fin de la page 4 est terminée à la page 5. De toute évidence, il ne s'agit que d'une seule lettre.

[1] [dans la présente, écrite en réponse au no 34, d'Argens dit que Marchand recevra 'samedi ou dimanche pasquier avec les huit letres juives'. Or, cet envoi accompagnera le no 38 qui, semble-t-il, daterait de samedi le 23 ou de dimanche le 24 mars (voir le

no 38, note critique 1). La présente n'aurait donc guère pu être écrite avant le 17 mars, qui était un dimanche] ² [*sic* pour 'à'] ³ [en surcharge sur 'qu'il'] ⁴ ⟨ainsi⟩ ⁵ [d'Argens a d'abord écrit 'complets des letres juives troisieme volume', puis 'cinquieme volume'. En remaniant et corrigeant sa phrase, il a laissé subsister un 'du' superflu] ⁶ [en surcharge sur 'deu'] ⁷ [en surcharge sur 'journal de'] ⁸ [en surcharge sur 'le renveray'] ⁹ ⟨pasquier que j⟩ ¹⁰ [ajouté dans l'interligne]
¹¹ [ajouté dans la marge gauche de la page 8]

NOTES EXPLICATIVES

a. le no 36, qui confirme que les remarques qui suivent concernent Jean Néaulme et non son frère Etienne.

b. 'On dit proverbialement & figurément, *Tirer au bâton, au court bâton avec quelqu'un*, pour dire, Contester, disputer avec lui pour quelque chose' (Académie 1762, article 'Bâton').

c. Le Mentor cavalier, ou les illustres infortunez de notre siècle: par Mr. le marquis d'Argens. A Londres, aux dépens de la Compagnie, M.DCC.XXXVI.

d. cp. ce passage d'une lettre d'Anfossi au marquis de Caumont, datée de Paris le 20 avril 1736: 'Il paroit un nouvel ouvrage du Marquis d'Argens, qui s'imprime en hollande, ou l'on le dit presentement, Il est intitulé le *Mentor Cavalier* l'ouvrage repond a l'epithete qu'il se donne, c'est encore quelque chose de plus singulier et de plus hardy que ses memoires. Il y rapporte tout à decouvert, en nommant les masques, les avantures vrayes ou fausses, des personnes les plus respectables, Il vous dit, par exemple, sans façon, que Madᵉ de Boüillon a fait *empoisonner* la le Couvreur, De pareilles anecdotes luy pourront attirer de tres facheuses affaires, son Livre est arresté, mais il s'en est glissé quelques Exemplaires, qui ne s'en vendront que plus cher' (Musée Calvet d'Avignon, ms.2279, fol.20). Voir également Best.D1155, D1158 et D1204.

e. ce sera l'édition augmentée de 1738 (*2LJ*).

f. cp. le no 23 et la note *a.*

g. sans doute le droit de copie du premier volume des *Mémoires*, dont il a été question dans la lettre précédente.

h. en effet, Voltaire était de retour à Cirey dès la fin de février (voir Best.D1291). Sur son prétendu voyage en Angleterre, voir Best.D1283, D1287 *etc.*

i. Voltaire, s'entend.

k. s'agirait-il du *Législateur moderne, ou les mémoires du Chevalier de Meillcourt*, publié à Amsterdam par François Changuion? Ce roman aurait paru en 1737 selon Johnston, en 1739 selon Bush. Peut-être la bonne date est-elle 1738 car, au verso de la page de titre de la *Nouvelle bibliothèque* pour novembre 1738, figure, dans une liste des livres nouveaux se trouvant chez Paupie, le titre de ce roman, suivi de l'indication 'Amst.1738'.

l. Mémoires du comte de Vaxère, ou le faux rabin (Amsterdam 1737).

m. c'est-à-dire à Pâques: voir là-dessus le no 21, note *l.* Le roman de d'Argens figure dans le 'Catalogue des Livres nouveaux' imprimé à la fin de la *Bibliothèque raisonnée* pour les mois d'avril, mai et juin 1737 (tome xviii, seconde partie).

n. Lettres morales et critiques sur les différens états, et les diverses occupations, des hommes (Amsterdam 1737).

o. Michel Charles Le Cène.

p. cp. le no 25.

q. déjà en décembre 1736 d'Argens avait informé Marchand de sa collaboration aux *Mémoires historiques pour le siècle courant* de Jean-Blaise Desroches-Parthenay: voir le no 21.

r. c'est sans doute un lapsus, car d'Argens vient de parler à deux reprises de 'trois feuilles', chiffre confirmé par le no 21, qui nous apprend que le marquis a été prié de 'faire cette ouvrage pendant trois mois', sans doute les mois d'octobre, novembre et décembre 1736. Ces trois 'feuilles', avec celle de septembre, constituent le tome 26 des *Mémoires historiques*, paru vers la fin de décembre ou au début de janvier 1737.

s. l'article sur Gilbert Burnet dans 1*LJ* cxxviii (2*LJ* cxl).

36

Jean-Baptiste de Boyer, marquis d'Argens, à Prosper Marchand

[vers le 17 mars 1737][1]

je repons mon cher monsieur dans l'instant a la letre que vous m'aves ecrite sur l'achat de mes memoires par m[r]. neaulme pour son frere d'utrect je suis au desespoir de ne pouvoir vous donner une marque de mon sele en vous en envoiant la continuation pour le sieur naulme ainsi que vous me le demendes mais des raissons de la derniere consequence m'obligent a ne point donner actuellement cette suite et la situation de mes afaires ne me permet pas d'y penser. il y a environ huit ou neuf mois etant encor a la haye[a] je parlay alors a mr. neaulme de cette continuation je[2] luy ofris meme de m'en accomoder. il [3]crut[3] que je voulois luy donner de la marchandisse fouetée et refussa de la recevoir dans deux mois de temts. du depuis mon depart de la haye mes afaires aiant changées le sieur neaulme doit s'en prendre a luy d'un retardement qui a derangé mes premières idées je suis cependant charmé que mes memoires soient tombés entre les mains de son frere que j'estime infiniment sans avoir le plaisir de le conoitre mais donc toute le monde dit mille biens et si je pouvois actuellement sens me faire un tort considerable luy faire plaisir je nesiterois pas a le contenter vous etes trop juste vous meme sachant une partie de mes afaires pour desaprouver mes raissons et j'espere que vous ne me saures pas mauvais gré de ne pouvoir vous obeir je suis avec un respectueux atachement votre tres humble et tres obeissant serviteur

le marquis d'argens

ce 15. mars 1737[4]

MANUSCRIT
March.2, no 14; 2 p.

NOTES CRITIQUES
[1] [incluse dans la précédente, cette lettre est celle que d'Argens a composée pour être montrée à Jean Néaulme. Sans doute a-t-elle été antidatée de quelques jours (voir la note 4), car le marquis était 'en France' pour tous les libraires hollandais, même pour Paupie] [2] ⟨la⟩ [3] [en surcharge sur 'me'] [4] [cette date a été retouchée, peut-être par le marquis, peut-être par Marchand: 'ce', 'mars' et '17' sont bien de la même écriture que le reste de la lettre, mais le '15' et les deux derniers chiffres de l'année en diffèrent. Quant au mois, il semble qu'on ait d'abord écrit 'fe'].

NOTES EXPLICATIVES
a. d'Argens était donc toujours à La Haye vers juin/juillet 1736.

37

Prosper Marchand à Jean-Baptiste de Boyer, marquis d'Argens

[vers le 20 mars 1737][1]

Très cher Marquis,

Je vois avec plaisir, que vous voilà enfin fixé, et presque pour rien, dans un Endroit convenable, et où on ne sauroit s'aviser de vous aller chercher; a moins de quelque Indiscretion, dont vous êtes plus interessé que qui que ce soit à vous garder. Tachez, je vous conjure, de gagner sur vous de bannir vos Craintes frivoles & vos Terreurs paniques, et ne songez uniquement qu'a votre Etude & Composition, puis que c'est-là le Genre de Vie auquel vous voulez vous réduire. Le VI Volume, les 18 Lettres surnumeraires, les Remarques, &c vous peuvent occuper d'ici à quelque Tems. Après cela, la Suite des *Mémoires* vous emploiera quelques Mois; & enfin nous verrons ce que nous pourrons vous procurer, soit sur un Sujet, soit sur un autre.

Il me paroit que vous vous inquietez de la Lettre de ce Grédin qu'on vous a dépéché de chez votre Hotesse passée[a]. C'est un Misérable qui est ce qu'il dit comme moi Heritier presomptif de l'Empire Ottoman. Nous l'avons vû ici roder les Auberges, & en pleine Table d'une il fut traitté comme il le meritoit sans oser souffler. Deux jeunes Gens à qui il en avoit imposé par le Titre qu'il ose prendre et qui l'avoient introduit sur ce pié dans diverses bonnes Maisons, furent desabusez sur son Chapitre; & pour le punir de son impudente Imposture y menerent un troisieme, qui leur demanda en sa presence s'ils n'avoient point entendu parler d'un certain la France, ci devant Laquais d'un Financier à Paris, et qui aiant passé en Espagne y avoit séduit la Fille d'un bon Bourgeois de Madrid, qu'il avoit emmenée, et avec laquelle il couroit [2]de Païs en Païs? Non, affecterent-ils de répondre. Mais, voila Monsieur, ajouterent-ils, qui vient d'Espagne avec Madame sa Femme, & qui pouroit bien nous en dire des Nouvelles. Bref, ils le pousserent jusqu'a lui dire, qu'ils voioient bien qu'il étoit ce la France; & que s'il paroissoit d'avantage chez les Honetes-Gens où ils lavoient introduit, ils l'en chasseroient come un Fourbe et un Coquin. L'Aubergiste, voiant tout ce Tintamarre, commença à se défier de ce Drole, demanda à etre payé, et sur son Refus ou mauvaise Volonté le fit citer à la Maison de Ville, où un Domestique de la Maison d'Espagne, touché de Pitié pour le triste Sort de la pauvre Espagnole, a bien voulu être caution de la Dépense faite. De cette Auberge, il a passé dans diverses autres; et aparement qu'il est allé faire le même Manege à Utrecht. Voilà le Personnage, qui vous donne ordre, come auroit pu faire son prétendu Pere, de l'aller humblement trouver dans son Palais. Ne daignez pas faire reponse à un tel Faquin, qui ne vous cherche peut-être que pour vous porter quelque Botte au Gousset[b]. Car, j'ai peine à croire que ce soit la L.[c] qui l'ait envoié chez votre Hotesse, qu'elle peut pourtant bien lui avoir indiquée. Toute la Précaution à prendre dans pareilles Enquêtes, c'est que cette Hotesse reponde, que vous êtes répassé en Braband, et peut-etre en France, & que c'est tout ce qu'elle en sait. C'est ce que mon Ami De Bey doit lui écrire,

et lui recommander; et supposé qu'elle ait eu l'imprudence de le nommer, lui
De Bey, qu'il reponde de même si l'on venoit à lui, et qu'il ajoute come par
maniere de Plainte qu'il est fort mécontent de n'avoir point de vos Nouvelles.
Je ferai usage de votre Lettre pour Neaulme; mais, jaurois voulu que vous eussiés
insisté sur le Manque de Parole au sujet de la *Philosophie du Bon Sens*, & sur la
Brochure de Bonneval vendue 4 fois sa juste valeur à Prix courant, et cependant
vantée come Grace particuliere. Voici un Feuillet de cette *Philosophie* traduite
en Hollandois^d, que j'ai attrapé par Hazard, et que je joins ici pour vous rassurer
contre vos Défiances. Certes, cher Marquis, vous êtes un drôle d'Auteur. Tous
les autres sont toujours charmez de leurs Ouvrages, et s'imaginent que le Monde
les adorent; et vous, vous pensez toujours que le Public n'y pense point. Vous
voiez le contraire; & encore une fois, tranquilisez-vous, et travaillez l'Esprit
rassis et paisible. Cette *Philosophie* est bien recue, et va bien; mais, nous n'avons
point de Nouvelles qu'elle ait passé au Tripot de Paris. Quand je le saurai, je
vous le dirai. Les *Lettres* vont toujours de mieux en mieux; & après les 1100 de
plus dont je vous ai parlé en dernier lieu, vous êtes plus incredule que S^t.
Thomas. Ne seroit-ce point votre Prénom? En ce cas débatisez vous.

Je suis bien aise que vous soies content de mon Addition du *Burnet*. Comptez
que je n'en mettrai jamais que de semblables, & que je vous estime trop pour
vous faire rien dire qui puisse vous être préjudiciable. Au Tour, et à certaine
Maniere près, qui vous sont propres, et que je n'attraperois pas ³aisèment, vous
vous retrouverez toujours le même.

Adieu, tres cher Marquis; du repos, de la Constance, et point de Terreurs
chimeriques. *Tuus ex Animo Md*³

A Monsieur / Monsieur Boyer.

⁴Je laisse cette Lettre ouverte, afin que M^r. De Bey la voie, et que je n'aie
point la peine de récrire.⁴

MANUSCRIT
March.2, no 10; 4 p., l'ad. et le P.-S. p.4.

NOTES CRITIQUES
¹ [c'est à la présente, écrite en réponse
au no 35, que d'Argens répond le 23 ou le
24 mars (lettre no 38). Elle aurait donc été
écrite vers le 20 mars] ² [Marchand passe
ici de la première à la troisième page, pour
terminer sa lettre à la page 2] ³ [ajouté dans
la marge gauche de la page 3] ⁴ [ajouté en
bas de la page 4, sous l'adresse]

NOTES EXPLICATIVES
a. sur cette lettre du soi-disant comte de
Bourbon, voir le post-scriptum du no 31.
b. 'Botte. On dit figurément, *Porter une
botte à quelqu'un*, pour dire, Lui demander
de l'argent à emprunter, sans être trop en
pouvoir de le rendre' (Académie 1762).
c. la veuve Limiers.
*d. De Filosofy van het gezondt-verstandt, of
filozofise aanmerkingen over de onzekerheid der
menschelyke kundigheden* (Londen 1737).

38

Jean-Baptiste de Boyer, marquis d'Argens, à Prosper Marchand

[le 23 ou le 24 mars 1737][11]

voici mon cher monsieur[2] six letres juives et une que je vous envoie dernierement c'est cept ainsi que me doit le sieur popie je vous suis obligé plus que je ne saurois vous le dire de la feuille traduite que vous m'aves envoié de la philosophie. vous m'aves ranimé et j'espere que les letres que je vous envoie vous en doneront une preuve jai obei exactement a vos ordres il y en a une sur les historiens etranges qui se sont avissés d'ecrire lhistoire d'angletere le continateur de rapin toyras ni est pas[3] oublie[a]. vous trouveres aussi une letre sur les jesuites et j'espere que vous ne me reprocheres plus ma partialité[b]. je vous renvoie le pasquier et une feuille que j'avois oublie l'autre fois. sil y a quelque chosse de nouveau dans les journeaux qui vont paroitre je vous prie de m'en instruire. je ne scay a qui dedier ce cinquieme volume j'espere que vous aures la charite de m'indiquer quelque chosse. je ne scay si popie voudra bien me faire le plaisir de me troquer mes exemplaires de letre juives[c]. a paques ainsi que je vous l'ai dit vous aures le sixième volume complet et les dix huit surnumeraires les remarques &c. je ne perd point de temt je travaille assidument mais je tache de ne faire que de la bonne besoigne je me promene cependant quelque fois dans mon jardin[4] depuis que je me suis avissé de devenir jardinier il m'en coute dousse florins pour graine fumier &c. mais aussi versaille n'est rien aupres de ma solitude. je vous serois obligé si vous voulies dire au sieur popie de m'envoier un petit renfort d'espece. je ne saurois jusques ici que me louer de son exactitude je vous prie aussi de vouloir bien vous rembourser car je suis honteux de vos complaisence je vous serai obligé de m'envoier le second tome des dissertations historiques[d] dont je vous ai renvoié le premier. mr. de bey a qui je vais remetre mon paquet et qui se promene dans le jardin me crie quil se fait nuit et quil faut embaler. je finis donc en vous asurant que personne au monde n'est plus penetre que moy de vos bontes que je tacheray de meriter toujour de plus en plus le marquis d'argens

je ne recois point des nouvelles de mon frere je crains qu'il ne soit malade cella m'inquiete

MANUSCRIT

March.2, no 31; 4p., p.4 bl.

NOTES CRITIQUES

[1] [dans le no 35 d'Argens avait écrit que Marchand recevrait 'samedi ou dimanche pasquier avec huit letres juives': or, voici qu'il envoie Pasquier et six *LJ*. Marchand répondra à la présente – qui, elle, est en réponse au no 37 – vers le 26 mars (voir le no 39, note critique 1). Puisqu'il n'y a rien dans sa lettre qui suggère qu'elle se soit fait attendre, il est à présumer que la présente est du 23, qui était un samedi, ou du 24 mars] [2] ⟨sept⟩ [3] ⟨obligé⟩ [4] ⟨ce [?] diable⟩

NOTES EXPLICATIVES

a. sur cette *LJ* (1*LJ* CLXIX, 2*LJ* CLXXXVII) voir le no 34, note *g*.

b. ce doit être une allusion à 1*LJ* CLXIV, vi.109-16 (2*LJ* CLXXXII, v.377-89), véritable réquisitoire contre les jésuites. Il est à re-

marquer que d'Argens cite les *Recherches de*
la France de Pasquier par deux fois dans
cette *LJ*.

c. voir le no 35.
d. par Mathurin Veyssière La Croze.

39

Prosper Marchand à Jean-Baptiste de Boyer, marquis d'Argens

[vers le 26 mars 1737][1]

Tres cher Marquis,

Je ne puis cette fois vous expedier aussitot le Payement de vos 7 Lettres, parce que Paupie est actuellemt. à Amsterdam depuis avant-hier. Ainsi, c'est Avertissement pour vous de ne vous y point montrer. Dès qu'il sera revenu, j'aurai soin de vous expedier cet Argent, avec le II^d Vol. de la Croze s'il me le raporte d'Amsterdam, come je l'en ai ai[2] prié. Je vous remercie de votre Attention aux Lettres touchant les *Historiens* & les *Jésuites*. Elles ne seront pas inutiles. Celle sur le Pere Fouquet[a] est courue come les petits Patez. C'est à-qui en aura, & on se l'arrache des mains. Si de tems en tems vous pouviés avoir quelque Anecdote pareille, les tournant come vous savez faire, cela acheveroit de vous gagner totalement le Public. Il vient d'arriver à Paris une Scene toute propre à être emploiée dans vos Lettres. Un beau matin, la Populace, le Peuple, et ensuite le grand Monde s'est transporté tumultuairement au Faubourg S^t. Marceau à la Paroisse de S^t. Médard; & cela, devinez pour quoi? Pour y voir enlever, non seulement S^t. Paris & son Cadavre, mais même son Tombeau je dirois volontiers en chair et en os. Les Gens sensez déplorent l'Aveuglement de ces pauvres Imbeciles, mais détestent en même tems la Noirceur et la Scélératesse des Jésuites, qu'on ne doute nullement qui ne soient les Auteurs de ce sot Bruit qu'ils ont fait adroitement repandre par des Espions qu'ils ont parmi la Populace Pariste[b], qu'ils cherchent à abîmer par de pareilles Sottises[c].

Je suis bien aise que la Trad. Hollandoise de votre Philosophie vous fasse plaisir. Vos Romans y passeront, ou je suis fort trompé. Le *Philos. amoureux*[d] est fait et parfait, et j'en ai ici 6 Exemplaires à vous envoier. *Rosalina*[e] s'acheve, et six Exemplaires suivront de meme. Je vous enverrai tout cela, avec les Vol. de *Lettres Juives* que vous demandez, et que Popie a d'abord promis de fort bonne grace, sans même vouloir les vôtres à ce que j'ai compris.

Vivent les chimeres! En verité, je ne suis plus surpris si on les aime tant. Qui l'auroit crû, que dix Florins de Graine & de Fumier effaceroient chez vous Trianon, Marly, et Versailles? Je suis charmé de cette Satisfaction, & je vous exhorte à la fair durer. Badinage à part, vous êtes le Maitre de votre Repos, si vous le voulez; & je vous supplie en bon et sincere Ami de le vouloir, a fin d'eloigner de vous toute Inquietude. Celle touchant M^r. votre Frere est legitime, & j'y participe; mais, au Nom de Dieu, ne vous en procurez point d'autres. Je vous renvoie la Lettre de ce Faquin[f]; & cela me donne occasion de vous renouveller, qu'il faut de toute nécessité éviter toute liaison avec les Personnes de qui elle vous vient[g], parce qu'elles ne manqueroient pas d'en abuser. Si elles vous savoient l'Auteur des *Lettres Juives*, entetées de Jansenisme come vous me les avez dépeint, elles vous haïroient en Diable, & qui pis est vous susciteroient infailliblement la Cabale Dévote; Et vous savez ce que c'est: je n'ai que faire de vous en représenter les Suites. Quoi qu'elles dedaignent et méprisent la Limiers, elles iroient lui faire leurs Doléances. Elle de son Côté feroit les Commentaires les plus diabolique sur vos *Mémoires*; & delà ces Gens-reunis vous déchireroient en Diable, ou en Dervis, l'un vaut l'autre. Deplus van Duren[h], Ami de cette Créature, seroit aussitôt averti de votre Retraite, la communiqueroit à vous Deux champions d'ici[i] et autres, & puis jugez des suites. Pour[3]vous[3] éviter donc tous ces Chagrins, imitez le Limaçoñ, renfermez vous dans votre Coquille, et ne montrez les Cornes que dans votre Jardin. Heureux d'en avoir un a si bon compte, et d'être logé à votre Gré. Je suis peutetre importun avec mes Remontrances: mais, je passe sur mon Degout pour ces sortes de Démarches, par ce que je les sens nécessaires; et l'Amitie de Foiblesse ne doit point être écouter quand il s'agit du Salut de ses Amis. Je vous le repete, cher Marquis, qu'on ne sache point où vous êtes, & surtout les deux Femelles de votre avant-derniere Habitation[g]. Cela est plus important que vous ne sauriés le croire. Adieu, je Vous embrasse du meilleur de mon Coeur & suis à mon ordinaire V.T.H.S.[k]

A Monsieur / Monsieur Boyer dans son / Chateau de Gaillardin[l]

MANUSCRIT
March.2, no 8; 2p., l'ad. p.2; cachet enlevé (traces de cire rouge).

NOTES CRITIQUES
[1] [il est question dans la présente, par laquelle Marchand répond au no 38, de la popularité de 1*LJ* cxxxv, parue le 25 mars et dont la publication, de toute évidence, est encore toute récente] [2] [Marchand répète ce mot par inadvertance] [3] [ajouté dans l'interligne]

NOTES EXPLICATIVES
a. 1*LJ* cxxxv (2*LJ* cxlvii).
b. adjectif inventé par Marchand, semble-t-il.
c. malgré une campagne vigoureuse de la part des autorités, qui cherchaient à étouffer le mouvement convulsionnaire, le culte voué au diacre Pâris depuis dix ans continuait à provoquer des remous dans la capitale. Cette effervescence devait même s'accentuer pendant les mois suivants: voir à ce sujet B. Robert Kreiser, *Miracles, convulsions, and ecclesiastical politics in early eighteenth-century Paris* (Princeton 1978),

pp.391-93. D'Argens composera une *LJ* consacrée à l'épisode raconté par Marchand: ce sera 1*LJ* clxxx, vi.237-44, soit la dernière de cette édition (2*LJ* cxcviii, vi.81-91). Après avoir fait l'historique de l'inimitié des jansénistes et des jésuites en ce qui concerne le diacre Pâris, Monceca raconte une 'Avanture qui vient d'arriver il y a quelques jours' à Paris (1*LJ* vi.238; 2*LJ* vi.82). Il est à remarquer qu'il adopte le même point de vue encore plus hostile aux jésuites qu'aux jansénistes qui caractérise la lettre de Marchand; et on trouve comme un écho de cette lettre dans le récit de Monceca lorsque celui-ci raconte comment les jésuites 'firent répandre adroitement par leurs Emissaires, que le Corps de l'Abbé Paris devoit être enlevé' (1*LJ* vi.243; 2*LJ* vi.89).

d. Le Philosophe amoureux, ou les mémoires du comte de Mommejan (La Haye 1737).

e. Les Caprices de l'amour et de la fortune, ou les aventures de la signora Rosalina (La Haye 1737). Paupie annoncera dans 1*LJ* cxlv du 29 avril que l'ouvrage est en vente (v.200).

f. celle du prétendu comte de Bourbon.

g. allusion à la veuve Verschoor et à sa fille. C'était celle-là qui avait envoyé la lettre du 'comte' à de Bey pour qu'il la fît parvenir au marquis (voir le P.-S. du no 31); et d'Argens la dépeint en effet comme 'janseniste outrée' (no 29). Toute cette partie de la lettre de Marchand est comme l'avant-coureur de celle qu'il écrira le 16 avril, lettre qui n'épargne plus la susceptibilité du marquis et qui met en cause la conduite de celle que d'Argens appelle sa 'femme'.

h. Jean van Duren, libraire à La Haye.

i. sans doute La Martinière et Desroches-Parthenay, qui tous deux demeuraient à La Haye et travaillaient pour van Duren.

k. votre très humble serviteur.

l. ce n'est point là, bien entendu, une adresse sérieuse. Marchand envoyait à de Bey les lettres qu'il écrivait à d'Argens à cette époque, et c'était de Bey qui les remettait au marquis. Le nom que donne Marchand, par plaisanterie, à la retraite du marquis n'est pas sans rappeler cet *Extrait des registres du Chapitre général des Chevaliers de la Jubilation, tenu à Gaillardin, Maison de l'Ordre, le 24 novembre 1710* qu'avait rédigé Marchand, Secrétaire de l'Ordre (dont de Bey était le Graveur des Sceaux). On comprend que la maison de l'Ordre s'appelle 'Gaillardin' si l'on tient compte du fait que les 'très gaillardes constitutions de l'Ordre […] sont d'être toujours gaillard, joyeux' *etc.* (cité dans Berkvens-Stevelinck, 1978, p.xiii; pour le titre de l'*Extrait* et la liste des officiers de l'Ordre, voir le même ouvrage, p.xii). Ce nom et à plus forte raison celui dont se sert Marchand dans sa lettre à d'Argens n'auraient-ils pas été formés sur le modèle du célèbre Château-Gaillard (Gaillardum Castrum), forteresse médiévale construite par ordre de Richard Cœur de Lion et qui domine la Seine près des Andelys, en Normandie? C'est au professeur R. A. Leigh que je dois l'idée de ce rapprochement.

40

Jean-Baptiste de Boyer, marquis d'Argens, à Prosper Marchand

[entre le 1er et le 11 avril 1737][1]

je vous envoie mon cher monsieur six letres juives et dans dix ou dousse jour vous recevres les autres cept qui termineront le volume[a] je feray ensuite les dix huit surnumeraires je me prepare a travailler aux memoires de la facon que vous m'aves dit. je vous prie de tailler roigner couper sens misericorde j'ai pris la liberté de laisser dousse ou quinse lignes de vuides dans une letre sur les eccossois je vous prie de les remplir de l'eloge de quelques savans de cette nation je n'en conois aucun et j'ai recours a votre erudition[b] j'espere que vous excuseres ma liberté l'idée de sancho pansa est divine et vous seres content j'espere de l'epitre et preface[c] je les enveray au premier envoie. je vous ecriray alors sur un papier separé car je nay pas le temts a pressent et mr du bey ainsi que son epousse qui m'ont fait lhonneur de venir me voir pressent pour sen aller etant deja tard. je vous seray oblige de faire que le sieur popie de[2] se desabitue point de son exatitude qui me rend aussi fort exat de mon coté vous ne me dites point ce que les journeaux dissent de ma philosophie ils en doivent surement avoir donné quelque extrait[d] informes vous de cella en grace je finis et suis plus a vous cent fois qu'aron monceca ne l'est a isac onis. je vous prie d'avoir un peu soin des citations des letres que je vous envoie elles sont bonnes et gay en même temt.

le marquis d'argens

MANUSCRIT
   March.2, no 11; 2p.

NOTES CRITIQUES

[1] [il semble que par la présente le marquis répond à une lettre de Marchand qui manque. En effet d'Argens, qui dans le no 38 avait demandé à Marchand à qui il devait dédier le cinquième volume des *Lettres juives*, le remercie de 'l'idée de sancho pansa', à qui ce volume sera dédié; or, Marchand n'avait fait aucune mention de Sancho Panza dans le no 39, auquel la présente est forcément postérieure. Qu'elle ait sa place ici dans la correspondance est certain, car Marchand y répondra en quelque sorte par le no 41. Pour ce qui est de la date, Marchand accusera réception, dans le no 41, d'une lettre de de Bey du 12 avril et d'une autre, antérieure, à laquelle il n'avait pas encore répondu et qui contenait six *LJ* qu'il était question de payer. La présente a donc dû accompagner cette autre lettre de de Bey; effectivement, elle est la seule lettre antérieure au no 41 à parler de six *LJ* dont le paiement reste à faire. (Il est vrai que d'Argens envoie six *LJ* avec le no 38, mais là, aussi bien que dans la réponse de Marchand (no 39), il s'agit du paiement de sept *LJ*, compte qui a dû être réglé par la lettre de Marchand qui manque). La présente serait donc antérieure de quelques jours au 12 avril] [2] [*sic* pour 'ne']

NOTES EXPLICATIVES

a. selon les calculs de Marchand dans le no 34, il restait 20 *LJ* à composer pour terminer le tome vi, plus une qu'il attendait pour le lendemain. De son côté, d'Argens promettait d'envoyer 22 *LJ* en trois envois (no 35). Il en envoie six avec le no 38, plus une envoyée 'dernierement'. Si nous en sommes actuellement aux treize dernières, c'est probablement que Marchand avait bien calculé et que d'Argens s'était trompé.

b. la fin de 1*LJ* CLXX (2*LJ* CLXXXVIII), à partir de 'Ils ont eu cependant plusieurs Grands-Hommes' (1*LJ* vi.164; 2*LJ* v.453-54), serait donc de Marchand, qui fait l'éloge de Gilbert Burnet et surtout de George Buchanan (1506-1582). Ce faisant, il décoche des traits aux moines et aux Jacobites, avant de terminer son article par une allusion dédaigneuse 'aux Esclaves-nez du Pouvoir arbitraire, & [...] aux Defenseurs outrez de l'Obéissance passive' (1*LJ* vi.164; 2*LJ* v.454), ce qui visait, au moins indirectement, d'Argens lui-même.

c. le tome v des *Lettres juives* est en effet dédié 'au naif et inimitable Sancho Pança'. Selon Fransen (1933), p.117, ce serait Jean-Blaise Desroches-Parthenay, ami et collaborateur de La Martinière, que viserait d'Argens. L'hypothèse est tout à fait plausible.

d. on trouve un extrait de la *Philosophie du bon sens*, accompagné de commentaires pour la plupart favorables, dans la *Bibliothèque françoise*, tome xxv, 2ᵉ partie, article III; mais d'Argens devra attendre jusqu'aux environs d'octobre 1737 pour le voir paraître. Je n'ai connaissance d'aucun extrait antérieur à celui-là.

41

Prosper Marchand à Jean-Baptiste de Bey et à Jean-Baptiste de Boyer, marquis d'Argens

[le 16 avril 1737][1]

[2]Monsieur & cher Ami

Votre Lettre du 12 ne m'a été rendue qu'hier 15 assez tard, avec Excuse de M[r]. Serancourt, qui l'avoit oubliée à cause d'un Enterrement. J'ai bien reçu votre précédente avec le Paquet des 6. *Lettres Juives*, pour les quelles je vous prie de vouloir bien porter 24 Florins à M[r] le Marquis, & en tirer Quittance, cela n'etant point de mes Affaires propres: je vous les rendrai ici. Je vois avec chagrin, qu'il s'éloigne de son vrai But qui est de se tenir clos et couvert, afin d'éviter les Desagrémens auxquels il ne s'est déjà vû que trop exposé. Vous avez fait ce que vous avez pû pour y seconder mes Vûes et les siennes; & je vous en remercie. Mais, puis qu'il veut s'exposer, non seulement à des Discours publics, mais peutêtre même à des Suites facheuses, qu'il le fasse: il est maitre de son Sort, et nous n'avons d'autre Droit que celui de la Remontrance. Je vais en user encore une fois avec lui, afin de n'avoir point à me reprocher de n'avoir point mis tout en usage pour le preserver: & vous lui lirez la Lettre suivante, et relirez s'il est besoin; après quoi, vous la déchirerez en sa présence[a], ne voulant point qu'il reste nulle part de Papiers qui puissent m'attirer des Altercations & des Disputes avec ses Ennemis ou sa Famille. Rien n'etant plus ordinaire que l'Indiscretion des Depositaires de ces sortes de Conseils. Non pas que je craigne rien de sa part. Mais, il peut manquer tout d'un coup; & Dieu sait ce que deviendroient ses Papiers. Ne négligez donc point de déchirer cette Lettre aussi tôt lue, ou relue, & tête-à-tête. C'est ce que je vous recommande bien expressement. Adieu, je vous embrasse de tout

mon Cœur. Votre tres huble Serv.
& ami Marchand[2]

Tres cher Marquis,

C'est avec la Douleur la plus sincere et la plus vive, que j'apprens par mon Ami De Bey, que les Remontrances que mon Amitié m'a porté à vous faire sur la Nécessité de vous tenir soigneusement inconnu[b], ne produisent rien. Souvenez-vous, s.v.p. que lors que je vous ai recommandé à lui, il n'a jamais su par moi quoi que ce soit de vos Affaires, et que c'est par vous même qu'il l'a appris. Je ne vous en blame point le Secret est en bonnes Mains. Mais, de la Maniere dont les Choses se passent, il est sur le Point de passer en très mauvaises. Lorsque vous me proposates de vous placer quelque part, votre Plan étoit d'y aller seul, et vos Promesses etoient de [3]ne songer qu'à[3] travailler [4]seul et[4] paisiblement. Ce fut donc une Surprise assez singuliere pour moi de voir que vous aviés pris d'autres Vûes[c]. Cela ne m'empécha pourtant point de continuer mes petits Soins et bons Offices pour vous; quoi que si je l'eusse su par avance, peut-être m'en serois-je desisté. M[r]. Prevot est venu de plus à vous connoitre, & il n'y avoit encore rien de gâté: mais, votre Demeure à Utrecht, où vous étiés ce me semble à merveilles, à tout gâté, par l'Indiscrétion de la Personne du Monde la plus intéressée à vous cacher et à vous ménager du Repos*^d*. Je conçois bien qu'il ny a nulle mauvaise Volonté, mais beaucoup d'Envie de babiller: & c'est quelque-chose de bien étrange, qu'après avoir causé tous vos Malheurs depuis si longtems, elle cherche encore si étourdiment à vous en préparer de nouveaux. Ne trouvez point mauvais que je vous parle si franchement: il le faut; &, si vous ne mettez ordre à vos Affaires, je crains fort pour vous qu'elles ne prennent un très mauvais Chemin. Rappellez vous les Inquietudes qui vous firent partir si précipitamment d'Utrecht; mettez les en parallelle avec la Fantaisie d'y renoüer connoissance avec les mêmes Gens qui vous paroissoient si redoutables*^e*: & concluez vous même. Dès qu'on vous aura déterré on en babillera à toute la Ville, & dès lors tout Amsterdam, tout Leyde, tout la Haye, &c feront des Farces de vos Allées et Venues, et pis peut être, travailleront auprès de l'Ambassadeur*^f* à vous faire de nouveau chagriner. De deux choses l'une, ou vous avez quelque chose à craindre, ou non. Si c'est le dernier, pourquoi ne vous pas montrer à découvert, & pourquoi quitter cette Maison d'Utrecht, où vous étiés si bien l'un et l'autre? Si cest le prémier, vous ne devez donc point revoir ces Gens-là, puis que vous avez eu tant de raison de les craindre. Et, en effet, cette Crainte n'est point frivole. Comment voulez-vous que des Jansenistes, que vous avez si cruellement tournez en ridicule, puissent vous pardonner de pareilles Bravades? Vous les croiez plus mauvais que les Jésuites, ce que je ne vous accorde pas; pour plus fous, passe: et cependant vous voulez vous livrer entre leurs Mains! Cela est incomprehensible dans un Homme de votre Genie et de vos Lumieres. Peut être votre Famille, dont vous ne recevez plus de Nouvelles, n'attend elle que l'occasion de savoir votre Demeure pour agir en Cour contre vous ici: et vous vous préparez à leur en fournir l'Occasion! Pensez à tout cela, tres cher Marquis: regardez-le d'un Oeil paisible et tranquille, & vous en sentirez toutes les tristes Conse-quences. Mais, que faire, me direz-vous? Vous tenir renfermé chés vous, y imposer courageusement silence, empêcher des Renouvellemens de Liaisons dangereuses, & faire vigoureusement sentir, qu'après vous avoir si malheureuse-ment conduit dans l'Etat ou vous êtes, on*^d* ne doit point abuser de votre trop grande Bonté pour vous mettre au Hazard de vous faire misérablement périr. Si on a véritablement, come on le doit, de l'Estime et de l'Affection pour vous, on ne doit trouver-là rien de dûr: on doit, au contraire, sentir, et sentir avec la derniere Reconnoissance, que c'est-là un Devoir indispensable. Voila ce que je crois le mieux vous convenir, tres cher Marquis: & pardon si je vous le dis si nettement; mais, je le crois ⁴absolument⁴ nécessaire; & je me croirois un très indigne Ami, si, prévoiant votre Malheur, je ne tachois par mes Conseils de le prevenir. Avant de finir toute cette longue et ennuiante Lettre, j'ajouterai, que vous me ferez plaisir de remettre à M.^r De Bey mes Lettres ou je [pu]is⁵ vous avoir parlé de vos divers Adversaires; car, je ne veux point de Disputes avec per[sonne].⁵ La Litterature ne vaut pas la Peine que d'honnêtes Gens se commettent avec des Gredins et des Miserables. Ce n'est nullement que je craigne aucun mauvais Usage de ces Lettres de votre part: mais, on meurt; des Papiers passent en d'autres Mains; et tous les jours on voit les mauvais Effets que cela produit. Voiez en quels beaux draps blancs se trouve Saurin de Paris par une Lettre trouvée chez un Particulier, et imprimée dans la *Biblioteque Germanique*^g. Ne desaprouvez donc point ma Precaution. La mienne pour mes Amis, est de mettre dans le Feu toute Lettre qui pouroit les interesser^h. J'attendrai incessament les dernieres Lettres du VI Tome avec les Remarques &.ⁱ Quant aux dix huit dernieres, pour y travailler ou du moins à quelqu'une, je vous envoierai un Livre nouveau trad de l'Anglois sur les *Causes des Fantaisies des Femes grosses, et des Marques dont elles tachent leurs Enfans*^k. On dit qu'il y a des Choses curieuses, agréables, et même assez badines, et que cette Matiere est traittée d'un Gout tres nouveau et interessant.

Encore un Coup, tres cher Marquis, prenez en bonne part et come partant d'un Coeur tout a vous tout ce que j'ose vous remontrer: profitez-en; et songez que de la depend votre Repos, & peut-être votre Salut: temporel s'entend, car, pour le spirituel, je n'ai jamais voulu faire le Métier de Directeur, quelques Sucreries & autres Douceurs qu'il y ait à gagner

Derechef encore Adieu⁶

A Messieurs / Messieurs Boyer & De Bey, / à Amsterdam / avec 24 Florins / que je prie le dernier / de donner au prémier

MANUSCRIT

March.2, no 7; 4p., l'ad. p.4; cachet aux arabesques sur cire rouge.

NOTES CRITIQUES

¹ [c'est la lettre de de Bey du 12 avril – lettre qui a dû attirer l'attention de Marchand sur la conduite de la compagne du marquis – qui a occasionné ces deux lettres. Qu'elles soient d'avril ne fait pas de doute, car rien ne permet de penser que près de sept semaines se soient écoulées entre le no 39 et la présente. Le quantième est indiqué par la première phrase de la lettre à de Bey] ² [cette première lettre s'adresse à Jean-Baptiste de Bey et occupe la moitié de la première page. Elle est immédiatement suivie par le début de la lettre à d'Argens, que de Bey devait lire au marquis. Je n'ai donc pas cru devoir séparer les deux lettres] ³ [ajouté dans l'interligne au-dessus d'une longue phrase lourdement biffée] ⁴ [ajouté dans l'interligne] ⁵ [il y a ici un trou dans le papier, mais le bout de papier détaché se trouve au dos du cachet] ⁶ [il n'y a pas de signature]

NOTES EXPLICATIVES

a. le fait que cette lettre se trouve intacte parmi les papiers de Marchand indiquerait qu'elle lui fut renvoyée, peut-être par de Bey, peut-être par d'Argens, qui d'ailleurs renverra à Marchand toutes les lettres que celui-ci lui avait écrites (voir le no 42).

b. voir les exhortations de Marchand à la fin du no 39.

c. allusion discrète mais claire à la présence aux côtés du marquis de celle qu'il appelle sa 'femme'.

d. il s'agit, bien entendu, de la compagne du marquis.

e. c'est-à-dire avec la veuve Verschoor et sa fille qui, par leurs relations avec la Limiers, pourraient déceler aux ennemis du marquis le lieu de sa retraite.

f. le marquis de La Mothe-Fénelon, ambassadeur de France à La Haye.

g. voir la *Bibliothèque germanique*, tome xxxv, Amsterdam 1736, article xvi, pp.166-73, qui reproduit le texte d'une lettre écrite de Zurich le 14 juillet 1689 par Joseph Saurin (1659-1737) dans laquelle celui-ci se reconnaît coupable de vol.

h. pourtant le fonds Marchand à la bibliothèque universitaire de Leyde est là pour prouver que ce n'était rien moins qu'un procédé systématique de sa part.

i. dans cette dernière partie de l'alinéa, Marchand répond au no 40, qui lui était parvenu avant la lettre de de Bey du 12 avril.

k. d'Argens a en effet composé une *LJ*

sur ce sujet (voir là-dessus les nos 46 et 47): c'est 1*LJ* CLI, vi.1-12 (2*LJ* CLXIX, v.123-40) qui traite des 'Fantaisies des Femmes enceintes' (vi.2; v.123). Une note nous apprend que l'ouvrage en question est une 'Dissertation Phisique sur la Force de l'Imagination des Femmes enceintes sur le Fétus, par Jaques Blondel, Docteur en Médecine, & Membre du College des Médecins de Londres, &c' (vi.1; v.123), autre-

ment dit la traduction française – par Albert Brun (Leyde 1736) – de *The Power of the mother's imagination over the foetus examin'd* (London 1729), ouvrage de James Augustus Blondel (mort en 1734). D'Argens s'en est également servi dans la première lettre de ses *Mémoires secrets de la République des lettres* (i.102-103) et il reviendra sur ce sujet dans *Cab* (1741) CXXVIII, iv.225-29.

42

Jean-Baptiste de Boyer, marquis d'Argens, à Prosper Marchand

[vers le 18 avril 1737][1]

votre letre mon cher monsieur ma caussé une veritable douleur je suis au desespoir que des malentendus ou je n'ai point de part aient pu alterer votre amitie pour moy; si javois pu prevoir que les [2]soins[2] que je coutai a mr. de bey luy fussent a charge je n'auray point pris la liberté de m'adresser a luy et pour finir cet inconvenient le plus tost qu'il m'est possible j'ai paié dans ce moment le logement de ma maison en entier pendant un an et je comte de partir dans dousse ou quinse jours pour londre. je nen suis pas moins sensibles aux peines que j'ai caussées et je voudrois de tout mon coeur trouver l'occasion d'en montrer ma reconoiscence. il eut eté pourtant heureux pour moy de n'avoir jamais pris une maison puis quil m'en coute quatre vint cinq florin de louage dix de reparation et cinquente de meuble. cella fait environ cent cinquante florin que j'ai jeté dans l'eau et cella sens savoir pour quoy. maiss enfin je ne les regrete pas puisqu'il me font prendre la resolution une fois pour tout de quiter ce pais ou je n'ai guerre ete heureux[a] je vous renvoie monsieur non seulement les letres que vous m'aves demandée mais tout celles que j'ai trouvé a vous dans mon porte feuille[b]. je vous prie instamment de garder les miennes et sur tout celle ici elle pourra aprendre a tout ceux qui pouroient la lire que personne au monde ne vous a plus d'obligation que moy que personne ne vous estime d'avantage et que je serois le plus ingrat des hommes si je ne me louois eternellement de vos bontes et de votre amitie que j'ai perdu sens savoir pourquoy.

je prend la liberté de vous envoier six letres il n'en menque plus qu'une pour finir le volume. je vous la fairai remetre ainsi que les dix huit surnumeraires et quoy que j'ai juré d'abandonner la literature ou je n'ai jamais eu que des chagrins il suffit que vous vous interessies pour popie pour que je fasse ce que j'ai promis je vous enveray aussi les memoires de londre ou de cambrige car je ne scay encor dans la qu'elle de ses deux villes jiray cella me procura[3] le plaisir de recevoir de vos nouvelles et je seray charmé que le dernier manuscrit que je doneray au public[c] soit corigé par une personne a qui je suis entierement redevable du peu de reputation qu'ont aquis mes ouvrages voilla mon cher

monsieur quels sont mes sentimens. j'espere que le tems et mon atachement a
vous marquer mon estime parfaite pourront vous persuader que je n'etois point
indigne de la votre et je vous prie de croire qu'il n'est rien que je ne voulu faire
pour vous montrer ma reconoiscence au reste j'espere que vous voudres me faire
la grace de prier mr. de bey de garder encor dousse ou quinse jours le silence
sur mon sejour a amsterdam ni restant que pour finir les letres juives jai cru
pour eviter touts les tracaseries ne devoir luy rien dire sur toute cet afaire ni sur
rien qui put luy deplaire. je luy ai meme remis aujourduy un letre pour made.
verschoor dans laqu'elle je luy aprend qu'une afaire precipitée ma obligé de
partir pour la frontiere pour terminer par la touts les empressements de cet
femme qu'on*d* ne songoit point a voir mais avec laqu'elle on ne vouloit point
rompre brusquement. si je ne contois point sur la discretion de mr. de bey et
sur la priere que vous luy fairois je partirois dans quatre ou cinq jour et je ne
pourrois finir les letres. grace a dieu quand je seray en angletere je n'entendray
plus parler ni de fenelon ni de la cour de france je metray meme en defaut touts
les projects et toutes les russes soit de ma famille soit de mes enemis il est vray
qu'il eut ete a souheter pour moy que je fusse parti un mois plus tost*e*. permetes
moy avant de finir ma letre de vous representer que vous auries pu m'ecrire vos
sentimens en particulier. je suis mon cher monsieur avec toute la reconoiscence
possible votre tres humble et tres obeissant serviteur

                                        le marquis dargens
jai recu les vint quatre florin pour la douxieme letre jusqua la dixhuitieme du
sixieme volume*f*
avant de partir je voudrois bien sil etoit possible avoir un exemplaire traduit de
ma philosophie*g*.

MANUSCRIT
March.2, no 32: 6p., p.6 bl.

NOTES CRITIQUES
[1] [il va sans dire que d'Argens n'aurait
pas tardé à répondre à la lettre précédente]
[2] [en surcharge sur 'peines'] [3] [*sic* pour
'procurera']

NOTES EXPLICATIVES
a. aveu à retenir. En effet, le séjour du
marquis aux Pays-Bas n'a guère été qu'une
longue suite de maladies, de craintes pour
sa sûreté, et de méfiances – envers Paupie,
de Bey et bien d'autres encore. Marchand
seul est un ami intime et sûr: d'où la réaction, à première vue excessive, du marquis
à la lettre que Marchand vient de lui écrire.
b. d'où la présence dans le fonds
March.2 des quinze lettres de Marchand
qu'on a lues jusqu'à présent. Par contre,
des vingt-trois lettres qui suivent la présente, trois seules sont de lui.
c. tant s'en faut! La décision du marquis

d'abandonner la littérature et de partir
pour l'Angleterre a dû alarmer Marchand –
et à plus forte raison Paupie! – qui, sans
doute, ne s'attendait nullement à recevoir
une réponse de la sorte. De toute façon, il
a vite fait d'apaiser le marquis, ainsi qu'on
le verra.
d. bien entendu, cet 'on' discret désigne
non seulement le marquis mais aussi, et
surtout, sa compagne.
e. c'est-à-dire avant d'avoir loué cette
maison 'a une demi lieüe damsterdam' (no
33) qu'il occupait depuis un mois.
f. il semble que d'Argens se soit doublement trompé en ce qui concerne les *LJ* en
question. D'abord, c'est pour six *LJ* et non
pour sept que Marchand lui a envoyé les
vingt-quatre florins. Ensuite, si cet argent
était le paiement des six *LJ* qui accompagnaient le no 40 – ce qui doit être le cas,
semble-t-il (voir le no 40, note critique 1) –
il s'ensuit qu'il s'agit non de 'la douxieme
letre jusqua la dixhuitieme du sixieme volu-

me' mais de la 18e jusqu'à la 23e; car
d'Argens avait écrit dans le no 40 qu'il
ne restait que sept *LJ* à composer pour
terminer le sixième volume, calcul qu'il

confirme dans la présente.

g. il s'agit de la traduction hollandaise,
dont Marchand avait déjà envoyé un feuillet au marquis (voir le no 37 et la note *d*).

43

Jean-Baptiste de Boyer, marquis d'Argens, à Prosper Marchand

[entre le 20 et le 26 avril? 1737][1]

votre letre mon cher monsieur a remis le calme dans mon coeur, et la
tranquilité dans mon esprit puisque j'ai toujour votre amitie je ne quiteray point
ce pais et il n'y a pas du mal que j'ai paye mon année entière d'avance j'en
seray d'or en avant plus tranquille je vous avoüe que la seule chosse qui me
retiene dans ce pais c'est dy avoir un ami tel que vous dont je fais tout le cas
possible. j'ose vous dire que vous aves raisson de m'aimer un peu vous le deves
par l'atachement et la veritable estime que jai pour vous. j'avois deja resolu de
plier bagage paié toutes mes petites detes mais tout a changé de face et je ne
pense plus qu'a profiter de vos bons conceils. au reste loin de penser a renouer
avec utrect*a* je prie encor mr. de bey de vouloir rompre tout comerce vous aves
parfaitement bien fait de vouloir ne point luy parler de toutes ses tracasseries il
vaut mieux qu'ils les ignore entierement je crois qu'il eut mieux valu que vous
n'eussies pas parlé a neaulme du livre vendu 80 sols*b* cella a un air d'avarice et
il me croira sensible a une si petite somme. vous saves bien que popie m'a dit
qu'on vendoit ce livre 10 sols ches venduren mais cella est inutile a renouveller
et ne sert qu'a des tracasseries si neaulme est dans le dessin dimprimer cet
histoire que je puisse trouver quelques memoires et que vous jugies a propos
que je la fasse vous n'aves qu'a ordonner*c*. une fois pour toute regardes moy
comme un homme qui vous est si devoué que vos moindres souhaits sont pour
moy des ordres. je travailleray pour qui vous voudres a quel prix vous voudres
pour ceux que vous protegeres et *gratis* pour eux s'il n'ont pas de quoy.

popie m'ecrit une letre ou il y a beaucoup de compliment il me demende un
septieme et un huitieme volume des letres juives cella ne fait pas son afaire il
faut qu'il sen tienne a six et a dixhuit lors de l'augmentation que je vous enveray
inscesenment j'ose vous dire que chacune de ses letres fera une dissertation
complete sur des sujets les plus brillants de la philosophie de la morale et de
lhistore mais elle seront trop recherchées pour avoir vogue dans les caffés ainsi
cella n'est pont[2] que pour la reimpression. au reste puisqu'il veut encore une
feuille periodique jai un sujet tout trouvé qui formera quatre volumes je vous
en enveray un plan raisonné [3]a la[3] première occasion vous me dires ce qu'il faut
que je fasse et des le [4]jour que[4] les letres juives finiront le sieur popie anoncera
sa nouvelle feuille par l'auteur des letres juives*d*. j'ai dessin de faire un espece
de journal literaire sous le titre de memoires secrets de la republique des letres
qui paretra touts les mois mais cella ne convient pas a popie*e* et je luy feray une

feuille periodique dont il sera content[f]. je vous enveray la letre quil ma ecrit parmi beaucoup de compliment il me menace davoir recours a la martiniere en cas d'abandon. il faut avouer que c'est un bon enfant un bon coeur mais qui na guerre de sens *bonus israelita in quo dolus non est*[g]: je l'aime infiniment a causse de cella. il aura sa feuille periodique peutetre non pas aussi instructive mais plus gaye que les letres juives jai cinquente mille [5]chosse a vous ecrire car la tendresse est babilarde mais enfin il ne me reste qu'autant de papier qu'il m'en faut pour vous jurer que personne au monde ne vous aime plus tendrement et n'est plus sensible a votre amitie

le marquis d'argens[5]

MANUSCRIT
March.2, no 33; 4p.

NOTES CRITIQUES

[1] [écrite en reponse au no 42, la lettre de Marchand à laquelle d'Argens répond ici manque. Sans doute les lettres se sont-elles succédées assez rapidement à ce moment, et l'intervalle entre le no 42 et la présente a dû être assez court, car d'Argens n'a pas encore de *LJ* à envoyer à Marchand] [2] [*sic* pour 'point'] [3] [en surcharge sur 'de ma'] [4] [en surcharge sur 'premier'] [5] [ajouté dans la marge gauche de la page 4]

NOTES EXPLICATIVES

a. c'est-à-dire avec la veuve Verschoor.

b. nouvelle allusion, semble-t-il, à l'affaire de 'la *Brochure de Bonneval* vendue 4 fois sa juste valeur à Prix courant' (no 37).

c. il semble que Jean Néaulme soit revenu à la charge pour obtenir du marquis un manuscrit qui le dédommagerait en quelque sorte d'avoir dû renoncer à imprimer la continuation des *Mémoires.*

d. c'est la première mention de ce qui deviendra les *Lettres cabalistiques.*

e. les *Mémoires secrets de la république des lettres, ou le théâtre de la vérité* (1737-1748) furent d'abord publiés à Amsterdam par Jacques Desbordes. A partir de la quatorzième lettre, de 1743, ce fut Jean Néaulme qui publia cette feuille périodique.

f. à lire cette partie de la lettre du marquis, on se rend compte que cet écrivain invétéré avait vite fait d'oublier qu'il avait 'juré d'abandonner la literature ou je n'ai jamais eu que des chagrins' (no 42).

g. 'Ecce vere Israelita, in quo dolus non est' (*Evangile selon Saint Jean*, i.47). Bien entendu, la phrase du marquis ne signifie pas que Paupie était Juif. Cp. Académie (1762), article 'Israélite': 'On ne met pas ici ce mot comme un nom de Nation, mais à cause qu'il entre dans cette phrase, *C'est un bon israélite*, dans laquelle il signifie, Un homme simple & plein de candeur'.

44

Jean-Baptiste de Boyer, marquis d'Argens, à Prosper Marchand

[vers la fin d'avril 1737][1]

voici mon cher monsieur l'epitre et la preface du cinquieme volume la derniere letre du sixieme[a] et les quatres premiere de la [2]nouvelle[2] edition les trois qui sont marquees pour le premier tome doivent etre imprimees toutes les trois de suites elle forment une disertations sur les peres de leglisse[b]. j'ai [3]marque[3] a la marge des letres d'augmentation l'endroit ou elle doivent etre placée apres quelles letres ancienes elle doivent se trouver. je vous recomende tout cella et je vous prie de rendre a ces nouvelles letres le meme service qu'aux autres.

je vous envoie une letre pour popie vous me faires la grace de la lire et de la cacheter ensuite il a pensé parler un peu trop tard et nos amis m'avoient deja parle d'un feuille periodique lorsque les letres juives seroient finies en faveur d'un jeune libraire mais la letre de popie m'a fait retirer ma parole^e il voudroit encor un septieme et huitiéme volume de letres juives mais il m'est imposible de les faire d'ailleurs jaurois peur que la longue duree de l'ouvrage n'ennuiat enfin le public. j'ai un autre project qui me fournira deux ou trois volumes et qui est d'un gout singulier ce sera une corespondance celeste terestre et infernalle entre un genie elementaire un cabaliste et le diable asmodée. cet idee me fournira les plus charmante letre du monde voici par exemple le sujet d'une. le cabaliste ecrira a asmodée pour sinformer si ⁴un⁴ ⁵certain calvin theologien n'est point dans les enfers. le diable cherchera ce calvin parmi touts les docteurs theologiens et ecclesiastiques infernaux il ne le trouvera point mais en revenge un nome suares scobar^d un ⁶let⁶ pape un ⁶let⁶ eveque &c.^e

je vous promets que ce projet est charmant jai deja de la matiere toute trouvée pour plus de quarante letres. le sieur popie peut ne point encor payer les cinq que je vous envoie^f parceque jeudi ou mardi je vous en enveray quatre autres et il vous remetra l'argent des neuf a la fois. je vous envoie une liste des ouvrages que je medite de faire je vous prie de la comuniquer a popie pour que lorsquil voudra quelqu'un de ces manuscrit il sadresse a vous et ne m'oblige apres cella a ne pouvoir luy donner ce que j'auray livré a d'autre si vous voules favoriser quelque libraire vous saves ce que je vous ai ecrit sil y en avoit quelqu'un qui ne fut point en etat de payer le manuscrit il le payroit lorsqu'il auroit vendu l'edition je me plains d'une chosse ce que vous ne me metes point a meme de pouvoir vous marquer mon estime ma reconoiscence et mon devouement ainsi si dans la liste que je vous envoi vous ⁷aperces⁷ quelque chosse qui puisse convenir a quelque libraire parles je travailleray et il ne payra qu'apres la vente de son edition vous m'avies dit autrefois que vous vous interessies pour la veüe levier^g ne pourois je point faire quelque chosse de bon pour elle. il ne luy faudra que l'avance du papier et de l'impression quand au manuscrit elle ne le paira que dans un an. nous le luy donerons outre cella a tres bon marché je feray quelque chosse de leger et dont l'impression ne sera point couteusse. enfin mon cher monsieur vous n'aves qu'a parler et vous trouveres en moy un homme toujour pret a aler audevant de tout ce qui peut vous faire plaisir et jose me flater que plus dans les suites j'auray lhonneur d'etre connu de vous plus vous seres persuadé de ma sincerité de ma reconoiscence et de mon atachement je vous enveray jeudi quatre letres juives. je vous prie de vouloir bien vous rembourser des frais et des ports de letres voilla plusieur envoie que je vous fait sens que vous ⁸de conties⁸ rien *vale*

le marquis d'argens

⁹apres que jauray fini les letres je comenceray les memoires jenvoie un erata je vous serai oblige de le faire imprimer a la fin du cinquième volume⁹ ^h

MANUSCRIT
March.2, no 34; 4p.

NOTES CRITIQUES
¹ [cette lettre doit suivre d'assez près la

lettre précédente, à laquelle elle fait écho à plusieurs reprises. En effet, rien n'indique qu'il manque ici une lettre de Marchand. De plus, cinq *LJ*, dont quatre destinées à l'édition augmentée, accompagnent la présente: or, dans le no 43 d'Argens avait promis d'envoyer 'inscesenment' ces *LJ*] [2] [en surcharge sur 'der'] [3] [en surcharge sur 'placé'] [4] [en surcharge sur 'cet'] [5] ⟨in⟩ [6] [*sic* pour 'tel'?] [7] [*sic* pour 'aperceves'] [8] [*sic* pour 'décomptiez'] [9] [ajouté dans la marge gauche de la page 4]

NOTES EXPLICATIVES

a. c'est-à-dire 1*LJ* CLXXX (2*LJ* CXCVIII); voir là-dessus le no 48 et la note *m.*

b. il s'agit de 2*LJ* XIV, XV et XVI (i.113-45).

c. sur cette affaire, cp. le no 49 d'où il ressort que le 'jeune libraire' en question était Jacques Desbordes, l'associé d'E-tienne Ledet. Quant à 'nos amis', il s'agit sans doute de J. B. Le Prévost, qui semble avoir été l'intermédiaire entre le marquis et Desbordes, et de de Bey.

d. cela n'est pas tout à fait clair. Il semble que d'Argens associe les noms de deux jésuites et théologiens espagnols, Francisco Suarez (1548-1617), auteur d'un *De defensio catholicae fidei* (1613), et Antonio Escobar y Mendoza (1589-1669). Selon Fransen (1933), p.114, d'Argens aurait écrit 'un nommé Sieur Escobar', mais c'est là une lecture douteuse.

e. cette lettre ne se trouve pas dans les *Lettres cabalistiques*, si tant est qu'elle ait jamais été composée.

f. cinq *LJ*, s'entend.

g. cp. le no 10 et la note *d.*

h. Paupie n'a pas imprimé, semble-t-il, cet errata, qui ne se trouve pas dans 1*LJ.*

45

Jean-Baptiste de Boyer, marquis d'Argens, à Prosper Marchand

[fin avril/début mai 1737][1]

je recois mon cher monsieur votre letre[a] et jy reponds dans l'instant il faut etre aussi malhonete homme que l'est [2]neaulme[2] pour avoir fait un pareil tour je vous avoue qu'il n'est rien au monde de si impudent. je ne scay ce qui peut l'avoir porté a cella. ce quil y a de sur ce qu'il faut faire tomber son edition deussaije faire imprimer mes memoires hors de la holande je[3] [4]veux[4] faire metre [5]un[5] avertissement dans la gasete par lequel je priray le public de vouloir regarder tout ce [6]que[6] pouroit imprimer neaulme comme un libelle difamatoire fait par mes enemis dautant que je vais faire imprimer au premier jour le second tome de mes memoires auxquels je travaille actuellement[b] [7] [4]je crois qu'il faut que je[4] fasse cella pour[7] eviter quelque friponerie pire que la premiere que scayje si on ne fairoit point paroitre quelque libelle difamatoire sous le titre de continuation un mot d'avis sur cella. je crois pourtant qu'on n'oseroit risquer un livre contrefait auquel cas je le ferois prendre a partie en justice mais il est plus sur de prevenir tout cella[c]. je finis car il est fort tard je vous souhete autant de tranquilité que j'en ai peu. je suis plus a vous qua moy meme

le marquis d'argens

A Monsieur / Monsieur p. marchand / a la haye

MANUSCRIT

March.2, no 35; 4p., p.3 bl., l'ad. p.4; cachet (une tête de cheval) sur cire rouge.

NOTES CRITIQUES

[1] [cette lettre doit précéder celle (le no 46) ou d'Argens revient sur ce 'tour' de Néaulme. Or, le no 46 fait suite au no 44 en ce qui concerne les envois des *LJ*. La présente a donc sa place ici dans la correspondance, et il s'ensuit qu'elle est de la fin d'avril ou du début de mai] [2] [en surcharge sur 'mr'] [3] ⟨vous prie de⟩ [4] [ajouté dans l'interligne] [5] [en surcharge sur 'cet'] [6] [en surcharge sur 'qu'on'] [7] [d'Argens avait d'abord écrit '⟨avant que je⟩ fasse cella ⟨je vous [?]⟩']

NOTES EXPLICATIVES

a. elle manque.

b. il faut voir là le schéma de l'avertissement proposé, plutôt qu'une affirmation à prendre au pied de la lettre; car d'Argens avait maintes fois déclaré son intention de ne travailler aux *Mémoires* que lorsque les *Lettres juives* seraient terminées, et rien n'indique que la composition de celles-ci ait été interrompue. Le marquis s'est d'ailleurs ravisé sur l'à-propos de cet avertissement: voir le no 46.

c. de cette lettre et de la suivante il ressort que Néaulme – vraisemblablement Jean plutôt que son frère Etienne, quoique

ce dernier ait obtenu tout récemment encore le droit de copie du premier volume des *Mémoires* (voir le no 34) – se proposait d'imprimer une nouvelle édition des *Mémoires* publiée sous 'le nom de l'auteur des letres juives' (no 46), et de plus qu'il avait peut-être le dessein d'y ajouter une suite qu'il donnerait pour authentique. Une telle édition, qui aurait détruit l'anonymat sous lequel d'Argens composait les *Lettres juives*, a-t-elle vu le jour? Il semble que non. En effet, la 'seconde édition' des *Mémoires*, publiée 'à Londres, aux dépens de la Compagnie' en 1737 (cp. le 'Catalogue des Livres nouveaux' imprimé à la fin de la *Bibliothèque raisonnée* pour les mois d'avril, mai et juin 1737, tome xviii, seconde partie, qui annonce une 'Nouv. Edit.' des *Mémoires*) ne fait aucune allusion aux *Lettres juives*. Si l'identité de l'auteur n'est nullement cachée aux lecteurs de l'édition augmentée des *Lettres juives* de 1738 (2*LJ*), édition qui contient un portrait de l'auteur et une préface générale où d'Argens parle en son propre nom, il faut néanmoins attendre la traduction anglaise publiée sous le titre de *The Jewish spy* par D. Browne et R. Hett (London 1739-1740) pour voir paraître le nom du marquis à la page de titre, où nous lisons que les lettres sont 'Translated from the Originals into the French, by the Marquis d'Argens'.

46

Jean-Baptiste de Boyer, marquis d'Argens, à Prosper Marchand

[fin avril/début mai 1737] [1]

voici mon cher monsieur quatre letres pour le suplement ainsi il nen reste plus que dix a faire vous trouveres parmi ces quatre celle que vous aves demendé sur le livre que vous m'aves envoié[a] je l'ai faite de facon que si vous voules elle pourra se debiter en feuille periodique quoy quil soit mieux de la laisser pour le suplement[b] parmi les quatre letre que je vous envoie il y en a une qui me paroit si bonne que je vous serois bien obligé de la faire passer en feuille periodique[c] elle est marquée avec un cachet et vous en garderes un autre pour le suplement de celles qui etoient destinée a former le corps du sixieme volume vous choisires celle que vous voudres celle qui vous paraitra la moins bonne. j'avois envie de faire metre un avis dans la gassete mais j'ai reflechi que cella ne fairoit qu'augmenter l'eclat je comprend qu'elle est l'idée de neaulme il a cru qu'aprenant qu'il imprimoit mes memoires avec le nom de l'auteur des letres juives je luy ecrirois dabord pour qu'il ne le fit pas qu'il lieroit par ce moien corespondance avec moy et quil mengageroit a faire la suite mais il c'est trompe et dans le fond et dans la forme. car dutil metre que je suis l'auteur des ouvres[2] despinosa et de vanin[d] de ma vie je n'auray aucune liaisson avec luy vous saves sil est bien fondé dans le procedé qu'il a[3] mon egard et qui peut m'etre tres nuissible.

je ne doute pas qu'on n'ait arete a la poste un paquet a paris que j'en voiois a mon frere comme il etoit fort gros on aura eu la curiosité de savoir ce qu'il y avoit dedans on aura trouvé une letre juive angloisse un francoise et une holandoisse pour les secrets que contenoient cette letre j'aurois pu les lire au superieur des jesuites heureussement je ne dissois rien qui eut egard a ma demeure a ma situation et a mes afaires. ce qui me confirme qu'on a intercepté ma letre c'est une du chevalier de clairac[e] que j'ai recu qui me marque que mes freres sont tres en peine de ne point recevoir de mes nouvelles je vais recrire demain envoies moy l'adresse de votre nouvelle maisson[f]. je ne juge pas a propos de faire adresser à Rotterdam les letres de mon frere il ne sauroit a quoy atribuer ce changement. clairac me marque que les letres juives se vendent dix francs le volume a paris la philosophie du bon sens six et que toutes la *romanalierie*[g] c'est fort bien debitée.

je vous prie de m'aprendre si vous etes content de mon nouveau projet de feuille periodique. jespere que cella ira bien.

je vous prie de m'aprendre a quoy vous voudres que je travaille vous n'aves qu'a parler.

popie demande des ouvrages je ne demande pas mieux que de l'obliger. il verra sur votre liste ce qu'il voudra que je travaille jai deux gros in quarto de materiaux remarques &c que j'ai compilé cet hiver au depend de mon luminaire[h]. au reste il ne doit point me savoir mauvais gré si je donne ailleurs quelque ouvrage des que je sauray qu'il les voudra il les aura toujour il voit bien que depuis quatre mois je ne travaille absolument qu'a ses letres[i] mais il parle toujour trop tard.

mandes moy je vous prie si malgre le tour de neaulme il[k] est toujour dans le dessin d'imprimer la suite des memoires pour que les letres finies je comence a me metre tout de bon a cella sil est toujours dans cette intention il faut quil les anonce dans la gassete sous le titre de *nouveaux memoires de mr. &c.* je crois que neaulme na rien a dire a ce titre et[4] [5]popie[5] n'imprimera alors qu'une continuation[l]. si ce titre peut se donner il voudra mieux qu'aucun autre un mot declarcissement. je vous prie de lire et de cacheter la letre que j'envoie au sieur popie.

vous saves ce que j'ai eu lhonneur de vous dire si vous voulies faire faire quelque ouvrage pour quelque libraire pour lequel vous vous interessies au nom de dieu regardes moy comme un homme qui vous est entièrement devoué. c'est une chosse terible que popie ne veuille pas me faire la grace de m'ecrire quatre lignes quand j'ecris pour luy quatre rame de papier je luy demande des nouvelles de [6]mes[6] ouvrages au diable sil me repond. sil peut m'envoier l'argent des neuf letre il me faira plaisir car depuis que j'ai paie le loier entier de ma maisson ma bourse est diminué. je vous prie de m'envoier les six exemplaires du cinquieme volume car je crains toujour de ne prendre quelque sujet que j'ai traité vale et semper vale

le marquis d'argens

⁷je vous prie de vous rembourser car voilla bien des frais que je vous dois⁷

MANUSCRIT

March.2, no 36; 4p.

NOTES CRITIQUES

¹ [il est clair, par ce qu'écrit le marquis au sujet du tour que lui a joué Néaulme, que la présente fait suite au no 45. La référence à la nouvelle adresse de Marchand ferait croire que d'Argens écrit vers le premier mai, date à laquelle Marchand devait déménager (voir le no 34). De plus, le marquis a dû écrire quelques jours seulement après le no 44, où il promettait d'envoyer quatre *LJ* supplémentaires 'jeudi ou mardi', et puis 'jeudi'. Or, voici qu'il les envoie; en effet, il y aura en tout dix-huit *LJ* supplémentaires, dont quatre ont accompagné le no 44 et quatre autres la présente, de sorte qu'il 'nen reste plus que dix a faire'. La présente serait donc de la dernière semaine d'avril ou de la première semaine de mai] ² [*sic* pour 'œuvres'] ³ [*sic* pour 'a à'] ⁴ ⟨il n'imprimera⟩ ⁵ [ajouté dans l'interligne] ⁶ [en surcharge sur 'ses'] ⁷ [ajouté dans la marge gauche de la page 4]

NOTES EXPLICATIVES

a. voir le no 41 et la note *k.*

b. elle a paru en demi-feuille périodique (1*LJ* CLI).

c. c'est 1*LJ* CLIII (2*LJ* CLXXI): voir le no 48, note *p.*

d. Baruch Spinoza (1632-1677) et Lucilio Vanini (1585-1619).

e. les *Mémoires* parlent à plusieurs reprises du chevalier de Clairac, 'Capitaine dans le Régiment de la Marine & Ingénieur en chef actuellement' (p.73), avec qui le marquis s'était lié d'amitié lors de son voyage à Constantinople; et un des romans du marquis, *Le Philosophe amoureux, ou les Mémoires du comte de Mommejan* (La Haye 1737), sera dédié 'A Monsieur de Clairac, chevalier de St. Lazare, ingénieur en chef à Béthune, &c'. S'agirait-il de Louis-André de La Mamie, comte de Clairac (1690-

1752), reçu ingénieur en 1712 et capitaine en 1723? Comme d'Argens, il participa au siège de Kehl et à celui de Philippsbourg, où il fut blessé. Il fut alors promu ingénieur en chef. Plus tard il devait publier *L'Ingénieur de campagne, ou, Traité de la fortification passagère,* par M. le chevalier de Clairac (Paris 1749). Pourtant, si tous ces détails semblent confirmer l'identification proposée, il est à remarquer que le Clairac dont parle d'Argens dans ses *Mémoires* est un homme beaucoup plus jeune, qui n'a que vingt-cinq ans lors du voyage à Constantinople (p.73). A moins que Louis-André n'ait triché sur son âge.

f. voir la note critique 1.

g. mot inventé par d'Argens pour désigner ses romans.

h. 'On dit populairement, Le luminaire pour la vue. *Il a usé son luminaire à force de lire*' (Académie 1762).

i. après l'activité fébrile de 1736 (composition de plusieurs romans, de *La Philosophie du bon sens,* des *Lettres morales et critiques* et de quelque cent trente *LJ,* sans compter les contributions aux *Mémoires historiques pour le siècle courant*), il y aurait donc eu un ralentissement dans le rythme de travail de d'Argens, qui ne compose qu'une cinquantaine de *LJ* pendant les quatre premiers mois de 1737. Mais s'il n'écrit pas beaucoup, il amasse bien des matériaux qui lui serviront pour les ouvrages qu'il projette.

k. c'est-à-dire Paupie.

l. il s'agissait de faire paraître la suite des *Mémoires* sans que Néaulme (Jean, semble-t-il) pût la réclamer en tant que propriétaire du manuscrit du premier volume. D'Argens propose donc ce titre qui semble annoncer non une continuation mais un nouvel ouvrage. Marchand verra là l'occasion de punir Néaulme en publiant un livre qui non seulement lui souffle la suite des *Mémoires* mais en rend le premier volume en quelque sorte superflu: voir ce qu'il dit à ce sujet dans la lettre suivante.

47

Prosper Marchand à Jean-Baptiste de Boyer, marquis d'Argens

[mai 1737][1]

Très cher Marquis,

Le Retardement du Départ de notre Ami[a] sera cause que vous recevez un peu plus tard ma Réponse. Vous trouverez, dans le Paquet qu'il vous remettra avec la présente, 6 Exemplaires de votre V Volume des *Lettres Juives*[b]. Vous verrez que l'on y a suivi votre Intention pour les Lettres 15, 20, et 30[c]. Jai fait quelques Virgules à *l'Epitre*; & [2]au milieu et[2] à la fin de la *Preface*, j'ai ajouté ce que vous reconnoitrez aisément, et qui m'a paru nécessaire à cause du Papier ci-inclus qui a été envoié au Libraire. Je n'ai pas cru qu'il fallut laisser de pareilles Objections sans Reponse, et je n'avois pas assez de tems pour vous les envoier et en avoir la votre, sur tout notre Ami[a] étant ici. Je souhaite que vous soiez content de cela[d].

Je vous envoie aussi mon *Theatre des Grecs*[e], que je vous prie de bien conserver, n'en aiant point encore fait usage, et voulant dans peu m'en servir.

A cela je joins 32 Florins, moins 21 s[3] de Frais, pour huit des dernieres Lettres venues à 2 fois. Les sept autres seront paiées avec le reste du supplement. Je n'ai pas cru devoir embrouiller ces 2 sortes de Lettres. Quand les 10 dernieres viendront, ce sera 17 pour cela[f]. Apres quoi, il faut sans reserve ni retardement travailler aux *Mémoires nouveaux*. Je conçois que votre Idée est bonne de prendre ce Titre, parce qu'il vous autorise à faire dans une Préface le Desaveu dont je vous ai parlé[g], et à reprendre dans un très petit Abrégé tout ce que vous avez à dire du premier, et recommencer *ab Ovo*, mais en d'autres Termes, et autre Arrangement; ce que vous pouvez faire dans l'Espace de trois ou quatre Feuilles; en suite de quoi vous donnerez carriere a votre Narration pour le Reste, que vous pouvez étendre à votre Gré. Voilà, au mien, ce que vous pouvez faire de mieux à cet égard, tant pour satisfaire vos Lecteurs, que pour punir la Malhoneteté insigne dont on[h] a usé envers vous. Je ne saurois que louer votre Dessein de ne vouloir plus nul Commerce avec un pareil Personnage; & il merite bien que dans la Preface de quelque Ouvrage où vous mettrez votre Nom, par exemple votre *Traité de Politique*[i], vous lui demandiés raison de ce qu'il ose vous imputer un Livre sans votre Aveu ni Consentement[k].

Le N.! Ouvrage Periodique sous le Titre de *Correspondance Celeste, terrestre, et infernale*[l], avec l'Idée que vous m'en donnez, me paroissent très bien imaginé. Ainsi, dès que la derniere *Lettre Juive* Periodique paroitra, il faut que la 1.re *Correspondance* lui succede[m]. Prenez là-dessus vos mesures, et nous travaillerons ici à les executer. Touchant vos *Comparaisons des Grands Homes François et Anglois*[n] je n'entens pas si vous lui destinez un ou 7 vol. le chiffre etant mal fait. Tout coup vaille, si vous choisissez bien vos Sujets, cela ne peut être que bon. Mais, avez vous assez de Materiaux recuillis pour un semblable Sujet?

Paupie, cõe vous verrez par sa Lettre, est prêt à imprimer tout ce que vous voudrez. Ainsi, vous pouvez travailler à coup sur à ce que vous trouverez propre à etre publié. De mon coté, je tacherai toujours de placer ce que vous me confierez. Je vous remercie de tres bon Coeur de l'Offre pour mle le Vier*ᵒ*, et si l'occasion se presente, j'en profiterai, sans en abuser. Vous verrez ici une Feuille d'un nouveau Livre, où il est parlé de vos *Lettres* page 56. Je vous envoie la Feuille entiere, afin que vous me disiés ce que vous pensez du Stile et du Tour de ces *Anecdotes*ᵖ. Vous me la renvoierez s.v.p. avec le Papier y joint*�q*.

Je vous souhaite de l'Agrément dans votre Hermitage, & que vous ne songiés qu'a y travailler à votre Aise. J'ai vu avec plaisir la *Lettre* sur le *Fettus*: mais, elle est diablement longue, et en vaut deux*ʳ*. J'y ai un peu adouci les Fesses du P. Mallebranche, qui se feront encore assez remarquer*ˢ*. Vous avez eu grande Raison de ne point passer une pareille Impertinence. Ce sera la 1.ʳᵉ Lettre du VI Volume. Le *Sancho* est charmant, et fera tout autant rire que le *Dom Quichotte*ᵗ. Nous verrons si cette Paire de Champions y repondra quelque chose. Adieu tres cher Marquis, je vous embrasse à mon ordinaire de tout mon coeur, et vous souhaite Paix et Tranquillité. Amen.⁴

MANUSCRIT
March.2, no 6; 2p.

NOTES CRITIQUES
¹ [si cette lettre, écrite en réponse à la précédente, se trouve parmi les papiers de Marchand, c'est qu'elle lui fut renvoyée par d'Argens, afin de permettre à Marchand de vérifier ses calculs concernant les *LJ* qui étaient encore à payer: voir là-dessus la fin du no 48. Il ressort de la première phrase de la présente que Marchand a un peu tardé à écrire] ² [ajouté dans l'interligne] ³ [*sic* pour 'sols'] ⁴ [il n'y a pas de signature]

NOTES EXPLICATIVES
a. sans doute de Bey.
b. la dernière lettre du tome v a paru le 16 mai (voir l'appendice no II), mais d'Argens a pu recevoir ses exemplaires du cinquième volume avant cette date, car nous savons que Paupie imprimait ses demi-feuilles bien avant de les mettre en vente (cp. le no 8, note *k*).
c. voir le no 33 et la note *a*.
d. il ressort du brouillon d'une réponse à ces 'Objections' que les passages ajoutés par Marchand à la préface du tome v des *Lettres juives* sont les suivants: au milieu de la préface, de 'Je trouve très mauvais, par éxemple [...]' à '[...] trop généralement autorisées', qui réfute l'accusation de 'Libertinage d'Esprit' chez l'auteur des *Lettres juives*; et la fin de la préface, à partir de 'Quelques-uns de mes Censeurs [...]', qui

nie que les *Lettres juives* soient une imitation des *Lettres persanes* ou de *L'Espion turc* (ouvrage de Marana). Sur tout cela, voir l'appendice no VII.
e. Le Théâtre des Grecs (Paris 1730), ouvrage en trois volumes du père Brumoy (1688-1742). Puisque d'Argens ne demande pas ce livre dans aucune des lettres préservées dans le fonds March.2, il est possible qu'il en manque une dans laquelle il aurait fait cette demande.
f. dans le no 46, d'Argens avait demandé 'l'argent des neuf letre', c'est-à-dire des cinq *LJ* envoyées avec le no 44 et des quatre *LJ* qui accompagnaient le no 46. De ces neuf *LJ*, huit étaient destinées, du moins en principe, à l'édition augmentée, l'autre étant la dernière du tome vi de 1*LJ*. Or, Marchand ne veut pas confondre ces deux catégories de lettres et envoie l'argent pour huit *LJ* seulement. S'agit-il des huit *LJ* destinées au supplément? C'est ce qu'on serait tenté de croire. Pourtant, Marchand se trompe en parlant de 'sept autres' dont le paiement reste à faire, et qu'il veut d'ailleurs payer avec les '10 dernieres' du supplément; car d'Argens avait déjà été payé pour toutes les *LJ* du tome vi, sauf la dernière. Dans sa réponse à la présente, le marquis rectifiera les calculs de Marchand.
g. voir le no 30.
h. c'est-à-dire Jean (ou Etienne) Néaulme.
i. il ne semble pas que d'Argens ait ja-

mais composé un tel ouvrage. Sans doute ce titre se trouvait-il sur la liste, envoyée à Marchand avec le no 44, des ouvrages que projetait le marquis.

k. voir le no 45, note *c*; mais peut-être Marchand pense-t-il à l'affaire du *Mentor cavalier* (voir le no 35 et la note *c*).

l. le titre définitif de cet ouvrage sera, bien entendu, *Lettres cabalistiques*. Dans le no 50, d'Argens demandera à Marchand de lui suggérer un titre pour sa nouvelle feuille périodique, et un peu plus tard la phrase 'letres cabalistes' se trouvera sous sa plume (no 52). Il parlera des 'letres cabalistiques' pour la première fois dans le no 53.

m. vraisemblablement, les *Lettres cabalistiques* ont commencé à paraître quatre jours avant la publication de la dernière *LJ* périodique: voir là-dessus l'appendice no II.

n. sur cet ouvrage, voir le no 24 et la note *i*.

o. d'Argens avait offert de composer 'quelque chosse de leger' que la veuve Levier pourrait imprimer (no 44).

p. grâce aux renseignements fournis par la réponse du marquis à la présente, il est possible d'identifier l'ouvrage en question. Le titre en est *Anecdotes historiques, galantes, et littéraires du tems present, en forme de lettres* (La Haye, Paupie, 1737), ouvrage communément attribué à Yves-Joseph de La Motte, dit de La Hode (1680-1738). Dans la première partie, page 56, l'auteur parle de 'certaines *Lettres Juives*, qui, selon moi, l'emportent sur tout. Leur ingénieux Auteur a sû si bien ménager l'Agréable et l'Utile, que le Catholique le plus zélé ne peut s'empêcher dans le Fonds de les approuver. Il n'est pas étonnant, que la Hollande et l'Angleterre regardent cet Ouvrage Périodique comme un Chef-d'Œuvre dans la République des Lettres. Mais, de le voir rechercher avec Empressement, et à grands Frais, chés des Nations soumises aux rigoureux Décrets de l'Inquisition, c'est ce qui en prouve toute la Solidité. Tachez, je vous prie, de me procurer tout ce qui en a été mis sous la Presse'. L'éloge semble un peu trop fort pour être tout à fait sincère. Aurait-il été inspiré par Paupie, ou même ajouté au texte par son correcteur d'épreuves, Marchand? Quoi qu'il en soit, d'Argens fait mention de cet éloge dans la préface au tome VI des *Lettres juives*, au cours d'un bref éreintement du livre dont il est tiré. Il remarque que ce 'méprisable Ouvrage' contient 'malheureusement un Eloge de mes *Lettres*, incomparablement plus propre à m'avilir, qu'à me recommander'. La Hode, on le voit, est déjà devenu une des bêtes noires de d'Argens, qui d'ailleurs ne l'épargnera guère dans le texte – foncièrement remanié par rapport à 1*LJ* XVI – de 2*LJ* XIX (i.168).

q. serait-ce le papier dont parle Marchand au début de la présente?

r. 1*LJ* CLI est de douze pages (vi.1-12) au lieu de huit, et de ces douze pages les cinq dernières sont imprimées en menus caractères.

s. dans 1*LJ* CLI (2*LJ* CLXIX), Monceca se moque de Malebranche pour avoir ordonné '*aux Femmes de se chatouiller les Fesses, pour garantir le Fétus des Atteintes de l'Imagination*' (1*LJ* vi.9; 2*LJ* v.134). D'Argens revient à la charge dans les *Mémoires secrets de la république des lettres*, 1re lettre, i.98-99.

t. 'Le Sancho' est une allusion à l'épître dédicatoire du tome V des *Lettres juives*: voir là-dessus le no 40 et la note *c*. Quant au '*Dom Quichotte*', rappelons que c'était à lui, autrement dit à La Martinière, que d'Argens avait dédié le tome IV.

48

Jean-Baptiste de Boyer, marquis d'Argens, à Prosper Marchand

[vers la fin de mai 1737]¹

je vous suis infiniment obligé mon cher monsieur des utilles corections et augmentations que vous aves juge a propos de faire tant a la preface qu'au letres. je n'ay plus reconu ce cinquieme volume et j'ose vous jurer sur ce quil y a de plus sacré que j'ai ete enchanté des chosses qu'il vous a plu dy enchasser. j'ai ri comme un fou du ministre normand qui se meloit du ministere de l'etat quoy qu'il traitat asses cavalièrement levangeliqueᵃ la description des eclesiastiques angligans est charmanteᵇ quand on a des amis tel que vous il est aisse de passer pour connoitre bien des chosses sens qu'il en coute pour cella des soins et des peinesᶜ.

je vous renvoie la feuille dimpression elle me paroit ecrite d'un stille tres naturel et fort aisse mais il me paroit que l'auteur a diablement pris sa teste *a laudativo*ᵈ. cest bien avoir envie de louer que de louer l'auteur de l'almanac du diableᵉ entre nous voltaire et moy nous nous trouvons la en asses mauvaisse compaigneᶠ.

vous aves oublié de me dire dans quel endroit se trouve la letre dont vous m'aves extrait le passage que je vous renvoieᵍ. je me doute par la reponsse que vous y aves faite que cella part de la main d'un faquin d'ignatien; je revaudray cella sur toute la societé aprenes moy de grace dans quel endroit cella se trouveʰ.

²je viens a ce que vous me demendes sur la vie des hommes ill. ang. et fran.ⁱ je ne compte faire cet ouvrage que l'annee qui vient cestadire dans huit ou dix mois j'employray un an de tems a sa composition ainsi de deux il ne sera achevé il contiendra six ou cept volumes in dousse j'auray des materiaux j'en ai deja. voltaire ma promis de me preter des memoires origineaux et de m'en faire avoir de france et d'angletere c'est un bon diable quoy qu'il soit eloigné je suis sur qu'il me tiendra sa parole. ainsi il faut que popie se charge de cet ouvrage il sera bon.² je l'ecriray avec soin et sens partialité dans dixhuit mois d'ici il sera un gros seigneur. j'ai ecrit a ce mr. vernet qui est venu ches popie s'informer de ma demeure mais j'ai fait partir ma letre d'amsterdam comme si elle venoit de beaucoup plus loin je vous aves avertiᵏ que j'avois apris qu'un banquier de marseille qui portoit ce nom iroit sens doute ches vous ou ches popie pour savoir ou il pouroit me voir etant tres ami de mon frere. je pense meme qu'il avoit quelque letre a me rendre je luy ai ecrit que j'avois apris par une voie indirecte qu'il s'informoit de ma demeure quil ne trouvat pas mauvais que mon libraire ne la luy eut pas dites parce qu'il lignoroit veritablement que la situation ou j'etois ne convenant point a mon etat naturel j'avois cru que je ne pouvois mieux faire que de rester uniquement enfermé avec mes livres que j'etois retire dans une solitude ignorée de l'univers entier et que je le priois de vouloir bien rendre la letre que je luy envoiois a mon frere cella dit rien de plus je n'ai ajouté et mon homme peut partir pour la provence. je l'auray bien veu volontiers mais cet homme auroit peutetre jasé avant son depart et toute la holonde auroit scu

mon sejour nombre d'originaux seroient peut etre venu m'y voir comme on va regarder un ours ou un animal qu'on montre a la foire.

au reste dans le compte des letres juives que je vous ai envoie vous vous meprenes de six au desavantage de popie[l] et je suis deja paie et tres paie vous dites que vous m'envoies trente deux florins pour les huit dernieres letres venues a 2 fois et que les sept autres seront paiés avec le reste du suplement ce qui pour lors fera dixsept devant en recevoir encor dix pour finir ce suplement: mais vous vous trompes car popie ne me doit point encore cept letres et quand il aura recu les dix dernieres il ne m'en devra plus y compris ces dix dernieres que onse. prenes garde que selon votre calcul on me pairoit deux fois six letres. par la derniere quitance que je vous fis de l'argent que vous m'envoiates pour popie je reconus avoir recu le payement entier du sixième volume excepte celuy de la derniere letre or du depuis ce payement je vous ai envoie [3]seulement[3] neuf letre en deux fois et non pas huit. de ces neuf letres il y en a une[1] sur l'enlevement de saint paris[m] qui finit le[4] [3]sixieme[3] volume trois sur les peres[3] de l'eglisse[n] une sur[1] les damnés[o] une sur[1] l'ame des betes[p] une sur le caractere[1] des oficiers[q] une sur les theologiens[1] turcs[r] une sur[1] les foetus[s] le tout faissant neuf c'est la toute les letres que popie doit payer or il en a paye huit que je recois par les trente deux livres actuellement. il ne m'en doit donc plus qu'une et lors qu'il recevra les dix autres qui finissent le suplement il nen devra que onse voies le dernier billet du payement que vous luy aves donné et vous verres que je ne [5]me trompe point je vous renvoie votre letre pour que vous la consulties avec ce que je vous marque. je suis mon cher monsieur sens que je vous le repete en stille de grimoire mille fois plus a vous qu'a moy meme *vale et semper vale*

le marquis d'argens[5]

[6]je prendray pour les memoires et la nouvelle feuille periodique larangement que vous me conceilles.[6]

MANUSCRIT

March.2, no 37; 4p.

IMPRIMÉ

Best.D1342 Commentary (*Œuvres complètes de Voltaire* 88, p.332: extrait).

NOTES CRITIQUES

[1] [écrite en réponse au no 47, la présente est sans doute du mois de mai, car rien ne laisse supposer que d'Argens ait tardé à écrire. D'ailleurs, il est question dans sa lettre des 'dix dernieres' *LJ* qui restent à faire: or, d'Argens en enverra sept au début de juin avec le no 49 qu'il a écrit, selon toute vraisemblance, peu de temps après la présente (voir le no 49, note critique 1). Il semble donc que celle-ci ait été écrite vers la fin de mai. Besterman suggère que d'Argens l'aurait écrite après avoir reçu une lettre de Voltaire datée du 22 juin [1737] (Best.D1342). En fait, l'extrait qu'il

donne de la présente n'a rien à voir avec la lettre de Voltaire] [2] [extrait donné par Besterman] [3] [ajouté dans l'interligne] [4] ⟨trosieme⟩ [5] [ajouté dans la marge gauche de la page 4] [6] [ajouté dans le blanc en tête de la page 4]

NOTES EXPLICATIVES

a. dans 1*LJ* cxxxvi (2*LJ* cxlviii) on lit: 'Ailleurs, n'a-t-on point vû certain Prédicateur, passablement brouillon quoique Normand, se donner ouvertement les Airs de petit Ministre [d']Etat, pendant qu'il traittoit assez cavaliérement le Ministere Evangelique?' (1*LJ* v.126; 2*LJ* iv.263). Jacques Pérard, écrivant à Marchand le 4 novembre 1738, soupçonne le prédicateur en question d'être un certain Du Bourdieu (March.2).

b. sans doute d'Argens fait-il allusion au portrait du 'Théologien Anglican' ajouté par Marchand à 1*LJ* CXXVI (v.47; 2*LJ* CXXXVIII, iv.164-65). Marchand en avait déjà fait mention dans sa lettre du 14 février (voir le no 28 et les notes *x* et *y*), mais le marquis a dû attendre ses exemplaires du tome v avant de pouvoir lire le texte remanié de cette *LJ*.

c. tout le paragraphe est à retenir pour mesurer l'importance de la contribution de Marchand aux *Lettres juives*.

d. voir le no 47 et la note *p.*

e. on trouve dans les *Anecdotes historiques, galantes, et littéraires*, première partie, pp.57-58, quelques remarques consacrées à l'auteur de l'*Almanach du diable*, ouvrage communément attribué à Pierre Quesnel (1699-1774). Sans doute d'Argens songe-t-il à celle-ci: 'L'Auteur, dit-on, a du Mérite, étant vû de fort bon Œuil [*sic*] de plusieurs Gens de Distinction, Protecteurs des Sciences' (pp.57-58).

f. l'auteur des *Anecdotes* avait loué Voltaire, 'ce Favori d'Apollon', 'ce rare Génie' (première partie, pp.58-59) peu après avoir loué d'Argens. Malgré les réticences de celui-ci sur les éloges à lui accordés, ne semble-t-il pas s'attribuer un rang bien honorable parmi les gens de lettres en parlant de 'voltaire et moy'?

g. dans le no 47, Marchand explique qu'il a jugé nécessaire de faire des additions à la préface du tome v des *Lettres juives*, 'à cause du Papier ci-inclus qui a été envoié au Libraire' et qu'il demande à d'Argens de lui renvoyer.

h. je n'ai pu identifier cette critique des *Lettres juives* et des sentiments de leur auteur. D'après ce qu'en dit d'Argens ici, il s'agirait d'une lettre imprimée, lettre se trouvant vraisemblablement dans quelqu'une des multiples publications périodi-

ques paraissant en Hollande à l'époque. Quant à savoir de qui était cette critique, la réponse insérée par Marchand dans la préface au tome v de 1*LJ* ne laisse guère de doute que c'était l'ouvrage d'un jésuite. Sur toute cette affaire, voir l'appendice no VII.

i. c'est-à-dire 'hommes illustres anglois et françois'. Sur cet ouvrage resté à l'état de projet, voir le no 24 et la note *i.*

k. dans le no 33.

l. sur toute cette partie de la lettre du marquis, voir le no 47 et la note *f.*

m. c'est 1*LJ* CLXXX (2*LJ* CXCVIII) qui, ainsi que les trois *LJ* 'sur les peres de l'eglise', fut envoyée avec le no 44.

n. ce sont 2*LJ* XIV, XV et XVI.

o. c'est 2*LJ* XLIII qui, elle aussi sans doute, avait accompagné le no 44.

p. c'est 1*LJ* CLIII (2*LJ* CLXXI) qui, de même que les suivantes, accompagnait le no 46. Des huit *LJ* supplémentaires dont parle d'Argens ici, deux seules ont paru en demi-feuilles périodiques et se trouvent par conséquent dans 1*LJ*: celle sur l'âme des bêtes et celle sur les foetus. Or, dans le no 46 d'Argens commence par parler de celle-ci; donc c'est de celle sur l'âme des bêtes qu'il parle immédiatement après, et dont il dit qu'elle 'me paroit si bonne que je vous serois bien obligé de la faire passer en feuille periodique'.

q. c'est 2*LJ* XCII.

r. c'est 2*LJ* XC.

s. c'est 1*LJ* CLI (2*LJ* CLXIX). Dans le no 46, d'Argens avait précisé qu'il l'avait 'faite de facon que si vous voules elle pourra se debiter en feuille periodique quoy quil soit mieux de la laisser pour le suplement'.

49

Jean-Baptiste de Boyer, marquis d'Argens, à Prosper Marchand

[début juin 1737][1]

voici mon cher monsieur des preuves de mon exactitude a obeir a vos ordres je vous envoie cept letres et une que le sieur popie me devoit encor comme j'ai eu lhonneur de vous le mender c'est huit a pressent qu'il m'en doit. il ne reste plus a faire que les trois du sixieme volume[a] et je suis bien aisse de ne les faire que lorsque vous en seres a la moitie pour limpression en feuille periodique[b] parceque je verray les sujets que je traiteray ne me rapellant pas le comencement de ce sixieme volume. envoies moy donc je vous prie un exemplaire de ce qu'on en a imprime pour que je fasse ces trois letres convenables au sujets. je tremble toujour de ne mal faire et de ne perdre le peu de reputation que jai aquis aussi ne neglige je rien pour faire quelque chosse de passable. je recomende toujour a vos soins mes pauvres ouvrages aides les au nom de dieu de vos utilles corections ne les menages pas non plus que moy et dites moy ce qu'il faut que je fasse pour continuer a bien faire.

aprenes moy par votre reponse s'il faut songer a se metre tout de bon aux nouvelles feuilles periodiques[c] je voudray lorsqu'elle comenceront en avoir une trente d'avance de faite parce quau comencement d'un ouvrage on peut tomber malade et sil etoit discontinue il yroit au diable il faut prevoir touts les accidens ainsi pour travailler a mon aisse je veux toujour avoir vint a trente letre a courir. j'atend vos ordres pour metre le premier volume en etat pendant le reste du tems que les [2]letres[2] juives se debiteront cella fait j'auray ensuite bientost expedié la continuation des memoires. informes vous je vous prie de popie s'il est toujour dans le dessin de donner cette feuille. au reste pour luy montrer qu'il ne court aucun risque de m'aprendre le succes de ses afaires et la vente de mes ouvrages asures le qu'il aura eternellement cette nouvelle feuille au prix de l'autre me fit il meme des ofres d'en augmenter le prix ainsi que des letres juives [3]dont[3] il ofroit d'acroitre le prix. il me paroit qu'il est asse bon garcon. je luy ecris une letre que vous lires et vous la luy rendres ensuite cachetes la si vous voules.

on ma fait donner les memoires secrets donc je vous ai parlé a debordes[d] si j'alois remetre en pied un libraire ereinté cella fairoit honneur a mes memoires. je ne vous fais point le detail de cet ouvrage je vous en enveray la premiere partie au comencement du mois qui vient[e] si j'avois scu que popie apres ces letres juives eut voulu imprimer une feuille periodique ce manuscrit n'auroit point eu le sort qu'il a eu mais je m'etois laissé embabouine pour donner une feuille periodique a la fin des letres juives. il a fallu retirer ma parolle dire que j'avois changé de dessin il m'en a coute un manuscrit en trois volumes[f] que j'aurois bien voulu metre dans d'autres mains mais enfin le bon dieu ma favorissé et au moment que je vous ecris ou le livre n'est pas imprime il y en a deja onse cent exemplaire de vendu ou [4]en[4] angletere ou en allemaigne ou en france j'ai apris cella par mr prevost car je ne conois ni en vert ni en blanc[g] le sieur debordes qui me croit actuellement a plus de soixente lieües d'amsterdam. dans ma dernière letre je ne vous dis pas que jai eu six maissons brulee a cote de la mienne touts les arbres de mon jardins[5] sont a demi [6]brusles[6] mes poires et mes pommes ont eté cuittes avant leur maturite jai ete a la veille de dire comme bias *omnia mecum porto*[h]. je vous prie de vouloir inserer dans les letres periodiques une letre que je vous ai envoie la dernier fois elle est marquée avec un cachet[i]. je vous renveray dans quelques jours votre [7]brumoy[7k]. aprenes moy de grace quel etoit l'original qui a fait la critique de la resemblance des letres juives avec les turques et les persannes[l]. j'atend votre reponse pour savoir coment il faut que je mete toutes les chosses en regle. je vous prie de faire en sorte que popie m'envoie le montant des huit letres. vous veres ce que je luy ecris sur le payement des manuscrit que je luy enveray pour luy en faciliter le payement. je vous demende toujour la continuation de votre amitie que je preferre aux plus grands biens vale ego quidem valeo.

le marquis d'argens

MANUSCRIT
March.2, nos 38 et 39; 6p., p.6 bl.

NOTES CRITIQUES
La dernière feuille de cette lettre est cotée 39, on ne sait pourquoi. Il est évident qu'elle forme la conclusion de la lettre cotée 38, car elle en complète la phrase restée inachevée en bas de la page 4.
[1] [avec cette lettre, d'Argens envoie sept *LJ* supplémentaires, de sorte qu'il ne lui en reste que trois à faire. Sa lettre suit donc le no 48 et le suit, semble-t-il, d'assez près. En effet, il n'est pas sûr qu'il manque une lettre de Marchand entre les nos 48 et 49. Ainsi, d'Argens redemande dans la présente des renseignements sur l'auteur des critiques des *Lettres juives*; et il ressort d'une phrase du no 50 qu'il attendait toujours une réponse de Marchand au sujet 'du meconte que vous m'avies ecrit au desavantage de popie'. Si le no 48 est effectivement resté sans réponse, la présente a dû être écrite peu de temps après; autrement d'Argens aurait certainement fait allusion dans le no 50 à ce premier silence de la part de Marchand qui aggravait celui dont il se plaint alors. Pour ce qui est de la date, le fait qu'il offre d'envoyer à Marchand 'la premiere partie' des *Mémoires secrets de la république des lettres* 'au comencement du mois qui vient' indiquerait qu'il écrit en juin, car cette première partie a dû paraître au début de juillet (voir la note *e*). Et puisqu'il n'a toujours pas envoyé cette première partie trois semaines plus tard (voir

le no 50), il est probable que la présente date de la première semaine de juin] [2] [en surcharge sur 'juives'] [3] [en surcharge sur 'qu'il'] [4] [en surcharge sur 'a lon'] [5] [la page 4 se termine ici. Le reste de la lettre est sur la feuille cotée 39] [6] [en surcharge sur 'grilles'] [7] [en surcharge sur 'livre']

NOTES EXPLICATIVES
a. c'est-à-dire les trois *LJ* supplémentaires destinées au tome vi de l'édition augmentée.
b. 1*LJ* CLXV paraîtra le 8 juillet, mais rappelons que Paupie imprimait les *LJ* périodiques bien avant de les mettre en vente (cp. le no 8, note *k*).
c. les *Lettres cabalistiques*.
d. voir le no 43 et la note *e*.
e. les *Mémoires secrets de la république des lettres* ont paru à raison d'une lettre par mois, à partir de juillet 1737 au plus tard. C'est ce qui ressort des nouvelles littéraires d'Amsterdam dans la *Bibliothèque françoise*, t.xxv, 2e partie (1737), p.386: 'L'Auteur des *Lettres Juives* fait imprimer chés *J*. Desbordes un Ouvrage périodique qui paroit tous les Mois [...] La cinquième Partie de ces Mémoires a paru au commencement de Novembre'.
f. ce 'manuscrit en trois volumes' était, semble-t-il, le texte des trois premières lettres des *Mémoires secrets* (soit 424 pages d'impression), que d'Argens dut vendre à Desbordes pour le dédommager de la perte d'une feuille périodique à la manière des *Lettres juives*, feuille que le marquis lui avait

promise avant d'apprendre que Paupie voulait bien imprimer les *Lettres cabalistiques* (voir là-dessus le no 44).

g. cette phrase dont le sens est clair ne se trouve dans aucun des dictionnaires du temps que j'ai pu consulter.

h. 'omnia mea porto mecum', paroles attribuées par Cicéron (dans *Paradoxa Stoicorum* I) à Bias, un des Sept Sages de la Grèce, qui aurait ainsi répondu à ceux qui lui demandaient pourquoi il ne s'occupait pas de sauver ses possessions menacées par l'armée ennemie qui envahissait la Priène.

i. il s'agit de 1*LJ* CLIII (2*LJ* CLXXI). D'Argens en avait envoyé le manuscrit à Marchand avec le no 46, dans lequel il dit que cette *LJ* 'est marquée avec un cachet'.

k. c'est-à-dire *Le Théâtre des Grecs*: voir le no 47.

l. le deuxième passage ajouté par Marchand à la préface du tome v des *Lettres juives* (voir le no 47, note *d*) commence ainsi: 'Quelques-uns de mes Censeurs se sont crûs assez éclairez, pour pouvoir décider de tout mon Livre sur son simple Titre; & voici la Décision magistrale d'un d'entre eux. *Vous devinez aisément à ce seul Titre de* Lettres Juives, *que ces Lettres sont une Imitation des* Lettres Persanes, *ou de l'*Espion Turc.' Pour plus de renseignements sur cette critique et sur la réponse de Marchand, voir l'appendice no VII.

50

Jean-Baptiste de Boyer, marquis d'Argens, à Prosper Marchand

[vers la fin de juin 1737][1]

je suis etonné mon cher monsieur de ne recevoir aucune de vos nouvelles je vous ai envoié il y a environ trois semaines cept letres qui sont les dernières des dixhuit du suplement excepte les trois du dernier volume qui restent a faire et je n'ai recu aucune reponse je crains que vous ne soies malade ou qu'il ne[2] soit arivé quelque chosse qui causse le retardement de votre reponse je vous prie de vouloir bien m'instruire de ce que je vous marquois dans ma derniere letre car sil faut que je travaille serieussement a cette nouvelle feuille[a] pour succeder aux letres popie devroit m'en instruire. ses negligences me font toujour faire les chosses avec precipitation ou bien il atendra pour demander un ouvrage que j'en ai comence quelque autre en sorte qu'il me faut toujour travailler par saut et par bon[3] c'est son afaire il doit voir par la derniere letre que j'ai pris la liberté de[4] [5]vous[5] envoier que je suis tres porté et que je le seray toujour a luy faire plaisir mais enfin je ne puis pas rester sens m'occuper et sil ne parle pas et quil ne disse pas ce qu'il veut avoir je n'ai pas le don de deviner et je serai forcé de comencer quelque autre ouvrage au reste j'ai une grace a vous demander je vous prie de me chercher un titre pour cette nouvelle feuille[a] je me suis vainement donné la torture je n'en ai pu trouver aucun vous saves de quoy il s'agit. je vous parlay dans ma dernière letre[b] du meconte que vous m'avies ecrit au desavantage de popie vous aures sens doute eclarci ce fait un mot de reponse je vous prie. j'auray soin de vous envoier la premiere partie des memoires secrets. popie ne ma pas daigné repondre ni sur cella ni sur rien. *vale* en depit des mauvais tems *ego quidem non valeo* car il m'ont caussé un rumatisme et je suis au lit depuis deux jours

le marquis d'argens

A Monsieur / Monsieur p. marchand / ches monsieur popie libraire / sur le spuy / a la haye.

MANUSCRIT

March.2, no 40; 4p., p.3 bl., l'ad. p.4; cachet sur cire rouge.

NOTES CRITIQUES

[1] [il ressort des premières phrases de cette lettre qu'elle est postérieure d'environ trois semaines au no 49 et que pendant cet intervalle ni Marchand ni d'Argens n'ont écrit. Puisque d'Argens n'est pas encore à même d'envoyer à Marchand la première partie des *Mémoires secrets*, il écrirait vraisemblablement vers la fin de juin (cp. le no 49, note critique 1)] [2] ⟨vous⟩ [3] [*sic* pour 'bond'] [4] ⟨luy⟩ [5] [ajouté dans l'interligne]

NOTES EXPLICATIVES

a. les *Lettres cabalistiques*.
b. en fait, c'était dans le no 48.

51

Jean-Baptiste de Boyer, marquis d'Argens, à Prosper Marchand

[début juillet 1737][1]

mon cher monsieur je ne veux pas diferer plus longtems le plaisir que je conte qu'un ami aussi tendre que vous prendra aux nouvelles que je recois j'avois raisson de croire qu'on m'avoit intercepté a paris deux letres*a* a la fin la troisieme est parvenüe parceque j'avois fait ecrire le dessus par une main etrangere. voies et lisses me voilla grace a dieu hors de la missere. je veux absolument aler souper un soir avec vous j'ai trop de chosse a vous dire il faut que jen sois moy meme le porteur. je suis incomodé depuis huit jour d'un espece de rumathisme et d'accablement que me caussoit la douleur de ma situation future ne recevant aucune nouvelle de mon frere a peine ai pu ouvrir un livre mais jespere que cella changera a pressent je n'ose pourtant travailler dans la crainte de ne m'epuisser et je veux atendre trois ou quatre jour pour etre entierement retabli. renvoies moy pontuellement je vous prie la letre de mon frere pour que jy reponde adieu le plus tendre le meilleur et le plus honete homme d'un siecle qui en produit si peu*b*.

le marquis d'argens

je vous envoie la premiere partie des memoires &c.*c*

berad*d* m'a ecrit de berlin en provence a l'adresse de mon frere qui ma renvoie sa letre je vous l'envoie aussi renvoies la pour que jy reponde

MANUSCRIT

March.2, no 41; 4p., pp.3 et 4 bl.

NOTES CRITIQUES

[1] [d'Argens, malade 'depuis huit jour d'un espece de rumathisme', aurait écrit cette lettre, semble-t-il, quelque six jours après la précédente, où il se disait alité 'depuis deux jours' d'un 'rumatisme'. L'envoi de la première partie des *Mémoires secrets*, promise depuis quelques semaines pour le 'comencement du mois' (no 49), d'où la date proposée pour la présente, confirme que celle-ci fait suite aux nos 49 et 50. Si d'Argens ne fait plus mention du

silence de Marchand, il ne s'ensuit pas
forcément que celui-ci ait enfin écrit; car le
marquis est à ce moment tout entier à la
joie que lui cause la lettre de son frère]

NOTES EXPLICATIVES
a. cp. le no 46.

b. heureux, d'Argens s'épanche; d'où le
ton très chaleureux de sa lettre.

c. les *Mémoires secrets de la république des
lettres*, s'entend.

d. je n'ai pu identifier ce personnage.

52

Jean-Baptiste de Boyer, marquis d'Argens, à Prosper Marchand

[vers la mi-juillet 1737][1]

ne vous plaignes pas mon cher monsieur si je n'ai pas repondu a vos letres
exactement comme je conte de vous aler voir jai cru que je vous dirois moy
meme tout ce que vous souheties savoir.[2] je suis incomodé depuis quelque tems
livré entre les mains de la pharmacie je me nouris de pillules et sirop cella va
pourtant mieux grace a dieu et dans dix ou dousse jours j'auray sil plait a dieu
le plaisir de vous embrasser ces miserables climats froids ne me valent rien dans
cinq ou six mois dici lorsque toutes les afaires seront arangées je crois que je
m'etabliray aux environs de geneve[a] nous parlerons de cella comme vous dites
cap a cap. si jallois dans cette ville trois raissons mi determineroient la premiere
le climat chaud vineux et asses semblable a mon air natal la proximite de
provence et par consequent le plaisir de voir de tems en tems mon frere la liberte
et la comodite de vous envoier mes manuscrit par les voitures reglees qui vienent
de geneve en hollande et qui partent regulierement et y vienent en droiture.
mais je ne prends aucun resolution que lorsque vous aures prononcé je propose
et vous disposeray car un de vos avis[3] [4]vaut[4] mieux que trente de mes reflextions.
je vous prie de faire metre cette letre un peu diligenment a la poste je la fais
partir de la haye parceque je ne suis pas faché que ma famille my croit etabli
ou du moins a l'entour et l'on marque les letres qui en vienent avec un signe.
je vous demende mille pardon de la peine. des que jauray dix ou dousse letres
cabalistes a vous porter jyray a la haye. si popie peut me trouver un lit ches sa
belle mere il me fera plaisir je ne passeray [5]qu'un jour a la haye. ainsi sil n'y a
point de place ches sa belle mere je coucheray pour cette nuit dans quelque
cabaret peu frequenté. je suis touts les jours plus penetré de vos bontés aimes
moy toujour je vous prie

le marquis d'argens[5]

MANUSCRIT
March.2, no 42; 2p.

NOTES CRITIQUES
[1] [d'Argens, toujours 'incomodé', se
trouve obligé de remettre à quelque dix ou
douze jours une visite à Marchand, visite

dont il avait parlé dans le no 51. La lettre
qu'il demande à Marchand de mettre à la
poste, et qui est pour sa famille, pourrait
bien être en réponse à celle de son frère
qu'il avait envoyée à Marchand avec le
no 51 et que celui-ci aurait renvoyée en

écrivant au marquis. Cette hypothèse est
d'autant plus vraisemblable que, dans le
no 53, d'Argens parlera d'une deuxième
lettre venue de son frère, sans doute en
réponse à la sienne. De ces indices, je con-
clus que la présente fait suite au no 51. Elle
n'a guère pu être écrite avant la mi-juillet,
car il ressort de la première phrase qu'elle
s'est fait attendre et que, dans l'intervalle,
Marchand a écrit plus d'une fois au mar-
quis] ² ⟨je conte de vous aler voir⟩
³ ⟨valait⟩   ⁴ [ajouté   dans   l'interligne]
⁵ [écrit dans la marge gauche de la page
2]

NOTES EXPLICATIVES

a. il ne semble pas que d'Argens y soit
jamais allé. Cependant, lors du séjour du
marquis à Maestricht, J. B. Le Prévost le
croira en Suisse (voir la lettre que Voltaire
écrit à d'Argens le 27 novembre 1738, Best.
D1667). Et d'Argens se dira en route pour
la Suisse lorsqu'il quitte la Hollande en
1740 (voir Best.D2322 et cp. le no 64, note
a).

53

Jean-Baptiste de Boyer, marquis d'Argens, à Prosper Marchand

[première moitié d'août 1737]¹

ne soies point surpris mon cher monsieur si je ne vous ai pas donné de mes
nouvelles en arivant a louvreton*ᵃ* je retombay malade ce n'etoit pas la faute du
medecin de la haye*ᵇ* mais la miene ou plustost celle de mon estomac qui etoit
si foible que tout ce que j'avallois se changoit en eau. la fievre me reprit encor
je pris mon parti mon chagrin et ma melancolie augmentant je me cassay² dans
la ville*ᶜ* pour me faire voir et guerir entierement grace adieu cella va bien a
pressent mais bien bien. il faut seulement que je change d'air car les medecins
dissent que je pourois fort bien devenir hipocondriaque*ᵈ* si je me livrois a la
melancolie voies mon cher monsieur quel est l'etat de ma santé et ce que vous
diries si votre pauvre a aron monceca³ ⁴devenoit⁴ iponcondre*ᵈ*. j'ai ecris ou vous
m'avies conceillé mais lapartement est rempli on ma ofert de m'en chercher un
autre cella ne fait pas mon afaire tout ces derengements donnent des furieusses
secousses a ma bourse. ainsi jai bessoin d'un pais ou l'escalin vaille dix sols
avant la fin du mois je me mets en marche pour mastrec ou je plante le piquet
jai recu une letre de mon frere qui me confirme purement et simplement ce qu'il
me dissoit dans la premiere*ᵉ* il me presse de luy envoier les letres de mon pere
et de ma mere pour me faire toucher des finances cella est fait elles sont parties
ainsi vous voies qu'on pense reellement a moy. les quatre tomes de letres juives
paroissent en provence et sont tres goutés mais on n'y conoit point absolument
ma philosophie*ᶠ* j'espere quil y en aura bientost

je vous envoie les trois dernieres letres juives elles vont toutes les trois de
suites placés les ou vous voudres*ᵍ*. quoy que le papier soit plus etroit que celuy
des autres elles n'en sont pas moins longues a causse du caractere. vous trouveres
aussi deux letres cabalistiques gardes celle qui est toute ecrite de la main d'un
copiste que mr de bey m'a donné pour me soulager ne faissant que dicter comme
un elexir pour donner de force a tout un volume c'est un parallele entre luther

et ignace*ʰ* et c'est je crois ce que j'ai fait de mieux au reste je vous enveray encor quatre letre cabalistes avec la preface*ⁱ* afin qu'en changeant de demeure popie est[5] des avances de quoy se tranquiliser. au lieu de dedier le volume a hipocrate je le dediray a maitre nicolas barbier du seigneur don quichote*ᵏ* cest idée me paroit comique. vous seres content de la reponse que je feray a toutes les critiques qui sera brieve et bonne*ˡ* j'ai deja veu de quoy il sagit au reste je vous serois bien obligé si vous pouvies me decouvrir la moindre conoiscence a mastrec il ne faudroit qu'une personne qui en cas de recherche et d'examen aupres d'un gouverneur dans une ville de guerre*ᵐ* put dire que je suis un honete homme voilla tout ce qu'il faut j'ecris a popie qui m'avoit dit qu'il me doneroit une letre en tout cas je chercheray ici au reste je m'ennuie si fort ici pour certaines raissons donc je vous ai parlé que j'atend lheure d'en partir comme les juif atendent le messie. j'avois oublié la derniere fois que je partis de vous prier de vous rembourser je vous prie de vouloir bien retenir au premier envoie les frais que vous aves fait pour moy ne m'envoies pas actuellement les cinq letres*ⁿ* vous m'en faires toucher le payement avec celles que je vous enveray avec la preface qui ariveront des que popie m'aura fait remetre ce que je luy demende je vous prie de luy dire d'etre exat pour que je fasse cette preface adieu mon cher monsieur je vous aime autant que les jensenistes aiment saint augustin et vous envoie les memoires de ce mois*ᵒ* lisses le je vous en prie. vale.

le marquis d'argens

je n'ai point encor fait le dialogue d'aaron monceca &c.[6] *ᵖ*

MANUSCRIT
March.2, no 45; 4p.

NOTES CRITIQUES
[1] [il semble qu'il y ait eu un laps de temps assez considérable entre le no 52 et la présente. De celle-ci il ressort que d'Argens est allé voir Marchand à La Haye et qu'il a reçu une seconde lettre de son frère, confirmant ce que disait la première. La présente est donc postérieure aux nos 51 et 52. Elle doit être d'août, puisque d'Argens envoie les *Mémoires secrets* du mois; or, il en avait déjà envoyé la première partie, celle de juillet, avec le no 51, et il enverra la troisième partie, parue en septembre, avec le no 58. Restent les deuxième (août) et quatrième (octobre) parties. Il ne peut pas être question de celle-ci, puisque dans la présente d'Argens promet d'envoyer bientôt la préface et l'épître dédicatoire du tome vi de 1*LJ*, qui paraîtront le 2 septembre sinon le 29 août (voir l'appendice no II et surtout l'annonce à la fin de 1*Cab* III). Sa lettre est donc d'août, et sans doute écrit-il pendant la première quinzaine du mois. Ainsi, il parle d'aller s'éta-blir à Maestricht 'avant la fin du mois', ce qui lui permettra, avant son départ, non seulement de composer et d'envoyer à Marchand quatre *Lettres cabalistiques*, avec une dédicace et une préface pour le tome vi des *Lettres juives*, mais surtout de se procurer des connaissances à Maestricht. De toute évidence le moment de partir, attendu avec tant d'impatience, est loin d'être imminent. Le fait d'envoyer les *Mémoires secrets*, qui paraissaient au début du mois, n'est pas concluant car la mauvaise santé du marquis l'aura sans doute empêché de les en-voyer tout de suite] [2] [*sic* pour 'casai'] [3] ⟨devoit⟩ [4] [ajouté dans l'interligne] [5] [*sic* pour 'ait'] [6] [la lettre se termine par trois lignes et demie lourdement biffées et illisibles]

NOTES EXPLICATIVES
a. d'Argens désignerait-il par ce nom cette 'petite maisson ecartée a une demi lieüe damsterdam' (no 33) où il demeurait depuis mars? Oui, sans doute. En effet on trouve dans les *Lettres critiques avec des Songes moraux [...] sur les Songes philosophiques de l'Auteur des Lettres juives* (Amsterdam 1746),

d'Aubert de La Chesnaye Des Bois, le passage suivant, au début de la dixième lettre, consacrée au dixième *Songe philosophique*: 'Ce songe ne regarde que l'Auteur. Je ne vous ferai pas une peinture des innocens plaisirs que la Philosophie lui faisoit goûter dans sa retraite de l'*Overtom* proche *Amsterdam*' (édition de 1767, p.155; observons qu'il n'est fait mention ni de 'l'Overtom' ni de 'louvreton' dans le dixième *Songe philosophique*). Ce nom de 'louvreton' serait-ce le diminutif de 'Louvre', nom désignant toute maison superbe et magnifique? D'Argens, on l'a vu, parle de son 'palais', et Marchand adresse le no 39 à 'Monsieur Boyer dans son Chateau de Gaillardin'. Ce qui est certain, c'est qu'il n'existe aucune ville ni aucun village de ce nom en Hollande.

b. d'Argens a dû tomber malade de nouveau lors de sa visite à Marchand.

c. il s'agit d'Amsterdam. Sur le séjour du marquis dans cette ville, voir le no 57.

d. 'Hypocondriaque. adj. Malade dont l'indisposition vient du vice des hypocondres ['les parties latérales de la région supérieure du bas ventre', article 'Hypocondre']. *La trop grande solitude rend quelquefois les hommes hypocondriaques*. Il s'emploie aussi au substantif. *Les hypocondriaques sont mélancoliques & visionnaires*' (Académie 1762). Selon Académie (1695), article 'Hypocondriaque', le mot 'hypochondre' s'employait dans le même sens médical, à savoir: 'Malade des fumées de la ratte des hypochondres [...] En ce sens on dit aussi qu'*Un homme est Hypochondre*'. L'édition de 1762 qualifie cette expression d'abus qui 'n'a lieu que dans la conversation' et dont le sens aurait changé depuis 1695: 'On dit figurément & abusivement d'Un homme bizarre & extravagant, qu'*Il est hypocondre, que c'est un hypocondre*' (article 'Hypocondre').

e. cp. le no 51.

f. *La Philosophie du bon sens*, s'entend.

g. il s'agit des trois *LJ* supplémentaires destinées au tome vi de l'édition augmentée (*2LJ*). Pourtant, il n'y en a pas trois, parmi les trente-cinq dernières lettres de cette édition, qui forment une suite évidente. Seules *2LJ* CXCII à CXCIV (vi.13-47) constituent en quelque sorte une série, puisqu'elles ont toutes pour sujet les impressions et

les expériences de Monceca à Paris. Mais ces trois *LJ* ont paru en demi-feuilles périodiques (1*LJ* CLXXIV à CLXXVI, vi.189-212) à partir du 8 août, date qui, semble-t-il, exclut la possibilité que Marchand les ait substituées à trois autres destinées d'abord à l'édition périodique. La conclusion qui s'impose est donc que, lors de l'impression de *2LJ*, Marchand a inséré les lettres en question dans un tome autre que le sixième. Sans doute s'agit-il de *2LJ* CXII à CXIV, qui traitent de 'l'Incertitude de l'Etat futur du Nazaréisme' (*2LJ* CXIII, iii.304), ou bien de *2LJ* CLVIII à CLX, consacrées à 'la prétendue *Histoire de Jesus de Nazareth*' (*2LJ* CLIX, v.30) forgée par les Juifs. A l'exception de *2LJ* XIV à XVI, que d'Argens avait déjà envoyées avec la lettre no 44, ce sont les seules séries de lettres qui 'vont toutes les trois de suites' à paraître pour la première fois dans *2LJ*.

h. c'est 1*Cab* XI, i.81-88.

i. il semble que la préface en question soit celle du tome vi des *Lettres juives* plutôt que celle du premier volume des *Lettres cabalistiques*. En effet, il ressort de ce qui suit que d'Argens n'avait encore composé ni l'épître dédicatoire ni la préface au tome vi de 1*LJ*.

k. le tome vi des *Lettres juives* est en effet dédié 'A maitre Nicolas, barbier de l'illustre dom Quichotte de la Manche'.

l. dans la préface au tome vi des *Lettres juives* d'Argens, après avoir parlé dédaigneusement des *Anecdotes historiques, galantes, et littéraires* (voir le no 47, note *p*), répond à des critiques de son ouvrage dans la *Correspondance historique, philosophique et critique, entre Ariste, Lisandre et quelques autres amis: pour servir de réponse aux Lettres juives* (La Haye 1737-1738), ouvrage communément attribué à François-Alexandre Aubert de La Chesnaye Des Bois (1699-1784). Suivant le modèle des *Lettre juives*, cette *Correspondance* paraissait deux fois par semaine en demi-feuilles. Puisque la lettre XLVII est la première à porter la date 1738, la lettre I a dû paraître le 25 juillet 1737 au plus tard. D'Argens ne perd donc pas de temps à repondre à ces nouvelles critiques des *Lettres juives*.

m. Maestricht était, au dix-huitième siècle, une ville forte d'une importance stratégique considérable.

n. d'Argens veut dire *le paiement* des cinq

lettres, c'est-à-dire des trois *LJ* et des deux *Lettres cabalistiques*.

    o. les *Mémoires secrets de la république des lettres* du mois d'août (cp. la note critique 1).

    p. 1*LJ* CLXXV, vi.197-204 (2*LJ* CXCIII, vi.24-35) tout entière est un dialogue entre Aaron Monceca et le principal du collège de Louis le Grand. Mais cette *LJ* a dû être composée bien avant la date de la présente, et d'ailleurs le marquis envoie avec celle-ci 'les trois dernieres letres juives'. Pourtant, il n'y a rien d'autre dans les *Lettres juives* qui corresponde à cette allusion.

54

Jean-Baptiste de Boyer, marquis d'Argens, à Prosper Marchand

[août 1737][1]

    mon cher monsieur je vous ai envoié quatre nouvelles letres cabalistiques et la preface je ne vous ecri qu'un mot parce que je suis dans l'acces j'ai des fievres tierce mais cella n'est rien et grace aux remedes et a la nature – j'ai vomi hier deux grands pots d'une bille secuite[2] que j'avois sur l'estomac ainsi je seray bientost hors d'afaire je vous envoie une letre que j'ai recu de ma mere elle vous metra aux faits de mes afaires sens que j'entre dans le detail repondes moy je vous prie je vais travailler incessenment j'eu hier un acces de touts les diables et par l'evacuation que le medecin ma fait faire je me porte presque bien aujourduy. je vous seray obligé de me faire envoier des especes a popie elles ne me seront pas inutilles. souvenes vous je vous prie des avances des ports de letre des que je seray gueri je changeray d'air et me placeres aupres dutrec adieu mon cher *vale*.

MANUSCRIT

March.2, no 53; 2p.

NOTES CRITIQUES

[1] [il semble que ce billet, écrit sur un petit bout de papier, fasse suite au no 53, où il s'agissait de l'envoi prochain de quatre *LCab* et d'une préface (celle au tome vi de 1*LJ*) et qui recommandait à Marchand d'attendre ces quatre lettres et de se rembourser avant d'envoyer au marquis l'argent qui lui était dû. Ainsi que dans la lettre précédente, d'Argens veut changer d'air, quoique la destination dont il parle ici – 'aupres dutrec' – soit une innovation. Il s'agit là, on le verra, d'un expédient de la part d'un homme qui ne peut pas s'échapper trop tôt d'Amsterdam et qui n'est pas encore à même d'aller à Maestricht. D'après sa place dans la correspondance, ce billet serait du mois d'août]

[2] [leçon incertaine]

55

Jean-Baptiste de Boyer, marquis d'Argens, à Prosper Marchand

[août 1737][1]

vous etes plus cruel mon cher monsieur que la fièvre au nom de dieu epargnes un peu un enfant produit dans la colere et ne retranches rien des critiques de la preface[a] pour l'afaire des anedoctes et autres je vous les laisses puisque vous etes dans un humeur si coupante aies egard a un pauvre malade ases inquiet de son mal et ne lafliges pas par lentiere destruction de son enfant je finis mon cher monsieur et vous ecrires plus longuement la premiere fois car dans une heure ou deux la fievre me faira danser. dites a popie d'etre un peu moins avare de papier et d'impression *vale* je vous souhete autant de sante et de bonheur que les jenseniste a mr demanpelier[b]

le m. d'argens

MANUSCRIT

March.2, no 43; 2p., p.2 bl.

NOTES CRITIQUES

[1] [si d'Argens, parlant des 'critiques de la preface', entend la préface au tome vi de I*LJ* (voir là-dessus la note *a*), cette lettre suivrait le no 54, auquel cas il manquerait une lettre de Marchand où celui-ci aurait proposé divers changements au texte de la préface ou peut-être même exprimé son intention de les effectuer. Un autre détail – la fièvre dont souffre le marquis – rattache également cette lettre au billet précédent, tandis que la phrase par laquelle se termine la présente rappelle la formule adoptée à la fin du no 53. L'ordre chronologique des lettres exige que celle-ci soit du mois d'août]

NOTES EXPLICATIVES

a. serait-ce une allusion à la préface au tome vi de I*LJ* où, nous l'avons vu (no 53, note *l*), d'Argens répond assez longuement aux critiques des *Lettres juives* dans la *Correspondance historique, philosophique et critique*? Il n'épargne pas non plus les *Anecdotes historiques, galantes, et littéraires*, mais l'éreintement est beaucoup plus court: serait-ce là 'l'afaire des anecdotes'?

b. Charles-Joachim Colbert de Croissy (1667-1738), évêque de Montpellier, fut un des chefs du parti janséniste et un défenseur ardent des convulsionnaires de Saint-Médard.

56

Jean-Baptiste de Boyer, marquis d'Argens, à Prosper Marchand

[deuxième moitié d'août 1737][1]

enfin grace a dieu mon cher monsieur je pars de cette maudite ville[a] a demi mort mais j'en pars et je crois que la joie que j'auray de m'en voir dehors m'aidera a me retablir je suis dans un etat pitoyable, et je ne scay quand estce que je seray retably. il m'est imposible de travailler actuellement et je suis oblige de rester pour le moins un mois sens lire et ecrire. je sens combien vous etes pressé pour theodore[b] et je vous renvoie les materiaux faites les remetre entre les mains de quelque autre si vous craignes de n'etre prevenu[c]. au reste il faut que je deposse dans votre sein touts mes chagrins cachés j'en ai eu de si teribles ses dernier jours qu'il m'ont presque reduit aux abois et ce qui me chagrine le plus c'est l'ingratitude de popie et de sa femme[d]. ils ont dit mille impertinence sur le chapitre d'une personne qui ne leur a jamais fait le moindre mal[e]. ils se sont adressés a un demoiselle qui a emplifiée la dosse sens que je vous nome les masques vous deves conoitre les personages ainsi je ne renouvelleray point les chagrins que ses discours m'ont caussé mais je ne puis vous le dissimuler juges en puisque j'ai voulu me faire transporter a utrec sur un matelas dans une barque aiant une fievre ardente je ne puis vous dissimuler que je suis vivement piqué. mais dispenses vous d'entrer dans toutes ses tracaseries ignores ce que je vous ecris quand a moy en votre faveur je veux bien dissimuler mais je puis vous protester que ce que je feray d'or en avant pour des gens qui dechirent mon epousse lorsque je me sacrifie pour eux ne sera qu'a votre consideration et jose vous jurer que pour vous marquer mon estime ma reconoissance mon devoument il n'est rien que je ne devore pendant quelque tems dans le fond de mon coeur le ciel m'est temoin si je vous aime veritablement et lorsque je quiteray ce maudit pais je regreteray eternellement un ami tel que vous et digne de l'estime de touts les honetes gens. j'ai ecrit a ma mere et a mon pere j'atend courier pour courier leurs reponse pour prendre une determination fixe. je resteray jusques alors ches mes bonnes gens[f] et tacheray de me retablir. je feray la letre cabalistique sur la canonisation[g] et je tacheray dans mes bons intervalles de finir le volume pour avoir du tems a courir et qu'un accident ne fit qu'on se trouva pressé comme il ariveroit actuellement si je n'avois eu soin de travailler dans mes bons moment en verité il faut que je vous aime autant que je le fais pour me donner tant de peines pour des personnes qui me menagent si peu je me plains un peu de popie mais excecivement de sa femme. ne parles point de cella je vous prie. adresses votre letre ches la veuve du docteur verschoor rue des jacobins. je finis car je n'en puis plus et je me soutiens a peine *vale et semper vale*.

le marquis d'argens

[2]au nom de dieu ne dites rien de tout ceci je vous le demende en grace une seconde tracasserie me metroit au tombeau.[2]

A Monsieur / Monsieur p. marchand ches / mr. popie libraire sur le spuy / a la hayee

MANUSCRIT
March.2, no 46; 4p., l'ad. p.4; cachet sur cire rouge.

NOTES CRITIQUES

[1] [d'Argens, qui s'ennuyait tellement à Amsterdam qu'il attendait 'lheure d'en partir comme les juif atendent le messie' (no 53), quitte enfin 'cette maudite ville' pour aller s'établir 'aupres dutrec' (voir le no 54): en effet, la veuve du docteur Verschoor habitait, semble-t-il, 'une maisson de campaigne aupres des portes d'utrec' (no 16). La présente est donc postérieure aux nos 53 et 54. D'autre part, elle doit être antérieure au no 57, qui revient sur le renvoi des matériaux pour *Théodore* dont il est question ici. Elle est également antérieure aux nos 58 et 59, puisque le marquis promet ici de composer 1 *Cab* XIII et dit qu'il essaiera de terminer le premier volume des *Lettres cabalistiques*: or, dans le no 58 il précise qu'il espère avoir terminé ce volume à la fin du mois (septembre) et promet d'envoyer bientôt six *LCab*; et celles-ci, parmi lesquelles se trouve la XIIIe, accompagneront le no 59. Quant à la date de la présente, il ressort du no 57 que d'Argens a passé au moins vingt-quatre jours et peut-être un mois entre les mains du médecin d'Amsterdam. Puisque sa rechute s'est produite juste après sa visite à Marchand à La Haye, visite qui aurait eu lieu vers la fin de juillet, la présente n'a guère pu être écrite avant la mi-août. D'un autre côté, il est peu probable qu'elle soit de septembre, la lettre qui suit celle-ci datant, semble-t-il, du début du mois] [2] [ajouté dans la marge gauche de la page 3]

NOTES EXPLICATIVES

a. c'est-à-dire d'Amsterdam: voir le no 57.

b. sans doute s'agit-il de l'*Histoire des révolutions de l'île de Corse, et de l'élévation de Théodore I. sur le trône de cet état.* Publié par Paupie, cet ouvrage, 'petit Volume *in* 12. de trois Sestaifs' (1 *Cab* i.128), vit le jour vers le 17 octobre 1737: voir l'annonce à la fin de 1 *Cab* XVI et l'article consacré au livre dans la *Bibliothèque raisonnée* pour octobre/décembre 1737 (XIX.440-42).

c. il ressort du no 57 que d'Argens devait composer un ouvrage à partir de mémoires que Marchand ou Paupie lui avait confiés. Il s'agissait de faire au plus vite une histoire de la Corse, afin de pouvoir raconter la petite histoire de l'avènement du soi-disant Théodore I au 'trône' de ce 'royaume'. Le baron Theodor von Neuhof (c.1690-1756), aventurier allemand, avait débarqué dans le port d'Aleria le 12 mars 1736, apportant aux insurgés contre le gouvernement de Gênes une aide assez importante, à condition qu'ils le reconnaîtraient roi de Corse, ce qu'ils firent. Son 'règne' pourtant fut de courte durée, car il se vit obligé de quitter l'île en novembre 1736.

d. Léonore, née Dupuy.

e. il s'agit, bien entendu, de celle que d'Argens appellera plus bas son 'epousse'.

f. c'est-à-dire à Utrecht, chez la veuve Verschoor et sa fille, 'vos bonnes Gens' comme les avait appelées Marchand dans le no 28: voir d'ailleurs l'adresse que donne d'Argens à la fin de la présente.

g. ce sera 1 *Cab* XIII, i.97-104.

57

Jean-Baptiste de Boyer, marquis d'Argens, à Prosper Marchand

[début septembre 1737][1]

mon cher monsieur je ne repondray point a touts les articles de votre letre[a] je ne pourois le faire avec asses de sang froid jentrevois que nous nous brouillerions et je ne veux point perdre un ami que j'estime infiniment permetes moy cependant de vous dire que votre letre ma persuade plus que jamais de la realite de l'esprit tracasiers des personnes[b] qui vous ont ecrit que ma femme est causse que je quite amsterdam c'est la une imposture qui merite d'etre dementie et il faut avouer ou que ceux qui vous ont parle de la sorte sont les plus grands tracasiers du monde ou que leurs medecins et leurs apoticaires sont de fripons il y a un mois que je suis entre leurs mains je joins ici la quitance de l'apoticaire et celle du medecin[c] pour vintquatre jours de visite he quoy ses gens m'ont fait prendre de remede sens maladie et je n'ai quite amsterdam que par[2] caprice ou par persuasion en verité lorsqu'on veut mentir il faut du moins avoir de l'esprit et je m'etonne que vous vous en laissies imposser aussi facilement par des gens qui ne savent pas meme sauver les aparances. il eut fallu pour leur plaire que j'eusse crevé a amsterdam en verité je n'avois pas asses de complaiscence. quand aux peines qu'ils se sont donnés pour moy aprecions les mon cher monsieur a un juste prix lorsque je suis arivé a amsterdam il m'ont fait trouver un logement ches la david[d]. c'est un auberge ou chacun loge pour son argent avec mon escalin a la main je n'avois pas bessoin d'autre introduction. j'ai loué une maison a amsterdam et l'ait paié d'avance[e]. je crois qu'il ne faut point de conoiscance pour conclure un pareil marché[f] j'ai acheté des meubles quatre vint florins[g] et les ai revendu quinse ce n'est pas la faute de ceux qui les ont achetés de moy si je les ai paiés beaucoup plus qu'ils ne valoient je devois savoir mieux marchander on m'avoit acheté pour six florins de balets[3] on perd beaucoup sur cette marchandisse. mais mr. qu'estce que cella fait a ceux qui vous ont ecrit leur doit on quelque chosse ont ils repondu pour quelque chosse qu'on n'ait pas paié pourquoy prendre tant d'interest a ma bourse. dans certaines occasions ils semblent ne vouloir pas si fort la menager les medecins sont tachés[h] six sols par visite j'en voulu donner dousse mais cella ne parut point asses. c'etoit la medecin de made. de bey elle envoia son comis ches moy pour me dire qu'elle paioit toujour vint sols par visite je luy fis repondre qu'elle avoit raisson mais que moy qui n'etois qu'un pauvre diable je me contentois de donner six sols de plus que la tasse[i] il y a maintes autre occassions ou ma bourse etoit moins menagée que dans la vente des meubles contre laqu'elle on se recria si fort. je viens au manuscrit de theodore que je vous ai renvoie et dont on a pas manque d'envenimer le renvoie mr. de bey m'a dit que la planche seroit faite dans quinse jours et que cella pressoit infiniment je luy ai dit que je le priois de vous ecrire qu'il m'etoit impossible de travailler a cella de tout le mois de septembre comptant de prendre les eaux et que cella etant ainsi je me voiois force de vous avertir de prendre des mesures ou d'atendre quelque tems. [4]pourquoy[4] vous deguisser tout cella. mais voules vous des preuves qu'il ny a ni bouderie ni malice en vous renvoiant theodore en voici d'autentique que je vous prie daprofondir et je consens d'etre deshonoré si je vous en impose. les libraires d'amsterdam ont scu que jetois dans cette ville jen ai veu quelques uns par curiosite d'autres m'ont fait parler par des emisaires. mr. du sauzet*[k]* m'a prié de luy faire la continuation d'un livre il m'a fait des ofres de services si essentielles que j'en ai moy meme eté tres surpris. qu'aije repondu qu'il m'etoit impossible de travailler dans l'etat ou j'etois que j'avois une ouvrage periodique pour popie auquel je pouvois a peine sufire*[l]*. un libraire qui imprime en holandois et en francois m'a fait parler par un ami de mr de voltaire pour luy faire deux volumes in quarto m'ofrant de me donner de l'argent d'avance j'ai dit la meme chosse on m'a proposé de voir mr smith*[m]*. il a luy meme cherché a me conoitre on ma asuré de sa part qu'il seroit charmé d'avoir a faire avec moy. j'ai repondu que je ne pouvois plus travailler. prevost ma demendé un roman pour un libraire*[n]* je l'ai refussé je crains que le manuscrit de debordes*[o]* ne manque le mois prochain c'est a dire le mois d'octobre si dieu ne me donne pas un peu plus de force voies monsieur sil y a de la pique en vous renvoiant les memoires pour theodore jusques au retablissement de ma santé. je pars apres demain [5]si ma sante peut le permetre[5] pour aler prendre les eaux a mastrec que je feray venir de spa*[p]* et des que je seray remis je consens de travailler de preference a theodore plustost qu'a tout autre ouvrage. je ne scay si je passeray lhiver a mastrec ou si je reviendray a utrec apres les eaux mais de quelque facon que la chosse soit je comenceray ce livre pourveu que je ne sois pas oblige de le rendre qu'a la fin d'octobre*[q]*. au reste soufres que je vous represente que puisque ses tracasseries ne font que nous aigrir nous fairons fort bien de les oublier ne nous souvenons plus que j'ai ete a amsterdam et d'or en avant qu'il ne soit plus quaestion du passé pour moy je suis si charmé d'etre dehors cet ville que j'ai deja oublié la moitie de mes meaux je ne doute pas de ne recevoir au premier jour une reponse de ma mere [6]elle determinera la demeure que je choisiray l'ete qui vient car la saisson est trop avancée pour que je songe a faire un grand voyage. ainsi mastrec ou les environs d'utrec ou utrec meme seront ma retraite pour cet hiver. les feuilles periodiques de debordes*[o]* et de popie*[l]* que je ne puis interompre leur aiant donné ma parole me tenant encor ataché ici pour quelque mois. je suis mon cher monsieur votre tres humble et tres obeissant serviteur

le marquis d'argens[6]

MANUSCRIT
   March.2, no 47; 4p.

NOTES CRITIQUES
   [1] [si la référence au renvoi du 'manuscrit de theodore' permet d'affirmer que cette lettre est postérieure au no 56, le fait que d'Argens répond ici à des commentaires peu favorables sur son départ d'Amsterdam ferait croire qu'il a écrit la présente peu de temps après le no 56. En effet, il est peu vraisemblable que Marchand ait tardé

à faire part au marquis de ces commentaires. Ecrite en septembre ('le mois prochain c'est a dire le mois d'octobre'), la présente doit précéder de plusieurs jours le no 58, où l'on ne trouve nulle trace de cette affaire, pas plus que du projet d'aller à Maestricht]
   [2] ⟨le⟩ [3] [*sic* pour 'balais'?] [4] [en surcharge sur 'mais'] [5] [ajouté dans l'interligne] [6] [ajouté dans la marge gauche de la page 4]

NOTES EXPLICATIVES
   a. toutes les lettres que Marchand a écri-

tes au marquis entre mai 1737 et août 1739 manquent.

b. il ressort de cette lettre même que d'Argens désigne par là Jean-Baptiste de Bey et sa femme Marie, née La Coste.

c. elles ne se trouvent plus avec la lettre du marquis.

d. d'Argens fait allusion ici à son premier séjour à Amsterdam, chez mademoiselle David, marchande dans le Ness (voir l'adresse du no 11). Il avait rendu compte à Marchand de son arrivée chez la David dans le no 8.

e. il s'agit de la 'petite maison ecartée a une demi lieüe damsterdam' où d'Argens s'était installé en mars 1737: voir les nos 33 et 35.

f. pourtant, dans le no 33 d'Argens précisait que c'était 'par le moien de mr. de bey' qu'il avait trouvé sa nouvelle retraite.

g. d'après le no 35, les meubles achetés par d'Argens ne lui auraient coûté que cinquante-cinq florins, cinquante même à en croire le no 42; mais la colère n'y regarde pas de si près.

h. il semble qu'il faille entendre 'taxés': voir la note suivante.

i. épellation phonétique de 'taxe'? Cp. Académie (1762): 'Taxe. Règlement fait par autorité publique pour le prix des denrées [...] Il signifie de même, Le prix établi par le Règlement. *La taxe de la livre de pain* [...] *est de tant. C'est une taxe trop haute, trop basse*'; 'Taxer. Régler, limiter le prix des denrées, des marchandises, & de quelque autre chose que ce soit'.

k. Henri Du Sauzet, libraire d'Amsterdam, imprimait la *Bibliothèque françoise* qui,

dans l'ensemble, avait été favorable aux ouvrages du marquis. Il ne semble pas que d'Argens ait jamais travaillé pour lui.

l. c'est-à-dire les *Lettres cabalistiques*: cp. le no 59, note *f.*

m. s'agirait-il de G. Smith, l'associé de J. Wetstein, tous les deux libraires-imprimeurs d'Amsterdam? Ils avaient publié en 1736 *Le Solitaire philosophe, ou mémoires de Mr. le marquis de Mirmon*, roman de d'Argens.

n. J. B. Le Prévost avait déjà disposé de deux manuscrits du marquis (voir le no 25 et la note *e*), sans compter l'influence qu'il semble avoir exercée sur celui-ci en ce qui concerne le manuscrit des *Mémoires secrets de la république des lettres* (voir le no 44, note *c*).

o. les *Mémoires secrets.*

p. fameuse pour ses eaux minérales, la ville de Spa est à quelque cinquante kilomètres au sud de Maestricht. D'Argens ne fera aucune allusion, dans les deux lettres suivantes, à un séjour à Maestricht. Il semble donc ou que sa santé ne lui ait pas permis de quitter Utrecht ou qu'il ait changé de plan. Quoi qu'il en soit, le no 58 nous apprendra qu'il se porte 'asses bien'.

q. l'*Histoire des révolutions de l'île de Corse* ayant paru vers le 17 octobre (voir le no 56, note *b*), il est clair que d'Argens n'y a pas travaillé. Voir d'ailleurs la préface au tome iii des *Lettres cabalistiques* où il nie être l'auteur du livre, que les *Mémoires pour l'histoire des sciences & des beaux arts* (le *Journal de Trévoux*) pour mars 1738 lui avait attribué, du moins indirectement (p.434).

58

Jean-Baptiste de Boyer, marquis d'Argens, à Prosper Marchand

[vers le 12 septembre 1737][1]

je comptois mon cher monsieur de ne vous ecrire qu'en vous envoiant cinq ou six letres cabalistiques mais le sieur popie me paroit si inquiet que je ne difere pas davantage a le rasurer sur la sante et la vie du cabaliste abukibak[a]. je me porte asses bien si ce n'est que je suis tres foible et je ne puis guerre travailler que deux ou trois heures par jour parceque je veux laisser rafermir ma santé et que des que j'ecris trop longtems j'ai un espece de sueur ou moiteur caussé par ma foiblesse et un peu de mal a la tete mais chaque jour je sens mes forces revenir et sur tout mon apetit contre laqu'elle je suis en garde crainte de recheute. popie m'asure que les letres cabalistes sont goutees[b] dieu le veuille a la fin de la semaine je vous en enveray six et sens me fatiguer j'espere que ce premier volume sera fini a la fin du mois chaque jour je fais toujour quelque chosse j'ai un copiste qui etoit celuy du medecin defunt du mari de la verscoor[c]. c'est un homme de cinquante et dont je ne crains point l'indiscretion logé visavis de la maison ou je suis jusqu'a ses que je sois un peu plus fort je ne veux pas ecrire cella me fatigue trop. je marque a popie de me troquer[2] un premier second trosieme et quatrieme volume contre quatre dernier que je luy renvoie[d] vous trouveres ici le trosième memoire[e] je finis car je suis un peu fatigué *vale* et semp*er vale* je voudrois bien que popie m'ecrivit ce qu'on a dit du guignard et cartouche[f] et savoir quelque chosse de la reuissite et du debit des critiques[g] je vous embrasse *ex toto corde*

le marquis d'argens

MANUSCRIT
March.2, no 44; 2p.

NOTES CRITIQUES
[1] [une main qui paraît être celle de Marchand a ajouté en tête de la première page 'ce 12 Sept. 1737', date de réception de la lettre, sans doute. Pour les raisons qui permettent d'établir la place de cette lettre dans la correspondance, voir le no 56, note critique 1] [2] ⟨quatre premier⟩

NOTES EXPLICATIVES
a. c'est le nom d'un des correspondants des *Lettres cabalistiques*.
b. la publication des *Lettres cabalistiques* avait sans doute commencé le 26 août, et la VIe lettre était parue le jour même où Marchand reçut la présente: voir l'appendice no II.
c. le 'medecin defunt' c'est feu le docteur Verschoor, dont la veuve était pour la deuxième fois l'hôtesse du marquis.
d. il s'agit, bien entendu, de volumes de 1*LJ*, dont la publication était terminée depuis une quinzaine.
e. c'est-à-dire la troisième lettre des *Mémoires secrets*, celle pour le mois de septembre.
f. voir le 'Dialogue entre Cartouche et le père Guignard' (1*Cab* II, i.9-16).
g. c'est sans doute une allusion à la préface du tome vi de 1*LJ* (cp. le no 55 et la note *a*), parue le 29 août ou le 2 septembre (voir l'appendice no II).

59

Jean-Baptiste de Boyer, marquis d'Argens, à Prosper Marchand

[fin septembre 1737][1]

voici mon cher monsieur six letres cabalistiques vous les auries recu plustost mais jai eté pres de dix jours sens oser ecrire ou faire ecrire je vous aves ecrit que j'alois mieux et reellement je sentois revenir mes forces un jour ou je pensois d'etre tout a fait guerri je tombe sur le champ evanoui et je reste pres de demi heure sens conoiscence enfin on me fit revenir et on envoie chercher un medecin

je luy raconte mon mal des le comencement de son origine. il examine les
ordonance que m'avoit donné le medecin de la haye et celuy d'amsterdam*a*.
monsieur me dit il votre mal n'est rien mais vous aves eté fort heureux de n'etre
pas crevé le medecin de la haye a parfaitement connu votre maladie celuy
damsterdam a fait tout ce qu'il falloit pour vous tuer. vous n'aves que des
obstructions caussées par une vie trop sedentaire et un relachement general des
nerfs par le trop grand travail si vous voules avoir patiente pendant un mois je
vous donne ma parole de vous guerir et avec tres peu de remedes il faut prendre
le meme que vous aves[2] ordoné le medecin de la haye et cesser absolument
pendant les dix premiers jours d'ecrire de lire et de dicter votre cerveau est
epuissé ensuite je vous permetray de travailler une heure et demi par jour et je
vous gueriray. il ma tenu parole depuis quinse jours je suis entre ses mains il
me visite touts les apredinés plus de foiblesses plus de malalatete plus de fievre.
il ne me reste que lincomodité de peter et roter asses souvent je dois encore
continuer dit il ce manege quinse jour apres quoy je seray guerri et mon cu sera
entierement refermé defensse a luy de parler. raillerie a part je deviens touts les
jours de mieux en mieux mais je n'ose encore travailler beaucoup. si j'avois eu
patience a la haye le medecin entre les mains de qui j'avois tombe m'auroit
gueri puis que ces remedes ont produit ici le meme efect et je me serois epargne
bien de l'argent et des maux et des maladies mais que faire a cella. je pensois
d'etre gueri je vous recomende un peu les citations des letres. celle qui est
cachetée avec deux cachet est sur la canonisation*b*. celle qui n'en a qu'un est
sur le jesuites gerad*c*. faites les passer les premieres*d* elles ont asses de feu et se
ressentent du retablissement et du retour de mes forces. quand a l'ouvrage
[3]historique[3] dont vous me parles jentrevois par ce que vous me dites du payement
apres la fin de l'ouvrage que cella regarde moietiens car il m'avoit parle autre
fois de lhistore de mr le prince de conde et m'avoit fait les memes proposition
je suis charmé si cest luy de cella et je m'en chargeray*e*. il scait bien que je luy
ai dit que je ne prennois jamais rien d'un ouvrage que lorsque le manuscrit etoit
livré d'autant mieux que cella ne me gene point. si c'est un autre libraire qui
vous ait parlé de cella et pour lequel vous vous interessies vous saves ce que je
vous ai ecrit trente fois ainsi je me chargeray de cet ouvrage pourveu qu'on ne
me mete pas l'epée dans les rheins et qu'on me donne un peu de tems pour le
faire car je veux me metre a l'aise pour les letres cabalistes et en avoir quelques
unes d'avance pour que popie ne soit jamais dans lembaras*f* quand au memoires
de la republique des letres jai touts mes materieaux prets et je n'emploie que
cinq jours de chaque mois a dresser une letre ainsi vous voies bien que cella ne
m'occupe pas a ne pouvoir faire autre chosse cet hiver recomencant a travailler
a mon ordinaire le premier du mois de[4] novembre jecris a popie sur un copiste
et je le charge de vous en parler je vous embrasse car jai apetit et vai manger
une grande ecuelle de soupe escortée d'un pigeon. je bois du vin comme un
suisse*g* a mes repas mais le diable est qu'il coute dix sols la bouteille lorsque je
seray gras et dodu j'yray vous voir a la haye. je vous souhete une bonne santé
et un apetit aussi bon que le mien jai recu une letre de mr peral[5]*h* qui me charge
de [6]vous faire ses complimens. jai insere votre dispute avec le gredin de maiseau

dans les memoires qui paretront le premier de decembre[i]. le gredin est asses bien patiné *vale* je pete [   ][7] ainsi *tantisper valeo*. le marquis d'argens[6]

MANUSCRIT
   March.2, no 15; 4p.

NOTES CRITIQUES
   [1] [il ressort des premières phrases de cette lettre qu'elle fait suite au no 58. En effet celui-ci, écrit pour rassurer Paupie sur la santé du marquis (cp. ici 'je vous aves ecrit que j'alois mieux'), parlait d'un prochain envoi de six *LCab* (qui effectivement accompagnent la présente) 'a la fin de la semaine', c'est-à-dire vers le 14 septembre. Or, voici que le marquis est entre les mains d'un médecin, et cela 'depuis quinse jours', à la suite d'une rechute survenue après que le no 58 eut été écrit, donc postérieure au 11 ou au 12 septembre. La présente ne peut donc guère avoir été écrite avant le 26 septembre. D'un autre côté, il ne semble pas qu'elle puisse être d'octobre, puisque d'Argens envoie le manuscrit de 1*Cab* XIII, qui paraîtra le 7 octobre. Quant à sa remarque vers la fin de la présente lorsqu'il dit qu'il va recommencer 'a travailler a mon ordinaire le premier du mois de novembre', peut-être faut-il entendre par là que, le régime imposé par le médecin d'Utrecht ayant encore quinze jours à courir, le marquis veut se donner encore un peu de temps, ce terme échu, pour parfaire sa convalescence] [2] [*sic* pour 'avait'] [3] [ajouté dans l'interligne] [4] ⟨septembre⟩ [5] [leçon incertaine] [6] [ajouté dans la marge gauche de la page 4] [7] [mot indéchiffrable]

NOTES EXPLICATIVES
   a. d'Argens, nous l'avons vu (le no 53 et la note *b*), était tombé malade à La Haye, lors de sa visite à Marchand. Ayant quitté son ami, il eut une rechute et se vit obligé de passer près d'un mois à Amsterdam à recevoir les soins d'un médecin de cette ville (nos 53 et 57). Enfin il s'est fait transporter à Utrecht (no 56), d'où il écrit la présente.
   b. c'est 1*Cab* XIII (i.97-104). D'Argens avait dit, dans le no 56, qu'il la composerait.
   c. d'Argens a bien écrit 'gerad', mais il s'agit sans doute de 1*Cab* XIV (i.105-12), consacrée au jésuite Girard.

   d. il est donc à présumer que les autres *LCab* qui accompagnaient la présente étaient 1*Cab* XV à XVIII.
   e. des virgules après 'charmé' et 'luy' rendraient plus clair le sens de cette phrase. Il ne semble pas que d'Argens ait composé cet 'ouvrage historique', pas plus qu'une histoire du prince de Condé.
   f. d'Argens avait raison de se préoccuper un peu de la publication régulière des *Lettres cabalistiques*, qui risquait d'être interrompue. En effet, 1*Cab* XIII a paru le 7 octobre, et les cinq autres *LCab* envoyées avec la présente n'assuraient la publication du périodique que jusqu'au 24 octobre.
   g. dans 1*LJ* LXVIII déjà, d'Argens avait écrit des Suisses qu'ils 'sont ivrognes au souverain Dégré. Ils passent quelquefois des Jours & des Nuits à des Débauches continuelles' (iii.58-59; 2*LJ* LXXII, ii.283), ce qui lui avait valu des lettres de protestation tant dans la *Bibliothèque germanique* que dans le *Mercure suisse*. Pour les remaniements apportés par d'Argens à cette *LJ*, voir Bush (1953), pp.72-73. Si d'Argens boit 'du vin comme un suisse', c'est que le vin entrait pour beaucoup dans sa guérison, du moins si l'on en croit ce passage de *Cab* (1741) CXXXV: 'Macrobe s'appuie du sentiment de Platon, & prétend que le vin, bû avec précaution, & mêlé avec de l'eau lorsqu'il est nécessaire, fortifie l'entendement, rétablit les forces, donne de la vigueur, dissipe les ennuis, & chasse la mélancholie. Aussi les Médecins ordonnent-ils aux hypocondres, & aux gens attaqués de vapeurs hystériques, d'en boire un demi-verre toutes les heures. Lorsque l'Auteur des *Lettres Juives* étoit en Hollande, un Médecin, à qui il est redevable du retour de sa santé, lui conseilla de faire ce seul et unique remède; il s'en trouva très soulagé. Les foiblesses que lui avoit causées le trop d'application, diminuerent; & après six mois d'une espèce d'épuisement total, il reprit ses forces pour le malheur des Moines & des mauvais Auteurs' (iv.302-303).
   h. s'agirait-il de Jacques Pérard (1712-1766), ministre à Stettin et futur collabora-

teur à la *Nouvelle bibliothèque germanique*? Il était en relations aussi bien avec le marquis qu'avec Marchand, comme en témoigne sa correspondance avec celui-ci (fonds March.2, bibliothèque universitaire de Leyde. A remarquer qu'il signe toujours J. Perard, sans la particule que lui attribuent les usuels). Dans une lettre à Marchand du 18 janvier 1738 il écrit, à propos du marquis: 'il y a lontems que je n'ai eu de ses nouvelles'.

i. sur l'origine et l'évolution de la longue dispute entre Marchand et Pierre Desmaizeaux (1672-1745), qui se sont brouillés lors de la préparation d'une première édition des lettres de Pierre Bayle et dont la querelle s'est envenimée à propos de diverses éditions des ouvrages de celui-ci, voir J. H. Broome, 'Bayle's biographer: Pierre Des Maizeaux', *French studies* 9 (1955), pp.1-17, et Berkvens-Stevelinck (1978), pp.79-133. Quant aux 'memoires' dont parle d'Argens, il s'agit des *Mémoires secrets de la république des lettres*, dont il semble que le marquis ait déjà composé les lettres v et vi (celles de novembre et de décembre). Pourtant ce ne sera que dans la lettre vii de janvier 1738 qu'on trouvera une première allusion à la dispute entre Marchand et Desmaizeaux. En bas de la page 518 on lit cette note: 'Je dirai ici en passant que Bayle qui a cité le passage de l'Art de penser, que je rapporte n'a pas cité juste. Il renvoye au XVIII. Chap. de la III Part. & c'est au XIX. A Dieu ne plaise que je veuille taxer un aussi grand Homme d'inéxactitude: je ne fais cette remarque, que pour faire sentir combien on est malheureux de passer par les mains de certaines gens. J'ai trouvé en lisant le Dictionnaire de ce savant &

judicieux Critique cinq cens quatre vingt-trois Citations fausses. j'aurai occasion d'en indiquer un nombre considérable dans la Lettre suivante' (*MSRL* iii.518). L'édition du *Dictionnaire historique et critique* de Bayle que vise cette note est, bien entendu, celle publiée à Amsterdam en 1730, édition procurée par les soins de Desmaizeaux et qui réitérait les griefs de celui-ci contre Marchand. Que ce dernier ait inspiré la note en question ne fait guère de doute. Il aurait également communiqué à d'Argens, semble-t-il, des critiques plus détaillées de cette édition du *Dictionnaire*, critiques qui verront le jour non dans la lettre viii des *Mémoires secrets* mais dans la lettre x, parue en avril 1738. Si cette lettre, dont la majeure partie est consacrée à Bayle, parle de Desmaizeaux d'une manière plutôt obligeante, l'édition du *Dictionnaire* due en grande partie à ses soins n'en est pas moins déchirée: le texte et surtout la table fourmillent de fautes (*MSRL* iv.1058) et même de 'bévûes [...] grossiéres' (iv.1059), ce qui donne lieu aux réflexions suivantes: 'Il eût été à souhaiter que Mr. des Maizeaux eût pu avoir le loisir d'examiner les feuilles de la derniére Edition du Dictionnaire, & qu'il eût été à Amsterdam lors de son impression: le Public n'auroit rien à souhaiter pour la perfection de ce Livre; mais la correction des plus excellens Ouvrages est souvent donnée par les Libraires à des gens dont tout le mérite consiste à savoir mettre des point sur les *i*, & la science à placer des Virgules' (iv.1060-61). Règlement de comptes, sans doute, mais qui vise le ou les correcteurs de l'ouvrage (sans oublier les libraires) plutôt que 'le gredin de maiseau'.

60

Jean-Baptiste de Boyer, marquis d'Argens, à Prosper Marchand

[1]Maestricht le 24 Aout 1738[1]

mon cher monsieur je me serviray le plus utillement que je pouray du livre que vous m'envoies. au reste je vous prie de vouloir un peu calmer les inquietudes du sieur popie je luy ecris une fort longue letre au sujet de mes ouvrages qu'il vous comuniquera il craint que je ne luy en donne pas asses et moy je voudrois bien qu'il les eut touts. vous resoudres ensemble sur ce fait ce n'est point dans un de mes memoires que prevost a ataque voltaire[a]. je n'entre point dans tout cella je songe a coriger et perfectioner autant que je pouray mes ouvrages et ne m'embarasse pas du reste. je suis surpris que vous disies que le second volume des cabaliste est serieux pour ne pas dire triste[b]. je l'ai relu avec atention et jy ai trouve nombre de letres tres gaye. au reste il faut que popie sil est possible ait touts mes ouvrages philosophiques et serieux parcequ'en partant d'holande [2]ou mastric[2c] au mois de mars prochain je ne voudrois plus etre en relation avec aucun autre libraire or il est certain que je pars dans ce mois pour un pais beaucoup plus temperé[d]. mes afaires sont entierement finies[e] mon pere m'a ecrit et mon frere est actuellement ici[f] tout est calmé dans ma famille et ce qu'il y a de mieux c'est que soit la joie ou le contentement je me porte beaucoup mieux adieu mon cher monsieur je suis lhomme du monde qui vous suis le plus redevable et le plus devoué *vale ego quidem valeo*.

le marquis d'argens
un mot de reponse je vous prie dans la premiere letre de popie sur le detail que je fais dans celle que je luy ecri. il vous montrera deux letres d'un libraire d'amsterdam. il faut que popie agisse comme si cella venoit de luy et que je n'en scusse rien je vous prie de luy faire faire atention a cet article. estce que les cabalistiques ne seroient point goutées en france que vous me mendes qu'on en dit rien a paris

MANUSCRIT
March.2, no 48; 2p.

NOTES CRITIQUES
[1] [cette date est d'une main qui paraît être celle de Marchand. Peut-on s'y fier? Remarquons qu'il est question dans cette lettre du tome ii des *Lettres cabalistiques*: or, la dernière lettre du tome ii (1 *Cab* LX) avait paru le 20 mars 1738 (voir l'appendice no II). Il est donc surprenant, pour ne rien dire de plus, que Marchand ait tardé quelque cinq mois avant de faire part au marquis de ses impressions. Y aurait-il eu erreur dans la datation de la présente? L'hy-pothèse paraîtra moins plausible si l'on tient compte du fait que la lettre du marquis n'a pu être écrite avant le mois de juillet au plus tôt (voir la note *a*), ce qui impliquerait toujours un retard de quelque quatre mois entre la parution du tome II des *Lettres cabalistiques* et la présente. Tenons-nous-en donc à la date donnée par Marchand (?) à cette lettre, date qui a toutes chances d'être exacte. Il y a, évidemment, une lacune énorme entre la présente et celle qui la précède. Cependant, la correspondance entre les deux hommes a dû continuer pendant les mois qui séparent ces

deux lettres. Il est vrai qu'à présent d'Argens correspond directement avec Paupie, ce qui a sans doute eu pour conséquence un ralentissement de sa correspondance avec Marchand. Mais il n'y a qu'à lire la présente pour se rendre compte que les lettres et les envois de Marchand à d'Argens se poursuivaient, entraînant sans doute des réponses de la part du marquis. Pourquoi donc Marchand n'en a-t-il gardé aucune?] [2] [ajouté dans l'interligne]

NOTES EXPLICATIVES

a. il ressort de cette remarque que l'auteur d'un article anonyme intitulé 'La Vérité découverte' qui avait paru dans les *Mémoires historiques pour le siècle courant* du mois de juillet 1738 (pp.ii-xii) – article qui en effet attaquait Voltaire pour avoir décrié la première édition, publiée par Ledet et Desbordes, des *Eléments de la philosophie de Newton* – n'était autre que J. B. Le Prévost, autrement dit l'homme que d'Argens lui-même avait proposé à Voltaire comme correcteur il y avait moins de deux ans (voir le no 25 et la note *f*). Sur cet épisode, voir Larkin, 'Voltaire and Prévost: a reappraisal', pp.34-35. Marchand a dû s'imaginer que cette attaque sur Voltaire se trouvait dans les *Mémoires secrets de la république des lettres*, d'où le désaveu du marquis; à moins que celui-ci n'eût renouvelé sa collaboration aux *Mémoires historiques pour le siècle courant*, dont il avait composé trois feuilles vers la fin de 1736 (voir le no 35 et les notes *q* et *r*).

b. d'Argens a dû en être d'autant plus surpris qu'il avait publiquement promis, dans la préface au tome i de 1 *Cab*, d'éviter

ce piège dans le tome ii.

c. à quel moment d'Argens s'était-il installé à Maestricht, d'où il écrit la présente? A en croire ce que dit Marchand dans le no 63 ('Lorsque vous partites d'ici il y a quinze Mois'), le marquis n'aurait quitté La Haye (ou, plus vraisemblablement, Utrecht ou Amsterdam) que vers mai 1738; mais il s'agit là sans doute d'une approximation assez vague. En effet, il ressort d'une lettre de Jacques Pérard à Marchand, datée de Berlin le 18 janvier 1738, que d'Argens était déjà à Maestricht: 'je crains tout pour lui, et je l'exhorte de ne point s'écarter du territoire de Maestricht, c'est une Ville où il y a nombre de Catholiques, qui avertiront immanquablement les Reverends Peres de son sejour' (March.2). Sans doute d'Argens y était-il allé avant le commencement de l'hiver, c'est-à-dire en octobre ou en novembre 1737.

d. sur la destination du marquis, voir le no 62 et la note *h*.

e. l'entière réconciliation du marquis avec sa famille date donc du mois d'août au plus tard. Sgard se trompe qui part d'une lettre de Voltaire de janvier 1739 (Best.D1733) pour placer cette réconciliation à 'la fin de l'année' (*Journalistes*, article 'Argens', où d'ailleurs la présente, numérotée 47 au lieu de 48, est datée du 29 août).

f. ce frère qui rend visite au marquis était vraisemblablement Alexandre-Jean-Baptiste de Boyer, frère puîné du marquis; mais peut-être s'agit-il de Luc de Boyer d'Argens, qui sera à Maestricht en novembre 1738: voir le no 62 et les notes *g* et *i*.

61

Jean-Baptiste de Boyer, marquis d'Argens, à Prosper Marchand

[le 28 septembre 1738]

vous aures apris sens doute par paupie mon cher monsieur que je n'ai pas manqué de me resouvenir de l'inigo, vous en verres la preuve dans la preface que je luy envoie[a]. au reste mr de claparede[b] vient hier ches moy et nous eumes une longue conversation au sujet de la letre qui regarde passerano[c] il me dit

qu'on luy avoit ecrit de holande[d] qu'on me demenderoit [1]les preuves[1] que j'avois
sur *les conversions de passerano lorsqu'il etoit malade*[e] il ajouta que cella regardoit
plusieurs ministres qui croient qu'il etoit utille pour le bien de la religion que
le desaveu que ce piemontois a fait en mourant ne fut point afoibli[f]. a cella il
ajouta encor plusieurs chosses non moins grandes et non moins augustes. il cita
meme les etats de holande &c. je repondis ce que je vais vous dire. qu'apres
avoir relu plusieurs fois ma letre avec beaucoup d'atention, je l'avois trouvée
tres capable d'inspirer de l'horeur pour l'ireligion soit par la maniere meprisable
dont je parlois de passerano et de ces livres[g] soit par les reflextions que je faissois
sur la distinction qu'il y a entre le pretre et l'autel c'est a dire entre la religion
et certains mauvais ecclesiastiques l'evangile n'aiant rien de comun avec les
vices de quelques particuliers qui manquent a la dignité et a la sainteté de leur
etat[h]. j'ajoutay que je n'avois rien dit qui ne m'eut eté asuré par plusieurs
honetes gens et que si je le souhetois il me seroit aissé de prouver par des
certificats autentiques que le sieur passerano né catolique a turin avoit ete non
seulement sujet a ce faire devot lorsqu'il etoit malade mais qu'il avoit fait mainte
fois lhipocrite etant en fort bonne santé. [2]les mesieurs qui ont comdané passerano
a etre brulé[i] ne seroient pas les derniers a temoigner ce que je dis et le st ofice
piemontois regarderoit sens doute son choix du protestantisme pendant sa
maladie comme une nouvelle preuve [1]de sa piete equivoque[1] peut on douter
que touts ceux qui ne sont point de cette comunion ne considerent sa conversion
comme une [3]marque[3] de son peu de sincerite. quand a moy qui ne juge point
l'interieur des hommes et qui laisse au seigneur a decider de leur bonne foy
j'ignore si passerano a ete veritablement touché mais je soutiens deux chosses
la première c'est qu'une bonne et veritable conversion faite dans les derniers
momens est presque imposible (Saurin[k] me fourniroit des autorités pour prouver
qu'elle l'est entierement) et la seconde ce[4] que je n'ai dit de passerano que c'est[5]
qu'on a ecrit de touts les athées. *qu'ils insultent la divinité tandis qu'ils jouissent d'une*
parfaite santé, et que des que le danger est passé ils retombent dans leur ereur monstrueuses.
j'aurois pu raporter le fameux exemple de de bareaux[l] et bien d'autres mais je
me suis contente de l'autorite de boilleau et j'ai cité le vers de ce poete que tout
le monde scait et que tout le monde aprouve[m]. je viens a ces messieurs qui
prenent tant de part a la conversion de mr. de passerano je les respecte fort et
les estime infiniment mais je ne suis point protestant et n'ai aucune raisson pour
adopter leur opinion l'autorite de leur decission sur des matieres de controverse
n'est pas d'un plus grand poid pour moy que le concile d'ambrun pour un
jenseniste[n]. il ne me seroit pas dificile de fonder la legitimité de ma rejection sur
les principes memes des meilleurs protestans puis qu'ils convienent touts qu'il
n'y a de juge infaillible de la foy que l'ecriture, que les plus nombreuses
assemblées peuvent se tromper; et qu'on en voit des exemples evidens dans
plusieurs conciles. je ne scay pas pourquoy il faut que je recoive les preuves de
la future canonisation de passerano parceque ces messieurs jugeront a propos
de les faire imprimer. je voudrois savoir comment ils trouveroient que je leur
proposa d'accepter la sanctification de trois ou quatre bien heureux que le
concile de trente mit au rang des saints. si dans ma letre il y avoit quelque
chosse qui peut aler au detriment de la revelation alors je puis vous protester
monsieur[o] que je serois charmé par un desaveu autentique de reparer le mal

que j'aurois pu faire. passons a l'article le plus essentiel. mr claparede pretend
que le magistrat entre dans les veues de ces messieurs qui veulent faire imprimer
les prieres et l'histoire de la conversion de passerano. quoyque né francois d'une
religion diferente du protestantisme et par consequent n'aiant rien a demeler
avec les ministres pour les matieres qui concernent la foy personne n'a cependant
pour le gouvernement holandois plus de respect et de veneration que moy vous
le saves. mais dans un pais libre et tel que celuy ou s'impriment les letres
cabalistiques l'etat permet d'ecrire ce que l'on pense pourveu que le gouvernement, la personne des princes, et la parole de dieu soient respectées. j'ai veu a
ce sujet il y a peu de tems une letre d'un seigneur des etats. ainsi n'aiant manqué
a aucun de ces points encor moins blessé l'ordre et les loix civiles je suis plus
que persuadé que ces messieurs font[6] entrer legerement les magistrats dans leurs
idées. le tems que j'ai passé en holande m'a apris que dans ce pais encor plus
particulierement que dans les autres les juges seculiers aloient beaucoup moins
vite que les ecclesiastiques. voilla monsieur touts les eclaircissement que j'avois
a donner. j'ai promis de vous les adresser et vous pouves les comuniquer a ceux
qui vous les demenderont. je suis charmé que le savant et illustre monsieur de
la croze ait trouvé de son gout cette meme lettre cabalistique *de passerano et de la
hode* paupie m'a marqué ce qu'il vous a ecrit a ce sujet[*p*] vous voies que les uns
comdanent ce que les autres trouvent bon tel est le cours des chosses de ce
monde. adieu mon cher monsieur je vous souhete une parfaite santé et suis avec
une veritable estime et une amitie sincere votre tres humble et tres obeissant
serviteur[*q*].

                                                          le marquis dargens

a mastric ce 28 septembre.[7]1738[7]

MANUSCRIT
    March.2, no 49; 6p., p.6 bl.

NOTES CRITIQUES
    [1] [ajouté dans l'interligne] [2] [ici il y a un
signe marquant, semble-t-il, le début d'un
nouvel alinéa] [3] [en surcharge sur 'nouvel-
le'] [4] [*sic* pour 'c'est'] [5] [*sic* pour 'ce'] [6] ⟨un
peu⟩ [7] [ajouté par une autre main, qui
paraît être celle de Marchand]

NOTES EXPLICATIVES
    a. dans l'épître dédicatoire du tome iv
des *Lettres cabalistiques* d'Argens fait mention de '*la Nouvelle Edition qu'on vient de faire
de l'*Histoire de Dom Inigo de Guipuscoa',
qu'il loue. Voir sur cet ouvrage le no 10,
note *c*. La nouvelle édition (La Haye, Vve
Le Vier, 1738) était augmentée de l'*Anticoton* (1610) de César de Plaix, et de l'histoire,
l'analyse et la critique de cet ouvrage par
Marchand.
    b. dans l'*Histoire de l'esprit humain* (Berlin
1765-1768), xii.377, d'Argens parle de son

séjour à Maestricht et des connaissances
qu'il avait dans cette ville, à commencer
par 'Mr. de Claparede, Ministre du St.
Evangile, homme très-aimable dans la societé', chez qui il allait 'assez souvent'. Sans
doute s'agit-il de Jean-Louis Claparède,
pasteur protestant qui desservit successive-
ment Voorburg, Bréda et Maestricht. Il
était le fils aîné de Claude Claparède (mort
en 1737) et de Catherine Dubois (voir
Haag, *La France protestante*, 2e édition, t.iv
(1884), article 'Claparède'). Pourtant, à
en croire la présente, les rapports entre
d'Argens et Claparède n'étaient pas toujours aussi cordiaux que le laisse entendre
le passage déjà cité de l'*Histoire de l'esprit
humain*. Visiblement, le point de vue des
deux hommes différait du tout au tout sur
bien des articles essentiels. Que Claparède
fût vraiment l'ami du marquis (cp. Johnston, 1928, p.44; Fransen, 1933, p.120;
Bush, 1953, p.18) n'est donc point du tout
certain.

c. voir 1 *Cab* XC, iii.233-40, 'Dialogue entre les Avanturiers Passerano et la Hode'. Cette *LCab* avait paru le 3 juillet 1738. Alberto Radicati, comte de Passerano et de Cocconato, naquit à Turin en 1698. Auteur de plusieurs ouvrages philosophiques, il vécut en Angleterre, en France et en Hollande, où il mourut à La Haye le 24 octobre 1737. Sur ce curieux personnage, voir l'étude de Franco Venturi dans *Saggi sull'Europa illuminista* (I. Alberto Radicati di Passerano. 1954).

d. rappelons que la ville de Maestricht, d'où le marquis écrit la présente, ne faisait pas à proprement parler partie des Provinces-Unies, quoiqu'elle fût soumise à l'autorité des Etats Généraux (voir là-dessus le no 27, note *l*). D'ailleurs on ne sait si, par la Hollande, d'Argens entend les sept Provinces-Unies ou seulement la province principale portant ce nom.

e. voir en particulier 1 *Cab* XC, iii.236, où La Hode adresse ces paroles à Passerano: 'les Gens, qui vous assistérent à l'Heure de la Mort [...] obtinrent de vous en mourant un Desaveu [de vos ouvrages], contre lequel vous auriés pris des Lettres de Rescision, si vous aviés recouvert la Santé. On sçait que, dans toutes les Maladies que vous faisiés, vous deveniés bon Chrétien; & que, dès que vous vous portiés bien, vous retourniés à vos prémiers Principes'.

f. cp. 1 *Cab* iii.234-35, où Passerano évoque, sur un ton ironique, 'ma Conversion tardive, & reculée jusqu'au dernier Moment de ma Vie'. Sur cette conversion *in extremis*, voir Venturi, pp.246-47.

g. effectivement, Passerano est obligé d'avouer qu'il a été 'un très mauvais Auteur' (1 *Cab* iii.235); et La Hode lui dit: 'vous avez donné aux Prêtres un juste Sujet de vous persécuter. Vous attaquiés la Religion avec l'Audace la plus effrontée. Peut-on rien voir de plus affreux, & en même tems rien de plus plat & de plus fade, que votre *Parallelle de Licurgos & de Nazarenos*?' (1 *Cab* iii.239-40). Ce *Parallèle* se trouve dans le *Recueil de pièces curieuses sur les matières les plus intéressantes* (Rotterdam 1736).

h. parlant à Passerano, La Hode fait les réflexions suivantes: 'comme réellement vous n'aviés point de Relgion [*sic*], il vous étoit impossible de parler des Défauts des Ecclésiastiques sans vouloir vous en servir

contre le Christianisme; ce qui est absurde. La Religion n'aïant rien de commun avec les Vices de quelques Particuliers, vous auriés dû distinguer la Pureté de l'Autel des Souillûres des Prêtres' (1 *Cab* iii.240).

i. cp. ces mots de La Hode à Passerano: 'non content de renoncer au Christianisme, vous avez fait ce que vous avez pû pour le détruire dans votre Patrie: & votre Prince, voulant prévenir les Maux que vos Opinions dangereuses pouvoient causer, a été obligé de vous faire condamner à la Mort. La Sentence, qu'on rendit contre vous, a été éxécutée par Défaut' (1 *Cab* iii.239). Sur cet épisode dans la vie de Passerano, voir Venturi, pp.229-30.

k. d'Argens songe-t-il aux ouvrages d'Elie Saurin (1639-1703), théologien protestant, ou bien à ceux de Jacques Saurin (1677-1730), prédicateur protestant?

l. Jacques Vallée, sieur Des Barreaux (1599-1673), athée et libertin notoire qui, grâce à son sonnet de *La Pénitence*, passait pour être réconcilié avec la religion vers la fin de sa vie.

m. La Hode dit à Passerano: 'Vous étiés dans le Cas de ceux que Boileau accuse d'*attendre pour croire en Dieu, que la Fievre les presse*' (1 *Cab* iii.236). Ce vers, que d'Argens a légèrement modifié, se trouve vers la fin de la *Satire* I.

n. en 1727, le concile d'Embrun priva de sa juridiction épiscopale Jean Soanen (1647-1740), évêque de Senez et adversaire implacable de la Bulle Unigenitus. Il fut exilé, par ordre du roi, à l'abbaye de la Chaise-Dieu, en Auvergne, et dès lors devint, pour les Jansénistes, un saint.

o. d'Argens, qui avait commencé par rapporter sa conversation avec Claparède, s'adresse directement à Marchand, l'intermédiaire qui devait montrer ces éclaircissements aux personnes intéressées (voir la dernière partie de cette lettre).

p. il est plus d'une fois question du marquis et de ses ouvrages dans les lettres de Mathurin Veyssière La Croze (il n'emploie jamais la particule en signant ses lettres) à Marchand, conservées dans le fonds March.2 de la bibliothèque universitaire de Leyde. Dans une lettre datée de Berlin le 12 août 1738, La Croze écrit: 'Si vous avez commerce de lettres avec Mr. le Marquis d'Argens je vous prie de l'assurer de mes respects et de ma reconnoissance. Il me donne dans ses charmans Ouvrages des louanges que je ne merite pas: Je saisirai l'occasion de faire connoitre au Public l'estime que j'ai pour lui. Quoi que ses Envieux disent de ses Ouvrages, il ne me paroit pas éloigné du Roiaume de Dieu'. Et dans une autre lettre du 8 septembre 1738, nous lisons ceci: 'Il n'etoit pas necessaire de m'envoïer le morceau des Lettres Caballistiques: je l'avois déja lû: il ne m'echappe aucun ouvrage de M^r. le Marquis d'Argens: je les lis tous, d'abord qu'ils paroissent en ce païs ci. Je vous prie d'assurer cet Illustre Auteur de mon estime et de ma

reconnoissance.' Il semble que ce soit là le passage auquel d'Argens fait allusion. En effet, La Croze n'a pas écrit à Marchand entre le 12 août et le 8 septembre (sa lettre du 8 septembre ne laisse pas de doute là-dessus); il écrira de nouveau le 20 septembre, mais sans faire mention du marquis ni de ses ouvrages. Il faut avouer que d'Argens triche un peu en faisant du passage en question une approbation de 1 *Cab* xc.

q. l'absence de toute nouvelle personnelle et l'emploi de la formule par laquelle se termine la présente s'expliquent par le fait qu'il s'agit d'une lettre ostensible.

62

Jean-Baptiste de Boyer, marquis d'Argens, à Prosper Marchand

[novembre 1738]^1

ce n'est pas par paresse mon cher monsieur que je ne vous ai point encore repondu^a mais jatendois toujour les epreuves dont vous m'avies parlé et qui ne sont point arivées. je crois sauf respect qu'il vaudroit mieux que le dit sieur paupie m'aporta un exemplaire d'inigo^b dont je feray un bon et long extrait dans le troisieme ou quatrieme journal^c nous pourons l'anoncer si vous le juges a propos dans celuy ci^d. pierre paupie m'aprendra la dessus vos intentions et vous aures la bonte de le charger de vos instructions. je n'ai plus continué les letres cabalistiques parceque cella me tenoit trop sujet^e. d'ailleurs j'etois bien aisse de travailler a l'ouvrage que vous aves anoncé^f. ajoutes a cella que je voulois metre la derniere main a ceux qui ont paru avant de quiter ce pais. ce frere dont vous verres quelque chosse dans les nouvelles litairaires^g est actuellement a paris ou il passe lhiver et il viendra me voir au comencement du printems et m'amene avec luy c'est adire me fait rendre a port mahon^h a trente cinq lieües de marseille pais chaud sous la domination angloisse et a deux pas de ma famille qui par la maniere dont elle en agit aujourduy avec moy merite bien que je m'aproche d'elle. je seray peutetre quinse ans peutetre toute ma vie a port mahon mais je serai chaudement je verray souvent mes freres et jy mangeray tranquillement la pension tres honete qu'on me fait mon pere ma enfin ecrit j'ai de quoy vivre a mon aisse je n'en demande pas d'avantage. mon frere^i qui part d'ici dans trois semaines pour paris et de la pour aler finir ses caravanes est tres sensible aux marques de votre estime et vous asure de ses respects. je vous souhete moy toute sorte de bon heur des jours aussi longs que ceux de matusalem un apetit aussi bonne que celle de gargantuan et des ouvrages a lire aussi gay que ceux du medecin sont tristes^k *vale ex toto corde meo* le marquis d'argens

A Monsieur/Monsieur marchand/ a la haye

MANUSCRIT

March.2, no 50; 2p., l'ad. deuxième moitié de la p.2; cachet (un lion) sur cire rouge.

NOTES CRITIQUES

[1] [au moment où d'Argens écrit cette
lettre, la *Nouvelle bibliothèque* pour novembre
1738, qui paraîtra le premier décembre,
était déjà composée en partie (voir la note
g) mais ne comprenait pas encore l'annonce
de la nouvelle édition de l'*Inigo* (voir la note
d). La date de publication était donc encore
assez éloignée. D'un autre côté, il est probable que la *Nouvelle bibliothèque* pour octobre
était déjà parue (puisque par 'celuy ci'
d'Argens entend le numéro pour novembre: voir la note *d*). Il s'ensuit que d'Argens
écrit en novembre. Les références à la présente dans le no 63 sont malheureusement
trop vagues pour qu'on puisse la dater avec
plus de précision]

NOTES EXPLICATIVES

a. la lettre de Marchand manque.

b. c'est-à-dire de l'*Histoire de l'admirable
dom Inigo de Guipuscoa*: voir là-dessus le no
61, note *a*. Il ressort du no 64 que, vers la
fin de 1738, Paupie est allé passer un mois
à Maestricht, où d'Argens était toujours
cantonné.

c. que ce soit là la première référence à
la collaboration du marquis à la *Nouvelle
bibliothèque, ou histoire littéraire des principaux
écrits qui se publient* est confirmé par le reste
de la phrase (voir la note *d*). L'hypothèse
de Bush, selon laquelle la mauvaise santé
du marquis l'aurait empêché de prendre
une part active aux premiers numéros de
ce mensuel (Bush, 1953, p.21), s'avère donc
fausse (cp. d'ailleurs le no 63 et les notes *o* et
p). La *Nouvelle bibliothèque* venait seulement
d'être lancée, puisque le premier numéro,
celui d'octobre 1738, n'était paru que le
premier novembre (cp. cet avertissement à
la suite de 1 *Cab* CXV, iv.192 et CXVI, iv.200:
'Pierre Paupie avertit le Public, qu'il va
publier un nouveau Journal, intitulé *Nouvelle Bibliotheque* [...] Il en donnera la I.
Partie le l. de Novembre prochain, & continuera régulierement chaque Mois'). L'ex-

trait dont parle le marquis était donc prévu
pour le numéro de décembre ou pour celui
de janvier 1739. En fait, cet extrait n'a
jamais vu le jour: voir là-dessus les explications du marquis dans le no 64.

d. en effet, on trouve dans la *Nouvelle
bibliothèque* pour novembre 1738, sous la
rubrique 'Nouvelles littéraires de La
Haye', une annonce de la nouvelle édition
de l'*Inigo*, 'augmentée de l'Anti-Cotton [...]
accompagné de *Remarques* curieuses, & précédé de l'*Histoire*, de l'*Analyse*, & de la *Critique*, de ce fameux Ouvrage' (i.240).

e. l'envoi qui accompagnait le no 61 et
qui complétait le tome iv des *Lettres cabalistiques* était donc le dernier. Effectivement,
1 *Cab* ne comporte que quatre volumes de
trente lettres chacun. Ce ne sera qu'en 1741
que Paupie publiera une édition 'augmentée de LXXX nouvelles lettres'. Pourtant, il
ne semble pas que Paupie ait renoncé tout
de suite à faire paraître d'autres *Lettres
cabalistiques*, du moins si l'on en croit cet
avertissement au dos de la page de titre de
la *Nouvelle bibliothèque* pour novembre 1738:
'Pierre Paupie avertit le Public, qu'il n'a
interrompu l'Impression des *Lettres Cabalistiques*, qu'à cause de la Maladie de l'Auteur;
& qu'on en remettra la Suite sous Presse,
dès que sa Santé sera rétablie'.

f. si la *Nouvelle bibliothèque* pour octobre
1738 n'annonce aucun nouvel ouvrage du
marquis, par contre l'avertissement qui fait
suite à 1 *Cab* CXVI annonce que Paupie 'se
propose de mettre dans peu sous Presse
*Traité de l'Existance de Dieu, & de l'Immortalité
de l'Ame*; avec un Examen Critique des
sentimens des Philosophes anciens & modernes sur ces deux Verités importantes,
grand in 12' (iv.200). Cet avertissement est
répété à la suite de 1 *Cab* CXX, les mots 'par
Mr. le Marquis d'Argens' étant insérés
après 'Verités importantes' (iv.232). D'Argens a-t-il jamais composé un tel ouvrage?
Ce n'est pas sûr. En effet, on trouve dans
la *Nouvelle bibliothèque* pour février 1739,
sous la rubrique 'Nouvelles littéraires de
La Haye', le texte d'une lettre écrite à
Paupie par d'Argens dans laquelle celui-ci,

ayant fait allusion à sa mauvaise santé, déclare: 'Malgré l'envie que j'ai de voir sous la presse mon Traité *sur l'Existence de Dieu & l'immortalité de l'Ame*, je ne puis travailler que très peu [...] Je compte cependant qu'au Mois de Juin j'aurai fini cet Ouvrage' (*NBib* ii.237). Voilà donc quatre mois de gagnés, mais un peu plus loin dans la même lettre, le marquis parle de son 'dessein de donner trois ou quatre volumes de *Lettres Chinoises*' (*NBib* ii.239), et Paupie apprend au lecteur dans une note qu'il 'compte faire paroître cet Ouvrage au mois d'Avril prochain'. Le *Traité*, semble-t-il, a fini par céder le pas aux *Lettres chinoises*. Cependant, l'hypothèse de Bush, selon laquelle le *Traité* aurait été incorporé aux *Mémoires secrets de la république des lettres* (Bush, 1953, pp.21-22 et n.62), n'est pas sans vraisemblance. Le marquis, on l'a vu, n'était pas homme à perdre sa peine, et les matériaux qu'il avait ramassés pour le *Traité* – qui, sans doute, aurait été encore une compilation (cp. l'annonce de l'ouvrage à la fin de 1*Cab* CXVI) – pouvaient aisément prendre place dans les lettres des *Mémoires secrets* consacrées à la métaphysique. Mais d'un autre côté, les multiples références dans les lettres échangées entre d'Argens et Marchand à divers ouvrages annoncés par le marquis mais qu'il n'a jamais composés – une suite des *Mémoires*, des *Comparaisons des hommes illustres anglais et français*, un *Traité de Politique*, etc. – sont là pour nous rappeler qu'assez souvent il finissait par perdre de vue des projets bercés pendant des mois, sinon des années.

g. l'allusion ne saurait être qu'au manuscrit de la *Nouvelle bibliothèque* pour novembre 1738. En effet, on lit dans l'imprimé cette nouvelle 'De Marseille', rédigée sans doute par le marquis: 'Monsieur *de Boyer d'Argens*, Chévalier de Malte, Lieutenant de Galeres; a été choisi par l'Accadémie des Sciences de cette Ville, pour composer le Tribut qu'elle doit annuellement à l'Accadémie Françoise. Le Sujet de son Discours, c'est *qu'on juge mieux des Ouvrages de Poësie & d'Eloquence par Sentiment, que par Discussion*. Cet Ouvrage est d'une demi-heure de Lecture [...] Monsieur le Chevalier d'Argens, travaille aujourd'hui, à ce qu'on dit, à perfectionner un Ouvrage qu'il a écrit sur *les Moïens d'exciter la Terreur & la Pitié dans la*

Tragédie. Ce jeune Officer [...] est le même Chévalier, à qui son Frere le Marquis d'Argens à dédié la *Philosophie du Bon-Sens*' (*NBib* i.236). Or, *La Philosophie du bon sens* est dédiée à 'Monsieur de Boyer, seigneur d'Aiguilles, de Piedredon, &c. &c', c'est-à-dire à Alexandre-Jean-Baptiste de Boyer, marquis d'Eguilles (1708-1783), frère puîné de d'Argens. C'est donc à tort qu'on attribue cet *Essay sur la tragédie*, dont le manuscrit est conservé dans la Bibliothèque nationale (f.fr. 24327) à Luc de Boyer d'Argens, autre frère du marquis dont il sera également question dans la présente. Pour plus de renseignements sur les membres de cette famille et sur les identifications proposées, voir l'introduction.

h. c'est le nom donné par les Anglais à Mahon, chef-lieu de Minorque, qui en effet était 'sous la domination angloisse' de 1708 à 1756. Il ne semble pas que d'Argens y soit jamais allé. Effectivement, il sera toujours à Maestricht en août 1739 (voir le no 64); et il n'est pas fait mention de Mahon dans la narration que fait le marquis de ses déplacements après qu'il eut quitté Maestricht (voir *Histoire de l'esprit humain*, xii.378-79). Pourtant, en juin 1739 d'Argens songeait toujours à se rendre à Mahon, du moins si l'on en croit une lettre de Voltaire datée de Bruxelles le 27 de ce mois-là, dans laquelle il demande des éclaircissements sur la destination du marquis: 'Vous allez, dites vous, dans les pays chauds, mais qui sont ils, ces pays? Est ce la Provence, l'Italie ou l'Asie ou l'Afrique?' (Best.D2037).

i. cet autre frère qui va bientôt partir pour 'finir ses caravanes' pourrait bien être Luc de Boyer d'Argens (1710 ou 1713 à 1772). En effet, on lit dans la *Nouvelle bibliothèque* pour juin 1739, sous la rubrique 'Nouvelles littéraires, De La Haye', que 'Monsieur le Chevalier Luc de Boyer d'Argens, Capitaine dans le Regiment de Bourbonnois, étant venu en Hollande s'embarquer pour se rendre à Malthe, a fait quelque séjour dans cette Ville pendant lequel il a fait imprimer un petit Ouvrage intitulé, *Reflexions Politiques sur l'Etat & les devoirs des Chevaliers de Malthe*' (*NBib* iii.289). Partant de cette nouvelle, Johnston (1928) affirme à tort (p.61) que le marquis reçut la visite de son frère Luc 'au mois de juin 1739'. Si la lettre de Marchand contenait l'expression de son estime pour ce frère du marquis, c'est peut-être que Marchand avait déjà eu entre les mains le manuscrit de ces *Reflexions*, que publiera Paupie; peut-être même avait-il fait connaissance avec l'auteur de l'ouvrage.

k. cp. ce passage d'une lettre du marquis à Jean Néaulme, datée de Potsdam le 27 novembre 1753: 'Apropos du sieur paupie, s'il est à la Haye vous le voies sans doute très souvent, dites lui je vous prie que je l'aime encore de tout mon coeur et autant que lorsque je faisois les Lettres Juives, et que nous écrivions des pamflets contre le medecin de Liege' (sur cette lettre voir l'appendice no VIII). Serait-ce le même médecin dont il est question dans la présente?

63

Prosper Marchand à Jean-Baptiste de Boyer, marquis d'Argens

[le 8 août 1739]

Monsieur,

Que la Vûe de mon Caractere ne vous cause aucune Alteration, je vous prie. Je ne vous écris nullement en Ennemi qui a juste Sujet de se plaindre, mais en Ami, qui n'a jamais mérité de perdre votre Estime, & qui se persuade de la regagner dès qu'il vous aura convaincu, que c'est aussi[1] faussement qu'injustement qu'on vous a prévenu contre lui.

Lorsque vous partites d'ici il y a quinze Mois[a], nous nous quittames aussi bons Amis que jamais. La derniere Lettre que je reçus de vous quatre[2] à cinq Mois après, lorsque vous eutes tout-à-fait achevé vos *Lettres Cabalistiques*, est toute remplie d'Expressions obligeantes, qui témoignent la même Disposition[b]. Et comme, depuis ce Tems-là, il ne s'est rien passé entre vous et moi, qui ait pû altérer cette bonne Concorde, vous pouvez bien juger, que ce n'a été qu'avec[3] une Surprise extrême, que j'ai vû dans l'odieux Libelle que du Sauzet vient de publier contre moi, le Desaveu formel que vous lui avez envoié de deux Lignes que j'ai ajoutées, dites-vous l'un et l'autre, dans une de vos *Lettres Cabalistiques*[c]. J'ai cherché et recherché ces deux Lignes, pour voir ce qu'elles pouvoient renfermer de si important, & je n'ai pû me les rappeller: mais, quelles qu'elles puissent être, avez-vous oublié, que vous m'aviés autorisé à les mettre; qu'en effet je n'ai jamais rien mis, ni dans vos *Lettres Juives*, ni dans vos *Lettres Cabalistiques*, que de votre Consentement & à votre Priere[d]; & que toutes les Lettres, que vous m'avez ecrites, & que j'ai toujours conservées comme des Marques sinceres de votre Amitié p[r]. moi, sont remplies, non seulement de Remercimens des Changemens, Additions, ou Retranchemens que je pouvois avoir faits à ces Ouvrages, mais même des Exhortations les plus vives & les plus pressantes à continuer de vous rendre ce bon Office. Entre plus de cinquante, que je pourrois vous copier, je me contenterai de vous prier de vouloir bien relire cette Demi-Douzaine. Elle suffira, pour vous rappeller, que je ne vous dis rien que de vrai, & peut-être pour faire renaitre en vous des Sentimens qui n'auroient point dû s'y éteindre.

'I. On ne sauroit', me dites vous plus-obligeam̃ent peut-être que je ne le mérite: 'on ne sauroit vous être plus obligé que je le suis des Remarques & Critiques que vous avez eu la Bonté de m'envoïer. Je m'estime en verité très heureux d'être assisté et corrigé par des Conseils aussi excellens.'^e

'II. Je suis dans le Comble de ma Joie de voir mes Lettres ainsi traduites… C'est à vous à qui je dois la Réussite d'un Ouvrage, qui, sans⁴ vos Soins, n'eût été qu'un Enfant difforme.'^f

'III. Je vous rens mille et mille Graces des Corrections que vous faites à mes Lettres. Vous êtes le véritable Pere de mes Ecrits. Ils vous ont plus d'Obligation qu'à moi-même. *Aut Ararim Parthus bibet, aut Germania Tigrim*, avant que toutes vos Bontez sortent de ma Mémoire.'^g

'IV. Je ne saurois assez vous remercier de la Maniere vive et enjouée dont vous avez accommodé la 102 Lettre, & j'en ai ri à Gorge déployée. Continuez, je vous supplie, à me seconder ainsi. Je viens à l'Article du S^r. Popie. C'est un petit Vaurien (ce sont vos propres Termes, non seulement dans cette Lettre, mais encore dans plusieurs autres; & je ne vous en transcris cet Article, que pour vous avouër naturellement, que vous le connoissiés mieux que moi, & que j'ai eu grand Tort de ne vous en point croire.) 'C'est un petit Vaurien, indigne de vos Bontez. Il y a longtems que je le connois *in pecto et in cuté*. Je vous en ai quelquefois dit mon Sentiment; mais, vous paroissiés porté pour lui. A la basse Flatterie et Adulation pour ceux dont il a besoin, il joint le Talent de mentir au suprême Dégré. S'il n'a pas le Bon-Sens de ratrapper vos bonnes Graces, je suis prêt, si vous le voulez, à ne lui plus donner une seule *Lettre Juive*. Je trouverai bien le Moyen d'emploïer celles qui sont faites.'^{h5}

'V. Je vous l'ai déjà dit plusieurs fois. Souffrez que je vous le repete encore. Mes cheres Filles les *Lettre Juives* vous ont plus d'Obligation qu'à leur Pere. J'ai envoié chercher la derniere; & j'ai lû neuf fois de suite les angeliques Corrections que vous y avez faites. Au Nom de Dieu, taillez, coupez, rognez, dans les *Lettres Juives*. Plus vous y ajouterez, moins il y aura du mien, et plus elles seront bonnes. Point de fausse Délicatesse sur mon Chapitre. Barrez, effacez, brulez, encore un coup; tout n'en ira que mieux: ce sera de nouvelles Obligations que je vous aurai. Point d'Egards, je vous prie: &, lors⁶ que vous trouverez qu'une Lettre vous donneroit trop de Peine à corriger, brulez-la, & j'en ferai une autre.'ⁱ

'VI. J'ai pris la Liberté de laisser 12 à 15 Lignes vuides dans une Lettre sur les Ecossois. Je vous prie de les remplir de l'Eloge de quelques Savans de cette Nation. Je n'en connois aucun; & j'ai recours à votre Erudition… La Lettre, où vous avez ajouté l'Article de Burnet, m'a donné de nouvelles Preuves de vos Bontez pour moi. Ce que vous dites est divin, et bien instructif. Mais, comment aurois-je pû le dire? J'ignorois qu'il y eut eu un Burnet au Monde. Combien d'Obligations ne vous ont donc pas mes Ouvrages! Taillez, rognez, coupez, brulez, sans miséricorde. Je vous l'ai dit cent fois, et je vous le repete, le tout n'en ira que mieux. Mais, ne taillez rien, s'il vous plait, à votre Amitié, et faites-moi la Grace de me croire le plus pénétré de Reconnoissance.'^k

Tels & semblables sont les Sentimens de Gratitude, que vous me témoignez dans toutes vos autres Lettres: &, après de pareilles Effusions de Coeur, devois-je m'attendre, permettez-moi de vous le dire, à des Expressions semblables à celles, dont je me vois réduit à me plaindre à vous-même; et que je n'ai pourtant mises sur votre Compte, qu'autant de Tems que j'ai ignoré le Motif qui vous a

porté à en user? Motif, dont je ne suis instruit que depuis deux Jours; de la
Certitude duquel il me paroit que vous auriés bien dû vous éclaircir, avant que
de vous[7] [8]determiner[8] ainsi contre moi; et lequel vous n'auriés sans doute
nullement adopté, si vous n'aviés malheureusement été prévenu.

J'ai donc été averti, & cela de très bonnes Parts, que Paupie vous avoit écrit
vers le Mois d'Octobre dernier, que m'aïant apporté quelques Papiers de votre[9]
[8]Façon[8], je les lui avois rejettez au Nez, et que j'avois accompagné ce Refus de
cette impertinente Apostrophe: *Allez, je ne veux point de ces Papiers. Que votre
Marquis aille à l'Ecole apprendre à écrire*; et peut-être même de quelque-chose de
pis qu'on ne m'aura point dit. Je puis vous protester en honnête homme, qu'il
n'y a pas un Mot de vrai dans tout cela. Il est faux,[10] que j'aie rejetté des Papiers
qu'il m'ait apportés de votre Part: il est faux qu'il les ait remportez; & il est
encore plus faux, que je me sois jamais servi envers vous de pareilles Expressions,
trop grossieres pour être de moi, mais assez brutales pour être de lui; et trop
semblables à celles où il vous disoit si poliment, en plaisantant à sa maniere,
que vous n'étiés non plus philosophe que son cul, pour[11] douter qu'elles viennent
également de la même Source. Cette Circonstance toute seule auroit d'abord
dû vous mettre au Fait de la Fausseté aussi bien que de l'Origine d'une pareille
Imputation; [12]sachant surtout qu'elle vous étoit suggérée par un Homme que
vous m'aviés depeint vous même come souverainement Menteur:[12] & je ne
comprendrois pas, qu'un Homme de votre Génie & de votre Experience eut pû
se prêter avec tant de Facilité à une Accusation si grossièremt. controuvée, si
nous n'en étions malheureusement, vous la Duppe, et moi la Victime. [13]L'unique
Fondement, sur le quel il peut l'avoir construite, ne sauroit être ni plus foible,
ni plus fragile, et n'a absolument aucun Rapport à vous. Un petit Porteur
d'Epreuves vint me faire ici du Desordre: je m'en plaignis à son Maitre-Garçon[l],
qui, bien loin de le corriger, me dit des Impertinences; & je l'envoïai promener
avec la 3ᵉ Feuille de la 4ᵉ Partie ou du Supplement de la *N^le Bibliotheque*[m], dont
je n'ai plus entendu parler depuis. Je pensois si peu, que cela pût produire
quelque Alteration entre Paupie et moi, que je ne le soupçonnai seulement
pas. J'ai toujours agi depuis avec lui come par le passé. Même aïant appris
dernierement l'Accident pour lequel il fut soigné si promptement, j'y courus
come jaurois fait pour mon propre Frere: et, quelque Idée de Plainte ou de
Mécontentement qu'il pût avoir alors contre moi, cela seul auroit dû la lui faire
perdre. Mais, je ne lui en avois donné aucun Sujet, au moins qui me soit connu
encore actuellement. A la vérité, je m'étois bien apperçu qu'il ne venoit plus
que très rarement ici[n]: mais, je ne l'attribuois qu'à ce que je l'avois quelque fois
renvoié en badinant, lui disant qu'il se faisoit tort à lui-même en m'empéchant
d'avancer ses Feuilles; car, je n'avois garde de m'imaginer, que son mauvais
Coeur couvât contre moi quelque Venin de Vengeance, & que cette Vengeance
dût aboutir à un Procédé si peu équitable,[14] pour ne pas dire si noir et si odieux.

Lors qu'il m'apporta les premiers Extraits pour cette *Bibliotheque*, j'en lus sur
le champ la Préface, que je louai fort, et avec justice[o]: ajoutant néanmoins, que
je m'étonnois, que vous commençassiés par un Livre use, dont la Continuation
ne méritoit nullement vos Soins[p]; et que je le priois de vous marquer d'écrire[15]
vos Extraits séparement les uns des autres, afin que nous les pussions entremêler
avec d'autres sans les couper[q], et sans fatiguer par des Renvois les Compositeurs.

C'est là la seule fois, qu'il m'ait remis lui-même des Papiers pour cette *Bibliotheque*: et la meilleur Preuve que je puisse vous donner, qu'il ne les remporta pas, c'est qu'ils ont tous été imprimez, et que j'en ai fait la Correction. [13]Après tout, quand, à propos de ces Papiers ou d'autres, il me seroit échappé quelque Vivacité sur votre mauvaise Ecriture, [8]&[8] sur la Brouillerie du Manuscrit, ce dont je ne me souviens pourtant aucunement, n'est-ce pas ce que je vous ai témoigné vint fois à vous même, sans que vous l'aïez trouvé mauvais; et étoit-il d'un fort galant Homme d'aller empoisonner une pareille Minutie dans votre Esprit? C'est néanmoins ce qu'il a trouvé bon de faire, non seulement auprès vous, mais encore auprès de qui l'a voulu écouter ici: & je trouve ce Trait [8]de Perfidie[8] d'autant plus noir, que, pour le lâcher, il a choisi précisément le Tems où je lui témoignois le plus de bonne Volonté, en lui procurant le Livre nouveau de M[r]. La Croze[r], en lui destinant en pur don mon *Histoire de l'Imprimerie*[s], et en me préparant à lui procurer la Vente des Estampes des Héritiers de Picart dont on m'a fait le Depositaire[t]; ce qui n'étoit, au reste, que la suite de tout ce que j'ai fait d'ailleurs pour lui pendant tout le Cours de notre Connoissance, comme Conseils sur mille choses, Avertissemens pour le Débit de ses Impressions, Ecritures pour ses Privileges, Recommandations de Pratiques en Ville et de Correspondances au Dehors, Avances même de Deniers faites quelquesfois à vous même lors que vous vouliés être caché pour lui,[16] Soins et Courses à me rendre malade pour [17]lui chercher un n[l]. Imprimeur, et[17] ne point laisser interrompre le Cours des *Cabalistiques* lors de la Mort de Roguet[u], et enfin Presens à lui et à sa Femme s'il m'est permis d'en parler. Au dernier Article près, vous savez tout cela comme moi-même: et la Noirceur de son Ingratitude ne vous en paroitra sans doute que plus condamnable.

Mais, me direz-vous, qui peut l'avoir porté à cet Excès de Malhonnetté? En vérité, je n'en sai rien: et plus j'y pense, moins je le peux imaginer; à moins que ce ne soit le Refus de travailler à la *N.[le] Bibliotheque*, le seul que je lui aie jamais fait, et que mon peu de Loisir et de Disposition actuelle [17]à semblable Travail[17] m'obligeoient à lui faire. Peut-être aussi son Esprit d'Intérêt et de Jalousie; car, il m'est revenu, qu'il s'est plaint que j'avois voulu procurer de vos Ouvrages à d'autres: mais, personne ne sait mieux que vous que le Fait est faux, et que je n'ai point profité à cet Egard de vos Offres obligeantes et réïterées. Quoi qu'il en soit de ses Motifs, je finis par ce dernier Trait. Du Sauzet lui écrit pour se plaindre de ce qu'il s'imagine que j'ai dit de son Hardouïn dans la *N.[le] Bibliotheque*[w]. Bien loin [18]de m'avertir comme il le devoit, il me laisse absolument ignorer une pareille Imputation dont il connoit toute la Fausseté, et m'ôte ainsi le Moien de m'en justifier. Bien plus: loin[18] de desabuser du Sauzet, comme il le devoit [8]encore,[8] et comme un simple Inconnu pour moi auroit fait à sa Place, il le laisse dans son Erreur, et peut-être même l'y confirme-t-il, pour mettre[19] à couvert par là son Auteur[x] aux Dépens d'un Homme qui ne lui a jamais fait que du Bien. Je serois fâché de lui prêter à tort ce dernier Article: mais, en vérité, j'ai tout lieu de l'en soupçonner, vû l'Indignité qu'il a eue de s'engager à ne point insérer dans sa *N[le] Bibliotheque* la Réponse que je pourois faire à du Sauzet[y]; car, c'est ce que celui-ci a dit ici hautement à quiconque a voulu l'entendre[z]. Qu'il[aa] ne craigne point. Je ne lui ferai point l'Honneur de lui proposer la Chose: car, après tous ses mauvais Procédez, je ne veux plus absolument aucune

Communication avec lui^{bb}. Celui de tous, au quel je suis le plus sensible, & que je regarde avec raison comme le plus odieux, est celui de m'avoir voulu brouiller avec vous. ^{8}Mais^{8} Votre Droiture et votre Equité me font espérer qu'il n'y réüssira point, et qu'au prémier Jour je recevrai des Marques sinceres du Renouvellement de votre Amitié pour moi. Dans cette Confiance, je demeure avec les anciens Sentimens d'Estime et de Cordialité,

M^r ce 8. Aoust 1739   Votre &c

Marquez-moi, je vous prie, les 2 terribles Lignes, cause de tout ce Vacarme. Je soupçone fort, qu'elle ne sont que dans la *N.^{le} Bibliotheque^{cc}*. En ce cas, combien n'aije p.^{s} à me plaindre?

MANUSCRIT
    March.2, no 4; 4p., p.4 bl.

NOTES CRITIQUES

Si cette lettre se trouve parmi les papiers de Marchand, c'est qu'elle est une mise au net corrigée. En effet le manuscrit, écrit avec beaucoup de soin, n'en comporte pas moins plusieurs ratures et additions. Marchand l'aura sans doute gardé comme copie de la lettre expédiée, à laquelle d'Argens répond par le no 64.

^{1} ⟨injust⟩ ^{2} ⟨Moi⟩ ^{3} ⟨la derni⟩ ^{4} ⟨vous, se-roit⟩ ^{5} [en bas de cette première page, un 'V' renvoie à la page 2] ^{6} ⟨qu'une⟩ ^{7} ⟨declarer⟩ ^{8} [ajouté dans l'interligne] ^{9} ⟨part⟩ ^{10} ⟨qu'il⟩ ^{11} ⟨n'être pas⟩ ^{12} [écrit dans la marge gauche de la page 2 et inséré ici par un signe de renvoi] ^{13} [Marchand indique par un signe le début d'un nouvel alinéa] ^{14} [la page 2 s'arrêtait ici d'abord, le reste de la phrase se trouvant en tête de la page 3, à laquelle renvoyait le mot 'pour', écrit tout en bas de la deuxième page. Par la suite, Marchand a biffé et ce mot et toute la première ligne de la page 3, pour en écrire la moitié, jusqu'à 'odieux', dans le blanc en bas de la page 2. Le reste de cette ligne lourdement biffée est illisible] ^{15} ⟨sep⟩ ^{16} ⟨et enfin⟩ ^{17} [ajouté au-dessous de la ligne et inséré ici par un signe de renvoi] ^{18} [ajouté en bas de la page 3 et inséré ici par un signe de renvoi] ^{19} ⟨par⟩

NOTES EXPLICATIVES

a. sur cette phrase, voir le no 60, note *c.*

b. cette phrase tout entière correspond assez bien au contenu du no 62, que Marchand place, mais de manière très approximative, en septembre ou en octobre 1738.

c. 'l'odieux Libelle' en question se trouve dans la *Bibliothèque françoise*, que publiait Henri Du Sauzet. L'article VI du tome xxviii (2e partie), pp.308-21, donne le texte d'une lettre anonyme datée de Berlin, le 13 mars 1739, qui attaque Marchand pour avoir abusé de son rôle de correcteur en faisant des changements au texte des manuscrits qui lui passaient par les mains, et cela sans l'aveu des auteurs. Dans l'article VII (pp.321-27), intitulé 'Reponse des Auteurs de cette Bibliotheque à la lettre précédente', on déplore avec la même vigueur les procédés attribués à Marchand et, pour renfort de potage, on allègue le cas d'une *Lettre cabalistique* sur le père Hardouin (1 *Cab* LXXXII) dont le texte aurait été remanié par Marchand. Et le journaliste de citer cette phrase, tirée d'une lettre de d'Argens à Du Sauzet du 26 décembre 1738: '*Au reste* […] *je n'ai point mis dans les Lettres Cabalistiques les deux lignes dont vous vous plaignez. J'ai été aussi surpris que de les y voir. Prenez vous en à ceux qui les y ont mises, sans mon aveu & sans celui du Libraire. Vous devez penser à peu près qui ce peut être* …' (p.323). Suit le commentaire attendu: 'Il n'est pas difficile de deviner que le Correcteur est le seul coupable d'une pareille falsification. Eh qui sait de combien de traits de sa façon il a embelli les *Lettres Cabalistiques* & les *Lettres Juives*' (pp.323-24).

d. remarque à retenir: la part qu'a eue Marchand aux *Lettres cabalistiques* n'est peut-être pas moins grande que celle qu'il a eue aux *Lettres juives*.

e. c'est, avec de légères variantes, le début du no 4.

f. c'est un extrait plus ou moins fidèle du no 16, cinquième alinéa.

g. à partir de cet alinéa, Marchand mêle quelque peu ses références. Ainsi, la première phrase est tirée du no 29, les deux phrases suivantes du no 7, et la dernière phrase, sauf le mot 'toutes', se trouve à la fin du no 12.

h. sauf la deuxième phrase ('Continuez … ainsi') que Marchand semble avoir inventée, toute cette citation – un peu arrangée, à la vérité – est tirée des deux premiers paragraphes du no 20.

i. encore un mélange: les trois premières phrases appartiennent au premier paragraphe du no 20, que Marchand vient de citer. Le passage 'j'ai lû … que mieux' se trouve vers la fin du premier paragraphe du no 27 et se rapporte non à une *LJ* mais à la préface au tome iv des *Lettres juives*. Le reste de cette citation est tiré du no 29.

k. la première partie de cette citation, jusqu'à '… votre Erudition', est tirée du no 40; le reste se trouve, avec de légères variantes, à la fin du no 35.

l. 'On appelle *Maître valet, maître garcon, maître clerc*, Celui qui est le premier entre ses compagnons, dans une maison, dans une boutique, ou dans une étude' (Académie 1762, article 'Maître').

m. le 'Supplement aux mois d'octobre, Novembre, & Decembre 1738' (La Haye 1738) formait la quatrième partie de la *Nouvelle bibliothèque*.

n. cette phrase et d'autres telles que 'j'y courus' feraient croire que Marchand et Paupie ne partageaient plus la 'petite Maison à Boutique sur le Spuy' (no 34) où Marchand s'était installé le premier mai 1737.

o. adressée à d'Argens, cette phrase laisse entendre qu'il était l'auteur de la préface en question (voir *NBib* i.3-7).

p. le premier article de la *Nouvelle bibliothèque* (i.8-38), consacré à la '*Continuation de l'Histoire Universelle de Messire Jaques-Benigne Bossuet* tomes II, III & IV, Amsterdam 1738' (par Jean de La Barre), était donc également du marquis.

q. dès le début donc, la *Nouvelle bibliothèque* était l'ouvrage de plusieurs mains: cp. le no 20, note *d*.

r. il s'agit de l'*Histoire du christianisme d'Ethiopie et d'Arménie* (La Haie, Vve Le Vier et P. Paupie, 1739). La Croze, qui demeurait à Berlin, s'était adressé à Marchand

pour trouver 'un honnête Libraire' qui voulût se charger du livre (lettre du 12 août 1738, March.2); et le 20 septembre 1738, il écrivit à Marchand: 'Je vous suis bien obligé des Soins que vous avez pris pour procurer l'Edition de mon Ouvrage' (March.2). Lors de l'impression du livre, Marchand en avait été le correcteur, ce qui lui valut la lettre anonyme de Berlin (due à La Croze?) qui fut publiée dans la *Bibliothèque françoise*: voir la note *c*.

s. *Histoire de l'origine et des premiers progrès de l'imprimerie* (2 parties en 1 vol., La Haye, Vve Le Vier et P. Paupie, 1740). La majeure partie de l'ouvrage fut imprimée en 1739, car Paupie annonce dans la *Nouvelle bibliothèque* pour décembre de cette année que lui et la veuve Levier le 'débiteront incessamment' (nouvelles littéraires de La Haye, iv.597). Il ressort d'une lettre écrite à Marchand par Gaspar Fritsch, et datée de Leipzig le 17 janvier 1740 (March.2), que les rapports entre Marchand et Paupie sont devenus de plus en plus tendus pendant l'impression du livre, et que Marchand a réagi en en donnant la deuxième partie à la veuve Levier.

t. Marchand avait très bien connu Bernard Picart (1673-1733), célèbre graveur français établi en Hollande. Après la mort de celui-ci, il était lui-même resté en possession d'un recueil de ses estampes (voir Kossman, 1937, p.252).

u. Robert François Roguet (1690-1738) était imprimeur à La Haye, comme son père Mathieu Bernard Roguet. Lorsqu'il mourut le 2 août 1738 (Kossman, 1937, p.332), la publication des *Lettres cabalistiques* en était à la lettre xcviii.

w. si Marchand est instruit de ce fait, c'est qu'il l'a lu dans cet article de la *Bibliothèque françoise* (tome xxviii, deuxième partie, article vii) qu'il qualifie d''odieux Libelle' contre lui. En effet, on y lit que Du Sauzet, ayant vu la critique des *Opera varia* du père Hardouin (ouvrage qu'il imprimait avec de Hondt) dans le tome iii des *Lettres cabalistiques*, prit néanmoins 'le parti du silence. Il n'en fut pas de même, lorsque dans la N^e. *Bibliothèque* qui s'imprime à la Haye chez Mr. *Paupie*, il vit qu'à l'occasion des *Revolutions de France* par Mr. de la Hode, on repetoit tout ce qui avoit été dit contre les *Opera Varia*, & qu'on y ajoutoit des conjectures très-fausses. Il en écrivit au Libraire de la Haye, en lui exposant les raisons qu'il pourroit mettre en œuvre contre ses Journalistes, esperant qu'ils voudroient bien rectifier eux-mêmes ce qu'ils avoient avancé' (p.323). Il est vrai qu'il est question des 'Journalistes' et non du correcteur, mais c'est bien celui-ci qui est visé. Ainsi, la réfutation (pp.324-26) des remarques désobligeantes pour Du Sauzet qui se trouvaient dans la *Nouvelle bibliothèque* pour novembre 1738 (i.198-203) se termine comme suit: 'Le Correcteur qui a la Direction du Journal de la Haye, devroit être plus circonspect & mieux instruit, ou il devroit se borner à corriger les fautes des Garçons Imprimeurs; c'est tout ce qu'on a droit d'exiger de sa capacité' (pp.325-26). C'était attribuer à Marchand, en tant que correcteur de la *Nouvelle bibliothèque*, le même procédé dont on l'avait déclaré coupable en ce qui concernait les *Lettres cabalistiques*.

x. cet auteur, qui était-il? On n'en saurait parler que par conjecture, la *Nouvelle bibliothèque* étant, on l'a vu, l'ouvrage de plusieurs mains dont la plupart même nous sont inconnues. Cependant, il n'est pas impossible que d'Argens lui-même ait composé l'article en question: voir là-dessus le no 64, note *i*. Quant à Marchand, si, ce qui est tout à fait vraisemblable, il a préparé pour l'impression le manuscrit de la *Nouvelle bibliothèque* pour novembre 1738 (voir ce qu'il dit dans la présente à propos des 'Extraits' destinés à la *Nouvelle bibliothèque* pour octobre, et cp. le no 64, d'après lequel il semble qu'il n'ait cessé d'en corriger les épreuves que vers le début de 1739), il aurait très bien pu reconnaître l'écriture des collaborateurs, et surtout celle de d'Argens. Mais sans doute n'y avait-il pas prêté une grande attention à l'époque, et il écrit la présente neuf mois après.

y. Marchand a certes eu l'intention de répondre au 'Libelle' de Du Sauzet, comme en fait foi une lettre du 23 juillet 1739 à lui écrite par Charles-Pierre Chais, lettre sur laquelle mme Berkvens-Stevelinck (1978, p.129, n.96), a attiré l'attention. Il y est question de 'la reponse de M. Smith à la lettre que je lui avois ecrite selon vôtre intention. Cette reponse contient en termes polis, un refus dans toutes les formes, d'in-serer dans la *Bib.Rais.* aucun Memoire qui ait du raport à l'Article de la *Bib.Françoise* qui vous concerne. M^r. Smith ne veut point interesser son Journal, à ces demelez personnels; selon lui, la guerre vous ayant été déclarée à l'occasion de la *Nouv.Bibliothèque* c'est là qu'il convient que vôtre defense soit imprimée' (March.2). Mais justement la *Nouvelle bibliothèque* était fermée à Marchand, ce qui explique sans doute qu'il ait voulu sonder, par personne interposée, celui qui imprimait la *Bibliothèque raisonnée*. Rebuté, Marchand aurait-il fini par renoncer à faire imprimer sa réponse à Du Sauzet? Ce n'est pas sûr, la phrase rapportée dans la note *z* témoignant de sa volonté de répondre en dépit de tous les obstacles. Ce qui est certain, c'est qu'il se trouve dans le fonds March.52 à la bibliothèque universitaire de Leyde plusieurs états de cette réponse; et dans un de ces brouillons (f.161) on trouve des passages d'un intérêt tout particulier pour qui a suivi les rapports entre Marchand et d'Argens: on les trouvera dans l'appendice no IX.

z. au verso du brouillon dont il est question dans la note *y* (March.52, f.161) se trouve ce fragment, écrit en bas de la page: 'La Nécessité dune juste Défense, et les Précautions inique que s'est vanté mon Cal. d'avoir prises pour m'oter tout Accès aux *Journaux* de ces Provinces, m'ont obligé, contre mon Gré, de placer ici ma Réponse à ses Calomnies'.

aa. Paupie, s'entend.

bb. pourtant Marchand aura forcément affaire à Paupie, jusqu'à ce que son *Histoire* [...] *de l'imprimerie* ait été imprimée et publiée: voir la note *s*. Malgré la revue très favorable du livre dans la *Nouvelle bibliothèque* pour janvier 1740 (v.105-26), revue dont Marchand a gardé un exemplaire parmi ses papiers (March.24 (e)), les deux hommes ne renoueront pas; et le 3 juin 1740 Jacques Pérard écrira à Marchand: 'Quoi que vous ne soyez plus en liaison avec Paupie, [...]' (March.2). Voir d'ailleurs l'appendice no VIII, article IV.

cc. sous-entendu: 'et non dans les *Lettres cabalistiques*, le seul des deux ouvrages auquel il se peut que j'aie ajouté quelque chose'. En fait, 'les 2 terribles Lignes' se trouvaient dans les *Lettres cabalistiques* et l'accusation qu'elles renfermaient fut ensuite réitérée dans la *Nouvelle bibliothèque*:   voir le no 64, note *d*.

64

Jean-Baptiste de Boyer, marquis d'Argens, à Prosper Marchand

[le 10 août 1739]

Monsieur

je suis charmé que votre letre me donne l'occassion de me justifier d'une tracaserie a laqu'elle je puis vous protester que je n'ai aucune part. c'est ce qu'il me sera aissé de vous montrer actuellement et que je vous prouverai de vive voix dans une quinsaine de jours. a la veille de quiter pour toujour ses provinces[a] j'ai une satisfaction infinie de pouvoir vous asurer que je suis toujour le meme a votre egard et lorsque vous pensies que j'etois faché contre vous je pensois a mon tour que vous vous figuries avoir quelque sujet de plainte contre moy. voilla comme souvent l'on se brouille sens savoir pourquoy. il y a environ cinq mois que monsieur du sausset m'ecrivit une letre[b] dans laqu'elle il se plaignoit de la maniere dont j'avois critiqué les ouvrages du pere hardouin[c]. a ce premier grief il en ajouta un second c'etoit d'avoir dit que les jesuites avoient donnés les manuscrits de ce pere a des libraires de holande[d]. il m'asura du contraire et m'ofrit de m'en donner des preuves convaincantes[e]. je repondis au sieur du sauzet qu'il avoit grand tort de croire que j'eusse eu dessin de luy faire de la peine en critiquant les *opera varia*[f]. qu'il avoit trop de gout d'esprit et d'erudition pour ne pas sentir luy meme les folies et les impertinences dont ce livre etoit rempli. qu'au surplus loin de songer a vouloir décrier un ouvrage uniquement parcequ'il limprimoit je voudrois au contraire luy rendre touts les services qui dependroient de moy pourveu que la verité et le bien public n'en soufrissent point. que j'ignorois au reste la verite ou la faussete de l'anecdote dont il me parloit au sujet des manuscrits d'hardouin et que les deux dernieres lignes de la letre dont il se plaignoit y avoient ete ajoutées a mon insçu[g] je cru que cella n'iroit pas plus loin. il est vray que je commis une indiscretion mais je puis vous protester qu'il ny eut aucune malice de ma part et je suis presqué asuré quil n'est fait aucune mention de vous et que vous n'etes point nomé dans cette letre[h]. cependant comme tout le monde savoit que vous[1] eties chargé de la corection des cabalistiques mon indiscretion n'en etoit pas moins grande voilla monsieur tout ce que je scai de la tracaserie dont vous me parles[i] du depuis j'ai recu une ou deux letres de mr du sauzet ou il n'etoit du tout point quaestion de cella il m'auroit meme obligé de n'en faire jamais mention et je n'aurois pas manque de faire suprimer ce qui le blessoit dans cette letre et ce qu'il s'atribuoit mal a propos mon dessin vous le saves asses n'etant point de chercher a piquoter les gens de letre et evitant tant que je puis les demelés literaires[k]. jaurois meme averti le public de cette meprisse dans l'edition [2]des letres cabalistiques[2] [3]actuellement sous presse[l] et pour eviter tout ce fracas j'aurai pris volontier l'ereur sur mon conte. je viens actuellement au sieur paupie je puis vous protester qu'il ne ma pas dit un seul mot de touts vos demeles cella vous surprendra mais il n'est rien de si certain. vous saves que lorsque j'ai cru qu'il avoit tort je ne l'ai point menagé, et que dans les occassions ou j'ai cru qu'il vous manquoit jai eté le premier a le comdaner et je le fairois encor aujourduy avec la meme franchisse. c'est parceque je suis veritablement son ami que je crois etre en droit de luy parler sincerement. il vint ici vers la fin de l'annee passée me faire une visite et pendant un mois qu'il resta a mastric je puis vous protester qu'il ne m'a jamais dit la moindre chosse a votre desavantage mais bien au contraire. il me remit aussi lexemplaires de l'anticoton que vous m'envoies[m]. il m'a eté impossible d'en faire mention jusqu'a pressent rapelles vous sil vous plait que les letres cabalistiques etoient finies pour lors[n] et loin de ne pas vouloir servir made. levier[o] vous veres dans la douxieme letre chinoisse un eloge de l'histoire d'inigo placé dans une note[p]. quelque tems apres que le sieur paupie fut retourné a la haye il m'ecrivit que vous ne corigies plus la nouvelle biblioteque et que vous n'eties pas chargé de la nouvelle edition des cabalistiques[i] je luy demenday le sujet de ce changement[q] il me repondit fort sucintement sur cet article j'entrevis bien qu'il etoit arivé entre vous deux quelque brouillerie mais dans tout cella je croiois n'entrer pour rien et voulant eviter si je pouvois d'y avoir la moindre part[r] je ne fis plus aucune mention de ce changement quoy qu'il m'eut ete bien doux de voir tomber mes ouvrages dans les mains d'une personne accoutumée a ma mauvaisse ecriture et dont les conceils et les avis m'ont ete souvent tres utiles je me fairai toujour monsieur un veritable plaisir d'en profiter et je vous accorde toute l'estime quon doit a un homme d'esprit et de probité. mais permetes moy de vous dire que je crois que vous vous laisses prevenir par des gens qui vous font mille contes tels que sont ceux des papiers jetés au nés de paupie [4]dont le[4] refus m'a fort faché[s]. dans tout cella il ny a pas un mot de vray paupie ne m'a n'ont plus parlé de[5] [2]cette avanture[2] que de l'alcoran. je puis vous le redire jignore totalement le sujet de votre brouillerie et je ne puis l'atribuer qu'au faux raports de quelques mauvais esprits qui auront voulu vous brouiller ensemble. ce qui me fait dire cella ce que depuis plus d'un an paupie etoit bien asuré d'avoir toujour mes ouvrages puisqu'il savoit que malgre les letres reiterees et les frequentes solicitations d'un des plus[6] [2]considerable[2] libraires de la haye j'avois refussé de me charger d'un ouvrage excessivement long et d'un travail de plusieurs années. [7]n'atribués donc pas la causse de votre brouillerie a l'envie que paupie a eu de nous desunir sur tout n'aiant rien fait pour cella. je suis asuré que si vous voulies touts les deux savoir d'ou vien vous etes enemi vous ne le sauries guerre l'un et l'autre: quand a moy en tout et par tout je vous rendray la justice que vous merités et je suis vivement touché d'etre la causse par mon imprudence de la tracaserie du pere hardouin. il me semble qu'en consultant les loix de la politesse monsieur du sauzet auroit du m'avertir et jaurai prevenu le tout. je suis avec une veritable consideration

> votre tres humble et
> tres obeissant serviteur
> le marquis d'argens

a mastric ce 10 aoust

MANUSCRIT
March.2, no 51; 4p.

NOTES CRITIQUES
¹ ⟨avies la⟩ ² [ajouté dans l'interligne]
³ ⟨qui⟩ ⁴ [en surcharge sur 'qui [mot illisible]'] ⁵ ⟨cella⟩ ⁶ ⟨gros⟩ ⁷ ⟨ne la⟩

NOTES EXPLICATIVES
a. d'Argens songeait donc à quitter Maestricht vers la fin d'août et à passer par La Haye en route pour une destination qu'il ne nomme pas mais qui pourrait bien être Mahon (cp. le no 62, note *h*). Sur ses déplacements ultérieurs, voir la lettre que Voltaire lui écrit le 2 octobre 1740 (Best. D2322) et cp. l'*Histoire de l'esprit humain*, xii.378.

b. cp. l'article VII de la *Bibliothèque françoise*, tome xxviii, deuxième partie, p.323, où il est question d'abord de la lettre qu'écrivit Du Sauzet à Paupie sur un article de la *Nouvelle bibliothèque* (voir le no 63, note *w*) et ensuite de celle qu'il adressa à d'Argens: 'Mr D. S. écrivit en même tems à l'Auteur des *Lettres Cabalistiques*, sachant qu'il travailloit au nouveau Journal [la *Nouvelle bibliothèque*], & lui fit ses plaintes sur ces deux Ouvrages. Ce galant homme lui répondit le 26. Decembre 1738'. D'Argens aurait donc reçu la lettre de Du Sauzet quelque huit mois avant d'écrire la présente.

c. cp. le même article VII de la *Bibliothèque françoise*: 'On sait que l'ingenieux Auteur des *Lettres Cabalistiques* a écrit fort vivement dans son 3ᵉ. Tome contre le P. Hardoüin, & qu'il a peu ménagé ce Savant' (xxviii.322). En effet, les ouvrages de Jean Hardouin (1646-1729) sont déchirés dans 1 *Cab* LXXVIII, LXXIX, LXXXI et LXXXII (iii.137-51, 161-75); mais Du Sauzet se plaint également de ce qu'il a lu dans la *Nouvelle bibliothèque* pour novembre 1738 (i.198-203).

d. 1 *Cab* LXXXII parle des 'lâches & pernicieux Moines, qui ont donné aux Libraires de Hollande le Manuscrit de leur Confrere' (iii.174-75). On trouve la même accusation contre les jésuites dans la *Nouvelle bibliothèque* pour novembre 1738 (i.200, 203). La source de cette accusation pourrait bien être le discours préliminaire, de Mathurin Veyssière La Croze, à la deuxième édition de l'*Histoire d'un voyage littéraire* de Charles-

Etienne Jordan, publiée par Moetjens en 1736. La Croze y réitère certaines de ses critiques tant du 'Systeme du Pere Hardouin' que des jésuites qui, selon lui, cherchent à exploiter ce 'Systeme' qu'il appelle 'le Systeme de la Société'; et il ajoute: 'En effet, qui sont ceux qui ont donné aux Libraires de Hollande le Livre impie de ce méchant Homme, qui a pour Titre *Atheismus detectus*' (p.xvii).

e. ces preuves sont exposées dans l'article déjà cité de la *Bibliothèque françoise*, tome xxviii, pp.324-25.

f. d'Argens fait la critique des *Opera varia* – ouvrage posthume d'Hardouin, publié pour la première fois en 1733 – à plusieurs reprises, dans 1 *Cab* CV et CVI mais surtout dans 1 *Cab* LXXXI. Le livre n'est guère épargné d'ailleurs dans la *Nouvelle bibliothèque* pour novembre 1738 (i.198-203).

g. la référence au manuscrit d'Hardouin (voir la note *d*) se trouve à l'avant-dernier alinéa de 1 *Cab* LXXXII. D'Argens aurait-il donc voulu dire que les deux derniers paragraphes, soit dix-huit lignes, avaient été ajoutés à la lettre à son insu? Non, sans doute, puisqu'il est également question de 'deux lignes' dans la lettre qu'il écrivit à Du Sauzet (voir le no 63, note *c*).

h. si Marchand n'y est pas nommé, toujours est-il que la lettre du marquis ne le désigne que trop clairement: voir l'extrait de la lettre cité dans la *Bibliothèque françoise* (no 63, note *c*). D'Argens n'a donc que de mauvaises excuses à offrir à Marchand, ce qu'il reconnaîtra dans la phrase qui suit celle-ci.

i. d'Argens oublie de dire qu'il s'était également disculpé auprès de Du Sauzet en niant toute responsabilité pour l'article de la *Nouvelle bibliothèque* qui avait si fortement déplu à celui-ci. Cp. l'article déjà cité de la *Bibliothèque françoise* qui rapporte en ces termes ce qu'avait écrit le marquis à ce sujet: 'Il lui protesta qu'il n'avoit aucune part à l'Extrait du Livre de Mr. de la Hode, qu'il n'avoit même pas encore vû, il lui indiqua les Articles qui étoient à sa façon, & l'assura qu'il étoit bien éloigné de vouloir prendre sur son compte tout ce qui pourroit paroître dans ce Journal' (xxviii.323). De tout cela d'Argens ne souffle mot dans la présente. Qu'en conclure? Qu'il avait dit vrai, et qu'il jugeait inutile de revenir sur cet article de sa lettre à Du Sauzet, Marchand ayant pu lire lui-même le passage en question? Ou qu'il en avait menti, et qu'il préférait ne pas aggraver son cas en insistant sur son innocence auprès de Marchand? Il est difficile de rien affirmer car, si le désaveu attribué à d'Argens dans la *Bibliothèque françoise* est formel, il reste que les sentiments exprimés dans la *Nouvelle bibliothèque* (i.198-203) sont comme l'écho de ce qu'on trouve à maintes reprises dans les ouvrages du marquis.

k. c'est avant tout, semble-t-il, ce désir d'éviter 'les demelés literaires' – désir plusieurs fois réitéré au cours de cette correspondance – qui est à la base de la rupture entre Marchand et d'Argens. Ne voulant pas s'attirer l'inimitié de Du Sauzet, le marquis a sacrifié l'ami à qui il était redevable de tant de faveurs. L'affaire étant devenue publique contre son attente, il essaie d'apaiser Marchand, mais ses excuses manquent de conviction, et du reste il est trop tard pour faire amende honorable.

l. de quelle édition s'agit-il? Dans la préface générale au tome i de *Cab* (1741), on lit ceci: 'Les deux Editions que le Libraire a faites de ces Lettres en feuilles périodiques, aiant été vendues presque aussitôt qu'elles ont été achevées, j'ai cru que je ne pouvois mieux témoigner ma reconnoissance au Public, qu'en rendant cette troisième Edition beaucoup plus correcte que les précédentes, & en l'augmentant considérablement'. Mais un peu plus loin dans la même préface, il est parlé de 'trois Editions considérables que l'on a faites dans un an des *Lettres Cabalistiques*'. Pourtant la contradiction n'est qu'apparente, puisque la troisième de ces 'Editions considérables' n'est autre que celle de 1741. En effet, dans la préface au tome i des *Lettres chinoises* (La Haye 1739) il est question d'une 'nouvelle Edition des *Lettres Cabalistiques*. Elle est déjà fort avancée & paroîtra bientôt: elle sera augmentée de deux Volumes, d'un grand nombre de remarques, & d'une dissertation sur l'érudition, qui servira de discours préliminaire' (pp.12-13). De toute évidence, il s'agit de l'édition, augmentée de quatre-vingts nouvelles lettres, de 1741, édition dont Paupie aurait commencé l'impression en 1739, bien avant que le marquis

partît pour Stuttgart. Or, ce départ aurait retardé l'édition de quelque dix-huit mois, d'Argens ne pouvant achever les quatre-vingts nouvelles lettres qui devaient y entrer (voir là-dessus la préface générale au tome i de *Cab*, 1741). Des trois éditions dont il est parlé dans *Cab* (1741), la première, en demi-feuilles périodiques réunies en quatre volumes, était prête en octobre 1738 (voir l'appendice no II) et la deuxième, simple réimpression, semble-t-il, avait paru à la fin de 1738 ou au début de 1739 ('Pierre Paupie, imprimeur de ce Journal, vient d'achever & débite actuellement *Lettres Cabalistiques* [...] in octavo. 4 Vol.', *Nouvelle bibliothèque*, 'Supplement aux mois d'octobre, Novembre, & Decembre 1738', i.466). Si une nouvelle édition des *Lettres cabalistiques* était 'actuellement sous presse' en août 1739, c'était donc celle de 1741, où d'ailleurs il n'est nulle part fait mention de 'l'affaire du Sauzet'.

m. sur cet ouvrage, voir le no 61, note *a* et le no 62, note *d*. Dans le no 62, d'Argens avait suggéré que Paupie pourrait lui apporter 'un exemplaire d'inigo' de la part de Marchand.

n. en effet, la publication des *Lettres cabalistiques* en demi-feuilles bihebdomadaires s'était terminée le 16 octobre 1738 (voir l'appendice no II), et Paupie n'est parti pour Maestricht qu'au mois de novembre au plus tôt (cp. le no 62).

o. c'était la veuve Levier qui avait publié la nouvelle édition de l'*Inigo*, augmentée de l'*Anti-Cotton*.

p. effectivement, dans une note à la douzième des *Lettres chinoises*, parue vers le 20 juillet 1739 (voir l'appendice no II), d'Argens donne quatre propositions dont il dit qu'il 'les tire d'un livre qui a fort bien été reçu de Public' et qu'il cite ainsi: 'Vie d'Inigo, Tom.2. pag. 152' (1*LCh* i.94-95).

q. on se rappellera que Marchand avait refusé de travailler à la *Nouvelle bibliothèque*, alléguant son 'peu de Loisir et de Disposition actuelle à semblable Travail' (no 63). Selon lui, l'hostilité dont il accuse Paupie remonterait peut-être à ce refus de sa part. Toutefois, il a corrigé la *Nouvelle bibliothèque* pour octobre, novembre et décembre 1738, aussi bien qu'une partie du supplément, jusqu'à ce qu'une dispute avec un 'Maitre-Garçon' ait interrompu ce travail (sur tout cela, voir le no 63). Serait-ce lors de cette dispute que Paupie, cessant de compter sur Marchand, le remplaça pour la correction tant de la *Nouvelle bibliothèque* que de la nouvelle édition des *Lettres cabalistiques*?

r. c'est toujours la même rengaine, d'Argens n'étant pas homme à risquer de se compromettre en essayant de réconcilier deux de ses amis. Qu'il n'entre pour rien dans cette 'brouillerie', c'est sans doute vrai, du moins au début. Mais en fin de compte il entre pour quelque chose, et même pour beaucoup, dans la rupture entre Marchand et Paupie, puisque c'est sa lettre à Du Sauzet qui est à l'origine de ce 'Libelle' qui, pour Marchand, met en plein jour la duplicité de Paupie et rend inébranlable sa résolution de rompre avec lui.

s. entendons, 'et dont le refus m'aurait, dit-on, fort fâché'.

REMARQUE

Cette lettre du marquis a-t-elle mis fin à la mésentente entre les deux hommes? Non, semble-t-il. En effet, l'on trouve, dans une lettre écrite à Marchand par Jacques Pérard et datée de Stettin le 28 décembre 1739, les remarques suivantes, qui laissent entendre que les griefs de Marchand contre d'Argens et Paupie n'avaient rien perdu de leur acuité: 'J'ignorois tous les sujets de plainte que vous ont donné le M d'Argens & Paupie. Il est vrai que le premier est une vraie girouette qui parle tantôt bien d'une personne & tantôt mal' (March.2). Puisqu'il se trouve dans le fonds March.2 des lettres de Pérard à Marchand pour les mois d'octobre, de novembre et de décembre 1739, il est à supposer que Pérard fait allusion ici aux sentiments exprimés par Marchand dans une lettre postérieure de quelques mois à son échange de lettres avec d'Argens. Du reste, cette affaire concernant le marquis, Marchand, Paupie et Du Sauzet était encore sur le tapis en 1741, témoin cette phrase d'une lettre écrite à Marchand le 12 juin 1741 par J. (Jean ou Justinus?) de Beyer: 'M. du Sauzet ne doute nullement que vous n'aiez sujet de plainte contre le Marquis et contre Votre Libraire' (March.2). Pour le texte d'autres pièces relatives aux sentiments de Marchand et de d'Argens l'un envers l'autre à la suite de cette affaire, voir l'appendice no VIII.

65

Prosper Marchand à Jean-Baptiste de Boyer, marquis d'Argens (?)

[1741/1743?]¹

J'ai vû, Monsieur, dans votre Lettre à Mʳ. Vaillant*ᵃ* ce que vous lui dites à mon sujet; & je vous tiendrois plus de compte de cette Marque de votre Souvenir, si elle ²étoit conçue en Termes plus honnêtes & moins desobligeans, & si, à l'imitation du³ Jodelet ou du Dom Japhet de Scarron,

⁴ ⁵*Je n'en trouvois le Style*⁵ *un tant soit peu brutalᵇ*.

J'en suis d'autant plus surpris, que javois moins lieu que qui que ce soit de m'attendre à rien de semblable de votre part; & que le Soin, que j'ai toujours eu de profiter des Occasions qui se sont présentées de vous obliger & de vous servir, méritoit sans doute un tout autre Retour. Pour me rendre aussi peu excusable que vous, vous me direz peut-être, qu'⁶

Un Bienfait reproché tint toujours lieu d'Offenseᶜ.

Mais, ne vous y trompez point: quelque bonne que puisse être cette Maxime pour justifier les Personnes reconnoissantes, elle ne vaut absolument rien pour défendre celles qui ne le sont point; & l'on n'en est [7] [5]que plus[5] en droit de leur dire, qu'

Un Bienfait oublié dénote une Ame ingrate[d],

& que l'Ingratitude est le plus [5]bas et le plus[5] vilain de tous les Vices.

Probablement, nous n'aurions point eu de vos Nouvelles, si vous n'aviés eu la Demangeaison de nous faire connoitre votre nouvel Emploi[e], & si vous n'aviés espéré quelque Félicitation de notre part. Il faut avoir la complaisance de vous satisfaire. Je vous félicite donc, d'avoir embrassé une de ces Nuées après lesquelles vous courriés depuis si longtems, & d'être enfin devenu Collegue de Walter[f] & de tant d'autres dignes Sujets de pareille Etoffe: mais, en même tems, je ne puis assez m'étonner de vous voir tellement enivré de *l'Honneur* fantastique *de servir un grand Prince*, qu'il semble que vous en fassiés la souveraine Felicité, & que vous [8]ne sachiés plus[8] que la Grandeur du Maitre ne sert le plus souvent qu'à faire mieux sentir la Petitesse du Domestique[g], [9]et que vous[10] aïés oublié qu'il n'y a point de Palefrenier de Prince qui ne pût[11] [5]se vanter de même[5] à tout aussi juste titre[9]; & je ne saurois m'empécher de ri[12]re de l'Emphase avec[12] laquelle vous[13] [14]tachez[14] de relever si [15]haut[15] cet Avantage imaginaire, vû que rien n'est plus risible & ne ressemble mieux à cet Homme d'Horace qui ouvroit une grande Bouche pour souffler dans une petite Flutte[16h]. Ce n'est point à *servir un grand Prince*, qu'il y a *de la Gloire & de l'Honneur*; mais, à *le servir habilement et fidélement*: &, comme cette Gloire et cet Honneur sont particuliérement attachés à l'Habileté & à la Fidélité avec lesquelles on s'aquitte de ses Devoirs, il est clair que ce n'est nullement à la Grandeur du Prince qu'on en est redevable, mais uniquement et absolument à ces estimables Qualitez; et,[17] par conséquent, qu'on peut[18] [5]se procurer de la Gloire et de l'Honneur,[5] tout aussi reellement, & souvent même bien plus facilement, dans la plupart des autres Etats de la Vie.

Ce ne seroit guéres le moïen[19] [5]d'en acquérir[5], que [5]d'imiter vos nouveaux Mariés de la Haie, & que[5] de suivre le bel et généreux Conseil que vous me donnez d'après Horace. S'il avoit dit[20] sérieusement et de bonne-foi[5]: *Ne sit*[21] *Amor Ancillae pudori,*[5i] on ne pouroit gueres se dispenser de l'accuser de réver quelquefois aussi bien [5]que le bon[5] Homere à qui il le reproche si ingénieuse-ment[k]: mais,[22] [5]je ne saurois me persuader que ce fût-là[5] sa Pensée [5]lors qu'il parloit ainsi[23]; et, si j'avois à l'expliquer,[24] j'aimerois beaucoup mieux lui donner l'un ou l'autre de ces deux Sens: ou[23] c'étoit[5] un Voluptueux, qui [5]ne se soucioit guéres du qu'en dira-t'on[5], et qui plaisantoit [5]sans pudeur[5] sur ses [5]propres[5] Déréglemens[l]; ou bien, c'étoit un Idiot, qui avoit été pris pour Duppe par quelque Chambriere plus déniaisée que lui, & qui s'efforçoit [14]en vain[14] de s'en justifier par cette mauvaise Excuse[m].

Je suis très aise que vous aïés enfin ouvert les yeux sur le chapitre de [5]ce[5] Personnage dont vous étiés si [5]fortement[5] entêté; puisque cela vous prouve, que nous avions raison de vous dissuader de voir de telles gens, & que nos Avis étoient quelquefois mieux fondez que vous ne le vouliés croire. Quant à Mr Rousset[n], il y a longtems qu'il nous a mandé de vous ce que vous nous mandez de lui; &, s'il ne m'avoit toujours paru fort franc et fort sincere, je vous mettrois l'un et l'autre hors de Cours & de Procès par cette Sentence de je ne sai quel Poete,

Et le grand Apollon, toujours Juge équitable,
Trouve qu'ils ont raison tous deux[o].

Mais, je suis trop éloigné de vous, pour me mêler de vos Différens. Le prémier Besoin réciproque de Mémoires sécrets[p] & d'autres semblables Imaginations Politiques[q] les terminera sans doute à votre Satisfaction commune. Je le souhaite au moins, et je vous exhorte à ne les plus renouveller. Saluez-le de ma part[25], [5]de même[5] que M.[e] votre Epouse et M[es]. vos Filles[r], et me croïez toujours ainsi que par le passé,

M[r].[26]

MANUSCRIT

March.2, no 5; 2p.

NOTES CRITIQUES

Ce manuscrit est un brouillon, d'où sa présence parmi les papiers de Marchand.

[1] [à supposer que ce soit à d'Argens que s'adresse cette lettre (sur cette hypothèse voir les notes explicatives), les seules allusions permettant de la dater d'une façon très approximative sont celles au 'nouvel Emploi' du marquis et à '*l'Honneur* [...] *de servir un grand Prince*', qui toutes deux semblent désigner la charge de chambellan de sa majesté le roi de Prusse dont d'Argens fut revêtu en 1742 ou 1743 (il est plusieurs fois question, dans la correspondance entre Fréderic II et d'Argens pour l'année 1742, d'une pension promise au marquis dès le mois de mars, mais que celui-ci ne touchait toujours pas à la fin de l'année (*Œuvres de Frédéric le Grand*, Berlin 1846-1857, xix.3-9); il faudra attendre la lettre de Voltaire à Maupertuis du 16 octobre 1743 (Best. D2866) pour apprendre que 'Dargens est chambellan avec une clef d'or à sa poche, et cent louis dedans payez par mois'). Mais peut-être les deux phrases en question sont-elles susceptibles d'une autre interprétation. Citons à ce propos un passage d'une lettre de Jacques Pérard à Marchand, datée de Stettin le 2 février 1742, et qui n'est peut-être pas sans rapport avec la présente. Pérard écrit: 'Le Marquis d'Argens est a Berlin depuis une quinzaine de jours [...] Il n'est point au reste au service du Roy, mais a celui du Duc de Wirtenberg qui sera élevé a Berlin avec ses freres, j'ignore parfaitement en quelle qualité il est auprès de ce prince' (March.2). On a l'impression qu'il répond à des questions de Marchand sur la nature précise de l'emploi exercé par d'Argens, et même que Marchand croyait celui-ci 'au service du Roy'. Et dans une lettre à Marchand du 23 mars 1742, Pérard précisera que 'Le marquis d'Argens est au service de la Duchesse Douairiere de Wurtemberg qu'il a accompagnée a Berlin, où les princes ses fils sont élevez' (March.2). A la lumière de ces deux passages, on se demande si d'Argens a écrit sa lettre à Vaillant – lettre qui a occasionné la présente – lors de son arrivée à Berlin en janvier 1742, ou même avant son départ pour cette ville. Cela étant, on comprend que Marchand ait cherché auprès de Pérard des renseignements supplémentaires sur ce 'nouvel Emploi' du marquis. Mais celui-ci, écrivant vers la fin de 1741 ou en janvier 1742, n'a nullement pu faire allusion à la charge de chambellan du roi, charge dont il ne sera pas question avant la mi-mars au plus tôt. La phrase '*l'Honneur* [...] *de servir un grand Prince*' s'appliquerait-elle donc à un 'nouvel Emploi' du marquis auprès du jeune Charles-Eugène, duc de Würtemberg (1728-1793) et fils de Marie-Auguste, duchesse douairière de Würtemberg (1709-1756), dont d'Argens était le chambellan? Celle-ci aurait-elle voulu faire du marquis le tuteur de son fils aîné, dont l'éducation devait se poursuivre à Berlin et qui était effectivement 'un grand Prince'? Dans ce cas-là, Marchand se serait trompé sur le sens de la phrase, en croyant le marquis 'au service du Roy'. Il n'est donc pas tout à fait impossible que d'Argens ait écrit à Vaillant vers la fin de 1741; mais peut-être ne lui a-t-il adressé la lettre en question qu'au moment où il est entré en fonctions en tant que chambellan du roi, ce qui a pu tarder jusqu'en 1743] [2] ⟨n'⟩ [3] [phrase biffée et illisible, sauf le mot 'Her-

culle'] ⁴ ⟨*Le Compliment n'etoit*⟩ ⁵ [ajouté dans l'interligne] ⁶ [suit une longue phrase lourdement biffée et illisible] ⁷ ⟨pas moins⟩ ⁸ [ajouté dans l'interligne au-dessus d'un mot biffé et illisible] ⁹ [ajouté au-dessous de la ligne et inséré ici par un signe de renvoi] ¹⁰ ⟨ne sachies⟩

¹¹ ⟨faire autant⟩ ¹² [écrit au-dessous de la ligne, sous une phrase lourdement biffée et illisible] ¹³ ⟨affectez⟩ ¹⁴ [écrit au-dessous de la ligne] ¹⁵ [en surcharge sur 'fort'] ¹⁶ [suivent deux lignes et demie lourdement biffées et illisibles] ¹⁷ [le reste de cette ligne, la dernière de la page 1, a été découpé, mais il semble que la phrase continue à la page 2, sans lacune⟩ ¹⁸ ⟨[?] moc-quer⟩ ¹⁹ ⟨d'y parvenir⟩ ²⁰ ⟨cela⟩

²¹ ⟨*pudori*⟩ ²² [suit une demi-ligne biffée, dont la dernière phrase est: ⟨ce n'étoit nul-lement là⟩ 'sa Pensée'. Dans l'interligne, une autre phrase biffée: ⟨y a tout lieu de croire que à mon Avis)] ²³ [écrit en bas de la page et inséré ici par un signe de renvoi] ²⁴ ⟨je lui donnerois l'un ou⟩ ²⁵ ⟨ainsi⟩ ²⁶ [la lettre se termine par un paraphe (?) indéchiffrable]

NOTES EXPLICATIVES

Cette lettre s'adresse-t-elle à d'Argens? Ce n'est pas sûr. Il est vrai qu'elle est classée, dans le fonds March.2, parmi les lettres que Marchand a écrites au marquis, mais cela n'est pas concluant. D'ailleurs, aucune phrase de cette lettre ne permet d'en identifier le destinataire avec certitude. Il s'agit d'un homme à qui Marchand avait rendu bien des services et qui se vantait de son nouvel emploi auprès d'un 'grand Prince'. A ces deux titres, le marquis pourrait bien être l'homme en question. La référence à 'Mᵉ. votre Epouse' ne l'exclut pas non plus, puisqu'il s'est servi du même terme pour désigner sa compagne en Hollande. Mais que penser de la phrase 'Mᵉˢ. vos Filles'? Selon les biographes de d'Argens, celui-ci n'aurait eu qu'une seule fille, la future Barbe de Magallon, née d'ailleurs en 1754 (voir Johnston, 1928, p.44, n.3, suivi par *Journalistes*, article 'Argens'). Nicolai, il est vrai, affirme que d'Argens a élevé avec sa propre fille une seconde fille adoptive (voir Johnston, 1928, p.130); mais peut-être s'est-il trompé, induit en erreur par ce nom de Mina Giraud sous lequel, à

en croire Johnston, fut baptisée la fille du marquis et de Barbe Cochois (voir Johnston, 1928, p.126, n.4, suivi par Bush, 1953, pp.47 et 49). Dans l'article consacré au marquis dans le *Dictionnaire de biographie française*, il est question d'une seule fille, 'Mina, que le marquis avait élevée [...] sans être bien sûr de sa paternité'. De toute évidence, l'identité de la fille – ou des filles – élevée par le marquis soulève des problèmes épineux que je ne prétends pas pouvoir résoudre. Quoi qu'il en soit, il ne saurait être question, au moment où Marchand écrit la présente, ni de cette fille Barbe ou Mina, ni d'une fille adoptive élevée avec elle. Pourtant, si celle avec qui d'Argens se met en ménage en 1736 était une autre que Barbe Cochois, ce qui est tout à fait vraisemblable (voir là-dessus l'introduction), il ne serait pas impossible que le marquis ait eu des filles par cette première 'épouse'. Il est cependant vrai que nulle part dans la correspondance entre Marchand et d'Argens il n'est question de ces enfants. Avouons donc que seuls des renseignements plus précis sur la liaison du marquis avec cette femme qui partage sa vie en Hollande et à Maestricht pourraient éclaircir ce problème. A leur défaut, je suppose cette lettre écrite à d'Argens, et les notes explicatives sont toutes rédigées en conséquence. Toujours est-il que le destinataire pourrait être tout autre que le marquis.

a. on trouve dans le fonds March.2 de la bibliothèque universitaire de Leyde des lettres écrites à Marchand par Isaac Vaillant, Marie Vaillant et Paul Vaillant. Isaac Vaillant (mort en 1753) avait passé une dizaine d'années à Rotterdam et à La Haye, et depuis 1726 était libraire à Londres, comme son frère Paul (mort en 1738). Le fils de ce dernier, Paul Vaillant II (mort en 1802), était également libraire à Londres. Il y avait fait son apprentissage chez son cousin, Nicholas Prévost (né en 1697, fils de Nicolas Prévost et de Suzanne Vaillant). Il est à remarquer qu'en 1740 les 'frères Vaillant et N. Prévost' publièrent à La Haye l'ouvrage attribué à François-Michel-Chrétien Deschamps, *Examen du livre intitulé: 'Réflexions politiques sur les finances et le commerce'*. Le 'Mʳ. Vaillant' dont il est question ici serait, semble-t-il, Isaac ou

Paul II. Sur les Vaillant, qui déjà en 1740 comptaient trois générations de libraires dans la famille, voir H. R. Plomer, G. H. Bushnell et E. R. McC. Dix, *A dictionary of the printers and booksellers who were at work in England, Scotland and Ireland from 1726 to 1775*; et l'opuscule de Wilfred Bernard Vaillant, *The Vaillant family* (Weybridge 1928).

b. ce vers ne se trouve ni dans *Jodelet ou le maître valet* (1645) ni dans *Don Japhet d'Arménie* (1653), pièces de Scarron. Le souvenir de la scène de *Jodelet ou le maître valet* (II, xiv) où Jodelet adresse à Isabelle des 'compliments' de sa façon aurait-il inspiré ce vers à Marchand? Cp. la note 4.

c. Racine, *Iphigénie* IV, vi: c'est Agamemnon qui parle.

d. cette variante du vers d'*Iphigénie* est, semble-t-il, de Marchand.

e. sur cet 'Emploi', voir la note critique 1.

f. s'agirait-il de Georg Conrad Walther, libraire du Roy à Dresde – c'est l'adresse de la première lettre que Voltaire lui écrit, le 18 avril 1747 (Best.D3524)? Sinon, je ne sais à qui Marchand fait allusion.

g. il est piquant de comparer ces lignes avec celles qu'écrira beaucoup plus tard d'Argens à propos de sa nomination, vers la fin de 1743, au poste de Directeur de la Classe des Belles-lettres dans la nouvelle Académie royale de Prusse: 'j'ai toûjours fait beaucoup moins de cas des emplois que j'ai eus auprès des princes que j'ai servis, que de celui d'Académicien dans les Sociétés littéraires, où j'ai été agregé; j'ai regardé ce poste comme me mettant au niveau d'un nombre choisi de gens d'esprit et de génie; et les autres comme m'asservissant à un esclavage honorable, presque toûjours incompatible avec le genre de vie qui convient à un philosophe' (*Histoire de l'esprit humain*, xii.287-91).

h. je n'ai pu dépister la source de cette allusion.

i. Horace, *Odes* ii.iv.i.

k. 'quandoque bonus dormitat Homerus' (Horace, *Art poétique* 359).

l. en effet, le ton de l'ode en question est très ironique.

m. tout ce paragraphe est d'une interprétation épineuse. Dans sa lettre à Vaillant, d'Argens avait cité, à propos de Marchand, le vers d'Horace où celui-ci invite son ami à ne pas avoir honte de son amour pour une esclave. Quelle en serait l'application à Marchand? Celui-ci avait-il une maîtresse de condition obscure qu'il aurait dû épouser, selon d'Argens? Ou bien s'agirait-il d'encourager Marchand à poursuivre ouvertement un amour dont il avait honte? Et en quoi devait-il imiter les nouveaux mariés de La Haye? En se mariant? Ou, étant marié, en poursuivant des amours adultères? Autant de questions auxquelles nous ne pourrons répondre que lorsque nous saurons si Marchand était marié ou non. Ce qui est certain, c'est qu'à l'avis de Marchand le conseil qu'on lui adresse est contraire à l'honneur: du mari ou du célibataire, on ne sait lequel.

n. s'agirait-il de Jean Rousset de Missy (1686-1762), qui de 1734 à 1755 entretenait une correspondance régulière avec Marchand? Selon Haag, *La France protestante*, Rousset était membre de la Société royale des sciences de Berlin, et comme tel a pu avoir affaire à d'Argens. On lit dans une de ses lettres, malheureusement non datée, cette phrase sur le marquis: 'Mr. d'Argens est un mechant de n'être pas venu ici [à Amsterdam?] come il avoit promis, mais il a pourtant bien fait, car on n'auroit pas reconnu l'auteur des lettres juives, qui condamne si hautement les bagatelles, sous un habit galonné & [mot illisible] come on dit qu'il en porte un à présent qu'il a troqué pour son simple habit de Philosophe' (March.2).

o. je n'ai pu identifier cette citation.

p. allusion aux *Mémoires secrets de la république des lettres*, dont la publication se poursuivra jusqu'en 1748?

q. allusion au *Mercure historique et politique* (La Haye 1724-1749), dont Rousset fut le rédacteur de 1726 à 1749?

r. sur cette phrase, voir les remarques en tête des notes explicatives.

Appendice 1

Concordance des *Lettres juives*: éditions périodiques et édition augmentée de 1738

La numérotation des lettres dans 1*LJ* éditions A et B[1] étant la même, il s'agit d'établir une concordance de ces éditions (1*LJ*) d'une part et de la nouvelle édition augmentée publiée par Paupie en 1738 (2*LJ*) d'autre part. En effet, celle-ci diffère sensiblement des éditions périodiques qui l'avaient précédée. Elle est augmentée non seulement d'une préface générale, d'une multiplicité de notes, et d'une table des matières qui fait la majeure partie du sixième volume, mais aussi de vingt nouvelles lettres insérées par-ci par-là dans les six volumes. Il s'ensuit que la distribution des lettres dans 2*LJ* est tout à fait différente de celle qu'on trouve dans 1*LJ*. La concordance qui suit permettra au lecteur de voir comment cette nouvelle distribution a été effectuée.

1*LJ* t.	no	2*LJ* t.	no	1*LJ* t.	no	2*LJ* t.	no	1*LJ* t.	no	2*LJ* t.	no
I	I	I	I		XXIV		XXVII		XLIX		LIII
	II		II		XXV		XXVIII		L		LIV
	III		III		XXVI		XXIX		LI		LV
	IV		IV		XXVII		XXX		LII		LVI
	V		V		XXVIII		XXXI		LIII		LVII
	VI		VI		XXIX		XXXII		LIV		LVIII
	VII		VII		XXX		XXXIII		LV		LIX
	VIII		VIII	II	XXXI		XXXIV		LVI		LX
	IX		IX		XXXII		XXXV		LVII		LXI
	X		X		XXXIII		XXXVI		LVIII		LXII
	XI		XI		XXXIV		XXXVII		LIX		LXIII
	XII		XII		XXXV		XXXVIII		LX		LXIV
	XIII		XIII		XXXVI		XXXIX	III	LXI		LXV
	—		XIV		XXXVII		XL		LXII		LXVI
	—		XV		XXXVIII	II	XLI		LXIII		LXVII
	—		XVI		XXXIX		XLII		LXIV		LXVIII
	XIV		XVII		—		XLIII		LXV		LXIX
	XV		XVIII		XL		XLIV		LXVI		LXX
	XVI		XIX		XLI		XLV		LXVII		LXXI
	XVII		XX		XLII		XLVI		LXVIII		LXXII
	XVIII		XXI		XLIII		XLVII		LXIX		LXXIII
	XIX		XXII		XLIV		XLVIII		LXX		LXXIV
	XX		XXIII		XLV		XLIX		LXXI		LXXV
	XXI		XXIV		XLVI		L		LXXII		LXXVI
	XXII		XXV		XLVII		LI		LXXIII		LXXVII
	XXIII		XXVI		XLVIII		LII		LXXIV		LXXVIII

[1] Sur ces éditions, voir la liste des abréviations.

1LJ t.	no	2LJ t.	no	1LJ t.	no	2LJ t.	no	1LJ t.	no	2LJ t.	no
	LXXV		LXXIX		CVIII		CXX		CXLIV		CLXI
	LXXVI		LXXX		CIX	IV	CXXI		CXLV		CLXII
	LXXVII	III	LXXXI		CX		CXXII		CXLVI		CLXIII
	LXXVIII		LXXXII		CXI		CXXIII		CXLVII		CLXIV
	LXXIX		LXXXIII		CXII		CXXIV		CXLVIII		CLXV
	—		LXXXIV		CXIII		CXXV		CXLIX		CLXVI
	LXXX		LXXXV		CXIV		CXXVI		CL		CLXVII
	LXXXI		LXXXVI		CXV		CXXVII		—		CLXVIII
	LXXXII		LXXXVII		CXVI		CXXVIII	VI	CLI		CLXIX
	LXXXIII		LXXXVIII		CXVII		CXXIX		CLII		CLXX
	LXXXIV		LXXXIX		CXVIII		CXXX		CLIII		CLXXI
	—		XC		CXIX		CXXXI		CLIV		CLXXII
	LXXXV		XCI		CXX		CXXXII		CLV		CLXXIII
	—		XCII	V	CXXI		CXXXIII		CLVI		CLXXIV
	LXXXVI		XCIII		CXXII		CXXXIV		CLVII		CLXXV
	LXXXVII		XCIV		CXXIII		CXXXV		CLVIII		CLXXVI
	LXXXVIII		XCV		CXXIV		CXXXVI		CLIX		CLXXVII
	LXXXIX		XCVI		CXXV		CXXXVII		CLX		CLXXVIII
	—		XCVII		CXXVI		CXXXVIII		CLXI		CLXXIX
	—		XCVIII		CXXVII		CXXXIX		CLXII		CLXXX
	XC		XCIX		CXXVIII		CXL		CLXIII		CLXXXI
IV	XCI		C		CXXIX		CXLI		CLXIV		CLXXXII
	XCII		CI		CXXX		CXLII		CLXV		CLXXXIII
	XCIII		CII		CXXXI		CXLIII		CLXVI		CLXXXIV
	XCIV		CIII		CXXXII		CXLIV		CLXVII		CLXXXV
	XCV		CIV		CXXXIII		CXLV		CLXVIII		CLXXXVI
	XCVI		CV		CXXXIV		CXLVI		CLXIX		CLXXXVII
	XCVII		CVI		CXXXV		CXLVII		CLXX		CLXXXVIII
	XCVIII		CVII		CXXXVI		CXLVIII		CLXXI		CLXXXIX
	XCIX		CVIII		CXXXVII		CXLIX		CLXXII		CXC
	C		CIX		CXXXVIII		CL		CLXXIII	VI	CXCI
	CI		CX		CXXXIX		CLI		CLXXIV		CXCII
	CII		CXI		CXL		CLII		CLXXV		CXCIII
	—		CXII		—		CLIII		CLXXVI		CXCIV
	—		CXIII		—		CLIV		CLXXVII		CXCV
	—		CXIV		CXLI		CLV		CLXXVIII		CXCVI
	CIII		CXV		CXLII	V	CLVI		CLXXIX		CXCVII
	CIV		CXVI		CXLIII		CLVII		CLXXX		CXCVIII
	CV		CXVII		—		CLVIII		—		CXCIX
	CVI		CXVIII		—		CLIX		—		CC
	CVII		CXIX		—		CLX				

Appendice II
La publication de la *Correspondance philosophique*

DANS la préface générale à l'édition augmentée des *Lettres cabalistiques* publiée à La Haye par Paupie en 1741, d'Argens invite le lecteur à regarder les *Lettres juives*, les *Lettres cabalistiques* et les *Lettres chinoises* comme trois parties d'un seul ouvrage, à réunir 'sous le nom général de *Correspondance Philosophique, Historique & Critique* qu'ils portent également tous les trois'. La publication de cette *Correspondance philosophique* s'échelonne sur plusieurs années, chacune des trois séries de lettres ayant paru d'abord en demi-feuilles périodiques, sortant deux fois par semaine. Mais quand cette publication a-t-elle commencé? Est-ce qu'elle a été interrompue de temps à autre? A quelle date était-elle complète? Ce sont là des questions auxquelles Bush, dans l'appendice qu'il consacre à la publication de la *Correspondance philosophique*,[1] n'a pu apporter que des réponses partielles et le plus souvent hypothétiques, faute de renseignements suffisamment précis.

Or, il est possible d'établir, avec un degré de certitude plus ou moins grand selon l'ouvrage en question, la date de publication de chacune des lettres dont se composent les éditions dites périodiques des *Lettres juives*, des *Lettres cabalistiques* et des *Lettres chinoises*. Cette datation des lettres est d'un grand intérêt, non seulement par rapport à l'activité littéraire du marquis, mais aussi parce qu'elle permet de cerner de plus près la date de certaines des lettres échangées par d'Argens et Marchand.

a. Les Lettres juives

Avant d'être réunies en volumes, les *Lettres juives* ont paru séparément 'deux fois par Semaine, sçavoir le *Lundi*, & le *Jeudi*',[2] chaque lettre formant une demi-feuille de huit pages d'impression;[3] et l'examen des éditions dites périodiques – 1*LJ* éditions A et B – nous permet d'établir de façon approximative la date de publication de chacune des lettres. En effet, ces éditions ont paru au fur et à mesure de la publication périodique des lettres. C'est ainsi qu'on lit, à la fin de 1*LJ* XXVIII, cet avis du libraire: 'Après la xxx. de ces LETTRES JUIVES, afin qu'on puisse les réünir en un Volume, j'y joindrai un *Titre*, une *Epitre Dédicatoire*, & une *Preface*'.[4] Et à la fin de 1*LJ* XXXII, autrement dit une semaine après la parution de la lettre no xxx, Paupie annonce qu'il 'vend actuellement le I Volume de ces LETTRES JUIVES, contenant les xxx prémieres'.[5] Ce qui vaut pour le premier volume vaut à peu près également pour les autres.[6] Le lecteur pouvait donc acheter les lettres une à une et en former lui-même un volume lors

---

[1] Bush (1953), pp.229-33.
[2] Annonce à la fin de 1*LJ* VI, i.47.
[3] Voir là-dessus l'avertissement du libraire à la fin de 1*LJ* IX, i.72.
[4] 1*LJ* i.224.
[5] 1*LJ* ii.16.
[6] Voir 1*LJ* ii.208; iii.24, 240 (260 dans l'édition A, où la pagination est fautive); iv.216, 232; v.24, 232; vi.228.

de la publication de la page de titre, etc., ou bien il pouvait attendre que Paupie réunisse, à très bref délai, une trentaine de lettres en un volume.

Pour faire chacun de ces volumes, il se peut que Paupie ait utilisé des lettres périodiques non vendues, ou bien qu'il ait réimprimé sans modification, ou tout au plus avec de légères variantes (ce qui expliquerait les différences entre les éditions A et B de 1*LJ*) le texte des lettres périodiques. Quoi qu'il en soit, à la fin de chaque lettre dans 1*LJ*, éditions A et B, se trouvent les indications suivantes: nom et adresse du libraire, avec l'année de publication de la lettre en question. C'est à partir de cette dernière donnée que nous pouvons fixer d'assez près la date de publication de chaque lettre. Remarquons pourtant que les deux éditions ne sont pas identiques à cet égard.

Voici le schéma des dates de publication des lettres selon chacune de ces éditions:

1*LJ* édition A

Lettres I à VII datées 1735 (7 lettres)
Lettres VIII à CXI datées 1736 (104 lettres)
Lettres CXII à CLXXX datées 1737 (69 lettres)

1*LJ* édition B

Lettres I à VI datées 1735 (6 lettres)
Lettre VII datée 1736
Lettre VIII datée 1735
Lettres IX à XXXVI datées 1736 (28 lettres)
Lettre XXXVII datée 1737
Lettres XXXVIII à CXIV datées 1736 (77 lettres)
Lettres CXV à CXX datées 1737 (6 lettres)[7]

Il est évident que, par deux fois au moins, il s'est glissé des coquilles dans l'édition B qui en faussent la datation. Faut-il donc s'en tenir aux dates données dans l'édition A? Ce n'est pas sûr. En effet, si la publication des *Lettres juives* a suivi un rythme parfaitement régulier, il aurait dû paraître 105 lettres au cours de 1736, et non 104 (édition A) ou 106 sinon 108 (édition B). D'ailleurs, rien ne nous assure que la datation de l'édition A, pour être parfaitement consécutive, ait le mérite d'être exacte.

Heureusement, une autre source nous permet de résoudre à peu près définitivement ce problème. Dans le *'s Gravenhaegse Courant* de mercredi le 7 décembre 1735, on trouve cette annonce: 'Pierre Paupie, Libraire à la Haye sur la Grande Sale, Imprime & débitera dans peu, les Lundy & le Jeudy, *Lettres Juives, ou Lettres d'un Juif en Voyage à Paris à ses Amis en divers Endroits. Les même Lettres paroiterons aussi en Hollandois, in 8.*'

Les *Lettres juives* n'ont donc pu commencer à paraître avant jeudi, le 8 décembre 1735 au plus tôt. Pourtant, ce n'est que le lundi suivant, c'est-à-dire le 12, qu'on lit dans le même journal ce qui suit: 'Pierre Paupie, Libraire à la Haye sur la Grande Sale de la Cour, a imprime & débitera actuellement les Lundy & Jeudy,

---

[7] Les soixante dernières lettres, soit les deux derniers volumes, manquent dans l'exemplaire de l'édition B que j'ai consulté.

Lettres Juives, ou Lettres d'un Juif en Voyage à Paris à ses Amis en divers Endroits, in 8.
Lesdites Lettres se trouveront chez les principaux Libraires de la Hollande.'

Qu'en conclure, sinon que la première *Lettre juive* a paru lundi le 12 décembre
1735 et que, dès le début, Paupie était à même de publier régulièrement deux
fois par semaine ces lettres? L'annonce à la fin de 1*LJ* vi – 'Ces LETTRES
JUIVES continuent à paroitre réguliérement deux fois par Semaine'[8] – annonce
réimprimée à la fin de chaque lettre jusqu'à 1*LJ* xiv inclusivement – confirme
que la publication des lettres n'a subi nulle interruption pendant les sept
premières semaines; et rien, ni dans la datation des deux éditions de 1*LJ*, ni
dans la correspondance entre Marchand et d'Argens, ne laisse supposer qu'elle
ait été interrompue par la suite. En prenant donc le 12 décembre 1735 comme
date de publication de la première *Lettre juive*, et en supposant que les lettres
aient toujours paru régulièrement, la clxxxe et dernière a dû paraître le 29 août
1737.

A l'appui de cette hypothèse, remarquons qu'à la fin de la troisième *Lettre
cabalistique* se trouve l'annonce suivante: 'Le Libraire, aïant achevé d'imprimer
les LETTRES JUIVES, en vend présentement le Recueil complet en 6 Volumes
in 8°;[9] et selon la datation la plus vraisemblable des *Lettres cabalistiques*, cette
lettre serait du 2 septembre 1737, autrement dit du lundi suivant la publication
de la dernière *Lettre juive* périodique.

Signalons ensuite que c'est à la fin de 1*LJ* cxlvi qu'on trouve pour la première
fois la nouvelle adresse de Paupie, 'Libraire sur le Spuy'[10] et non plus 'sur la
Sale', adresse imprimée en bas de toutes les lettres précédentes. Or nous savons,
par la lettre qu'écrivit Marchand à d'Argens vers le 12 mars 1737 (le no 34),
que Marchand allait déménager le premier mai 1737 pour occuper le premier
étage d'une 'petite Maison à Boutique sur le Spuy', de concert avec Paupie, à
qui appartiendrait la boutique. Et selon la datation proposée pour les *Lettres
juives*, la lettre cxlvi serait en effet la première à être publiée après le premier
mai.

Enfin, il ressort de la lettre écrite à d'Argens par Voltaire le 2 février 1737 –
date qui ne fait pas de doute – que la préface au quatrième volume des *Lettres
juives* était déjà parue.[11] Elle fut donc publiée lundi le 28 janvier au plus tôt, à
supposer que la publication des *Lettres juives* ait commencé le 8 décembre 1735,
ou jeudi le 31 janvier au plus tard, si les *Lettres juives* n'ont commencé à paraître
que le 12 décembre 1735.

Concluons que les dates de publication proposées ci-dessous sont à peu près

[8] 1*LJ* i.47.
[9] 1*Cab* i.24.
[10] 1*LJ* v.208.
[11] 'Vous avez terriblement malmené le don Quichotte de l'Espagne; vous êtes plus
dangereux pour lui que des moulins à foulon. Vous faites bien de lui apprendre à nous
respecter' (Best.D1277). Que ce soit là une allusion à la préface au tome iv de 1*LJ*, une
lettre de d'Argens à Marchand l'atteste (voir le no 27 et la note *d*). D'ailleurs, la lettre
de Voltaire avait commencé par un compliment sur la parution d'un nouveau volume
de *Lettres juives*: 'Je crois, mon cher Isaac, que vous ferez trente volumes de lettres juives.
Continuez, c'est un ouvrage charmant. Plus vous irez en avant, plus il aura du débit et
de la réputation' (Best.D1277).

certainement exactes, la marge d'erreur étant tout au plus de quatre jours. Si j'adopte le 12 décembre 1735 pour date de publication de la première *Lettre juive*, c'est que les annonces dans le *'s Gravenhaegse Courant*, la nouvelle adresse de Paupie à la fin de 1 *LJ* CXLVI, et l'annonce à la fin de 1 *Cab* III me semblent autant d'indices d'une publication allant de cette date jusqu'au 29 août 1737, la lettre de Voltaire du 2 février 1737 apportant une nouvelle confirmation du fait que les *Lettres juives* ont toujours paru avec une parfaite régularité.[12]

Chronologie des Lettres juives

1 *LJ* tome i					
no	*date*	XXVIII	15 mars	LIV	14 juin
		XXIX	19 mars	LV	18 juin
I	12 déc. 1735	XXX	22 mars	LVI	21 juin
II	15 déc.			LVII	25 juin
III	19 déc.	1 *LJ* tome ii		LVIII	28 juin
IV	22 déc.	*no*	*date*	LIX	2 juil.
V	26 déc.	XXXI	26 mars	LX	5 juil.
VI	29 déc.	XXXII	29 mars		
VII	2 janv. 1736	XXXIII	2 avril	1 *LJ* tome iii	
VIII	5 janv.	XXXIV	5 avril	*no*	*date*
IX	9 janv.	XXXV	9 avril	LXI	9 juil.
X	12 janv.	XXXVI	12 avril	LXII	12 juil.
XI	16 janv.	XXXVII	16 avril	LXIII	16 juil.
XII	19 janv.	XXXVIII	19 avril	LXIV	19 juil.
XIII	23 janv.	XXXIX	23 avril	LXV	23 juil.
XIV	26 janv.	XL	26 avril	LXVI	26 juil.
XV	30 janv.	XLI	30 avril	LXVII	30 juil.
XVI	2 févr.	XLII	3 mai	LXVIII	2 août
XVII	6 févr.	XLIII	7 mai	LXIX	6 août
XVIII	9 févr.	XLIV	10 mai	LXX	9 août
XIX	13 févr.	XLV	14 mai	LXXI	13 août
XX	16 févr.	XLVI	17 mai	LXXII	16 août
XXI	20 févr.	XLVII	21 mai	LXXIII	20 août
XXII	23 févr.	XLVIII	24 mai	LXXIV	23 août
XXIII	27 févr.	XLIX	28 mai	LXXV	27 août
XXIV	1 mars	L	31 mai	LXXVI	30 août
XXV	5 mars	LI	4 juin	LXXVII	3 sept.
XXVI	8 mars	LII	7 juin	LXXVIII	6 sept.
XXVII	12 mars	LIII	11 juin	LXXIX	10 sept.

[12] Il est pourtant à remarquer que, dans le 'Catalogue des Livres nouveaux' imprimé à la fin de la *Bibliothèque raisonnée* pour les mois de juillet, août et septembre 1736 (tome xvii, première partie), on lit: 'Lettres Juives [...] 8. ³ Tom'. Or, il est démontré que la dernière lettre du tome iii n'a pu paraître avant le 15 octobre. Donc, ou bien le catalogue est de la mi-octobre au plus tôt, ou bien le '3' est une coquille et il faut lire '2 Tom'. Quoi qu'il en soit, le tome iv des *Lettres juives* ne figurera que dans le catalogue imprimé à la fin de la *Bibliothèque raisonnée* pour les mois de janvier, février et mars 1737 (tome xviii, première partie) et le tome vi que dans celui imprimé à la fin du même journal pour les mois de juillet, août et septembre 1737 (tome xix, première partie).

no	date
LXXX	13 sept.
LXXXI	17 sept.
LXXXII	20 sept.
LXXXIII	24 sept.
LXXXIV	27 sept.
LXXXV	1 oct.
LXXXVI	4 oct.
LXXXVII	8 oct.
LXXXVIII	11 oct.
LXXXIX	15 oct.
XC	18 oct.

1*LJ* tome iv

no	date
XCI	22 oct.
XCII	25 oct.
XCIII	29 oct.
XCIV	1 nov.
XCV	5 nov.
XCVI	8 nov.
XCVII	12 nov.
XCVIII	15 nov.
XCIX	19 nov.
C	22 nov.
CI	26 nov.
CII	29 nov.
CIII	3 déc.
CIV	6 déc.
CV	10 déc.
CVI	13 déc.
CVII	17 déc.
CVIII	20 déc.
CIX	24 déc.
CX	27 déc.
CXI	31 déc.
CXII	3 janv. 1737
CXIII	7 janv.
CXIV	10 janv.
CXV	14 janv.
CXVI	17 janv.
CXVII	21 janv.
CXVIII	24 janv.
CXIX	28 janv.
CXX	31 janv.

1*LJ* tome v

no	date
CXXI	4 févr.
CXXII	7 févr.
CXXIII	11 févr.
CXXIV	14 févr.
CXXV	18 févr.
CXXVI	21 févr.
CXXVII	25 févr.
CXXVIII	28 févr.
CXXIX	4 mars
CXXX	7 mars
CXXXI	11 mars
CXXXII	14 mars
CXXXIII	18 mars
CXXXIV	21 mars
CXXXV	25 mars
CXXXVI	28 mars
CXXXVII	1 avril
CXXXVIII	4 avril
CXXXIX	8 avril
CXL	11 avril
CXLI	15 avril
CXLII	18 avril
CXLIII	22 avril
CXLIV	25 avril
CXLV	29 avril
CXLVI	2 mai
CXLVII	6 mai
CXLVIII	9 mai
CXLIX	13 mai
CL	16 mai

1*LJ* tome vi

no	date
CLI	20 mai
CLII	23 mai
CLIII	27 mai
CLIV	30 mai
CLV	3 juin
CLVI	6 juin
CLVII	10 juin
CLVIII	13 juin
CLIX	17 juin
CLX	20 juin
CLXI	24 juin
CLXII	27 juin
CLXIII	1 juil.
CLXIV	4 juil.
CLXV	8 juil.
CLXVI	11 juil.
CLXVII	15 juil.
CLXVIII	18 juil.
CLXIX	22 juil.
CLXX	25 juil.
CLXXI	29 juil.
CLXXII	1 août
CLXXIII	5 août
CLXXIV	8 août
CLXXV	12 août
CLXXVI	15 août
CLXXVII	19 août
CLXXVIII	22 août
CLXXIX	26 août
CLXXX	29 août[13]

[13] La page de titre, l'épître dédicatoire et la préface du sixième volume formant une feuille publiée à la suite de la dernière lettre du volume, elles ont dû paraître ou le même jour que la lettre CLXXX ou le lundi suivant, c'est-à-dire le 2 septembre. Cp. l'avis du libraire à la fin de 1*LJ* CLXXVIII: 'Pour continuer à témoigner au Public ma Reconnoissance de son Empressement pour mes *Demi-Feuilles*, je le prie de vouloir bien recevoir *gratis* la *Feuille*, qui suivra la CLXXX *Lettre*, & qui contiendra le *Titre*, l'*Epitre Dédicatoire*, & la *Préface*, de ce VI Volume' (vi.228).

b. Les Lettres cabalistiques

De même que les *Lettres juives*, les *Lettres cabalistiques* ont paru d'abord deux fois par semaine en demi-feuilles de huit pages d'impression chacune. Elles ont été publiées aussi régulièrement, semble-t-il, que les *Lettres juives*, témoin l'annonce suivante imprimée à la fin de 1*Cab* VIII et XVIII: 'Ces *Lettres Cabalistiques* continuent de paroitre réguliérement deux fois par Semaine, savoir le *Lundi* & le *Jeudi*' (1*Cab* i.64, 144. Cp. les avertissements à la fin de 1*Cab* LXV, LXVI, LXXXV etc.). L'édition périodique en quatre volumes (1*Cab*) fut constituée de la même façon que les éditions périodiques des *Lettres juives*, en réunissant trente lettres en un volume et en y ajoutant une page de titre, une épître dédicatoire et une préface du traducteur (voir l'annonce à la fin de 1*Cab* XXIX, i.232). Chaque volume a paru au fur et à mesure de la publication périodique des lettres (à la fin de 1*Cab* LXV, iii.40, on lit cet avertissement, réimprimé plusieurs fois par la suite: 'J'AVERTIS encore, que je vens actuellement le I & le II Volumes de ces LETTRES CABALISTIQUES, contenant les LX prémieres'). De même que dans 1*LJ*, l'année de publication se trouve à la fin de chaque lettre dans 1*Cab*, la lettre XXXVIII étant la première à porter la date 1738. Si la publication des lettres a été parfaitement régulière, 1*Cab* I a donc dû paraître lundi le 26 août 1737, et 1*Cab* CXX, la dernière, jeudi le 16 octobre 1738.

L'annonce qu'on lit pour la première fois à la fin de 1*Cab* III – 'Le Libraire, aïant achevé d'imprimer les LETTRES JUIVES, en vend présentement le Recueil complet en 6 Volumes *in* 8°' (1*Cab* i.24) – confirmerait-elle cette chronologie? Disons du moins que, si les *Lettres cabalistiques* n'avaient commencé à paraître qu'une fois terminée la publication des *Lettres juives*, on se serait attendu à trouver cette annonce à la fin de 1*Cab* I; tandis que, si les deux séries de lettres se sont chevauchées pendant une semaine, c'est bien 1*Cab* III qui serait la première lettre de la nouvelle série à paraître après la publication de la dernière *LJ* périodique.

Mais c'est surtout 1*Cab* XVII qui donne du poids à la chronologie proposée. En effet, on trouve à la fin de cette lettre une 'Lettre du marquis d'Argens, touchant un Livre intitulé Mémoires de Puineuf', où d'Argens nie qu'il soit l'auteur de l'ouvrage en question et renvoie les journalistes qui le lui ont attribué à 'la Lettre que j'ai écrite à ce sujet aux Auteurs de la Bibliotheque Françoise, & qu'ils ont insérée dans leur Journal qui va paroitre incessamment' (1*Cab* i.136). Or, la lettre dont il parle et qui effectivement a été publiée dans la *Bibliothèque françoise* (tome XXV, 2e partie, article X, pp.364-66) est datée 'Ce 14. Octobre 1737'. Puisque 1*Cab* XVII a dû être la première des *Lettres cabalistiques* à paraître après que d'Argens eut écrit aux auteurs de la *Bibliothèque françoise* et qu'il eut appris d'eux qu'ils allaient publier sa lettre, il est tout à fait vraisemblable qu'elle a paru le 21 octobre.

Enfin, il est certain que la publication des quatre volumes de 1*Cab* était terminée dès avant la fin d'octobre 1738, car au verso de la page de titre du premier volume de la *Nouvelle bibliothèque* pour octobre 1738, volume mis en vente le premier novembre (voir l'avertissement à la fin de 1*Cab* CXV, iv.192), on trouve une liste des livres que vend Paupie, parmi lesquels figurent les *Lettres cabalistiques* en quatre volumes.

Voici donc la chronologie des *Lettres cabalistiques*, telle qu'on peut l'établir à partir de l'année de publication des lettres dans 1 *Cab*.

Chronologie des Lettres cabalistiques

1 *Cab* tome i

no	date
I	26 août 1737
II	29 août
III	2 sept.
IV	5 sept.
V	9 sept.
VI	12 sept.
VII	16 sept.
VIII	19 sept.
IX	23 sept.
X	26 sept.
XI	30 sept.
XII	3 oct.
XIII	7 oct.
XIV	10 oct.
XV	14 oct.
XVI	17 oct.
XVII	21 oct.
XVIII	24 oct.
XIX	28 oct.
XX	31 oct.
XXI	4 nov.
XXII	7 nov.
XXIII	11 nov.
XXIV	14 nov.
XXV	18 nov.
XXVI	21 nov.
XXVII	25 nov.
XXVIII	28 nov.
XXIX	2 déc.
XXX	5 déc.

1 *Cab* tome ii

no	date
XXXI	9 déc.
XXXII	12 déc.
XXXIII	16 déc.
XXXIV	19 déc.
XXXV	23 déc.
XXXVI	26 déc.
XXXVII	30 déc.
XXXVIII	2 janv. 1738
XXXIX	6 janv.
XL	9 janv.
XLI	13 janv.
XLII	16 janv.
XLIII	20 janv.
XLIV	23 janv.
XLV	27 janv.
XLVI	30 janv.
XLVII	3 févr.
XLVIII	6 févr.
XLIX	10 févr.
L	13 févr.
LI	17 févr.
LII	20 févr.
LIII	24 févr.
LIV	27 févr.
LV	3 mars
LVI	6 mars
LVII	10 mars
LVIII	13 mars
LIX	17 mars
LX	20 mars

1 *Cab* tome iii

no	date
LXI	24 mars
LXII	27 mars
LXIII	31 mars
LXIV	3 avril
LXV	7 avril
LXVI	10 avril
LXVII	14 avril
LXVIII	17 avril
LXIX	21 avril
LXX	24 avril
LXXI	28 avril
LXXII	1 mai
LXXIII	5 mai
LXXIV	8 mai
LXXV	12 mai
LXXVI	15 mai
LXXVII	19 mai
LXXVIII	22 mai
LXXIX	26 mai
LXXX	29 mai
LXXXI	2 juin
LXXXII	5 juin
LXXXIII	9 juin
LXXXIV	12 juin
LXXXV	16 juin
LXXXVI	19 juin
LXXXVII	23 juin
LXXXVIII	26 juin
LXXXIX	30 juin
XC	3 juil.

1 *Cab* tome iv

no	date
XCI	7 juil.
XCII	10 juil.
XCIII	14 juil.
XCIV	17 juil.
XCV	21 juil.
XCVI	24 juil.
XCVII	28 juil.
XCVIII	31 juil.
XCIX	4 août
C	7 août
CI	11 août
CII	14 août
CIII	18 août
CIV	21 août
CV	25 août
CVI	28 août
CVII	1 sept.
CVIII	4 sept.
CIX	8 sept.
CX	11 sept.
CXI	15 sept.
CXII	18 sept.
CXIII	22 sept.
CXIV	25 sept.
CXV	29 sept.
CXVI	2 oct.
CXVII	6 oct.
CXVIII	9 oct.
CXIX	13 oct.
CXX	16 oct.

c. Les Lettres chinoises

De même que les deux séries précédentes, les *Lettres chinoises* ont paru 'réguliére-ment deux fois la semaine; savoir le *Lundi* & le *Jeudi*' (avertissement à la fin de 1*LCh* II, i.16) avant d'être réunies en volumes de trente lettres chacun paraissant au fur et à mesure de la publication périodique des lettres. Une fois de plus donc, l'année de publication imprimée à la fin de chaque lettre de l'édition périodique (1*LCh*) nous permet d'établir une chronologie approximative. C'est 1*LCh* LX qui est la première lettre à porter la date 1740; et, à l'exception de la lettre LXIV, datée 1739 par erreur, la datation des lettres est parfaitement régulière. Faut-il adopter la chronologie fondée sur 1*LCh*, qui va du 11 juin 1739 au 15 novembre 1740? Il semble que oui.

Il est vrai que, dans la *Nouvelle bibliothèque* pour février 1739 sous la rubrique 'Nouvelles littéraires de La Haye', on trouve le texte d'une lettre de d'Argens à Paupie où le marquis déclare qu'il a 'dessein de donner trois ou quatre volumes de *Lettres Chinoises*', phrase à laquelle Paupie ajoute cette note: 'L'Imprimeur de ce Journal compte faire paroître cet Ouvrage au mois d'Avril prochain' (*NBib* ii.239). Mais il faut attendre la *Nouvelle bibliothèque* pour juin 1739, publiée le premier juillet, pour lire dans les nouvelles littéraires de La Haye que Paupie 'imprime & debite réguliérement deux fois la semaine savoir le *Lundi* & le *Jeudi* LETTRES CHINOISES' (*NBib* iii.289). Il est par conséquent à peu près certain que les *Lettres chinoises* n'ont commencé à paraître qu'au cours de juin 1739.

Retenons ensuite ce passage de l'avertissement en tête du cinquième et dernier volume de 1*LCh* où Paupie, ayant expliqué que c'est à cause de la mauvaise santé de l'auteur qu'il cesse de publier les *Lettres chinoises*, ajoute: '*Il est vrai que j'ai quelques* Lettres *manuscrites en réserve, que je pourrois mettre sous presse; mais comme ce seroit s'exposer à rester court dans un Ouvrage périodique & qui doit paroître réguliérement, j'ai mieux aimé m'en tenir au cinquième Volume, que d'en commencer un sixième, au risque de tomber dans cet inconvénient.*' Qu'est-ce à dire, sinon que les cent cinquante lettres de 1*LCh* ont paru sans interruption?

Enfin, diverses allusions aux *Lettres chinoises* dans les lettres écrites à Marchand par Jacques Pérard – lettres conservées dans le fonds March.2 de la bibliothèque universitaire de Leyde – nous permettent de suivre, quoique d'assez loin, il est vrai, la publication de cet ouvrage. Ainsi Pérard, qui le 9 octobre 1739 avait écrit de Stettin que 'Nous n'avons pas encore ici ses *lettres chinoises*', déclare le 2 novembre 1739: 'Nous recevrons au premier jour ses *lettres Chinoises*'. Sans doute s'agit-il du premier volume, soit les trente premières lettres, qui donc ont paru bien avant le début de novembre. Le 3 juin 1740, il s'indigne de la *LCh* LXXXVIII où il se sent visé et qu'il qualifie d'''indigne libelle'. Enfin, le 12 octobre 1740, toujours de Stettin, il écrit à propos de d'Argens: 'Je lis le 4 volumes des lettres chinoises qui ne lui a pas couté grand peine.' Si ces allusions ne nous permettent pas de dater précisément les lettres en question, du moins correspondent-elles en gros à la chronologie fondée sur 1*LCh*.

Les dates de publication proposées pour certains des volumes de 1*LCh* dans

Journalistes, article 'Argens', semblent un peu arbitraires et d'ailleurs ne s'avèrent pas toujours exactes.

Chronologie des Lettres chinoises

1*LCh* tome i

no	date
I	11 juin 1739
II	15 juin
III	18 juin
IV	22 juin
V	25 juin
VI	29 juin
VII	2 juillet
VIII	6 juillet
IX	9 juillet
X	13 juillet
XI	16 juillet
XII	20 juillet
XIII	23 juillet
XIV	27 juillet
XV	30 juillet
XVI	3 août
XVII	6 août
XVIII	10 août
XIX	13 août
XX	17 août
XXI	20 août
XXII	24 août
XXIII	27 août
XXIV	31 août
XXV	3 sept.
XXVI	7 sept.
XXVII	10 sept.
XXVIII	14 sept.
XXIX	17 sept.
XXX	21 sept.

1*LCh* tome ii

no	date
XXXI	24 sept.
XXXII	28 sept.
XXXIII	1 oct.
XXXIV	5 oct.
XXXV	8 oct.
XXXVI	12 oct.
XXXVII	15 oct.
XXXVIII	19 oct.
XXXIX	22 oct.
XL	26 oct.
XLI	29 oct.
XLII	2 nov.
XLIII	5 nov.
XLIV	9 nov.
XLV	12 nov.
XLVI	16 nov.
XLVII	19 nov.
XLVIII	23 nov.
XLIX	26 nov.
L	30 nov.
LI	3 déc.
LII	7 déc.
LIII	10 déc.
LIV	14 déc.
LV	17 déc.
LVI	21 déc.
LVII	24 déc.
LVIII	28 déc.
LIX	31 déc.
LX	4 janv. 1740

1*LCh* tome iii

no	date
LXI	7 janv.
LXII	11 janv.
LXIII	14 janv.
LXIV	18 janv.
LXV	21 janv.
LXVI	25 janv.
LXVII	28 janv.
LXVIII	1 févr.
LXIX	4 févr.
LXX	8 févr.
LXXI	11 févr.
LXXII	15 févr.
LXXIII	18 févr.
LXXIV	22 févr.
LXXV	25 févr.
LXXVI	1 mars
LXXVII	4 mars
LXXVIII	8 mars
LXXIX	11 mars
LXXX	15 mars
LXXXI	18 mars
LXXXII	22 mars
LXXXIII	25 mars
LXXIV	29 mars
LXXXV	1 avril
LXXXVI	5 avril
LXXXVII	8 avril
LXXXVIII	12 avril
LXXXIX	15 avril
XC	19 avril

1*LCh* tome iv

no	date
XCI	22 avril
XCII	26 avril
XCIII	29 avril
XCIV	3 mai
XCV	6 mai
XCVI	10 mai
XCVII	13 mai
XCVIII	17 mai
XCIX	20 mai
C	24 mai
CI	27 mai
CII	31 mai
CIII	3 juin
CIV	7 juin
CV	10 juin
CVI	14 juin
CVII	17 juin
CVIII	21 juin
CIX	24 juin
CX	28 juin
CXI	1 juillet
CXII	5 juillet
CXIII	8 juillet
CXIV	12 juillet
CXV	15 juillet
CXVI	19 juillet
CXVII	22 juillet
CXVIII	26 juillet
CXIX	29 juillet
CXX	2 août

1*LCh* tome v

no	date
CXXI	5 août
CXXII	9 août
CXXIII	12 août
CXXIV	16 août
CXXV	19 août
CXXVI	23 août
CXXVII	26 août
CXXVIII	30 août
CXXIX	2 sept.

CXXX	6 sept.
CXXXI	9 sept.
CXXXII	13 sept.
CXXXIII	16 sept.
CXXXIV	20 sept.
CXXXV	23 sept.
CXXXVI	27 sept.
CXXXVII	30 sept.
CXXXVIII	4 oct.
CXXXIX	7 oct.
CXL	11 oct.

CXLI	14 oct.
CXLII	18 oct.
CXLIII	21 oct.
CXLIV	25 oct.
CXLV	28 oct.
CXLVI	1 nov.
CXLVII	4 nov.
CXLVIII	8 nov.
CXLIX	11 nov.
CL	15 nov.

Appendice III

La composition de la *Correspondance philosophique*

A QUEL moment d'Argens a-t-il composé chacune des lettres faisant partie de cette 'Correspondance philosophique' que constituent les *Lettres juives*, les *Lettres cabalistiques* et les *Lettres chinoises*? Question à laquelle on ne saurait, bien entendu, apporter de réponse satisfaisante. Pourtant une réponse même partielle aurait son intérêt pour une étude des sources utilisées par d'Argens et partant pour une évaluation de l'originalité de sa contribution à la cause des *philosophes*. C'est ce qu'a reconnu Bush dans l'appendice à son étude de la 'Correspondance philosophique', où il s'efforce de cerner d'aussi près que possible les dates de composition de cette 'Correspondance'. A son avis, tous les témoignages favorisent l'hypothèse selon laquelle d'Argens aurait composé ses lettres semaine par semaine, au fur et à mesure de leur publication (Bush, 1953, p.231). Or, la correspondance entre Marchand et d'Argens permet d'affirmer que le procédé de celui-ci était tout autre, et que la composition des lettres devançait souvent de plusieurs mois la date de leur publication. C'est ce que laissait entendre d'ailleurs la fin de la préface du traducteur en tête du tome i de 1*LJ*:

> Au-reste, quelques Savans [...] eussent voulu qu'Aaron Monceca eut donné l'Extrait de quelques Livres nouveaux. La Chose étoit fort aisée. J'ai plusieurs Lettres de lui, traduites, prêtes à être mises sous Presse, & qui concernent uniquement la Littérature; mais, le Libraire, plus attentif à contenter le Public, que le petit Nombre des Savans, a préféré de publier d'abord toutes celles qui regardent les Mœurs & les Coutumes, comme intéressant plus le Monde, & se débitant plus aisément. Dans le second Volume de cet Ouvrage, on tachera de contenter alternativement les Savans, les Petits-Maitres, & les Dames, qu'on devoit mettre les prémières. On annonce même la Paix aux Moines, dont les Lettres prochaines font assez peu de Mention; le second Volume de cet Ouvrage roulant uniquement sur la Galanterie, la Littérature, & les Mœurs [1*LJ*, 2*LJ*].

Il ne fait guère de doute qu'au moment où il rédigeait cette préface – qui parut le 22 mars 1736 – d'Argens avait déjà composé une assez grande quantité de lettres pour le deuxième volume. Sa correspondance avec Marchand va nous permettre de suivre, tantôt de loin, tantôt de près, la composition des trois derniers volumes des *Lettres juives* aussi bien que celle des lettres destinées à l'édition augmentée (2*LJ*) et celle de certaines *Lettres cabalistiques*. Ce sera un aperçu non sans intérêt de la façon dont travaillait le marquis.

1*LJ* tomes iii et iv (lettres LXI à CXX)

Vers la fin d'août ou le début de septembre 1736, d'Argens demanda à Marchand de lui envoyer 'cinq troisiemes volume de letre juives', car il en avait 'perdu l'idee' et craignait de 'tomber dans des redites' en commençant 'a travailler au cinquieme volume' (lettre no 8). Autrement dit, au moment où il écrivait, toutes les lettres destinées aux tomes iii et iv de 1*LJ* étaient déjà composées et avaient été remises à Paupie ou à Marchand. Quant à celles du tome iii, dont la composition remonterait, semble-t-il, à mai, juin ou juillet au plus tard et dont la publication ira du 9 juillet au 18 octobre, elles étaient toutes imprimées en septembre, sinon plus tôt, car d'Argens recevra ses '3ᵉ Tomes' vers le milieu du mois (voir le no 10).

Citons enfin cet 'Avis du Libraire' imprimé à la fin de 1*LJ* LXXII, lettre publiée le 16 août 1736 (1*LJ* iii.96): 'Un de mes Confreres, aussi peu capable de lire ces LETTRES JUIVES, que moi de les composer, affecte en toutte occasion, non seulement de les décrier, mais même de répandre artificieusement partout, qu'elles vont cesser, faute de Copie: & ce mauvais Procédé m'oblige à prier le Public de n'ajouter aucune Foi à une pareille Fausseté; vû, qu'outre la Suite du présent *III Volume*, j'ai encore dequoi lui en donner *un IV* & *un V*, dont chaque *Lettre* paroitra réguliérement en son Tems.' Bien sûr, il faut faire la part de la tactique publicitaire dans cette déclaration, car nous savons qu'à cette date d'Argens n'avait même pas commencé à travailler au tome v! Pourtant, nous n'avons aucune raison de douter que, dès la mi-août, Paupie – ou son correcteur Marchand – était en possession de toutes les lettres du tome iv.

Il est vrai qu'une de ces lettres, jugée trop libre, n'a pas paru en demi-feuille mais a dû attendre la publication de 2*LJ* (voir le no 15 et la note *p*). C'est ce qui explique que, des lettres destinées au tome v, Marchand en ait 'pris une pour les quatrieme volume' (lettre no 31). Sans doute s'agit-il de 1*LJ* cxx (2*LJ* cxxxII), dernière du tome iv et qui a paru le 31 janvier 1737 (rappelons que d'Argens avait envoyé les douze premières lettres du tome v à la fin de décembre 1736, avec sa lettre no 22). Mais à l'exception de cette lettre et de celles destinées au tome vi, il semble que les *Lettres juives* aient toujours été imprimées suivant l'ordre établi par d'Argens soit lors de leur composition, soit – ce sera le cas pour certaines lettres du tome v – pendant l'intervalle entre la composition et la publication des lettres.

Si les trente lettres du tome iv étaient entre les mains de Marchand dès la fin d'août, l'épître dédicatoire et la préface, par contre, se sont fait attendre jusqu'à la fin de l'année. C'est vers le 12 novembre que Marchand rappelle au marquis qu'ils sont encore à faire; et il suggère que dans la préface 'il ne sera pas mal de donner quelque Nazarde' à La Martinière (lettre no 15). La suggestion porte fruit, car d'Argens déclare qu'il pincera 'rudement le sieur la martiniere dans la preface de ce quatrieme volume'. Il ne sait pourtant pas encore à qui le dédier (lettre no 19, vers le 17 novembre). A peu près un mois plus tard, il promet d'envoyer 'pour le jour de l'an' 'toutes les prefaces et epitres avec les letres juives' (lettre no 21, deuxième moitié de décembre). S'il demande à Marchand des renseignements supplémentaires sur les traductions anglaises des *Lettres juives* – Marchand lui avait déjà envoyé, semble-t-il, un ou deux numéros du *Fog's weekly journal* (voir le no 21 et la note *r*) – c'est peut-être qu'il voulait attendre la réponse de son ami avant de mettre la dernière main à cette partie de sa préface. Quoi qu'il en soit, épître dédicatoire et préface, sans doute composés en grande partie au cours du mois de décembre, accompagneront la lettre no 22, écrite à la fin de l'année. Une addition tardive – citations tirées du *Fog's weekly journal* (voir le no 25 et la note *g*) – suivra, le 21 janvier 1737.

1*LJ* tome v (lettres CXXI à CL)

Il y a eu, entre la rédaction des lettres du tome iv et celle des lettres du tome v, un intervalle occasionné vraisemblablement par les déplacements de d'Argens qui, vers la fin d'août 1736, s'est installé à Amsterdam après avoir fait 'un voyage au della de bruxelles'. Ayant 'perdu l'idee du trosieme volume' et craignant de 'tomber dans des redites' (lettre no 8), il ne se met pas tout de suite à rédiger les lettres du tome v, préférant attendre ses exemplaires du tome iii, et voulant d'ailleurs être rassuré sur le sort des *Lettres juives* (lettre no 9). Vers la mi-septembre il reçoit et les assurances qu'il cherchait et les exemplaires dont il avait besoin (lettre no 10): il peut donc se mettre à l'ouvrage. La lettre no 12, datant de la première semaine de novembre, nous apprend qu'il 'travaille avec soin au cinquieme volume', et vers le 9 du mois il assure Marchand qu'il lui enverra 'dans quinse jour ou trois semaines au plus tard le cinquieme volume des letres juives' (lettre no 14). Vers le 17 son intention est toujours d'envoyer 'un paquet [de *Lettres juives*] vers le comencement du mois prochain' (lettre no 19).

Alors surviennent des difficultés. Aucun envoi n'accompagne la lettre no 20, écrite vers la fin de novembre ou le début de décembre. Bien sûr, il y est fait mention des *Lettres juives* 'qui sont faites', mais la plupart restent à faire; et d'Argens avoue qu'il est 'areté tout court monceca est depuis plus de huit letres en angletere', et le marquis, qui n'y est jamais allé, se trouve à court d'idées. Sa remarque ferait croire que la composition du tome v en était à la lettre cxxix (voir le no 20, note *h*), mais sans doute ne faudrait-il pas prendre cette phrase au pied de la lettre. En effet, nous savons que d'Argens a ravisé les lettres écrites d'Angleterre par Monceca, une fois reçu cet exemplaire des *Lettres sur les Anglois et les François et sur les voiages* qu'il demande à Marchand (voir le no 20, note *g*). Quant aux lettres d'Isaac Onis et de Jacob Brito, certaines d'entre elles – et surtout 1*LJ* cxxxi, cxxxii et cxxxvi – ont pu être composées avant celles de Monceca qui les précéderont lors de la publication. Ce qui est certain, c'est que d'Argens travaillait aux lettres de Monceca en novembre et en décembre, et que le tome v était loin d'être achevé.

Or, le délai dans l'envoi des lettres du tome v s'aggravera. Dans une lettre datant de la deuxième moitié de décembre (lettre no 21), tout ce que le marquis peut promettre c'est d'envoyer 'une asses bonne quantité' de *Lettres juives* 'pour le jour de l'an'. La raison de ce nouveau délai, c'est qu'il a dû 'refondre entierement huit ou dix letres' destinées au tome v, afin de pouvoir 'etendre la couroie avec ordre' et faire place dans le recueil aux 'quinse letres de surplus outre le cinquieme volume' que Marchand veut qu'il compose. Il lui a même fallu refaire trois fois 1*LJ* cxxv, lettre inspirée par un article que Marchand lui avait envoyé vers le 12 novembre (voir le no 15, note *o*).

'lagrandissement la refonte et l'augmentation' (lettre no 21) du recueil s'avéreront une tâche de longue haleine, du moins pour un homme qui d'habitude composait très vite. A la fin de décembre d'Argens envoie à Marchand les douze premières lettres du tome v (sans doute 1*LJ* cxxi à cxxxi, une de ces lettres ayant passé dans le tome iv). Quant aux autres, 'il y en a qui sont faites a moitie les autres un peu plus les autres un peu moins' (lettre no 22). Néanmoins, il croit pouvoir assurer Marchand que le tome v sera achevé avant la publication de la dernière lettre du tome iv (qui paraîtra 31 janvier 1737): 'avant que les quatrieme volume soit fini vous aures le cinquieme en entier' (no 22). Il en avait été de même, on l'a vu, pour les tomes iii et iv.

Le 21 janvier 1737, d'Argens envoie encore 'huit letres juives' (sans doute 1*LJ* cxxxii à cxli, moins cxxxv et cxl dont il sera question plus tard) et ajoute que 'les dix autres letres juives finissant le volumes' suivront 'dans dix jours' (lettre no 25). Il y travaillait depuis le début de l'année, car déjà vers le 4 janvier il avait appris à Marchand que Jacob Brito 'est actuellement' en Afrique: il était donc en train de composer la série de lettres (1*LJ* cxliv, cxlv, cxlvii-cl) par laquelle se termine le cinquième volume (voir le no 23 et la note *r*). Le 24 janvier Marchand lui envoie les livres dont il a besoin pour parachever ces lettres (lettre no 26), dont huit (sans doute 1*LJ* cxli à cxlix) accompagneront la lettre no 27, écrite entre le 2 et le 13 février, c'est-à-dire peu après la publication de la première lettre du tome v.

Il restait donc, comme le remarque d'Argens vers le 20 février, 'trois letres [...] a vous envoier pour terminer ce volume' (lettre no 29), une des lettres destinées au tome v ayant passé, on l'a vu, dans le tome iv. Vers le 23 février, d'Argens apprend à Marchand qu'il recevra ces trois lettres 'dans cinq ou six jours' (lettre no 31). Il y en avait une (ce sera 1*LJ* cxxxv) qui était déjà composée en partie, semble-t-il, et que d'Argens voulait 'faire passer au millieu du cinquieme volume' (no 31). Dans le fait, ces trois lettres ne parviendront à Marchand que vers le 11 mars (lettre no 33). En les expédiant, d'Argens demande à Marchand de 'les faire imprimer avant leur rang', en sorte qu'elles deviennent la quinzième (1*LJ* cxxxv), la vingtième (1*LJ* cxl) et la dernière (1*LJ* cl) du tome v, ce qui fut fait (voir le début de la lettre no 47).

Ainsi, toutes les lettres du tome v étaient entre les mains de Marchand dès la mi-mars et la publication des *Lettres juives* était assurée jusqu'à la mi-mai. Comme par le passé, l'épître dédicatoire et la préface se feront un peu attendre. Vers le 12 mars, Marchand invite le marquis à songer à les composer (lettre no 34). Or, d'Argens est de nouveau à court d'idées, du moins en ce qui concerne l'épître dédicatoire: 'je ne scay a qui dedier ce cinquieme volume j'espere que vous aures la charite de m'indiquer quelque chosse' (lettre no 38, du 23 ou du 24 mars). Mis en verve par la suggestion de Marchand – 'l'idée de sancho pansa est divine et vous seres content j'espere de l'epitre et preface' (lettre no 40, entre le premier et le 11 avril) – il ne perd sans doute pas de temps à rédiger l'épître. Quant à la préface, elle fut inspirée, du moins en partie, par la lettre que Marchand lui avait écrite vers la fin de février, lettre dans laquelle il avait esquissé une réponse à ceux qui calomniaient le marquis (voir le no 32 et la note *b*). Sans doute celui-ci s'est-il occupé de la préface à plusieurs reprises au cours des mois de mars et d'avril. Enfin, il enverra épître et préface à Marchand vers la fin d'avril (lettre no 44); et, au mois de mai, Marchand y mettra la dernière main en ajoutant deux passages à la préface (voir le no 47 et la note *d*).

1*LJ* tome vi (lettres CLI à CLXXX)

Depuis le début de janvier 1737, d'Argens envisageait de composer 'dousse [*Lettres juives*] outre le cinquieme volume' (lettre no 23), lettres supplémentaires destinées à une nouvelle édition de l'ouvrage, l'édition périodique devant s'arrêter à la fin du tome v. Il ne les perd pas de vue en travaillant au cinquième volume, et la lettre qu'il écrit à Marchand pendant la première moitié de février nous apprend qu'il y en avait déjà 'quatre de faite de celles qui doivent entrer dans le corps de la nouvelle edition' (lettre no 27). Cependant, ayant été rédigées de façon à être 'incorporées dans les premiers volumes' (lettre no 29), elles ne pouvaient trouver place, semble-t-il, dans ce sixième volume dont il sera plus d'une fois question avant la fin du mois.

C'est vers le 20 février que d'Argens se dit prêt à composer 'un sixieme volume [...] sens compter les dix pour la nouvelle edition mais c'est la le *non plus ultra*' (lettre no 29). Marchand, qui voulait encourager le marquis à entreprendre ce sixième volume, lui suggère qu'il pourrait y faire entrer la plupart des lettres supplémentaires déjà rédigées: 'L'Idée de mettre les Lettres faites, (celles qui le pouront souffrir,) avec 15 ou 16 autres feroit le VIᵉ Volume dont vous me parlez' (lettre no 30). Le marquis aurait-il adopté cet expédient? Dans une certaine mesure, sans doute. Dans sa réponse à Marchand, il répète qu'il est prêt à faire non seulement 'le sixieme volume ainsi que vous me le dites' mais aussi 'dix letres au lieu de six de surnumeraire parceque par le bordereau que j'ai fait de mes sujets je me trouve de la matiere encor pour quarante deux' (lettre no 31, et voir la note *i*). Avec une telle richesse de sujets et de 'materiaux [...] ramassé[s] dans la biblioteque de medecine' (no 31), on voit mal pourquoi il se serait donné la peine de récrire celles des lettres supplémentaires qui étaient destinées aux premiers volumes de la nouvelle édition. Mais d'un autre côté, il dit dans la même lettre que Marchand recevra 'dans cinq ou six jours' dix *Lettres juives*, dont sept seront les sept premières du tome vi; si pourtant l'édition périodique s'arrête à la fin du tome v, 'on metra ses sept pour suplement'. Il semble donc que certaines au moins des lettres dont il parle, composées depuis quelque temps déjà sans doute, fussent destinées originairement à la nouvelle édition.

Quoi qu'il en soit, ce ne sera que vers le 11 mars que d'Argens enverra non dix mais 'dousse letre', en promettant 'la tresième' pour le lendemain. De ces treize lettres, il y en avait trois qui achevaient le tome v; 'les autres dix pour le sixième volume vont de suite' (lettre no 33). A peu près une semaine plus tard, d'Argens, qui semble s'être trompé sur le nombre de lettres qui étaient à faire (voir là-dessus le no 40, note *a*), écrit à Marchand: 'je vous enveray le reste du sixieme volume dans trois envoie diferent [...] je vous feray deux envoie de huit letres et un de six'; et un peu plus loin il ajoute que Marchand recevra 'samedi ou dimanche' le premier envoi de huit lettres (lettre no 35, vers le 17 mars). Dans le fait, Marchand devra attendre jusqu'au 23 ou 24 mars pour recevoir 'six letres juives', parmi lesquelles se trouveront I*LJ* CLXIV et CLXIX (voir le no 38 et les notes *a* et *b*). Quant à celle-ci, c'était Marchand qui en avait tracé le canevas dans la lettre qu'il écrivit à d'Argens vers le 12 mars (voir le no 34 et la note *g*); et dans sa réponse, le marquis avait exprimé son intention de travailler 'a la letre juive dont vous me parles' (lettre no 35, vers le 17 mars). Il a donc dû la composer entre le 17 et le 23 mars.

Des trente lettres du tome vi, Marchand en avait donc reçu seize ou dix-sept: neuf lui étaient parvenues avec la lettre no 33, six avaient accompagné la lettre no 38, et en plus il y en avait une que d'Argens lui avait envoyée 'dernierement' (no 38). A supposer que celle-ci fût 'la tresième' dont il avait été question dans la lettre no 33, cela ferait en tout seize lettres; mais puisque d'Argens n'enverra que treize lettres de plus pour le tome vi, et non quatorze, il se peut que cette 'tresième' lettre et celle envoyée 'dernierement' par le marquis fussent deux lettres différentes (cette hypothèse est moins vraisemblable que l'autre: voir plus bas les remarques consacrées aux vingt lettres supplémentaires). Quant à celles qui étaient encore à rédiger, d'Argens n'hésite pas à déclarer que Marchand aura 'le sixième volume complet' à Pâques (no 38).

Six nouvelles lettres, dont une 'sur les eccossois' qui deviendra 1*LJ* CLXX (voir le no 40 et la note *b*), suivront au début d'avril, 'et dans dix ou dousse jour vous recevres les autres cept qui termineront le volume' (lettre no 40, entre le premier et le 11 avril). Effectivement, d'Argens expédiera encore six lettres vers le 18 avril, de sorte qu'il 'n'en menque plus qu'une pour finir le volume' (lettre no 42). Celle-ci parviendra à Marchand vers la fin du mois (lettre no 44): inspirée par l'épisode qu'avait raconté Marchand dans la lettre qu'il écrivit au marquis vers le 26 mars (voir le no 39 et la note *c*), elle deviendra 1*LJ* CLXXX (voir là-dessus le no 48 et la note *m*). Puis, vers la fin d'avril ou le début de mai, d'Argens enverra 'quatre letres pour le suplement', dont une, consacrée à un livre que Marchand lui avait envoyé peu après le 16 avril (voir le no 41 et la note *k*), deviendra 1*LJ* CLI (voir le no 46 et la note *b*) et une autre 1*LJ* CLIII (voir le no 46 et la note *c*).

Une fois de plus, la composition des lettres a donc devancé de beaucoup leur publication, puisqu'elles sont toutes parvenues à Marchand bien avant que la dernière lettre du tome v ait paru. Exceptionnellement, ce sera Marchand qui déterminera, du moins en partie, l'ordre des lettres du tome vi. Si deux des lettres destinées originairement à 2*LJ* sont devenues la première (1*LJ* CLI) et la troisième (1*LJ* CLIII) du tome vi, c'est qu'il l'a ainsi voulu. Cette intervention de sa part rend inutile, sauf pour certaines lettres identifiables par leur contenu, toute tentative d'établir de quelles lettres il s'agit dans chacun des envois du marquis.

Pour ce qui est de l'épître dédicatoire et de la préface au tome vi, il n'en sera pas question avant le mois d'août. Au moment où il écrit la lettre no 53 (première moitié d'août), d'Argens sait à peu de chose près ce qu'ils contiendront, mais il n'a encore rédigé ni l'un ni l'autre. Il écrit, à propos du tome vi: 'je le dediray a maitre nicolas barbier du seigneur don quichote [...] vous seres content de la reponse que je feray a toutes les critiques qui sera brieve et bonne' (voir le no 53 et la note *l*); et il se dit prêt à composer la préface 'des que popie m'aura fait remetre ce que je luy demende'. Il semble qu'il l'ait expédiée à Marchand en août (voir la lettre no 54), et que ce soit de cette préface qu'il parle lorsqu'il proteste contre les retranchements proposés par Marchand (lettre no 55, août 1737).

Les vingt lettres supplémentaires de 2LJ

Depuis janvier 1737, d'Argens travaillait à des lettres supplémentaires destinées à une nouvelle édition des *Lettres juives*, la publication périodique des lettres devant s'arrêter à peu près à la fin du tome v (voir le début de la lettre no 27). A l'origine, il devait y avoir 'dousse ou quinse letres pour la nouvelle edition' (lettre no 27). Mais d'Argens ayant une fois consenti à composer un sixième volume des lettres périodiques, Marchand cherche à lui faciliter la tâche en réduisant à six le nombre des lettres supplémentaires qu'il faudrait pour la nouvelle édition. C'est ainsi qu'il écrit au marquis: 'Pourvû qu'il [Paupie] ait vos Remarques et 6 autres, a fin d'en mettre une dans chaq. vol. de la n.^{le} Edition, je le ferai se contenter de cela' (lettre no 30). Cependant, d'Argens se déclare prêt à composer 'dix letres au lieu de six de surnumeraire', les sujets ne lui manquant pas, tant s'en faut (lettre no 31)! La réponse de Marchand n'est guère pour surprendre: au lieu de six lettres supplémentaires, il en demande douze (lettre no 32). A peine d'Argens a-t-il signifié son consentement à cette nouvelle demande (lettre no 33) que Marchand lui écrit: 'au lieu de *12 Lettres surnumeraires*, je vous prie d'en faire 18' (lettre no 34, vers le 12 mars 1737). Cette fois non plus, d'Argens ne se fait pas tirer l'oreille: Marchand aura ses dix-huit lettres 'vers paques', et qui plus est elles 'ne traiteront absolument que des bons et utilles sujets et je reserve pour cella des materiaux excellens' (lettre no 35, vers le 17 mars).

Pour l'instant, il s'agit de terminer le tome vi et c'est à quoi il travaille. Mais au cours d'avril, il se met à rédiger les premières lettres supplémentaires, qu'il enverra à Marchand, dit-il, 'inscesenment j'ose vous dire que chacune de ses letres fera une dissertation complete sur des sujets les plus brillants de la philosophie de la morale et de lhistoire' (lettre no 43, entre le 20 et le 26 avril?). Sa prochaine lettre, écrite vers la fin d'avril, est en effet accompagnée des 'quatres premiere [lettres] de la nouvelle edition les trois qui sont marquees pour le premier tome doivent etre imprimees toutes les trois de suites elle forment une disertations sur les peres de leglisse' (lettre no 44). Il s'agit de *2LJ* xiv, xv, et xvi. Quant à la quatrième lettre, elle était sans doute *2LJ* xliii (voir la lettre no 48 et les notes *o* et *p*). D'Argens prend soin, en écrivant à Marchand, d'indiquer la place de ces lettres supplémentaires dans le recueil: 'j'ai marque a la marge des letres d'augmentation l'endroit ou elle doivent etre placée apres quelles letres anciennes elle doivent se trouver' (le no 44). Plus tard, il s'épargnera cette tâche et laissera à Marchand le soin de déterminer la place des nouvelles lettres dans les derniers volumes de *2LJ*.

Vers la fin d'avril ou le début de mai, il envoie encore quatre lettres supplémentaires, dont deux deviendront *2LJ* xc et xcii (voir le no 48 et les notes *q* et *r*). Quant aux autres, elles paraîtront en demi-feuilles périodiques (voir le no 46 et les notes *b* et *c*) et d'Argens donne carte blanche à Marchand pour choisir parmi les lettres destinées au tome vi de *1LJ* celles qui seront réservées pour la nouvelle édition.

Au début de juin, le marquis expédie encore sept lettres; ainsi 'il ne reste plus a faire que les trois du sixieme volume', mais il ne veut 'les faire qui lorsque vous en seres a la moitie pour limpression en feuille periodique parceque je verray les sujets que je traiteray ne me rapellant pas le comencement de ce sixieme volume' (le no 49 et la note *b*). Dans le fait, il ne les enverra à Marchand qu'en août: 'je vous envoie les trois dernieres letres juives elles vont toutes les trois de suites placés les ou vous voudres' (lettre no 53, première moitié d'août). Il s'agissait, semble-t-il, ou de *2LJ* cxii à cxiv ou de *2LJ* clviii à clx (voir le no 53, note *g*).

En composant les lettres supplémentaires pour *2LJ*, d'Argens semble avoir oublié que, depuis la mi-août 1736 au plus tard, Marchand était en possession d'une lettre jugée trop libre pour l'édition périodique mais qui passera dans la nouvelle édition. Il s'agit de 2*LJ* xcviii (voir le no 15 et la note *p*) qui, à l'origine, était destinée au tome iv de 1*LJ*. En effet, Marchand en parle dans la lettre qu'il écrit vers le 12 novembre, et il ne semble pas qu'il y ait eu aucun envoi de *Lettres juives* entre la mi-août et la fin de décembre 1736, date du premier envoi de lettres destinées au tome v.

Qu'est donc devenue une des dix-huit lettres dont nous venons de suivre la composition? L'explication la plus vraisemblable ne serait-elle pas que cette lettre a passé dans le tome vi de 1*LJ*, pour lequel d'Argens ne semble avoir envoyé que ving-neuf lettres et non trente? Il est vrai que, par rapport à 1*LJ*, l'éditon augmentée comportera vingt lettres supplémentaires et non dix-huit. Cependant, les deux dernières lettres de 2*LJ* (cxcix et cc), beaucoup plus courtes que les autres, ont tout l'air d'avoir été ajoutées au dernier moment afin d'arrondir le nombre des lettres dans le recueil, et rien ne permet de supposer · que l'une ou l'autre ait été une des dix-huit lettres en question.

En plus des lettres supplémentaires, d'Argens enverra des notes pour chacun des volumes de 2*LJ*. Vers le 4 janvier 1737, il écrit à Marchand: 'au dernier envoy des letres [prévu pour la fin de janvier 1737] jy joindray des notes critiques et historiques pour le trosieme et quatrieme volume dont je fais pressent au sieur popie pour lorsqu'ils faira son edition [2*LJ*, s'entend] il en a deja des semblables que je luy ai donnee pour le premier et second volume'. Il ajoute qu'il enverra aussi des corrections et qu'il a 'meme fait plusieurs changemens et augmenta-tions' (le no 23 et la note *a*). En mars 1737, il sera de nouveau question de 'remarques' et de 'changements' que d'Argens promet d'envoyer à Marchand vers Pâques, avec les dix-huit lettres supplémentaires. A l'en croire, les change-ments auraient été nombreux: 'il y aura peu de letres ou il ny est quelque chosse de corigé' (lettre no 35, vers le 17 mars). Le 16 avril, Marchand attend 'incessament les dernieres Lettres du VI Tome avec les Remarques &.' (lettre no 41). Sans doute celles-ci lui sont-elles enfin parvenues. Ce qui est certain, c'est que vers la fin d'avril, d'Argens envoie un errata qu'il demande à Marchand de faire imprimer à la fin du cinquième volume de 1*LJ* (voir le no 44 et la note *h*). Si cet errata ne s'y trouve pas, c'est peut-être que Marchand a préféré réserver ces corrections pour la nouvelle édition.

Quoi qu'il en soit, Paupie aura toutes les lettres de 2*LJ* (sauf les deux dernières), avec les notes, corrections, etc., longtemps avant que de les mettre sous presse. Selon un avertissement du libraire imprimé à la fin de 1*Cab* xlvi, lettre qui a paru le 30 janvier 1738, la nouvelle édition était 'actuellement sous Presse' et Paupie se proposait de la publier 'vers les Fêtes de Pâques prochaines' (1*Cab* ii.128). La préface générale de 2*LJ* fut sans doute composée pendant l'impression de l'ouvrage, car d'Argens y cite un 'Certificat' daté 'le 11 Mars 1738'; et c'est vers la fin de juin 1738 que la nouvelle édition sera mise en vente (voir l'avertissement du libraire à la fin de 1*Cab* lxxxviii, parue vers le 26 juin 1738).

Les Lettres cabalistiques

La correspondance entre Marchand et d'Argens ne nous fournit, sur la composi-tion des *Lettres cabalistiques*, que peu de renseignements. Elle nous permet de suivre de loin en loin la réalisation d'une partie de cet ouvrage, depuis le moment où d'Argens fait part à Marchand du nouveau projet qu'il a en tête jusqu'à celui où il lui envoie une demi-douzaine de lettres, vraisemblablement la treizième jusqu'à la dix-huitième du premier volume. Après quoi, la correspondance est à peu près muette sur cet ouvrage.

Il en est question pour la première fois vers la fin d'avril 1737, au moment où d'Argens rédigeait les premières lettres supplémentaires pour *2LJ*. A propos d'une nouvelle feuille périodique pour Paupie, d'Argens écrit qu'il a 'un sujet tout trouvé qui formera quatre volumes', et il promet d'envoyer à Marchand 'un plan raisonné a la première occasion vous me dires ce qu'il faut que je fasse et des le jour que les letres juives finiront le sieur popie anoncera sa nouvelle feuille par l'auteur des letres juives' (lettre no 43, entre le 20 et le 26 avril? 1737). Certes, ce n'est ni la confiance ni la résolution qui manquent au marquis en tant qu'auteur; et déjà il est à même de préciser que cette nouvelle feuille périodique sera 'peutetre non pas aussi instructive mais plus gaye que les letres juives' (le no 43).

Il en reparle dans la lettre qu'il écrit à Marchand quelques jours plus tard (lettre no 44, vers la fin d'avril); mais par rapport à sa lettre précédente, celle-ci annonce un ouvrage un peu moins ambitieux. Cette fois, il s'agit d'un 'project qui me fournira deux ou trois volumes et qui est d'un gout singulier ce sera une corespondance celeste terestre et infernalle entre un genie elementaire un cabaliste et le diable asmodée'. Il donne un échantillon de cette correspondance, en esquissant une lettre qu'il ne composera d'ailleurs pas (voir le no 44 et la note *e*); et il déclare qu'il a 'deja de la matiere toute trouvée pour plus de quarante letres' (no 44). S'il a déjà une idée si nette de l'ouvrage et une telle abondance de matières pour cette nouvelle correspondance, c'est sans doute en partie grâce à ce 'gros inquarto de remarque et de situation' qu'il avait rempli au cours de l'hiver 1736/1737 dans la bibliothèque de feu le docteur Verschoor (voir la lettre no 31).

Marchand ayant donné son approbation à ce 'N^l. Ouvrage Periodique', qu'il trouve 'très bien imaginé' (lettre no 47 de mai), d'Argens n'avait qu'à commencer à en rédiger les premières lettres: mais à partir de quel moment? C'est ce qu'il cherche à établir dans sa lettre du début de juin, dans laquelle il demande à Marchand 's'il faut songer a se metre tout de bon aux nouvelles feuilles periodiques'. Et il ajoute: 'je voudray lorsqu'elle comenceront en avoir une trente d'avance de faite [...] il faut prevoir touts les accidens ainsi pour travailler a mon aisse je veux toujour avoir vint à trente letre a courir'. Il avait ainsi procédé, on l'a vu, lors de la composition des *Lettres juives* et s'en était bien trouvé; il n'attend donc que 'vos ordres pour metre le premier volume en etat pendant le reste du tems que les letres juives se debiteront' (lettre no 49), c'est-à-dire pendant les mois de juin, juillet et août 1737.

Dans le fait, il n'y mettra guère la main de tout le mois de juin. Effectivement, quelque trois semaines se passeront sans qu'il reçoive aucune nouvelle de Marchand, ce qui l'empêche de travailler 'serieussement a cette nouvelle feuille' pour laquelle, néanmoins, il demande à Marchand de lui chercher un titre (lettre no 50, vers la fin de juin). Puis c'est sa santé chancelante qui l'empêche de travailler pendant près d'un mois (voir les lettres nos 50, 51 et 52). Ecrivant à Marchand vers la mi-juillet, tout ce qu'il peut lui offrir est une assurance d'ailleurs assez vague: 'des que jauray dix ou dousse letres cabalistes a vous porter jyray a la haye' (lettre no 52). Il se peut qu'en effet il en ait remis quelques-unes à Marchand en lui rendant visite à La Haye, visite qui a eu lieu vers la fin de juillet ou le début d'août; mais qu'il ait été à même de lui en remettre une dizaine est pour le moins douteux.

Sa santé, qui reste précaire pendant tout le mois d'août, ne lui permet de rédiger que peu de *Lettres cabalistiques*. Il en enverra deux, dont une est à garder 'comme un elexir pour donner de force a tout un volume' – il s'agit de 1 *Cab* xi – avec la lettre no 53 et promet d'en envoyer 'encor quatre', ce qu'il fera ('je vous ai envoié quatre nouvelles letres cabalistiques', lettre no 54, août 1737). Un peu plus tard, se sentant 'a demi mort', il écrit qu'il fera 'la letre cabalistique sur la canonisation' – il s'agit de 1 *Cab* xiii – et qu'il tâchera 'dans mes bons intervalles de finir le volume pour avoir du tems a courir' (lettre no 56, deuxième moitié d'août).

Or, la publication périodique des *Lettres cabalistiques* commence sans doute le 26 août, date à laquelle d'Argens est toujours loin d'avoir composé toutes les lettres du premier volume. C'est ce qui ressort de la lettre qu'il écrit à Marchand vers le 12 septembre. Sa santé commence enfin à se rétablir et lui permet de travailler un peu chaque jour; donc il pourra envoyer six *Lettres cabalistiques* 'a la fin de la semaine [...] et sens me fatiguer j'espere que ce premier volume sera fini a la fin du mois' (lettre no 58). Cette espérance s'avérera mal fondée, car une rechute soudaine le laisse hors d'état 'd'ecrire de lire et de dicter' pendant dix jours (lettre no 59). Ce n'est donc qu'à la fin de septembre qu'il peut expédier à Marchand les six *Lettres cabalistiques* qu'il lui avait promises. Parmi celles-ci se trouveront 1 *Cab* xiii et xiv; les autres étaient vraisemblablement 1 *Cab* xv à xviii (voir le no 59, notes *b*, *c* et *d*).

La publication périodique des *Lettres cabalistiques* n'était donc assurée que jusqu'au 24 octobre et d'Argens, qui voulait se mettre 'a l'aise pour les letres cabalistes et en avoir quelques unes d'avance pour que popie ne soit jamais dans lembaras' (le no 59), a dû travailler dur à la composition des lettres. La lacune énorme dans la correspondance entre Marchand et d'Argens, s'étendant de septembre 1737 jusqu'au mois d'août 1738, nous empêche de suivre ce travail. Nous savons seulement que le 28 septembre 1738 le marquis envoie à Paupie l'épître dédicatoire et la préface du tome iv de 1 *Cab* (voir la lettre no 61 et la note *a*). Cet envoi sera le dernier, car d'Argens s'était déjà lassé de l'ouvrage – 'je n'ai plus continué les letres cabalistiques parceque cella me tenoit trop sujet' (lettre no 62, et voir la note *e*). D'autres projets, de nouvelles maladies et enfin les *Lettres chinoises* prendront le relais.

Appendice IV

Extrait d'une lettre d'Alexandre-Jean-Baptiste de Boyer, marquis d'Eguilles, à Jean-Baptiste de Boyer, marquis d'Argens

Elles n'ont que trop paru, tes *Lettres Juives*. Elles ont été jusqu'à Malthe, et y ont produit un tel Effet sur les Esprits, que l'Evêque écrit à mon Pere, qu'il ne faut plus songer à t'y envoïer. De sorte que cet Ouvrage, que tu aimes tant, te ferme la Porte du Païs qui te convenoit le mieux. A te parler sincérement, la Hollande et l'Allemagne sont pour quelques Années les seuls Païs où tu puisses vivre en Sureté: les Lettres de Cachet en France, et l'Inquisition dans le Reste de la Catholicité, ne te manqueroient pas[a].

MANUSCRIT

March.2, no [18b]; 2 p., p.2 bl.; copie.

peut-être de la main de Marchand, peut-être de celle d'un copiste.

NOTES CRITIQUES

Cet extrait, qui occupe la moitié d'une page d'un petit morceau de papier, est

NOTES EXPLICATIVES

a. sur tout cet extrait voir le début de la lettre no 24.

Appendice V

Mémoire concernant le procès entre le duc de Villars-Brancas et Francisco Lopez de Liz ou Du Lis

Le Duc de Villars-Brancas avoit emprunté de M.ᵣ DuLis, riche Juif établi à la Haie, une Somme de 12000 Livres, dont il lui avoit fait son Billet; &, par maniere de Reconnoissance, il lui avoit fait Présent d'une Tabatiere ornée de son Portrait. Quelque tems après, ce Billet aïant été soustrait d'entre les Mains de M. DuLis, il en donna Avis au Duc, qui répondit, qu'on le lui avoit présenté, qu'il l'avoit acquitté, & qu'il l'avoit jetté au Feu. M. DuLis, peu satisfait d'une pareille Réponse, prétendit être remboursé de sa Somme, se brouilla avec le Duc, et lui renvoïa sa Tabatiere. Ne pouvant en tirer Raison, il l'attaqua en Justice: & cela produisit un Procès au Parlement de Paris, dans lequel le Normand[a], Avocat, se signala pour le Duc, & Laverdy[b] son Confrere pour M. DuLis. Ils produisirent l'un et l'autre divers Mémoires intéressans & très curieux; et l'Affaire s'est enfin terminée par le Serment qu'a galamment prêté le Duc d'avoir fourni le Païement de son Billet. Les Opinions des Juges avoient été fort partagée touchant l'Admission de ce Serment. M.ᵣ le Prémier Président[c], et le célèbre Abbé Pucelle[d], conformement à l'Avis de tous les Négocians de Paris, le regardoient comme absolument contraire à l'Usage et à la Pratique constante du Commerce. Mais, le plus grand Nombre s'étant déclaré pour elle, il en a fallu passer par-là. Cette Décision n'a pas été du Gout de tout le Monde, et a fait assez plaisamment appliquer à cette Affaire le fameux Vers de Lucain:

Victrix Causa Deis placuit, sed victa Catoni[e].

Comme elle faisoit ici beaucoup de Bruit, & que très peu de Gens en connoissoient la véritable Origine, pour les mettre au Fait, on a répandu des Copies des Lettres de ce Seigneur à ce Sujet; & je vous les envoïe d'autant plus volontiers, que je ne doute nullement que vous ne soïez bien aise de voir les Preuves d'un Evénement aussi singulier.

'LETTRES DU DUC DE VILLARS-BRANCAS
'A MR DULIS POUR L'EMPRUNT
DE 12000 LIVRES;
'*Avec le Certificat du Serment de ce Duc*
'*touchant le Païement de cette Somme.*
'LETTRE PREMIERE,
'rendue sans Adresse.
'*A Fontainebleau, ce 14 Oct. 1732.*

'Le S.ᵣ Fouillart[1] ƒ

MANUSCRIT
Bibliothèque universitaire de Leyde, fonds March.44, f.193.

NOTES CRITIQUES
Ce manuscrit, d'une écriture soignée, pourrait être de la main de Marchand, mais peut-être est-il l'ouvrage d'un copiste.

[1] [le mémoire s'arrête là, et le reste de la page est blanc. Au verso, on ne trouve que cette phrase: 'un air insinuant nous farde les deffauts et nous fait admirer dans lun ce qua peine on [   ][2] dans un autre'] [2] [mot illisible]

NOTES EXPLICATIVES

Plusieurs des lettres échangées par Marchand et d'Argens font allusion à cette affaire. Voir en particulier le no 15, note *d* et le no 16, note *a*.

a. Alexis Normant ou Le Normant (1697-1745), avocat célèbre qui faillit devenir membre de l'Académie française.

b. Clément-Charles-François de Laverdy (1723-1793), conseiller au parlement de Paris. Nommé contrôleur général des finances en 1763, il fut congédié la même année. Il devait mourir sur l'échafaud pendant la Révolution.

c. Antoine Portail (1674-1736) fut premier président du parlement de Paris de septembre 1724 jusqu'à sa mort, survenue le 3 mai 1736. Il fut succédé le 8 mai par Louis Le Pelletier, seigneur de Villeneuve-le-Roi, de Rosambo. D'après ce que dit Marchand dans la lettre no 15, on a l'impression que ce procès était encore tout récent en novembre 1736.

d. René Pucelle (1655-1745), doyen des conseillers-clercs au parlement de Paris et abbé commendataire de Saint-Léonard de Corbigny.

e. Lucain, *La Pharsale*, 1.128.

f. le lecteur curieux trouvera d'autres détails sur cette affaire, et sur le rôle qu'y a joué le sieur Fouillard, dans les *Mémoires anecdotes pour servir à l'histoire de m. Duliz* (Londres 1739), pp.185-96 (exemplaire dans la bibliothèque universitaire de Leyde) ou bien pp.117-24 (exemplaire dans le British Library).

Appendice VI

Les *Lettres juives*, *Fog's weekly journal* et *The Gentleman's magazine*

'Avant de finir cette Préface, je dirai un mot des Traductions qu'on a faites des *Lettres Juives*. Deux différentes Personnes les ont trouvées assez bonnes, pour vouloir les insérer dans deux Ouvrages Périodiques, qui paroissent à Londres. Le prémier est intitulé *Gentelman's Magazine*, & l'autre *Fog's Weekly Journal*. Je ne saurois que me louër de ces Traductions: elles sont fort bonnes; & font Honneur à l'Original.'

C'est ainsi que d'Argens, qui voulait 'montrer aux critiques que louvrage est moins ignoré quils ne le dissent',[1] prenait plaisir à insister, dans la préface au tome iv des *Lettres juives*, sur la réussite internationale de son ouvrage.

Que savons-nous de ces traductions? Johnston (1928) n'en fait aucune mention. Bush, par contre, y consacre trois pages;[2] mais, n'ayant pu examiner le *Fog's weekly journal*,[3] il s'est vu obligé de s'en tenir aux renseignements fournis par *The Gentleman's magazine*,[4] et c'est à partir de ce périodique qu'il dresse une liste de dix-sept *Lettres juives* qui ont paru d'abord dans le *Fog's weekly journal* avant d'être réimprimées dans *The Gentleman's magazine*. Or, deux questions restaient forcément sans réponse. D'autres *Lettres juives* avaient-elles paru dans le *Fog's weekly journal* sans être recueillies dans *The Gentleman's magazine*? Et dans quelle mesure le texte imprimé dans ce périodique-ci était-il fidèle à celui publié par 'Fog'?

Après avoir examiné, à quatre exceptions près, tous les numéros du *Fog's weekly journal* à paraître entre le premier mai 1736 et le 29 octobre 1737,[5] date de publication du dernier numéro de cet hebdomadaire, je suis à même d'apporter des réponses à ces deux questions. A commencer par la seconde, le texte qu'on lit dans *The Gentleman's magazine* n'est jamais qu'un extrait ou, le plus souvent, qu'une suite d'extraits tirés des traductions paraissant dans le *Fog's weekly journal*; celles-ci, par contre, nous offrent un texte plus ou moins intégral, ce qui n'exclut pas, bien entendu, des remaniements et des additions parfois considérables.

Quant à savoir combien de *Lettres juives*, traduites en anglais, ont paru dans le *Fog's weekly journal*, on se rend compte très tôt que le nombre en est beaucoup

---

[1] D'Argens à Marchand, lettre no 22.

[2] Bush (1953), pp.74-76.

[3] L'hebdomadaire le *Fog's weekly journal*, continuation du *Mist's weekly journal*, a paru du 28 septembre 1728 jusqu'au 29 octobre 1737.

[4] *The Gentleman's magazine; or monthly intelligencer* (London 1731-1833), 103 vols. Par 'Sylvanus Urban'. De 1731 à 1754, ce périodique mensuel était dû à Edward Cave (1692-1754).

[5] Ils se trouvent dans la collection 'Nichols newspapers' de la bibliothèque universitaire d'Oxford (la Bodleian). Seuls manquent les numéros 429 (29 janvier 1737), 430 (5 février 1737), 17 (24 septembre 1737) et 18 (1 octobre 1737), numéros dont je n'ai pu trouver nulle part des exemplaires.

plus grand que ne le ferait croire un examen du *Gentleman's magazine*: contre dix-sept *Lettres juives* paraissant dans ce dernier journal, on en compte au moins trente-quatre dans le *Fog's weekly journal*. On en trouvera la liste ci-dessous.

Y en aurait-il d'autres à ajouter à cette liste? Pour la période qui précède le premier mai 1736, c'est fort peu probable. En effet, il n'y a rien qui ait rapport aux *Lettres juives* dans les nos 391-402 du *Fog's weekly journal*, allant du premier mai jusqu'au 17 juillet 1736. Or, on aurait du mal à expliquer pourquoi 'Fog' se serait abstenu pendant deux mois et demi de publier des *Lettres juives* s'il en avait déjà donné quelques-unes auparavant, surtout étant donné la régularité avec laquelle elles paraissent à partir du no 403. D'ailleurs, l'évolution dans sa manière de présenter les *Lettres juives* ferait croire que celle paraissant dans le no 403 était effectivement la première que 'Fog' eût donnée. Il l'introduit ainsi: 'A Letter from a *Jew* Traveller to his Correspondent. Jacob Brito to Aaron Monceca'; et les lettres paraissant dans les nos 404 et 405 ont pour titre 'Aaron Monceca to Jacob Brito'. Mais à partir du no 406, 'Fog' commence à cacher soigneusement à son lecteur la source des textes qu'il publie, procédé dont d'Argens se plaindra à juste titre dans la préface au tome iv des *Lettres juives*.[6] Concluons que le no 403 est à peu près certainement le premier à publier le texte d'une *Lettre juive*.

La publication du *Fog's weekly journal* s'étant arrêtée définitivement avec le no 22 du 29 octobre 1737, il ne reste qu'à savoir si des *Lettres juives* traduites en anglais ont paru dans les quatre numéros que je n'ai pu examiner. Or, nous savons par le *Gentleman's magazine* que le no 429 du *Fog's weekly journal* donnait un texte tiré des *Lettres juives*, et on trouvera ce numéro à sa place dans la liste qui suit. Quant au no 430, il a très bien pu reproduire le texte d'une *Lettre juive*, puisqu'il s'insère dans une suite de numéros (428-436 inclusivement) qui tous donnent une *Lettre juive* traduite en anglais. Il serait donc vraisemblablement à ajouter à la liste qu'on va lire. Par contre, le no 17 était sans doute consacré à la conclusion d'un article dont la première partie avait paru dans le no 16, article qui n'a rien à voir avec les *Lettres juives*. Pour ce qui est du no 18, tout ce qu'on en peut dire c'est qu'il est plutôt contre les apparences qu'il ait donné le texte d'une *Lettre juive*, puisque des onze derniers numéros aucun autre ne le fait.

Voici donc la liste, plus ou moins définitive, des *Lettres juives* traduites en anglais paraissant dans le *Fog's weekly journal* et dans le *Gentleman's magazine*:

---

[6] 'Mais, je ne puis m'empécher d'avouer, que j'ai vû avec quelque Peine, qu'un de ces deux Traducteurs [en note: *L'Auteur du* Fog's Weekly Journal] affectoit quelquefois de changer le Titre de certaines Lettres, & de substituer la Qualification de *Monsieur* au Nom de *Jacob Brito*, ou d'*Aaron Monceca*; ensorte qu'il devenoit incertain, si ces Lettres étoient originales, ou traduites'. Dans le fait, le procédé par lequel 'Fog' cache sa source à ses lecteurs est beaucoup plus complexe et plus systématique que ne le croit d'Argens. Et, comme nous l'avons déjà remarqué, d'Argens se trompe qui croit qu'il est question de deux traductions indépendantes l'une de l'autre.

Fog no 403	24 juil. 1736[7]	1*LJ* xlviii (2*LJ* lii)	Texte intégral[8]
GM vi.400	juillet 1736	1*LJ* xlviii (2*LJ* lii)	Extraits
Fog no 404	31 juil. 1736[9]	1*LJ* xlvi (2*LJ* l)	Texte intégral
GM vi.407-408	juillet 1736	1*LJ* xlvi (2*LJ* l)	Extraits
Fog no 405	7 août 1736	1*LJ* xxxiv (2*LJ* xxxvii)	Texte intégral
GM vi.453-454	août 1736	1*LJ* xxxiv (2*LJ* xxxvii)	Extraits
Fog no 406	14 août 1736	1*LJ* xlvii (2*LJ* li)	Texte souvent remanié
Fog no 407	21 août 1736	1*LJ* xxxvi (2*LJ* xxxix)	Texte intégral
GM vi.466-467	août 1736	1*LJ* xxxvi (2*LJ* xxxix)	Extraits
Fog no 408	28 août 1736	1*LJ* xliv (2*LJ* xlviii)	Texte intégral[10]
Fog no 409	4 sept. 1736	1*LJ* xxxv (2*LJ* xxxviii)	Texte intégral
GM vi.526-527	sept. 1736	1*LJ* xxxv (2*LJ* xxxviii)	Extraits
Fog no 410	11 sept. 1736	1*LJ* xlix (2*LJ* liii)	Texte incomplet[11]
GM vi.530-531	sept. 1736	1*LJ* xlix (2*LJ* liii)	Extraits
Fog no 411	18 sept. 1736	1*LJ* xlv (2*LJ* xlix)	Texte incomplet[12]
GM vi.536-537	sept. 1736	1*LJ* xlv (2*LJ* xlix)	Extraits
Fog no 412	25 sept.1736	1*LJ* xxxi (2*LJ* xxxiv)	Texte intégral
GM vi.540	sept.1736	1*LJ* xxxi (2*LJ* xxxiv)	Extraits
Fog no 413	9 oct. 1736[13]	1*LJ* xix (2*LJ* xxii)	Texte incomplet[14]
Fog no 414	16 oct. 1736	1*LJ* xx (2*LJ* xxiii)	Texte incomplet[15]
GM vi.604	oct. 1736	1*LJ* xx (2*LJ* xxiii)	Court extrait
Fog no 415	23 oct. 1736	1*LJ* lxxv (2*LJ* lxxix)	Texte intégral
Fog no 416	30 oct. 1736	1*LJ* lxv (2*LJ* lxix)	Texte abrégé et remanié
Fog no 417	6 nov. 1736	1*LJ* lxx (2*LJ* lxxiv)	Texte intégral
GM vi.652-653	nov. 1736	1*LJ* lxx (2*LJ* lxxiv)	Extraits
Fog no 419	20 nov. 1736	1*LJ* lxxxix (2*LJ* xcvi)	Texte intégral
GM vi.667-668	nov.1736	1*LJ* lxxxix (2*LJ* xcvi)	Extrait

[7] Rappelons que jusqu'en 1752, l'Angleterre n'ayant pas adopté la réforme grégorienne, le calendrier anglais (Vieux Style) était en retard de onze jours sur celui de France (Nouveau Style).

[8] Par 'texte intégral' j'entends la traduction d'une *Lettre juive* entière, même si le texte a subi certaines modifications de peu d'étendue, et sans tenir compte des omissions de peu d'importance (noms des correspondants, formules d'adieu, notes).

[9] Dans la préface au tome iv de 2*LJ*, ce numéro du *Fog's weekly journal* est daté par erreur 'July 31. 1737'.

[10] 'Fog' a inséré dans ce texte un passage qui n'est pas dû à d'Argens.

[11] Le premier alinéa manque.

[12] Les deux derniers alinéas manquent.

[13] Le *Fog's Weekly Journal* n'a pas paru, semble-t-il, le 2 octobre 1736.

[14] Les quatre derniers alinéas manquent.

[15] Les deux derniers alinéas manquent.

Fog no 422	11 déc. 1736	1*LJ* xcv (2*LJ* civ)	Texte incomplet[16]
Fog no 423	18 déc. 1736	1*LJ* xcix (2*LJ* cviii)	Texte souvent remanié
Fog no 428	22 janv. 1737	1*LJ* xcviii (2*LJ* cvii)	Texte incomplet[17]
GM vii.34-35	janv. 1737	1*LJ* xcviii (2*LJ* cvii)	Extraits[18]
Fog no 429	29 janv. 1737	1*LJ* cxi et cxii (2*LJ* cxxiii et cxxiv)	
GM vii.48	janvier 1737	1*LJ* cxi et cxii (2*LJ* cxxiii et cxxiv)	Extraits[19]
Fog no 431	12 févr. 1737	1*LJ* cv (2*LJ* cxvii)	Texte incomplet[20]
Fog no 432	19 févr. 1737	1*LJ* cxvii (2*LJ* cxxix)	Texte intégral
Fog no 433	26 févr. 1737	1*LJ* cxix (2*LJ* cxxxi)	Texte incomplet[21]
Fog no 434	5 mars 1737	1*LJ* cxxiii (2*LJ* cxxxv)	Texte intégral
GM vii.166	mars 1737	1*LJ* cxxiii (2*LJ* cxxxv)	Extraits
Fog no 435	12 mars 1737	1*LJ* xiii (2*LJ* xiii)	Texte incomplet[22]
Fog no 436	19 mars 1737	1*LJ* cxxx (2*LJ* cxlii)	Texte incomplet[23]
GM vii.168-169	mars 1737	1*LJ* cxxx (2*LJ* cxlii)	Extraits
Fog no 440 [439][24]	16 avril 1737	1*LJ* lvii (2*LJ* lxi)	Texte incomplet[25]
Fog no 441 [440]	23 avril 1737	1*LJ* cxxvii (2*LJ* cxxxix)	Texte intégral
Fog no 442 [441]	30 avril 1737	1*LJ* cxxv (2*LJ* cxxxvii)	Texte intégral
Fog no 443 [442]	7 mai 1737	1*LJ* cxl (2*LJ* clii)	Texte intégral
GM vii.287-288	mai 1737	1*LJ* cxl (2*LJ* clii)	Extraits
Fog no 444 [443]	14 mai 1737	1*LJ* cxxxiii (2*LJ* cxlv)	Texte intégral
GM vii.289-290	mai 1737	1*LJ* cxxxiii (2*LJ* cxlv)	Extraits

[16] Les deux derniers alinéas manquent, et celui qui les précède a été adapté.

[17] Les deux derniers alinéas manquent, et deux autres ont été remaniés.

[18] Bush (1953), p.75 n.83, omet cette lettre de la liste des *Lettres juives* paraissant dans *The Gentleman's magazine*.

[19] D'après les extraits publiés dans *The Gentleman's magazine*, il semble que le texte imprimé dans *Fog* no 429, dont je n'ai pu trouver d'exemplaire, était un mélange de deux *Lettres juives*, auquel 'Fog' avait ajouté un développement de son cru sur Charles i (et non Charles ii: cp. Bush, 1953, p.75 n.83).

[20] Les deux derniers alinéas manquent, et celui qui les précède a été remanié.

[21] Vers le début de la lettre, le texte a été remanié et un alinéa omis.

[22] Le dernier alinéa et une partie de l'avant-dernier alinéa manquent.

[23] Les trois derniers alinéas manquent.

[24] Le no 439 ayant été numéroté 438 par erreur, la numérotation jusqu'à 446 inclusivement est fausse. Je la corrige chaque fois, quitte à donner entre crochets le numéro imprimé.

[25] Les deux derniers alinéas et une partie de celui qui les précède manquent.

Fog no 445 [444]	21 mai 1737	1*LJ* cxli (2*LJ* clv)	Texte intégral[26]
Fog no 9[27]	30 juil. 1737	1*LJ* cxiii (2*LJ* cxxv)	Texte intégral
Fog no 11	13 août 1737	1*LJ* cxvi (2*LJ* cxxviii)	Texte incomplet[28]

[26] Ce texte est suivi d'un long développement dû à 'Fog' et qui n'a rien à voir avec les *Lettres juives*. C'est ce passage, et non la traduction de 1*LJ* cxli, qui est réimprimé dans *The Gentleman's magazine* (vii.292-94). Bush se trompe donc en y voyant une adaptation de 2*LJ* cxxxiv qui, d'ailleurs, traite un tout autre sujet (voir Bush, 1953, p.75 n.83).

[27] Le no 446 [445] du 28 mai 1737 fut le dernier à paraître sous la direction de 'N.M.', l'auteur anonyme du *Fog's weekly journal* depuis plusieurs années. A partir du 4 juin 1737 (date du no 1), ce fut son 'Cousin' qui rédigea ce journal.

[28] Les quatre derniers alinéas manquent.

Appendice VII
Marchand répond à des critiques des *Lettres juives*

[mai 1737][1]

Monsieur[a]

Je veux bien proposer à M[r]. le Marquis d'Argens de travailler aux deux Ouvrages dont vous me parlez; mais, je doute fort qu'il veuille s'en charger: & la Raison de cela est que je l'ai vû très souvent fronder les *Suites* d'Ouvrages, come celles de *Dom Quichote*[b], du *Roman Comique*[c], du *Virgile travesti*[d], et même celles de *Mezerai*[e] et de *Rapin*[f]; disant qu'il étoit presque impossible de bien remplir le Caractere, et de bien imiter le Stile du 1[r] Auteur; qu'en un mot, pour faire quelque chose de bien, il falloit travailler de Génie; & qu'encore avoit-on bien de la peine à réussir. Je verrai ce qu'il me repondra, et vous [2]le[2] communiquerai[3].

J'ai fait voir à l'Auteur des *Lettres Juives* le Jugement que vous me marquez en avoir été porté par un de vos Journalistes. Il ne trouve point mauvais qu'on juge de son Livre. C'est, dit-il, un Droit acquis à tout Lecteur. Mais, il n'approuve point qu'on lui prête des Vûes qu'il n'a jamais eues. Le Libertinage d'Esprit, qu'on lui impute, n'est que dans les Préjugés du Critique[g]:[4] il n'a jamais eu d'autre But que de condamner le Vice et de faire aimer la Vertu; [2]et il a toujours très sincérement respecté ce qui est véritablement respectable.[2] Il est vrai, qu'il ne fait point de Quartier aux Fourbes[5] et aux Hipocrites. Mais, il soutient que c'est ce que les Honnêtes-Gens devroient faire partout [2]impitoiablement[2], afin[6] [2]de purger[2] toutes les Sociétez[h][7] [2]par-là[2] des Malhonêtes Gens qui les deshonorent, soit par leurs mauvaises Moeurs, soit par leurs mauvaise[8] [2]Doctrine.[2] [i] Il est fort surpris, qu'on lui impute de n'être qu'un Copiste de l'*Espion Turc* et des *Lettres Persannes*[k]: vû que son Plan et son Exécution sont tout autres[l]. Il n'a jamais eu Dessein de faire des Panegyriques[9] [2]indirects, et visiblement tendant[2] [10]à la Récompense & [10] [2]au Païement[2] tels que ceux que prostitue à tous momens le prétendu *Espion Turc*: et il n'a nullement eu pour But de [2]ne[2] faire [2]que[2] uniquement des Portraits[11] ingénieux et délicats des[12] Malversations criminelles du Siècle, tels que ceux [13] de l'imaginaire *Espion Persan*[m]. Bien loin donc de se regarder comme Copiste d'autrui, il croit avoir ouvert une nouvelle Carriere à divers Imitateurs;[14] & il ne doute point de voir éclore au prémier Jour quelques mauvaises Copies de son Ouvrage[n]. Quant à moi,[2]Monsieur,[2] je ne trouverai nullement mauvais, que vous fassiez tel Usage qu'il vous plaira de cette Critique; n'etant aucunement[5] de ces Libraires, qui se fachent de voir censurer leurs[15] [2]Livres.[2] Au contraire, ce pouroit être une Occasion à mon Auteur de défendre son Ouvrage, & par conséquent d'en augmenter le Débit: & c'est-là tout ce que vous et moi devons envisager dans nos Impressions.

[16]Si c'est-là ce qu'on traitte [17]en lui[17] de *Plaisanteries sur toute la Religion Chrétienne en général*[o], on agit avec [2]très[2] peu de Bonne-Foi: et si c'est-là son *Déisme*[p], il le soutient incomparablement meilleur, que[18] [17]la prétendue Religion[17] traitresse et meurtriere, des Confreres de son Censeur[q]; car il ne doute

nullement que ce ne soit quelque Jésuite[19] [2]deguisé, aussi[2] [20]hargneux et chicanneur, que trembleur et vindicatif[r]. Au reste,[20] [21]

MANUSCRIT
March.2, no 18; 2p.; orig. autogr.

NOTES CRITIQUES
C'est un brouillon incomplet et d'une lecture souvent difficile.

[1] [en mai 1737, Marchand envoie à d'Argens six exemplaires du tome v de 1*LJ* et s'excuse de ce qu'il a ajouté à la préface des réponses de son cru à certaines critiques des *Lettres juives* et de leur auteur: c'est qu'il n'a pas eu le temps d'en avertir le marquis et d'attendre sa réponse, l'impression de la préface étant imminente (début de la lettre no 47). Or, les passages ajoutés par Marchand à la préface se trouvent, à quelques variantes près, dans le texte de ce brouillon, qu'il aurait sans doute griffonné lecture faite du 'Papier' dont il est question au début de la lettre no 47, lettre que ce brouillon a dû précéder de quelques jours seulement] [2] [ajouté dans l'interligne] [3] ⟨sa Réponse⟩ [4] ⟨jai⟩ [5] [mots biffés et illisibles] [6] ⟨que⟩ [7] ⟨se [mot illisible]⟩ [8] ⟨sentiments⟩[9] [le reste de la ligne est biffé et illisible] [10] [écrit dans le blanc en haut de la page et inséré ici par un signe de renvoi] [11] ⟨delicats et⟩ [12] [phrase biffée dont la dernière partie comprend, semble-t-il, les mots: ⟨Moeurs contre quoy⟩] [13] ⟨du prétendu⟩ [14] [ici se trouvent quelques chiffres barrés qui n'ont rien à voir avec la lettre] [15] ⟨Editions⟩ [16] [tout ce qui suit devait être incorporé dans le texte de la lettre, puisqu'il est précédé d'un signe de renvoi qui, pourtant, ne se retrouve nulle part dans le corps du texte: voir aussi la note *q*] [17] [écrit au-dessous de la ligne] [18] ⟨la Religion [mot ou mots illisibles]⟩ [19] [Marchand a biffé une première version de ce qui suit et dont la fin seule reste lisible: ⟨déguisé, hargneux, trembleur et vindicatif. Au reste⟩] [20] [écrit dans la marge gauche de la page 2 et inséré ici par un signe de renvoi] [21] [le reste de la lettre manque]

NOTES EXPLICATIVES
Ce brouillon, tout entier de la main de Marchand, était visiblement destiné à former le texte d'une lettre, sans doute ostensible, adressée par Pierre Paupie à un de ses confrères. En effet, c'était à Paupie qu'on avait envoyé les critiques des *Lettres juives* (voir le no 47, où Marchand parle 'du Papier ci-inclus qui a été envoié au Libraire'); et il ressort du début de ce brouillon qu'il y avait, en plus de ces critiques, des propositions dont on voulait que Paupie fît part au marquis. Cette réponse fut-elle envoyée, sinon publiée? C'est ce qu'on ignore. Ce qui est certain, c'est qu'elle a servi non seulement pour la préface au tome v des *Lettres juives* mais aussi pour un article publié dans la *Bibliothèque françoise*. On trouvera dans les notes qui suivent des renseignements plus détaillés sur les deux versions publiées du texte de ce brouillon.

a. à qui cette lettre s'adresse-t-elle? Il s'agit d'un libraire, sans doute établi en Hollande, qui a des 'Journalistes' à ses gages; libraire qui n'est nullement des amis de Marchand et que celui-ci cherche à piquer au bon endroit. Qui serait-ce? Ecartons d'abord Du Sauzet, puisque celui-ci imprimera assez fidèlement dans la *Bibliothèque françoise* le texte rédigé par Marchand. La maison d'édition Wetstein et Smith, alors? On sait quels étaient les sentiments de Marchand envers elle, surtout en ce qui concernait la *Bibliothèque raisonnée* (voir le no 3, alinéa 10); et il est vrai qu'il fait mention dans son brouillon d'une publication sortant de cette presse (voir les notes *c* et *d*). Pourtant, on ne trouve rien dans la *Bibliothèque raisonnée* pour la période 1735 à 1737 qui ait pu donner lieu à cette réponse de Marchand; ce qui n'exclut pas, bien entendu, la possibilité que la critique en question ait paru dans quelque autre publication de Wetstein et Smith à moi inconnue. Un deuxième candidat est Jean van Duren, qui imprimait le *Journal littéraire* de La Haye et dont les publications seront déchirées par d'Argens, surtout dans les *Lettres morales* (*LM*, pp.206-19) où l'éreintement s'étend à cette suite de Rapin dont il est ici question, avant de passer au *Journal de Trévoux* (*LM*, pp.220-22). Marchand avait en exécration van Duren qui, d'ailleurs, était 'Catholique Romain & de la

secte des Jesuites' (bibliothèque universitaire de Leyde, fonds March.29, 'Suplement à la Gazette des Savans', 15 novembre 1729; le même fonds nous renseigne
plus amplement sur l'hostilité de Marchand envers van Duren). Il comptait
parmi ses journalistes l'ex-jésuite Yves-Joseph de La Motte, dit de La Hode (1680-
1738), principal rédacteur du *Journal littéraire* à cette époque (voir l'article à lui
consacré dans *Journalistes*) et qui est devenu
une vraie bête noire de d'Argens. Pourtant,
si ce sont là autant d'indices m'inclinant à
croire que c'était à van Duren que s'adres-
sait cette réponse, il est de fait que nulle
trace de ces critiques des *Lettres juives* ne se
trouve dans le *Journal littéraire*. Peut-être
ont-elles paru dans quelque autre publication de van Duren.

b. publiée à Tarragone en 1614, cette
suite est due à 'Alonso Fernandez de Avel-
laneda', pseudonyme qui encore aujour-
d'hui cache l'identité de l'auteur.

c. à l'époque où écrit Marchand, il avait
paru deux suites du *Roman comique*, l'une
qu'on attribue à Jean Girault (mort en
1683) et qui fut publiée à Lyon en 1662 ou
1663, l'autre par Jean de Préchac (1647-
1720), publiée à Paris en 1679. Il n'est
peut-être pas inutile de signaler que l'année
même où écrit Marchand parurent des
Œuvres de m. Scarron, nouvelle édition (Amsterdam, J. Wetstein et G. Smith, 1737)
en 11 volumes. L'édition était due à La
Martinière, et les deux suites du roman de
Scarron en formaient le tome ii. Rappelons
que Marchand n'aimait pas plus La Martinière que Wetstein et Smith.

*d. La Suite, ou Tome iii du Virgile travesty en
vers burlesques de M. Scarron*, par Messire
Jaques Moreau, chevalier, seigneur de Bra-
sey (Amsterdam, P. Mortier, 1704-1706).
Cette suite forme le tome x des *Œuvres de
m. Scarron* (Amsterdam 1737).

e. l'*Abrégé chronologique, ou Extraict de
l'*'Histoire de France'*, par le sieur de Mézeray*
avait paru à Paris de 1667 à 1668. Une
nouvelle édition, 'où l'on a ajouté les regnes
de Louis XIII. et de Louis XIV' fut publiée
à Amsterdam en 1720. La continuation
était due à Henri-Philippe de Limiers
(mort en 1728).

*f. Histoire d'Angleterre, de Monsieur de Rapin
Thoyras, continuée jusqu'à l'avenement de George
II à la couronne*, tomes xi-xiii (La Haye, Jean
van Duren et Pierre de Hondt, 1735-1736).
Sur cet ouvrage et la critique qu'en fait
d'Argens dans les *Lettres juives*, voir le no
34 (où il est également question des '*Suites
du Don Quichotte* ou du *Roman comique*'),
notes *f* et *g*.

g. les *Mémoires pour l'histoire des sciences &
des beaux arts* (le *Journal de Trévoux*) pour
juillet 1736 avaient consacré tout un article
(1re partie, article LXXI, pp.1349-62) à une
revue foncièrement critique des *Lettres juives*
et de leur auteur. On y lit: 'L'affiche seule
d'impieté & de libertinage d'esprit, ne suffit
pas pour persuader ou pour amuser'
(p.1350). Mais écrivant en mai 1737, ce ne
serait guère à des critiques vieilles de dix
mois que Marchand se hâterait de répondre; à moins que les griefs formulés contre
d'Argens dans le *Journal de Trévoux* n'aient
été réitérés dans ce 'Papier' envoyé à Paupie et auquel répond Marchand.

h. le mot est, bien entendu, doublement
significatif dans le contexte d'une réponse
aux critiques de 'quelque Jésuite deguisé'
(voir la fin du brouillon). Il est à remarquer
que ce pluriel devient un singulier beaucoup plus anodin – 'purger par ce moyen
la Société' – lorsque la *Bibliothèque françoise*
reproduit à peu de chose près cette partie
du texte (tome xxv, 1re partie, article x,
pp.169-70). Faut-il y voir l'influence de Du
Sauzet, 'Touj. Disc. de la Societé' selon
Marchand (voir le no 11, note *f*)?

i. voici le passage, très proche de celui
qu'on vient de lire, qui a été inséré par
Marchand dans la préface au tome v des
Lettres juives: 'Je trouve très mauvais, par
éxemple, qu'on me prête un *Libertinage
d'Esprit*, qui n'est que dans l'Imagination
de mes Censeurs. Je n'ai jamais eu d'autre
But, que de condamner le Vice, & de faire
aimer la Vertu; & je crois avoir toujours
très sincérement respecté ce qui est véritablement respectable. Il est vrai, que je ne
fais aucun Quartier aux Fourbes & aux
Hipocrites. Mais, je soutiens, que c'est ce
que tous les Honnêtes Gens devroient faire
impitoïablement par-tout, que de purger
toutes les Sociétez par-là des Malhonnêtes-
Gens qui les deshonnorent, soit par leurs
mauvaises Mœurs, soit par leur mauvaise
Doctrine' (1*LJ* et 2*LJ*).

k. cp. la préface au tome v des *Lettres*

juives: 'Quelques-uns de mes Censeurs se sont crûs assez éclairez, pour pouvoir décider de tout mon Livre sur son simple Titre; & voici la Décision magistrale d'un d'entre eux. *Vous devinez aisément à ce seul Titre de* Lettres Juives, *que ces Lettres sont une Imitation des* Lettres Persanes, *ou de l'*Espion Turc. *Je ne sai si c'est bien entendre les Intérêts de son Amour-propre, que de vouloir imiter des Ouvrages qui passent pour parfaits en leur Genre; car, il est difficile de ne pas échouër'* (1*LJ* et 2*LJ*). C'est le début du deuxième passage ajouté par Marchand à cette préface (voir le no 47 et la note *d*). Je n'ai pu identifier l'ouvrage que cite Marchand, mais on trouve une critique analogue dans l'article déjà cité (note *g*) du *Journal de Trévoux* pour juillet 1736, qui pourtant ne nomme pas les 'modèles' du marquis: 'L'Auteur anonyme de cet Ouvrage périodique, paroît avoir été ébloui par le succès de quelques Lettres ingenieuses, à qui un air de nouveauté a donné plus de cours que leurs Auteurs mêmes n'auroient voulu. Il a crû qu'il n'y avoit qu'à vouloir les imiter pour réussir comme eux' (p.1352). Signalons aussi cette fausse *LJ* qui forme le supplément au tome iii de la contrefaçon des *Lettres juives* publiée à Lausanne et à Genève par Marc-Michel Bousquet et Compagnie (7 vol., 1738-1739), supplément qui est 'Tiré du Mercure Suisse, Avril 1737'. Dans cette lettre, on fait dire ceci à Monceca: 'J'ai tiré bon parti des *Lettres de l'Espion Turc*, & j'en ai copié sans façon des Lambeaux qui m'acommodoient. Il est vrai que le dessein de mon Livre n'étant d'éja qu'une Imitation de celui-là, le larcin en est plus facile à découvrir, mais n'importe, cela m'étoit aussi plus commode' (iii.280). L'accusation était d'autant plus facile à faire que déjà dans la préface au tome i des *Lettres juives* d'Argens lui-même avait fait la comparaison entre son ouvrage et *L'Espion turc* (c'est-à-dire *L'Espion du grand Seigneur*, Paris 1684, ouvrage de Giovanni-Paolo Marana). En réponse à ceux qui voulaient rendre 'le Traducteur', autrement dit d'Argens, 'responsable des Sentimens de [son] Auteur', le marquis avait demandé: 'N'y a-t-il pas de l'Extravagance à vouloir éxiger, qu'un Juif approuve des Maximes & des Usages, qui sont directement contraires à sa Loi, & à ses Préjugés? S'est on scandalisé des Lettres de l'*Es-*

pion Turc? Elles sont infiniment plus hardies, que celles dont j'ai donné la Traduction. Cependant, on n'a pas crû, chés les Honnêtes-Gens, devoir rendre responsable le François des Maximes du Musulman' (1*LJ* et 2*LJ* i, Préface du Traducteur). Enfin il est à remarquer que la traduction anglaise des *Lettres juives* publiée par D. Browne et R. Hett (London 1739-1740) en cinq volumes a pour titre *The Jewish spy*.

l. cp. l'article déjà cité de la *Bibliothèque françoise*: 'L'Auteur est bien éloigné de vouloir être le Copiste de l'*Espion Turc* ou des *Lettres Persanes*; on voit que son plan & l'execution sont d'un goût très-different' (xxv.169). Pourtant cette phrase ne se trouve nulle part dans la préface au tome v des *Lettres juives*. Il semble donc que Du Sauzet ait eu connaissance d'un état de ce texte dont nous reproduisons le brouillon.

m. c'est sûrement une allusion aux *Lettres persanes* dont il vient d'être fait mention. Cp. la préface au tome v des *Lettres juives*, où le même titre réapparaît.

n. voici ce qu'on lit à la fin de la préface au tome v des *Lettres juives*: 'Je n'ai jamais eu Dessein de faire des Panégiriques indirects, visiblement tendans au Païment & à la Récompense, tels que ceux que prostitue très souvent le prétendu *Espion Turc*: je n'ai jamais eu Intention de ne faire que des Portraits ingénieux des Malversations continuelles du Siécle, tels que ceux du feint *Espion Persan*. [...] Bien loin donc de me regarder comme Copiste d'autrui, je crois avoir ouvert une nouvelle Carriere à divers Imitateurs; & je ne doute nullement de voir éclorre au prémier jour quelques mauvaises Copies de mon Ouvrage' (1*LJ* et 2*LJ*). L'article déjà cité de la *Bibliothèque françoise* ne donne que la première partie de ce passage, et cela sous une forme condensée (xxv.169). On se demande, à la lumière de la dernière phrase de ce passage, si Marchand n'a pas eu vent de cette *Correspondance historique, philosophique et critique [. .] pour servir de réponse aux Lettres Juives* (d'Aubert de La Chesnaye Des Bois) qui paraîtra 'régulierement deux fois par Semaine' (i.8) à La Haye, chez Antoine van Dole, à partir du 25 juillet 1737 au plus tard (la lettre XLVII étant la première à porter la date 1738).

o. encore une phrase empruntée à cette critique des *Lettres juives* que je n'ai pu identifier.

p. l'article consacré aux *Lettres juives* dans le *Journal de Trévoux* pour juillet 1736 avait insisté longuement sur le fait que leur auteur était déiste (1re partie, article LXXI, pp.1354-56). D'Argens reviendra sur cette accusation tant dans la préface générale de *2LJ* que dans l'épître dédicatoire au tome ii des *Lettres cabalistiques*.

q. la préface au tome v des *Lettres juives* ferait croire que tout ce passage devait être inséré à la suite de '[...] leur mauvaise Doctrine' (voir la note *i*). En effet, la préface continue comme suit: 'Si c'est-là ce qu'on traitte de *Plaisanteries sur toute la Religion Chretienne en général*, on agit avec trés peu de Bonne-Foi: & si c'est-là le *Déisme* qu'on m'impute, je le soutiens incomparablement meilleur, que la prétendue Religion de mes Censeurs' (1*LJ* et 2*LJ*).

r. inutile d'insister sur la véhémence de ces sentiments anti-jésuites de la part d'un homme qui a exercé une influence capitale sur l'auteur des *Lettres juives*.

Appendice VIII

Un post-scriptum aux rapports entre Marchand et d'Argens

1. 'Lettre aux éditeurs du Journal Helvétique' *par* 'le Baron de Fusch. ... de la Société Roïale de Londres'

[...] Permettez, Messieurs[a], que je vous instruise d'une chose qui s'est passée depuis trois mois, & qui montre bien quel est le caractère de Mr. d'Argens. C'est lui-même qui m'a écrit ce que je vais avoir l'honneur de vous dire. Vous n'ignorez pas combien il avoit à se plaindre du Sieur Bousquet. Ce Libraire, à l'occasion qu'il faisoit des *Lettres Juives*, & des démêlés qu'il avoit à ce sujet avec un de ses confreres de Hollande[b], avoit dans plusieurs pièces, aussi mauvaises que choquantes, injurié Mr. le Marquis d'Argens. Il se figuroit que c'étoit lui qui avoit fait les Avertissmens du Libraire Hollandois[c], quoiqu'il fût public à la Haye que c'étoit le Sieur Marchand, Correcteur du dit Libraire, qui en étoit l'Auteur[d], Mr. le Marquis d'Argens aiant quitté pour lors la Hollande depuis plus de dix-huit mois, & étant très malade à Maestricht[e][...]

NOTES EXPLICATIVES

a. datée 'A Eslingen ce 1. Décembre 1740', cette lettre de trente-deux pages se trouve en tête du tome i de l'édition des *Lettres chinoises* publiée à La Haye en 1751 par Pierre Gosse junior. Qu'elle ne se trouve pas dans 1*LCh* n'est pas pour surprendre, la publication de cette édition étant déjà terminée en mi-novembre 1740. Pourtant, on ne la trouve pas non plus dans l'édition publiée à La Haye par Paupie en 1755. Si Gosse l'imprime en guise de préface à son édition, qui ne reproduit pas la préface au tome i de 1*LCh*, c'est sans doute pour différencier sa 'Nouvelle Edition, augmentée de Nouvelles Lettres, de Quantité de Remarques, &c' de celles déjà publiées par Paupie. L'extrait qu'on va lire se trouve à la page xiii du tome i de son édition. Quant au 'baron de Fusch. ... ', auteur de la lettre en question, il m'a tout l'air de n'être qu'un homme de paille.

b. Paupie, s'entend.

c. voici ce qu'en dit Marc-Michel Bousquet dans la préface à son 'Supplement ou Tome septieme des Lettres Juives', datant de 1739: 'Il [Paupie] a parlé lui même: il a fait parler Mr. le *Marquis d'Argens*, tant dans l'avis mis à la tête de sa nouvelle édition des *Lettres Juives*, que de ses *Lettres Cabalistiques*. Je ne qualifierai point ces Préfaces' (p.xviii). Si Bousquet ne répond pas aux remarques du marquis, c'est qu'il croit devoir 'regarder ce que cet Auteur dit contre moi, comme l'effet de sa complaisance pour son Libraire. [...] Mais pour Mr. L'Original [c'est-à-dire Paupie], dont il exprime les sentimens & le langage, dans les Prefaces & Avis, il ne trouvera pas mauvais que je lui dise deux mots' (pp.xix-xx). Suivent des observations ironiques sur la façon dont Paupie cherche à en imposer au public par sa nouvelle édition des *Lettres juives* (il s'agit de 2*LJ*).

d. en effet, on reconnaît le ton acerbe de Marchand dans l'avertissement en tête du tome i de 2*LJ*, avertissement qui adresse bien des coups de patte à Bousquet. Dans la préface générale à la même édition, d'Argens ne fait mention qu'en passant des 'différentes *Contre-façons*' qu'on a fait de cet Ouvrage dans divers Païs. Elles sont remplies de Fautes, & entiérement différentes de cette Edition. Je n'ajoûterai rien à ce Sujet; le Libraire aïant eu soin de mettre un *Avertissement* à la Tête du Livre, très ample, & fort bien circonstancié'. C'était indiquer assez clairement au lecteur qu'il n'en était pas l'auteur. Ajoutons que la contrefaçon de Bousquet n'est pas plus épargnée dans l'avertissement en tête du tome ii de 1*Cab*, ni dans un passage particulièrement virulent de la préface au tome i de 1*LCh*.

e. d'Argens aurait-il appris tous ces détails au 'Baron de Fusch. ...' dans la lettre qu'il lui aurait écrite? Ce ne serait pas la première fois qu'il en aurait agi ainsi. Ne l'a-t-on pas vu chercher à se disculper auprès de Du Sauzet en laissant entendre que c'était à Marchand que celui-ci devait s'en prendre (voir le no 63, note *c* et le no 64, notes *i* et *k*)? Et l'effet de cette partie de la lettre du 'Baron' n'était-ce pas d'inviter Bousquet à reconnaître l'innocence du marquis et à s'attaquer plutôt à Marchand? Cette fois du moins, il est vrai, d'Argens était dans son droit. Mais nonobstant cela, et qu'il ait ou non inspiré la lettre du 'Baron', celle-ci, une fois publiée, n'aurait guère aidé à effectuer une réconciliation entre Marchand et d'Argens.

2. *Jean-Baptiste de Boyer, marquis d'Argens, à Jean Néaulme*

[1746]

[...] je vous prie de recomender au corecteur la regularité dans les notes [1]et dans la corection de l'ortographe.[1] [a] si c'est mr[2] marchand[b] asurés le je vous prie de mes respects [...]

MANUSCRIT

Bibliothèque universitaire de Leyde, B.P.L. 246; 2p., p.2bl. sauf pour la mention 'Marquis d'Argens 1746', écrite sans doute par Néaulme, car la main n'est ni celle de d'Argens ni celle de Marchand; orig. autogr.

IMPRIMÉ

M. M. Kleerkooper et W. P. van Stockum Jr, *De Boekhandel te Amsterdam voornamelijk in de 17ᵉ Eeuw* (La Haye 1914-1916), i.462.

NOTES CRITIQUES

[1] [ajouté dans l'interligne] [2] [et non 'un', Kleerkooper et van Stockum]

NOTES EXPLICATIVES

a. le manuscrit dont il est question est celui du dernier des *Songes philosophiques*, publiés à 'Berlin' en 1746. Dans le fait, l'ouvrage fut imprimé à La Haye (et non à Amsterdam, Kleerkooper et van Stockum, i.462, n.3) par Jean Néaulme: voir le document no 3 de cet appendice.

b. il s'agit bien de Prosper Marchand, qui travaillait comme correcteur pour Jean Néaulme en 1746, comme en fait foi un reçu daté du 12 février de cette année (cité par Kleerkooper et van Stockum, i.464).

3. *Une appréciation des* Songes philosophiques *par Marchand?*

Nouvelles Litteraires du [1]*Avril 1747.*

[...] *Les Songes Philosophiques, par l'Auteur des* Lettres Juives, *imprimez* à Berlin, *ou plûtôt* à la Haie, chez Neaulme, en 1746, *in 12°,* ne font pas à beaucoup près autant de Bruit que le souhaiteroit l'Auteur, qu'on trouve n'y faire que redire ce qu'il a déjà maintes foit dit et redit dans ses diverses Productions ou Compilations [...][a]

Ce n'est pas que l'Auteur des *Songes* prétendus *Philosophiques*, mais simplement *amusans*, et trop souvent *satiriques*, soit un fort grand Serviteur de Dieu: mais, d'une Indolence fort blamable à une Incrédulité totale il y a une très grande et tres immense Distance[b][...]

MANUSCRIT

Bibliothèque universitaire de Leyde, fonds March.52, f.40.

NOTES CRITIQUES

La feuille entière est de la main de Marchand.

[1] [*sic*]

NOTES EXPLICATIVES

a. suit une critique d'Aubert de La Chesnaye Des Bois pour avoir attaqué l'ouvrage du marquis – et en particulier pour avoir accusé celui-ci d'athéisme – dans les *Lettres critiques avec des songes moraux, à Mme de ***, sur les* Songes philosophiques *de l'auteur des* Lettres juives (Amsterdam 1746). C'est le titre donné par Cioranescu (1969), no 8698. Le seul exemplaire que j'aie pu consulter, imprimé à Amsterdam en 1767, a pour titre *Lettres critiques sur les Songes philosophiques du marquis d'Argens, avec des songes moraux*. Le livre dénonce un peu partout les 'leçons d'irreligion & d'impiété' (épître dédicatoire) des *Songes* du marquis.

b. cette appréciation des *Songes philosophiques* est-elle de Marchand? Si ce n'est pas sûr, c'est du moins vraisemblable. D'abord, elle est tout entière de la main de Marchand. Ensuite, les sentiments qu'elle exprime tant envers Aubert de La Chesnaye Des Bois qu'envers le marquis sont tout à fait caractéristiques de Marchand, compte tenu de l'évolution qu'on a pu suivre dans son attitude à l'égard du marquis. Je n'ai malheureusement pas pu identifier le journal dans lequel ont paru ces nouvelles littéraires, si tant est qu'elles aient jamais été publiées.

4. *Jean-Baptiste de Boyer, marquis d'Argens, à Jean Néaulme*

[à Postdam ce 27 novemb. 1753]

[...] Que fait le bon Monsieur Marchand? vit il encor[a]? est il toujour fâché contre moy? Il a grand tort car je vous jure que je n'ai jamais eu la moindre part à toutes les pièces que notre ami Paupié a mis dans le suplément du sixième volume des letres cabalistiques, elles ont été imprimées à mon insçu. Vous sçavés bien que j'étois en Alemaigne lorsqu'elles parurent, et l'amitié qui a toujours été entre Paupié et moy faissoit que je le laissois le maitre de faire ce qu'il vouloit sans m'en instruire[b].

A propos du sieur Paupie, s'il est à la Haye vous le voiés sans doute très souvent. Dites luy je vous prie que je l'aime encor de tout mon coeur et autant que lorsque je faissois les letres juives, et que nous écrivions des pamflets contre le médecin de Liege[c][...]

MANUSCRITS

1. Société d'histoire de Pennsylvanie, Philadelphie, collection Dreer; orig. autogr.

2. Bibliothèque universitaire de Leyde, fonds B.P.L.246; 4p., p.3 bl., l'ad. p.4; copie contemporaine faite pour Jean Néaulme qui, en marge de la première page, l'a certifiée 'fidelle & conforme a L'original que j'ai en main'.

IMPRIMÉS

1. M. M. Kleerkooper et W. P. van Stockum Jr, *De Boekhandel te Amsterdam voornamelijk in de 17e Eeuw* (La Haye 1914-1916), i.473-74.

2. Best.D5582 (*Œuvres complètes de Voltaire* 98, pp.321-22).

NOTES CRITIQUES

Je reproduis le texte du ms.1 tel qu'on le lit dans Best.D5582. Le ms 2 n'en diffère que par l'orthographe et par la ponctuation.

NOTES EXPLICATIVES

a. Marchand n'est mort qu'en 1756.

b. en 1741 Paupie avait publié une nouvelle édition des *Lettres cabalistiques* en six volumes, édition 'augmentée de LXXX nouvelles lettres'. Dans la préface générale au tome i, d'Argens avertit le lecteur qu'il trouvera dans cette édition des 'Réflexions sur le caractère d'un Officier, petit Ecrit de quatre ou cinq pages, auquel je n'ai aucune part, non plus qu'aux quinze *Lettres*, renfermées dans le tome VI. de cet Ouvrage, que je n'ai pû achever. Ce n'est pas que je ne fusse disposé à remplir mon engagement envers le Public; mais l'intérêt du Libraire ne lui permettant pas d'attendre mon retour, il a cru devoir supléer au défaut par une Plume étrangère.' Dans le fait, le tome vi comprend quatorze lettres (CLXV à CLXX-VIII), dont deux (CLXX et CLXXI) sont con-

sacrées à l'*Histoire de l'origine et des premiers progrès de l'imprimerie* (La Haye 1740) de Marchand. La lettre CLXX (vi.70-84) ironise un peu partout sur le style de Marchand et sur les louanges qu'il donne au jeune Jacques Levier pour la part qu'il a eue à l'impression de l'ouvrage (cp. la lettre no 63, note *s*). La lettre CLXXI (vi.85-103), consacrée au fond de l'ouvrage, est écrite sur le même ton ironique et au surplus allègue que Marchand défend 'une mauvaise cause' (vi.91), autrement dit que la base même de son ouvrage est fort discutable. Il n'y avait pas là, on le voit, de quoi effectuer une réconciliation entre Marchand et l'auteur des *Lettres cabalistiques*; car, malgré la préface générale, Marchand a très bien pu soupçonner le marquis d'être de concert avec Paupie dans cette affaire. Quant aux rapports entre Marchand et Paupie, il est clair que dès 1741 celui-ci menait une guerre ouverte contre Marchand, au point de vouloir décrier publiquement un ouvrage dont il avait lui-même publié une partie.

c. je ne sais à quoi d'Argens fait allusion; mais cp. la lettre no 62 et la note *k*.

Appendice IX
Marchand répond au 'Libelle' de Du Sauzet

JE sai mieux que qui que ce soit combien ces sortes d'Expressions hyperboliques se doivent pr. au rabais; et qu'en particulier celles-ci sont plutot un Eff. de la ¹Politesse¹ de mr le M. d'Argens, que du leger service que je peux lui avoir rendu. Mais au moins prouvent-elles incontestablement, que je n'ai rien fait que de son Aveu et à sa Priere*a*; & que p.c. l'Accusation de mon Calomniateur est aussi fausse, qu'il est faux qu'il soit du Sauzet, et qu'il est vrai qu'il en impose au Public jusque dans son Nom.² *b*

J'avoue que cela est un peu hiperbolique et ne doit etre pris qu'au rabais*c*; car, après tout, il ne s'agissoit que de la Corr. de quelques Mots peu propres, de quelques Phrases peu regulieres, de quelques Faits peu exacts, de quelques Critiques de Livres à rendre, ou moins flateuses ou moins severes.³ *d*

⁴P. ex. Les 3 mots que j'ai ajoutez à son Jug^t. sur l'*Hist. de Thou* sont une Verité Historique s'il en fut jamais une*e*, et le Public éclairé ne le sentira que trop.

Il a dit du M^qs d'Argent, appar. pr. nous brouiller, car, je ne vois pas d'autre Motif, excepté néan. celui de satisfaire son Génie mordant et satiriq. [...]⁵

MANUSCRIT
Bibliothèque universitaire de Leyde, fonds March. 52, fol.161; orig. autogr.

NOTES CRITIQUES
Le manuscrit est un brouillon dont le texte, composé de fragments indépendants les uns des autres mais tous de la main de Marchand, occupe le recto et le verso d'un feuillet de forme irrégulière. Ne sont donnés que les fragments ayant rapport à d'Argens, et sans retenir les nombreuses phrases biffées qui n'ont qu'un intérêt stylistique.
¹ [ajouté dans l'interligne au-dessus de 'Recon.' qui n'est pas biffé] ² [ce fragment, d'une écriture très serrée, occupe ce qui avait été le blanc en tête du recto] ³ [ce fragment, au recto, est écrit le long de la marge gauche et continue en bas de la page] ⁴ [il est à peu près certain que ce paragraphe, écrit au recto le long de la marge gauche, est à rattacher à celui qu'on vient de lire] ⁵ [cette phrase est écrite le long de la marge gauche du verso]

NOTES EXPLICATIVES
Chacun des fragments cités fait partie d'une réponse à l'article VII du tome XXVIII (2e partie) de la *Bibliothèque françoise*. Le feuillet sur lequel ils sont couchés se trouve parmi plusieurs états de cette réponse que Marchand a peut-être renoncé à faire publier (voir là-dessus la lettre no 63 et la note *y*). Il est à remarquer qu'aucun de ces passages n'a été retenu dans ce qui paraît être la version définitive de cette réponse.
a. tout ce début laisse entendre que Marchand aurait eu l'intention de citer diverses phrases des lettres du marquis pour se disculper de la charge d'avoir retouché les manuscrits de celui-ci sans son aveu. C'est d'ailleurs le procédé qu'il emploie dans la lettre no 63.
b. on se rappellera que l'article VII de la *Bibliothèque françoise*, tome XXVIII, 2e partie, était intitulé 'Reponse des Auteurs de cette Bibliotheque à la lettre précédente' (p.321). Or, Du Sauzet lui-même était le principal auteur de la *Bibliothèque françoise* (cp. les *Mémoires historiques et littéraires de M. l'abbé Goujet ...*, La Haye, Du Sauzet, 1767, p.63: 'Le libraire ex-jésuite était lui-même auteur de ce bon ouvrage périodique. Mais

il recevait aussi de plusieurs endroits des extraits de livres et des pièces fugitives'; cité dans *Journalistes*, article 'Goujet'). Marchand s'imagine que l'article auquel il répond est l'ouvrage, non de Du Sauzet, mais d'un de ses collaborateurs. Mais en accusant son 'Calomniateur' d'en avoir imposé au public 'jusque dans son Nom' il se trompe, car l'article VII est censé être écrit non par Du Sauzet mais par un de ses journalistes; et dans tout le paragraphe où il est question des *Lettres cabalistiques* et de la *Nouvelle bibliothèque*, il est parlé de 'M.D.S.' à la troisième personne. Sous le coup de la colère provoquée par ce 'Libelle odieux', Marchand semble ne pas avoir fait attention à ce détail. Il est à remarquer que, dans le deuxième paragraphe de la lettre no 63, il attribue ce 'Libelle' à Du Sauzet lui-même.

c. encore une phrase qui, semble-t-il, devait faire suite à des citations tirées des lettres du marquis.

d. autant de renseignements précieux sur l'apport de Marchand aux ouvrages du marquis.

e. on trouve dans *Cab* (1741) CXXXVI ce jugement sur l'*Historia sui temporis* de Jacques-Auguste de Thou: 'Quelles obligations n'ont pas les François à de Thou? Ce sage & impartial historien leur a montré tous les maux que les divisions populaires, les disputes de Religion, & les guerres civiles peuvent produire. On devroit faire lire toutes les années aux Rois l'*Histoire* de ce grand homme, & leur en faire apprendre certains morceaux par coeur, comme les anciens Souverains de l'isle de Crete étoient obligés de connoître & de savoir toutes les Loix de Minos' (iv.314-15). Serait-ce le passage auquel Marchand fait allusion, ou bien songerait-il à la fin de 1*LJ* CLXIX, vi.156 (2*LJ* CLXXXVII, v.442-43), trop longue pour être citée ici? Ce sont, à ma connaissance, les seuls passages dont il pourrait s'agir.

Appendice x
Additions et corrections à la bibliographie des ouvrages du marquis d'Argens

MALGRÉ les travaux de Johnston (1928), de Bush (1953) et de Molino (1972), nous sommes toujours loin d'avoir cette bibliographie définitive des ouvrages du marquis d'Argens qui nous aiderait à préciser et à évaluer le rayonnement de son œuvre, et cela pour deux raisons. D'abord, comment dresser une liste complète des ouvrages de cet écrivain prolifique, auteur sans doute de nombreux pamphlets – tels que ceux 'contre le médecin de Liege' dont il est question dans Best.D5582 (voir l'appendice no VIII) – et dont l'activité littéraire en Prusse ne fut pas restreinte, semble-t-il, aux ouvrages avoués du chambellan de Frédéric II?[1] Ensuite, comment déterrer toutes ces rééditions, contrefaçons et traductions qu'ont connues certains de ses ouvrages pendant tout le cours du dix-huitième siècle?

Certes, la bibliographie établie par Molino est déjà impressionnante, dépassant largement celle de Bush qu'elle corrige d'ailleurs sur bien des points. Elle n'en est pas pour autant définitive, et le but de cet appendice est tout simplement d'ajouter quelques renseignements supplémentaires et de faire des corrections de détail à ce qui a été établi par Johnston, Bush et Molino. C'est sur des exemplaires que j'ai eus entre les mains ou, dans certains cas particuliers, sur le témoignage des périodiques du temps que s'appuient ces additions et corrections. Il ne s'agit donc nullement d'une nouvelle bibliographie des ouvrages du marquis, car je n'ai pu ni voulu vérifier chacun des détails qu'on trouve dans Johnston, Bush et Molino. Si je renvoie le lecteur à leurs bibliographies pour tous les ouvrages, éditions et traductions dont il n'est pas fait mention ici, c'est faute de pouvoir rien avancer là-dessus moi-même.

a. Ouvrages philosophiques et critiques

I. 1. *Lettres Juives, ou Lettres d'un Juif en Voyage à Paris à ses Amis en divers Endroits.* La Haye, Pierre Paupie, 1735-1737, demi-feuilles bihebdomadaires in-8.

C'est le titre qu'on lit dans les deux annonces imprimées dans le *'s-Gravenhaegse Courant* du 7 et du 12 décembre 1735, qui nous fournissent également l'indication 'in-8'.

2. *Lettres juives, ou Correspondance philosophique, historique, et critique, Entre un Juif Voyageur à Paris & ses Correspondans en divers Endroits.* La Haye, Pierre Paupie, 1736-1737, 6 tomes en 3 vol. in-8.

---

[1] C'est ce qui ressort de ce passage d'une lettre de Jean-Henri-Samuel Formey à Prosper Marchand, datée du 26 novembre 1744: 'Le M. d'argens s'amuse toujours, et nos presses roulent sur ses Opuscules. Il publie une Feuille periodique, sous le titre d'*Observateur Hollandois*, dont le succés est assés equivoque. Il decoche d'autres Brochures sur des Sujets que lui fournissent les objets qui l'environnent' (bibliothèque universitaire de Leyde, fonds March.2).

C'est 1*LJ*, édition A (voir la liste des abréviations) dont un exemplaire se trouve dans la bibliothèque John Rylands de l'université de Manchester.

3. *Ibid.* C'est 1*LJ*, édition B dont un exemplaire incomplet se trouve dans la bibliothèque universitaire de Liverpool.

4. *Ibid.*, Amsterdam, Paul Gautier, 1736-1737, 6 vol. in-12.

Cette édition est forcément postérieure à 1*LJ* éditions A et B dont le tome iii a paru en octobre 1736 (voir l'appendice no ii), tandis que le tome iii de l'édition Gautier date de 1737. C'est Wolf Steinsieck qui le premier a attiré mon attention sur l'existence de cette édition, qui d'ailleurs figure dans la bibliographie de Molino (1972) p.1440. Berkvens-Stevelinck (1978) p.49 en fait état également, mais l'auteur se trompe en la datant de 1736 et en la réduisant à cinq tomes. Il semble d'ailleurs qu'elle la confonde (p.66, n.2) avec la première édition réunie en volumes (le no 2 ou le no 3).

Ni Johnston ni Bush n'ont vu aucune de ces éditions et ils se sont trompés tous deux tant sur le titre que sur les dates de l'édition périodique (le no 1). La première édition que cite Molino (1972) p.1440, sans doute d'après Cioranescu (1969) no 8303 – 'La Haye, P. Paupie, 1736, 6 vol. in 8' – n'existe pas.

5-8. Pour des renseignements sur une contrefaçon publiée à Dresde et dont le cinquième volume était 'deja fait' en août 1737, voir la lettre no 20, note *n*. Dans la même note, il est question de deux autres éditions faites l'une à Francfort et l'autre à Hambourg et dont l'existence est attestée par une remarque de d'Argens dans la préface au tome i de 1*Cab*, datant de décembre 1737. Une autre contrefaçon, dont deux volumes au moins avaient paru dès avant la mi-janvier 1737, fut publiée à Avignon: voir là-dessus la lettre no 24 et les notes *g* et *h*.

9. *Lettres juives, ou Correspondance philosophique, historique & critique, Entre un Juif Voïageur en différens Etats de l'Europe, & ses Correspondans en divers Endroits*. Nouvelle édition augmentée de XX Nouvelles Lettres, de Quantité de Remarques, & de plusieurs Figures. La Haye, Pierre Paupie, 1738, 6 vol. in-8.

Si je cite cette édition qu'on trouve déjà dans Bush (1953) p.234, c'est pour faire remarquer qu'elle est la première à porter le titre définitif de l'ouvrage.

10. *Lettres juives, ou Correspondance philosophique, historique & critique, Entre un Juif Voyageur à Paris, & ses Correspondans en divers endroits*. Nouvelle édition. Lausanne & Genève, Marc-Michel Bousquet & Compagnie, 1738-1739, 7 vol. in-8.

Comme l'a remarqué Bush (qui par erreur date cette contrefaçon de 1739), le dernier volume porte une page de titre tout à fait différente (Bush, 1953, p.235). Molino (1972) p.1440 décrit cette édition comme un in-12. L'exemplaire que j'ai consulté dans la bibliothèque de l'université d'Edimbourg est un in-8. Le texte des six premiers volumes de cette contrefaçon suit tantôt celui de 1*LJ* édition A, tantôt celui de 1*LJ* édition B.

Traductions:

1. *Joodsche Brieven, of Wysgeerige Historische en Critische Verstandhoudingen tusschen een Reyzende Jood in Parys en zyne Correspondenten op verscheyde plaetsen*. 's Hage, Isaek vander Kloot, 1737-?, feuilles hebdomadaires.

Ces renseignements sont tirés du *'s-Gravenhaegse Courant* du 11 février 1737: voir là-dessus la lettre n° 15, note *k*. Berkvens-Stevelinck (1978) p.141 cite, avec de légères variantes, le titre qu'on vient de lire, mais sans indiquer aucune source. Si Bush (1953) p.235, suivi par Molino (1972) p.1440, fait mention de cette traduction, c'est seulement d'après l'indication peu précise fournie par la bibliographie de J. van Abkoude (voir Bush, 1953, p.76 et n.86).

2. *The Jewish Spy: being a philosophical, historical and critical Correspondence, By Letters Which lately pass'd between certain Jews in Turkey, Italy, France, &c.* Translated from the Originals into French, By the Marquis d'Argens; And now done into English. London, D. Browne and R. Hett, 1739-1740, 5 vol. in-12.
Johnston (1928) p.205 décrit cette traduction de façon à faire croire que l'auteur n'en avait vu que le premier volume, tandis que Bush (1953) p.234 et Molino (1972) p.1440 semblent suivre le catalogue du British Library en la réduisant à un seul volume. Effectivement, le BL n'en possède que le tome i, mais l'exemplaire dans la bibliothèque Bodléienne de l'université d'Oxford comporte cinq volumes.

3. *Jewish Letters: or, A Correspondence Philosophical, Historical and Critical, Betwixt a Jew and his Correspondents, In different Parts*. Newcastle, James Fleming, 1739-1744, 4 vol. in-12.
Ni Johnston, ni Bush ni Molino ne font mention de cette traduction. On en trouve un exemplaire dans la bibliothèque Bodléienne de l'université d'Oxford.

II. *La Philosophie du bon-sens, ou Réfléxions philosophiques sur l'incertitude des connoissances humaines, à l'usage des cavaliers et du beau-sexe*; par Monsieur le Marquis d'Argens. A La Haye, Chés Adrien Moetjens, 1737, in-12.
C'est la page de titre de l'exemplaire se trouvant dans la bibliothèque universitaire de Leyde et qui faisait partie de la bibliothèque de Marchand lui-même; elle est citée par Berkvens-Stevelinck (1978) dans sa bibliographie (p.141). Une deuxième page de titre dans le même exemplaire porte 'A Londres, aux dépens de la Compagnie, 1737'. Ce sont ces indications-ci que reproduisent Johnston (1928) p.206, Bush (1953) p.235 et Molino (1972) p.1441.

Traduction:
De Filosofy van het Gezondt-Verstandt, of Filozofise aanmerkingen over de onzekerheid der menschelyke kundigheden. Door de Marquis d'Argens. Te Londen, Voor Rekening van de Compagnie, 1737.
Un exemplaire de cette traduction se trouve dans la bibliothèque universitaire de Leyde. Si Bush, suivi par Molino (1972) p.1441, fait mention de cette traduction dont il n'a évidemment pas vu d'exemplaire, il ne la décrit que de façon fort sommaire (Bush, 1953, p.236).

III. 1. *Lettres cabalistiques, ou Correspondance philosophique, historique, et critique, Entre deux Cabalistes, divers Esprits Elémentaires, & le Seigneur Astaroth*. La Haye, Pierre Paupie, 1737-1738, demi-feuilles bihebdomadaires.
2. *Ibid.*, 4 vol. in-12.
Les 4 tomes de l'exemplaire faisant partie du legs Marchand dans la bibliothèque universitaire de Leyde sont reliés en deux volumes.

3. *Ibid.*, 1738, 4 vol. in-8 (et non 6 vol., Johnston, 1928, p.205, Bush, 1953, p.236, Molino, 1972, p.1442).
Je n'ai vu aucun exemplaire de cette édition, mais son existence est attestée par une annonce dans la *Nouvelle Bibliothèque*: voir là-dessus la lettre n° 64, note *l*.

IV. 1. *Mémoires secrets de la république des lettres, ou le théâtre de la vérité*, par l'auteur des Lettres juives. Amsterdam, Jacques Desbordes (lettres i à xiii); La Haye, Jean Néaulme (lettres xiv à xix) 1737-1748, 6 tomes en 5 vol. in-12 (et non 7 vol., Johnston, 1928, p.206 et Bush, 1953, p.236).
L'exemplaire de cette édition provenant de la bibliothèque de Marchand et qui se trouve dans la bibliothèque universitaire de Leyde comprend une 'Seconde Edition augmentée' de la deuxième lettre, édition publiée à La Haye par Jean Néaulme en 1751.

2. *Ibid.*, Amsterdam, Néaulme, 1744, 7 vol. in-12.
Voir Molino (1972) p.1441. Johnston et Bush passent sous silence cette édition. On en trouve un exemplaire dans la bibliothèque de l'université d'Edimbourg et un autre dans la bibliothèque nationale de l'Ecosse.

V. 1. *Lettres chinoises, ou Correspondance philosophique, historique et critique, Entre un Chinois Voyageur à Paris & ses Correspondans à la Chine, en Moscovie, en Perse & au Japon*. La Haye, Pierre Paupie, 1739-1740, demi-feuilles bihebdomadaires.

2. *Ibid.*, 5 vol. in-8 (et non 6 vol., Johnston, 1928, p.206 et Bush, 1953, p.236).

VI. *Critique du siécle, ou Lettres sur divers sujets*; Par l'Auteur des Lettres Juives. La Haye, P. Paupie, 1745, 2 vol. in-12.
La première édition citée par Johnston (1928), Bush (1935) et Molino (1972) est de 1746. L'exemplaire que j'ai consulté se trouve dans la bibliothèque universitaire de Cambridge.

VII. *Songes philosophiques*, par l'auteur des Lettres Juives. Berlin [La Haye, Jean Néaulme] 1746, in-12.
Dans Johnston (1928) p.207, Bush (1953) p.238 et Molino (1972) p.1444, on lit 'Berlin in-8'. Le manuscrit cité dans l'appendice no viii (3) permet de rectifier ces détails.

b. Romans

La supériorité de la bibliographie établie par Molino, qui déjà dépasse nettement celles de Johnston et de Bush lorsqu'il s'agit des ouvrages philosophiques et critiques du marquis, est encore plus évidente en ce qui concerne les romans de celui-ci. Molino a reconnu que, si la liste dressée par Johnston était trop large, celle de Bush était par contre trop restreinte. Et, afin d'établir un juste milieu entre ces deux excès, il est parti de deux textes qui nous offrent en effet un guide précieux à travers les écueils des attributions incertaines. Il est indispensable de les citer ici. Le premier se trouve dans *La France littéraire, ou Dictionnaire des auteurs françois vivans*; corrigé et augmenté par M. Formey [Jean-Henri-Samuel Formey, 1711-1797], Berlin, Haude et Spener, 1757. Voici l'article consacré au marquis:

'ARGENS [Jean-Baptiste de Boyer, Marquis d'] *Chambellan du Roi de Prusse, né à Aix en Provence le 24 Juin 1704.* Mémoires du Marquis d'Argens, 1736, 2 vol. *in-12.* Le Philosophe solitaire, ou Mémoires du Marquis de Mirmon, 1736, *in-12.* Mémoires du Marquis de Vaudreville, 1736, *in-12.* Mémoires de la Comtesse de Mirol, 1736, *in-12.* Le Mentor Cavalier, 1736, *in-12.* Mémoires de Mademoiselle de Mainville, 1736, *in-12.* Mémoires du Comte de Vaxere, ou le faux Rabin, 1737, *in-12.* Avantures de Rosaline, *in-12.* Mémoires secrets de la République de [*sic*] Lettres, 1737, 4 vol. *in-12.* Anecdotes historiques, galantes & littéraires du tems présent, 1737, *in-12.* Lettres d'un Sauvage dépaïsé à son Correspondant en Amerique, 1738, *in-8°.* Anecdotes Venitiennes & Turques, ou nouveaux Mémoires du Comte de Bonneval, sous le nom de Mirone, 1740, 2 vol. *in-8°.* Avantures de la Duchesse de Vaujour, sous le même nom, 1741, 3 vol. *in-8°.* Lettres Juives, 1738, *in-8°.* 6 vol. Lettres Chinoises, 1739, in-8°. 5 vol. Lectures amusantes, ou délassement de l'esprit, 1739. *in-12.* 2 vol. Lettres Cabalistiques, 1741, in-8°. 6 vol. Mémoires de Meilcourt, 1739, *in-12.* La Philosophie du bon sens, 1740, 2 vol. *in-12.* réïmprimée à Dresde, 1754. 2 vol. *in-8°.* Reflexions historiques & critiques sur le goût & sur les ouvrages des principaux Auteurs, 1743, *in-12.* Mémoires pour servir à l'histoire de l'esprit & du cœur, 1745, 2 vol. *in-12.* Mémoires du Chevalier de ... 1745, 2 vol. *in-8°.* Lettres Philosophiques & Critiques, par le Marquis d'Argens & Mademoiselle Cochois, 1746, *in-12.* Songes Philosophiques, 1746, *in-12.* Lettres Morales & Critiques sur les differents états & les diverses occupations des hommes, 1747, *in-12.* Les Enchaînemens de l'Amour & de la Fortune, 1748, *in-12.* Avantures de Bella, 1751, *in-12.* Réflexions critiques sur les Ecoles de Peinture, 1752' (pp.94-95).

Or, d'Argens lui-même a commenté cet article dans un avertissement à la fin de son *Ocellus Lucanus* (Berlin, Haude et Spener, 1762) et a ensuite incorporé ce commentaire au tome xii de son *Histoire de l'esprit humain* (Berlin, Haude et Spener, 1768), où il nie être l'auteur des '*Anecdotes historiques, galantes & littéraires du temps présent: Lettres d'un sauvage dépaysé; Anecdotes Venitiennes & Turques, ou Memoires du Comte de Bonneval; Aventures de la Duchesse de Vaujour; Lettres amusantes, ou delassement de l'esprit; les Aventures de Donna Bella* [...] Quant aux autres livres qu'on m'attribue dans ce Dictionaire, je reconnois en être l'auteur, excepté des pieces, qui dans les *Mémoires de l'esprit & du cœur* ne sont pas sous mon nom, aux quelles je n'ai véritablement aucune part' (*Histoire de l'esprit humain*, xii.371).

Concluons, avec Molino, qu'on peut attribuer à d'Argens tous les romans dont il est fait mention par Formey et que ne désavoue pas le marquis. Mais avant d'en dresser la liste, il faut citer un deuxième passage de l'*Histoire de l'esprit humain*. Cette fois, il est question des ouvrages dont d'Argens avoue la paternité. Il commence par ses ouvrages plutôt philosophiques, puis ajoute ce qui suit:

'Outre ces ouvrages, j'ai donné dans ma jeunesse sept petits romans ou *nouvelles* [...] Ces nouvelles sont les Mémoires de Mirmon, les Mémoires de Mainville, le faux Rabin; le Legislateur moderne: Mémoires de Vaudreville, Mémoires de Vascere, Mémoires de Pietro de la Valle. Ces ouvrages sont mes *juvenilia* [...]' (xii.374-75).

Voici donc la liste des romans du marquis, telle qu'on peut l'établir à partir de ces trois textes. Je commence par les romans dont fait mention Formey, et je les cite suivant l'ordre de l'article 'Argens' de *La France littéraire*. Chaque fois que je suis à même d'ajouter quelque chose aux indications fournies par Johnston, Bush et Molino, je le fais.

I. 1. *Mémoires du marquis de Mirmon, ou le solitaire philosophe.* Par Mr. L.M.D. Amsterdam, Wetstein & Smith, 1736, in-12. (Exemplaire dans le British Library; cp. Cioranescu, 1969, no 8308).

2. *Le Solitaire philosophe, ou mémoires de Mr. le marquis de Mirmon,* Par M.L.M.D. Amsterdam, Wetstein et Smith, 1736, in-12. (Voir le catalogue de la Bibliothèque nationale et Cioranescu, 1969, no 8307).

3. *Ibid.*, 1739, in-12. (Voir Jones, 1939, p.58).

4. La *Bibliographie du genre romanesque français 1751-1800* (Londres et Paris 1977) par Martin, Mylne et Frautschi fait état (56.R10) d'une réédition de 1761 se trouvant dans la bibliothèque de l'Ohio State University. Elle est à ajouter aux listes d'éditions établies par Bush (1953) et par Molino (1972).
D'Argens est sans aucun doute l'auteur de ce roman, qu'il avoue d'ailleurs dans l'*Histoire de l'esprit humain* (xii.375). On en trouve le titre dans la liste de ses ouvrages publiée dans l'avertissement à la fin de 1*LJ* cxi, iv.168. Il est question de ce roman dans la lettre no 23 de la correspondance entre Marchand et d'Argens.

II. *Les Enchaînemens de l'amour et de la fortune, ou les Mémoires du Marquis de Vaudreville*: par Mr. le Marquis d'Argens. La Haye, Benjamin Gibert, 1736, in-12. (Exemplaire dans la bibliothèque de l'université de Newcastle upon Tyne; cp. Bush, 1953, p.240 et Molino, 1972, p.1446).
Mêmes remarques, quant à la certitude de cette attribution, que pour les *Mémoires du marquis de Mirmon*.

III. *Mémoires de la Comtesse de Mirol, ou les funestes effets de l'amour et de la jalousie. Histoire piémontoise*: par Mr. le marquis d'Argens. La Haye, Adrien Moetjens, 1736, in-12. (Voir Jones, 1939, p.57 et Molino, 1972, p.1446).
S'il est vrai que d'Argens n'avoue pas explicitement ce roman dans l'*Histoire de l'esprit humain* (xii.374-75) – d'où l'absence de cet ouvrage de la bibliographie établie par Bush (1953) – il n'en est pas moins vrai qu'il l'avoue implicitement dans le même ouvrage (xii.371), et que nulle part il ne le désavoue. On en trouve le titre dans la liste de ses ouvrages publiée dans l'avertissement à la fin de 1*LJ* cxi, iv.168; et dans la lettre no 23 de sa correspondance avec Marchand le marquis ne se récrie pas sur le fait qu'on le lui attribue (voir aussi la lettre no 7 et la note *a*). Concluons qu'il en était l'auteur.

IV. 1. *Le Mentor cavalier, ou les Illustres Infortunez de notre siècle*: par Mr. le Marquis d'Argens. Londres, Aux Dépens de la Compagnie, 1736, petit in-12. de 250 pp. (Exemplaires dans les bibliothèques universitaires de Leyde et de Newcastle upon Tyne).

2. *Ibid.*, in-12. de 240 pp. (Jones, 1939, p.58).
Je ne sais laquelle de ces éditions est la première. Il ressort de la lettre n° 35

que l'une d'elles au moins fut imprimée par Jean Néaulme à La Haye. La même lettre confirme que ce roman était effectivement du marquis.

V. 1. *Mémoires de Mademoiselle de Mainville, ou le Feint Chevalier*; par Mr. le Marquis d'Argens. La Haye, Pierre Paupie, 1736, in-12. (Voir Jones, 1939, p.57; Bush, 1953, p.239; Molino, 1972, p.1446).

2. *Ibid.*, Amsterdam, Par la Société, 1750, in-12.
Un exemplaire de cette édition se trouve dans la bibliothèque de Cornell University. Je n'en ai vu que les pages de titre, dont j'ai des photocopies. Cette édition est à ajouter aux listes d'éditions établies par Bush et par Molino. Mêmes remarques, quant à la certitude de cette attribution, que pour les *Mémoires du marquis de Mirmon.*

VI. 1. *Mémoires du comte de Vaxère, ou le Faux Rabin*, par l'auteur des *Lettres Juives*. Amsterdam, 1737, in-12. (Voir Jones, 1939, p.61; Bush, 1953, p.240; Molino, 1972, p.1447).

2. La *Bibliographie du genre romanesque français 1751-1800* (Londres et Paris 1977) 51.R3bis fait état d'une réédition de 1751 se trouvant dans la bibliothèque du château d'Oron en Suisse. Elle est à ajouter aux listes d'éditions établies par Bush et par Molino.
Il ressort de la lettre no 35 que ce roman fut imprimé par Z. Châtelain et que d'Argens en était effectivement l'auteur.

VII. *Les Caprices de l'amour et de la fortune, ou Les avantures de la signora Rosalina*, par Mr. le marquis d'Argens. La Haye, P. Paupie, 1737, in-12. (Voir Jones, 1939, p.61; Molino, 1972, p.1447).
Bush (1953) exclut cet ouvrage de la liste des romans qui peuvent être attribués incontestablement à d'Argens, mais les lettres nos 26 et 39 ne laissent en aucun doute le fait que d'Argens en était l'auteur.

VIII. *Le Législateur moderne, ou les Mémoires du Chevalier de Meillcourt*. Amsterdam, F. Changuion, 1739, in-12. (Voir Jones, 1939, p.68; Bush, 1953, p.240; Molino, 1972, p.1448).
Dans l'article 'Argens' de *La France littéraire*, ce roman est également daté de 1739. Par contre, Johnston (1928) p.208 parle d'une édition de 1737. Une chose est certaine: le roman était déjà paru en novembre 1738. Voir là-dessus la lettre no 35, note *k*.
D'Argens, on l'a vu, avoue ce roman dans l'*Histoire de l'esprit humain*, xii.375.

IX. *Mémoires du chevalier de* ***. Par Monsieur le Marquis d'Argens. Londres, 1745, 2 vol. en 1, in-12. (Voir Jones, 1939, p.86; Molino, 1972, p.1448. Selon Johnston, 1928, p.208 et Cioranescu, 1969, no 8338, une édition de 1745 aurait été publiée à Paris. L'article 'Argens' de *La France littéraire* parle de '2 vol. in-8°').
Bush (1953) exclut cet ouvrage de la liste des romans qui peuvent ête attribués incontestablement à d'Argens. Mais celui-ci ne le désavoue pas dans l'*Histoire*

de l'esprit humain (xii.370-71).

Comme l'a remarqué Molino (1972) p.868, à ces neuf romans il en faut ajouter au moins deux autres dont il n'est pas fait mention dans l'article 'Argens' de *La France littéraire*, à savoir:

X. *Le Fortuné Florentin, ou Les Mémoires du comte della Vallé*; par Mr. le marquis d'Argens. La Haye, J. Gallois, 1737, in-12. (Voir Jones, 1939, p.61 et Molino, 1972, p.1447. Jones, 1939, p.57, Johnston, 1928, p.208 et Bush, 1953, p.240 se sont sûrement trompés en parlant d'une édition de 1736: voir là-dessus la lettre no 21 et la note *f*).
Les lettres nos 21, 22 et 26 de la correspondance entre Marchand et d'Argens ne laissent en aucun doute le fait que d'Argens était l'auteur de ce roman, qu'il avoue d'ailleurs dans l'*Histoire de l'esprit humain* (xii.375).

XI. *Le Philosophe amoureux, ou les Mémoires du comte de Mommejan*; par Mr. le Marquis d'Argens. La Haye, Adrien Moetjens, 1737, in-12. (Exemplaire dans le British Library; cp. Jones, 1939, p.62 et Molino, 1972, p.1447).
Il n'est pas fait mention de ce roman ni dans l'article 'Argens' de *La France littéraire* ni dans la liste des romans de sa jeunesse dont parle le marquis dans l'*Histoire de l'esprit humain* (xii.374-75). C'est à ce titre que Bush (1953) l'exclut de sa bibliographie des ouvrages du marquis. Pourtant, celui-ci en était bien l'auteur: voir là-dessus les lettres nos 13, 15, 22, 26 et 39 de la correspondance entre Marchand et d'Argens.

Voilà donc dix romans dont il est certain que d'Argens est l'auteur, plus un – les *Mémoires du chevalier de **** – qui a toutes chances d'être de lui, mais sur lequel il nous manque jusqu'à présent un témoignage décisif. Quant aux autres romans qui ont été attribués en assez grand nombre au marquis, je renvoie le lecteur à l'excellente mise au point qu'on trouve dans Molino (1972) pp.869-75 et 994-97, la correspondance entre Marchand et d'Argens n'apportant aucun élément nouveau en ce qui concerne ces attributions incertaines.

c. Journalisme

L'article 'Argens' dans *Journalistes* fait mention de la collaboration du marquis non seulement à la *Nouvelle bibliothèque* mais aussi aux *Mémoires historiques pour le siècle courant* (voir là-dessus les lettres nos 21 et note *p*, 35 et notes *q* et *r*). Pourtant ni cet article ni aucune des études consacrées au marquis ne font état de la part qu'il a eue à l'*Observateur Hollandois*. C'est une lacune à remplir, car d'Argens était bien un des rédacteurs, sinon *le* rédacteur, de cette feuille périodique, ainsi qu'on va le voir.
Dans la bibliographie qui fait la deuxième partie de son livre *Les Gazettes de Hollande et la presse clandestine aux XVIIe et XVIIIe siècles* (Paris 1865), Eugène Hatin, qui avoue ne pas avoir vu cette feuille, en donne la description suivante: 'L'OBSERVATEUR HOLLANDAIS, par une société de gens de lettres (de Francheville et autres). Leuwarde, 1745, 100 numéros in-8° (p.204).
Dans la 'Liste chronologique des périodiques de langue française du dix-huitième siècle' établie par Gabriel Bonno (*Modern language quarterly*, 1944, v.3-

25), cette feuille est attribuée à 'd'Argens, du Fresne, de Francheville' (p.13).

Je ne puis rien affirmer concernant la contribution de Joseph Du Fresne de Francheville (1704-1781) à cette feuille (l'article 'Francheville' dans la *Biographie universelle* de Michaud dit seulement qu'il y 'a eu part'; celui dans *Journalistes* remarque simplement qu'elle lui est attribuée dans *La France littéraire* des abbés d'Hébrail et de La Porte, Paris 1769, ii.529). Mais que d'Argens ait été dès 1744 le principal rédacteur de *L'Observateur Hollandois* – et peut-être le seul – est attesté par deux des correspondants de Marchand. Jacques Pérard lui écrit de Stettin le 14 octobre 1744:

'Le Marquis d'Argens écrit toujours, il donne à présent une feuille periodique sous le titre d'*Observateur Hollandois* qui a ses aprobateurs et ses censeurs' (March.2).

Et le 26 novembre 1744, Jean-Henri-Samuel Formey écrit à Marchand: 'Le M. d'argens s'amuse toujours, et nos presses roulent sur ses Opuscules. Il publie une Feuille periodique, sous le titre d'*Observateur Hollandois*, dont le succés est assés equivoque' (March.2).

Puisqu'il n'y a aucune raison de récuser ces deux témoignages, il convient d'ajouter aux activités journalistiques du marquis la part qu'il a eue à *L'Observateur Hollandois*.

Bibliographie

1. Sources manuscrites

Avignon, Musée Calvet:
– mss. 2279, 2374, 2375
La Haye, Gemeente-archief:
– Waals-Hervormde gemeente 3, 99, 102, 103

Leyde, Universiteitsbibliotheek:
– March. 2, 24, 29, 43, 44, 52
– B.P.L. 246
Londres, British Library:
– add. mss. 4287

2. Ouvrages consultés

i. Ouvrages du marquis d'Argens

Mémoires de monsieur le marquis d'Argens. Avec quelques lettres sur divers sujets. Londres, Aux dépens de la Compagnie, 1735, éditions in-8 et in-12
Ibid., Seconde édition, Londres, Aux dépens de la Compagnie, 1737
Mémoires du marquis d'Argens ... Nouvelle édition, précédée d'une notice historique sur la vie de l'auteur ... Paris, F. Buisson, 1807
Un ami de Frédéric II. Mémoires du marquis d'Argens, éd. Louis Thomas. Paris 1941
Les Enchaînemens de l'amour et de la fortune, ou les mémoires du marquis de Vaudreville: par Mr. le marquis d'Argens. La Haye, Benjamin Gibert, 1736
Mémoires de la comtesse de Mirol, ou les funestes effets de l'amour et de la jalousie. Histoire piémontoise: par M. le marquis d'Argens. La Haye, Adrien Moetjens 1748 (la première édition date de 1736)
Mémoires du marquis de Mirmon, ou le solitaire philosophe. Par Mr. L.M.D. Amsterdam, Wetstein & Smith, 1736
Le Mentor cavalier, ou les illustres infortunez de notre siècle: par Mr. le marquis d'Argens. Londres, Aux dépens de la Compagnie, 1736
Lettres juives, ou correspondance philosophique, historique, et critique, entre un Juif voyageur à Paris & ses correspondans en divers endroits, La Haye, Pierre Paupie, 1736-1737, 6 tomes en 3 vol., éditions A et B
Lettres juives... Nouvelle édition augmentée..., La Haye, Pierre Paupie, 1738, 6 vol

Ibid., 1742, 6 vol
Ibid., 1764, 8 vol
Lettres juives... Nouvelle édition, Lausanne & Genève, Marc-Michel Bousquet & Compagnie, 1738-1739, 7 vol. (contrefaçon)
The Jewish Spy: being a philosophical, historical and critical correspondence, by letters which lately pass'd between certain Jews in Turkey, Italy, France, &c. Translated from the originals into French, by the marquis d'Argens; and now done into English. London, D. Browne and R. Hett, 1739-1740, 5 vol
Jewish letters: or, a correspondence philosophical, historical and critical, betwixt a Jew and his correspondents, in different parts. Newcastle, James Fleming, 1739-1744, 4 vol
Lettres morales et critiques sur les différens états, et les diverses occupations, des hommes. Par Mr. le marquis d'Argens. Amsterdam, Michel Charles Le Cene, 1737
Le Philosophe amoureux, ou les mémoires du comte de Mommejan; par Mr. le marquis d'Argens. La Haye, Adrien Moetjens, 1737
La Philosophie du bon-sens, ou réfléxions philosophiques sur l'incertitude des connoissances humaines, à l'usage des cavaliers et du beau-sexe; par monsieur le marquis d'Argens. La Haye, Adrien Moetjens, 1737
Ibid., nouvelle édition corrigée & augmentée... Avec un examen critique des remarques de M. l'Abbé d'Olivet, de l'Académie françoise. La Haye, Pierre Paupie, 1768, 3 vol
De Filosofy van het gezondt-verstandt, of filozofise aanmerkingen over de onzekerheid der mensche-

lyke kundigheden. Door de marquis d'Argens. Londen, Voor rekening van de Compagnie, 1737

Lettres cabalistiques, ou correspondance philosophique, historique, et critique, entre deux cabalistes, divers esprits élémentaires, & le seigneur Astaroth. La Haye, Pierre Paupie, 1737-1738, 4 vol

Lettres cabalistiques... Nouvelle édition, augmentée de LXXX. nouvelles lettres, ... La Haye, Pierre Paupie, 1741, 6 vol

Ibid., 1754, 7 vol

Ibid., 1766, 7 vol

Mémoires secrets de la république des lettres, ou le théâtre de la vérité, par l'auteur des *Lettres juives.* Amsterdam, Jacques Desbordes (lettres I à XIII), 1737-1740; La Haye, Jean Néaulme (lettres XIV à XIX), 1743-1748; 6 tomes en 5 vol

Ibid., Amsterdam, Néaulme, 1744, 7 vol

Lettres chinoises, ou correspondance philosophique, historique et critique, entre un Chinois voyageur à Paris & ses correspondans à la Chine, en Moscovie, en Perse & au Japon. Par l'auteur des *Lettres juives* & des *Lettres cabalistiques.* La Haye, Pierre Paupie, 1739-1740, 5 vol

Lettres chinoises... Nouvelle édition augmentée ...*,* La Haye, Pierre Gosse Junior, 1751, 5 vol

Ibid., La Haye, Pierre Paupie, 1755, 6 vol

Critique du siècle, ou lettres sur divers sujets; par l'auteur des *Lettres juives.* La Haye, P. Paupie, 1745, 2 vol

Nouveaux mémoires pour servir à l'histoire de l'esprit et du cœur, par M. le marquis d'Argens... et par Mademoiselle Cochois. La Haye, F.H. Scheurleer, 1745-1746, 2 vol

Songes philosophiques, par l'auteur des *Lettres juives.* Berlin 1746

Ocellus Lucanus en grec et en françois. Avec des dissertations sur les principales questions de la métaphisique, de la phisique, & de la morale des anciens... Berlin, Haude et Spener, 1762

Histoire de l'esprit humain ou mémoires secrets et universels de la république des lettres par M. Jean Bapt. de Boyer marquis d'Argens ... Berlin, Haude et Spener, 1765-1768, 14 vol

ii. *Autres ouvrages*

Almanach du diable, contenant des prédictions très-curieuses & absolument infaillibles; pour l'année mdccxxxvii. Aux enfers

Almanach du diable... pour l'année mdccxxxvii par Mr. de Castres du Crenay. Nouvelle édition augmenté [*sic*] des plusieurs fautes qui ne sont point dans les precedentes éditions. Aux enfers. Suivi de

Clef des prédictions carminifiques de l'Almanach du diable. De l'enfer, 1737. Suivi de

La Critique & contre-critique de l'Almanach du diable, pour l'année mdccxxxvii. Aux enfers

Anecdotes historiques, galantes, et littéraires du tems present, en forme de lettres, La Haye 1737

Aubert de La Chesnaye Des Bois, F.-A., *Correspondance historique, philosophique et critique, entre Ariste, Lisandre et quelques autres amis: pour servir de réponse aux Lettres juives,* La Haye 1737-1738

— *Lettres critiques sur les Songes philosophiques du marquis d'Argens, avec des songes moraux,* Amsterdam 1767

— *Dictionnaire de la noblesse,* 2e éd. Paris 1770-1786

Bengesco, G., 'Voltaire et la Hollande 1713-1743', *Revue de Paris* 1 (1912), pp.794-820

Berkvens-Stevelinck, C.M.G., *Prosper Marchand et l'histoire du livre. Quelques aspects de l'érudition bibliographique dans la première moitié du XVIIIe siècle, particulièrement en Hollande.* Brugge 1978

Bibliothèque françoise ou histoire littéraire de la France. Amsterdam 1723-1746

Bibliothèque germanique, ou histoire littéraire de l'Allemagne, de la Suisse et des Pays du Nord. Amsterdam, Berlin 1720-1741

Bibliothèque raisonnée des ouvrages des savans de l'Europe. Amsterdam 1728-1753

Biographie universelle (Michaud) ancienne et moderne, nouvelle édition. Paris 1854-1865

Bonno, G., 'Liste chronologique des périodiques de langue française du dix-huitième siècle', *Modern language quarterly* 5 (1944), pp.3-25

Boyer d'Argens, Luc de, *Réflexions politiques sur l'état et les devoirs des chevaliers de Malthe,* par Mr. le chevalier Luc de Boyer d'Argens. La Haye 1739

Broome, J. H., 'Bayle's biographer: Pierre

Des Maizeaux', *French studies* 9 (1955), pp.1-17

— 'Pierre Desmaizeaux, journaliste. Les nouvelles littéraires de Londres entre 1700 et 1740', *Revue de littérature comparée* 29 (1955), pp.184-204

Bush, N. R., *The Marquis d'Argens and his Philosophical Correspondence. A critical study of d'Argens' Lettres juives, Lettres cabalistiques, and Lettres chinoises*. Ann Arbor, Michigan 1953

— 'The present state of studies on the marquis d'Argens', *Romance notes* 14 (1972-1973), pp.309-13

Cioranescu, A., *Bibliographie de la littérature française du dix-huitième siècle*. Paris 1969

Couperus, M. C., *Un Périodique français en Hollande: Le Glaneur historique 1731-1733*. La Haye, Paris 1971

— (éd.), *L'Etude des périodiques anciens. Colloque d'Utrecht 1970*. Paris 1973

Critique désintéressée des journaux littéraires et des ouvrages des savans. La Haye 1730-1731

Damiron, J.-P., *Mémoires sur le marquis d'Argens. Extrait du compte-rendu de l'Académie des sciences morales et politiques*. Paris 1852-1857, réimpr. Genève 1968

Dictionnaire de l'Académie françoise, quatrième édition. Paris 1762

Dictionnaire de biographie française, sous la direction de J. Balteau et al. Paris 1933-

Dictionnaire des journalistes (1600-1789), sous la direction de Jean Sgard. Grenoble 1976

Engel, C.-E., *L'Ordre de Malte en Méditerranée (1530-1798)*. Monaco 1957

Fog's weekly journal. London 1728-1737

La France littéraire, ou dictionnaire des auteurs françois vivans; corrigé et augmenté par M. Formey. Berlin 1757, article 'Argens'

Fransen, J., *Les Comédiens français en Hollande au XVIIe et au XVIIIe siècles*. Paris 1925

— 'Correspondance entre le marquis d'Argens et Prosper Marchand', *Mélanges de philologie offerts à Jean-Jacques Salverda de Grave*. Groningue, La Haye, Batavia 1933, pp.106-25

Frédéric II, *Correspondance entre Frédéric II, roi de Prusse et le marquis d'Argens, avec les épîtres du roi au marquis*, Koenigsberg, Paris 1798

— *Œuvres de Frédéric le Grand*, éd. J.-D.-E. Preuss. Berlin 1846-1857

Furetière, A., *Dictionaire universel*. La Haye, Rotterdam 1690; réimpr. Genève 1970

Gazier, A., 'L'Abbé de Prades, Voltaire et Frédéric II', *Mélanges de littérature et d'histoire*, Paris 1904, pp.195-208

The Gentleman's magazine; or monthly intelligencer, London 1731-1833

Haag, E. et E., *La France protestante...* , 2e éd. Paris 1877-1888

Hamilton, A., *Mémoires de la vie du comte de Grammont, contenant particulièrement l'histoire amoureuse de la cour d'Angleterre sous le règne de Charles II*. Cologne 1713

Hatin, E., *Les Gazettes de Hollande et la presse clandestine aux XVIIe et XVIIIe siècles*. Paris 1865, réimpr. Genève 1964

Histoire d'Angleterre, de monsieur de Rapin Thoyras, continuée jusqu'à l'avenement de George II à la Couronne, tomes xi à xiii. La Haye 1735-1736

Johnston, E., *Le Marquis d'Argens: sa vie et ses œuvres: essai biographique et critique*. Paris 1928

Jones, S. P., *A list of French prose fiction from 1700 to 1750*. New York 1939

Jordan, C. E., *Histoire d'un voyage littéraire, fait en m.dcc.xxxiii. en France, en Angleterre, et en Hollande...* La Haye 1735; *Ibid.*, seconde édition, La Haye 1736

— *Histoire de la vie et des ouvrages de mr La Croze, avec des remarques de cet auteur sur divers sujets*. Amsterdam 1741

Journal littéraire, La Haye, Johnson, 1713-1722; P. Gosse et J. Néaulme, 1729-1732; van Duren, 1733-1737

Kleerkooper, M. M. et Stockum, W. P. van, *De Boekhandel te Amsterdam voornamelijk in de 17e eeuw. Biographische en Geschiedkundige aanteekeningen*. La Haye 1914-1916

Kossmann, E. F., *De Boekhandel te 's-Gravenhage tot het eind van de 18de eeuw*. La Haye 1937

Kreiser, B. R., *Miracles, convulsions, and ecclesiastical politics in early eighteenth-century Paris*. Princeton 1978

Larkin, S., 'Voltaire and Prévost; a reappraisal', *Studies on Voltaire* 160 (1976), pp.7-135

L'Estoile, P. de, *Registres journaux* in *Collection complète des mémoires relatifs à l'histoire de France*, éd. C. P. Petitot, 1re série, t.xlviii

Lettres sérieuses et badines sur les ouvrages des

savans, et sur d'autres matières. La Haye 1729-1733

Lyonnet, H., *Histoire du théâtre. Dictionnaire des comédiens français (ceux d'hier). Biographie, bibliographie, iconographie.* Paris 1908

Marais, M., *Journal et mémoires de Mathieu Marais sur la Régence et le règne de Louis XV (1715-1737).* Paris 1863-1868

Marchand, P., *Dictionnaire historique, ou mémoires critiques et littéraires, concernant la vie et les ouvrages de divers personnages distingués, particulièrement dans la république des lettres.* La Haye 1758-1759

Martin, A., Mylne, V. G. et Frautschi, R., *Bibliographie du genre romanesque français 1751-1800.* London, Paris 1977

Mémoires anecdotes pour servir à l'histoire de m. Duliz, fameux Juif portugais à La Haye... Londres 1739; suivi de *Le Triomphe de l'intérêt: comédie*

Mémoires historiques pour le siècle courant, avec des réflexions et remarques politiques et critiques. Amsterdam 1728-1742

Mémoires pour l'histoire des sciences et des beaux-arts (Mémoires de Trévoux). Trévoux 1701-1767

Mercure historique et politique, contenant l'état présent de l'Europe, ce qui se passe dans toutes les cours, les intérêts des princes... La Haye 1686-1782

Mézeray, F. Eudes de, *Abrégé chronologique, ou extraict de l'Histoire de France.* Amsterdam 1696

Molino, J., 'Le Bon sens du marquis d'Argens: un philosophe en 1740'. Thèse dactylographiée de l'Université de Paris, 1972

Moréri, L., *Le Grand dictionnaire historique...*, nouvelle édition. Paris 1759

Muralt, B. L. de, *Lettres sur les Anglois et les François et sur les voïages.* s.l. 1726

Nécrologe des hommes célèbres de France. Paris 1772. pp.57-80 'Eloge de monsieur le marquis d'Argens'

Nouvelle bibliothèque, ou histoire littéraire des principaux écrits qui se publient, La Haye, Pierre Paupie, 1738-1742; P. Gosse, 1743-1744; 19 tomes en 16 vol

Nouvelle biographie générale... (dirigée par Hoefer). Paris 1857-1866

Observations sur les écrits modernes. Paris 1735-1743

Observations sur les écrits modernes; ouvrage littéraire et périodique. Amsterdam 1735

Olivier, J.-J. (pseud. de M. Francillon), *Les Comédiens français dans les cours d'Allemagne au XVIIIe siècle: deuxième série: la Cour royale de Prusse.* Paris 1902

Plomer, H. R., Bushnell, G. H. et Dix, E. R. McC., *A Dictionary of the printers and booksellers who were at work in England, Scotland and Ireland from 1726 to 1775.* London 1932

Prévost, A.-F., *Manuel lexique, ou dictionnaire portatif des mots françois dont la signification n'est pas familière à tout le monde.* Nouvelle édition. Paris 1767

Quéniart, J., *L'Imprimerie et la librairie à Rouen au XVIIIe siècle.* Paris 1969

Rasiel de Selva, H., (pseud. de Charles Levier), *Histoire de l'admirable dom Inigo de Guipuscoa, chevalier de la Vierge et fondateur de la monarchie des Inighistes.* Nouvelle édition augmentée de l'Anti-Cotton et de l'histoire critique de cet ouvrage. La Haye 1738

Renard, G., 'Le Marquis d'Argens. Sa vie, son œuvre', *Bulletin de l'Académie du Var* 97 (1929), pp.76-85

Rétat, P., *Le Dictionnaire de Bayle et la lutte philosophique au XVIIIe siècle.* Lyon 1971

Roux-Alpheran, F. A. T., *Les Rues d'Aix ou recherches historiques sur l'ancienne capitale de la Provence*, nouvelle édition. Aix 1918

Rudé, G., '"Mother Gin" and the London riots of 1736', *Guildhall miscellany* 10 (sept. 1959), pp.53-63

Sayous, A., *Le Dix-huitième siècle à l'étranger: histoire de la littérature française en Angleterre, en Suisse, en Prusse, en Hollande et en Belgique depuis la mort de Louis XIV jusqu'à la Révolution française.* Paris 1871

Sgard, J., *Prévost romancier.* Paris 1968

— 'Aventure et politique: le mythe de Bonneval', *Roman et lumières au XVIIIe siècle.* Paris 1970. pp.411-20

Trenard, L., 'Patriotisme et nationalisme dans les Pays-Bas français au XVIIIe siècle', *Studies on Voltaire* 90 (1972), pp.1625-57

Trousson, R., 'Voltaire et le marquis d'Argens', *Studi francesi* 29 (1966), pp.226-39

Vaillant, W. B., *The Vaillant family*, 2nd edition. Weybridge 1928

Valkhoff P. et Fransen, J., 'Voltaire en Hollande', *Revue de Hollande* 1 (1915), pp.734-54; 2 (1916), pp.1071-110

Venturi, F., *Saggi sull'Europa illuminista. I. Alberto Radicati di Passerano.* Turin 1954

Vercruysse, J., *Voltaire et la Hollande*, Studies on Voltaire 46. Genève 1966

Voltaire, F. M. Arouet de, *Correspondence and related documents*, éd. Th. Besterman (*Œuvres complètes de Voltaire* 85-135). Genève 1968-1971; Banbury 1971-1975; Oxford 1976-1977

— *Lettres philosophiques ou Lettres anglaises*, éd. R. Naves. Paris 1962

Wilson, A. M., *French foreign policy during the administration of cardinal Fleury 1726-1743.* Cambridge, Mass., 1936

Index